MOSTLY HARMLESS ECONOMETRICS

「ほとんど無害」な計量経済学

応用経済学のための実証分析ガイド

An Empiricist's Companion

Joshua D. Angrist and Jörn-Steffen Pischke

ヨシュア・アングリスト／ヨーン・シュテファン・ピスケ

大森義明・小原美紀・田中隆一・野口晴子［訳］

NTT出版

目　次

図表目次

【図】

【表】

前書き

計量経済学の宇宙は常に拡大している．計量経済学の手法と利用は，結果として大変高度化したが，計量経済学の手法の現代的なメニューは，経験ある計算屋にとってさえ，わかりにくく見えることがある．幸い，メニュー上の全てが等しく価値あるものであるわけでも重要であるわけでもない．他より神秘的なものの中には不必要に複雑なものや有害かもしれないものさえある．プラスの面をあげるなら，応用計量経済学の中核的な手法は大方変化がなく，基本的な道具はニュアンスと洗練の度合いを増している．私たちの**伴侶**（Companion）は実証家のための必要不可欠な計量経済学への伴侶……『**「ほとんど無害」な計量経済学**（Mostly Harmless Econometrics）』である．

応用計量経済学者の道具の中で最も重要なアイテムは

1．関心のある因果効果を覆い隠しているかもしれない変数をコントロールするためにデザインされた回帰モデル．
2．本当の実験，自然実験のための操作変数法．
3．観察不可能な脱落要素をコントロールするために複数回の観察値を使う差分の差分タイプの戦略．

これらの基本的な技法の生産的な使用は確かな概念的基礎と統計的推論の仕組みの深い理解を要する．応用計量経済学の両面がここでは扱われる．

私たちが何を重要と考えるかは実証研究者としての私たちの経験，とりわけ経済学専攻の博士課程学生たちを教え，指導するといった私たちの仕事によって形作られてきた．この本は，これらの学生を念頭に書かれた．同時に，手法の選択と研究結果の解釈に関する実用的な回答に対する切迫したニーズを持つ他の研究者たちの間にもこの本が読者を見出すことを願っている．応用計量経済学の関心は他の社会科学や疫学のそれらと基本的に異ならない．公共政策を策定したり，公共衛生を促進するためにデータを使うことに関心のある者は誰でも統計的結果を消化し使えねばならない．人々に関するデータから役立つ推論を導こうとする者は誰でも応用計量経済学者であると言える．

多くの教科書が研究手法への伴侶を提供しており，この本と広く使われている他の本の間には重複がある．しかし，私たちの**伴侶**は計量経済学の教科書とはいくつかの重要な点で異なっている．第 1 に，あたかも無作為な治験における特定の因果的な問いに答えるためにデータを用いるとき，実証研究は最も価値があると私たちは信じている．この観点がほとんどの研究課題に対する私たちのアプローチを形成している．実際の実験がないときに，よく制御された比較対象と/または自然準実験を探す．もちろん，準実験的研究デザインでも説得力に違いがあるが，これらの研究で用いられる計量経済学的手法はほとんど常に至って簡単である．結果として，私たちの本は計量経済学的手法の教科書的な取り扱いと比べ短く焦点が定まったものとなっている．私たちは，私たちが読んだり行ったりする応用研究で現れる概念的問題と単純な統計学的手法を重視し，多くの実証例を用いてこれらの考え方と技法をわかりやすく説明する．

私たちが主張する第 2 の違いはある種の厳粛さの欠如である．ほとんどの計量経済学の教科書は計量経済モデルを大変真剣に受け止めているように見受けられる．典型的に，これらの教科書は，線形性や均一分散といった古典的なモデリングの仮定の推定上の不成立に対し多くの注意を払っている．警告が発せられることもある．私たちは，より寛容でより融通のきくアプローチを採る．私たちの議論を導く原則は，よく使われる推定量は，モデルに大きく依存することのない単純な解釈をほとんど常に持つということである．もしあなたが得た推定値があなたの求めているものでないならば，計量経済学ではなく計量経済学者のせいである！　先たる例は，関数形に関わらず，条件付き期待値関数に関する有益な情報を与える線形回帰である．同様に，操作変数法は，たとえすべての人に影響を与えなくとも，定義可能な母集団の平均因果効果を推定する．基礎的な計量経済学のツールの概念的頑健性は，多くの応用計量経済学者により直観的に理解されているが，この頑健性の裏の理論はほとんどの教科書では目立たない．私たちの**伴侶**は，推論の面では，漸近的効率性にあまりこだわらないという点でもほとんどの計量経済学の教科書と異なっている．むしろ，私たちの推論の議論のほとんどは，実用家を悩ます小標本の難題に費やされている．

ここでの題材を理解するための事前の要件は確率と統計の基礎的訓練である．読者が t 統計量と標準誤差といった統計的推論の初歩的ツールに慣れ親しんでいることを特に希望している．数学的期待値といった根本的な確率概念との慣れ親しみも助けとなるが，特に高度な数学的素養は必要とされない．重要な証明は示されるが，技術的な議論はあまり長くも複雑でもない．多くの上級の計量経済学の教科書とは異なり，線形代数は控えめにする．こうした理由やその他の理由から私たちの**伴侶**は競争相手の本よりも読みやすいはずである．最後に，私たちがインスピレーションを受け続けているダグラス・アダムスの快活なシリーズ（『銀河ヒッチハイク・ガイド［*Hitchhiker's Guide to the Galaxy and Mostly Harmless*］』ほか）の精神に従い，私たちの伴侶は時々不正確さを含むが，多くの種類の**計量経済学宇宙大百科事典**よりかなり安い．これらの条件で私たちの**伴侶**を流通させることに同意してくれたプリンストン大学出版にとても感謝している．

謝　辞

このプロジェクトの進行中に私たちは多くの友人と同僚から役立つコメントをいただいた．様々な段階で原稿に反応してくれた Alberto Abadie, Patrick Arni，David Autor, Amitabh Chandra, Monica Chen, Victor Chernozhukov, John DiNardo, Peter Dolton, Joe Doyle, Jerry Hausman, Andrea Ichino, Guido Imbens, Adriana Kugler, Rafael Lalive, Alan Manning, Whitney Newey, Derek Neal, Barbara Petrongolo, James Robinson, Gary Solon, Tavneet Suri, Jeff Wooldridge, そして，Jean-Philippe Wullrich に感謝している．私たちの僭越さや残る誤りについて彼らは責められるべきではない．原稿をはじめて見て，私たちに何が重要かを決める手助けをしてくれた LSE と MIT の私たちの学生たちにも感謝している．Bruno Ferman, Brigham Frandsen, Cynthia Kinnan，そして，Chris Smith の卓越した精力的な研究補助に特に感謝している．各章の冒頭のイラストを描き，大小様々の貴重な意見をくれた，限りなく辛抱強い私たちのイラストレーター，Karen Norberg に深く感謝している．プリンストン大学出版の編集者である Tim Sullivan と Seth Ditchik の熱意とご指導に，そして，原稿整理編集者である Marjorie Panell と制作編集者である Leslie Grundfest の注意深い仕事にも感謝している．最後に，しかし決して軽んずべきでないことであるが，私たちの妻の愛情と支援を感謝している．彼女らは実証家の伴侶とは何かを誰よりも知っている．

本書の構成

私たちは２つの導入的な章から始める．最初の章は，あとの章の題材が最も役立つ研究課題の型を表している．第２章は医学研究で用いられるような無作為実験が私たちの最も興味を抱く問いに対する理想的な基準となるという意味を議論する．この導入の後，第II部の３つの章は回帰，操作変数，そして，差分の差分についての中核的教材を提供する．これらの章は推定量の普遍的な特性（回帰は常に条件付期待値関数を近似する等）と結果の因果的解釈に必要な仮定（条件付き独立の仮定，無作為割当と同程度に良い操作変数，パラレルワールド）の両方を重視する．その後，第III部で重要な拡張に方向転換する．第６章は回帰不連続デザインを扱うが，これは，回帰コントロール戦略の変種，あるいは，操作変数戦略として捉えることができる．第７章では，分布に対する効果を推定するために分位点回帰の利用を議論する．最終章は，教科書の漸近的手法では見落とされている重要な推論上の問題を扱う．主な考え方を理解し損なうことなしにざっと読むか飛ばし読みしても差し支えのないような，技術的，あるいは，専門的な節を含む章もいくつかある．これらの節は星印（★）で示されている．頭字語と略語の用語集，実証例の索引は本の末尾にある．

［凡例］ 文中の〔 〕内の文は訳者による補足で，長いものは†をつけ脚注型式にした．

第Ⅰ部　準備編

第1章　問いに関する問い
Questions about *Questions*

「私は徹底的に確認しました」とコンピュータが言った.「そして，まず間違いなく，それが答えです．誠に正直に申し上げますと，問題は，問いが何であるかをあなたが実際にご存じなかったことであると私は思います.」

ダグラス・アダムス著『銀河ヒッチハイク・ガイド』

この章は，成功する研究プロジェクトの基礎を手短に議論する．出エジプト記のように，研究課題は4つの問いを中心に整理することができる．私たちはこれらをよくある問い（FAQs）と呼ぶことにする．なぜなら，そうあるべきだからである．FAQsは，興味のある関係，理想的な実験，識別戦略，そして，推論の方法について問う.

初めに，私たちは「**興味関心の対象となる因果関係は何か？**」と問うべきである．純粋に記述的な研究にも重要な役割があるが，私たちは社会科学におけるもっとも興味深い研究は，第2章と第6章で論じられる学級規模が子供たちのテストの得点に与える効果といった，原因と効果の問いに関するものであると信じている．因果関係は変化する環境や政策の結末を予測するのに役立つ．他の（言い換えれば，仮想現実）世界で何が起きるかを私たちに教えてくれる．例えば，人間の生産能力——労働経済学者が人的資本と呼ぶものであるが——を研究する研究課題の一部として，私たちは2人とも教育が賃金に与える因果効果を研究したことがある（Card 1999がこの分野の研究を展望している)．一連の研究は，大学の学位の因果効果は平均して約40%高い賃金であり，かなりのペイであることを示している．教育の賃金に対する因果効果は，例えば，大学に行く費用を変えたり，義務教育を強化したりするときに，労働所得がどうなるかを予測するのに役立つ．この関係は，経済学のモデルから導くことができるので，理論的関心事でもある．

労働経済学者として，私たちは労働者の標本の中で因果効果を研究することがもっとも多いが，因果的研究における観察単位が個々の人間である必要はない．因果的問いは，企業について，ついでながら，国についても問われ得る．例えば，植民地制が経済成長に与えた効果に関する Acemoglu, Johnson and Robinson (2001) の研究を取り上げてみよう．この研究は植民地の支配者からより民主主義的な制度を受け継いだ国が結果として高い経済成長を享受したか否かに関心をもっている．この問いに対する答えは，私たちの歴史への理解と現代の開発政策の結末に対して示唆を与える．今日，イラクとアフガニスタンで新たに形成されている民主主義制度が経済発展に重要であるか否か疑問に思うかもしれない．民主主義の擁護論は，明白とはほど遠い．現時点において中国は，完全な政治的自由の便益なしにも力強い経済成長を遂げているし，ラテンアメリカ諸国の多くは大きな成長の見返りなしに民主化を達成した．

第２の FAQ は**興味関心の対象となる因果効果をとらえるのに理想的に用いられ得る実験**と関わる．例えば，教育と賃金の場合には，潜在的な中退者に学校を修了することに対する報酬を提供し，その結末を分析することを私たちは想像できる．実際に，Angrist and Lavy (2008) はまさにそのような実験を行っている．彼らの研究は，大学の在学といった短期の効果を見ているが，より長期の追跡調査をするならば，当然，賃金を見てよいであろう．政治制度の場合には（アメリカ国立科学財団［National Science Foundation］による資金援助を得るよりも映画になる可能性の方が高い実験となるが），私たちは時を遡り，旧植民地の異なる政府の構造をそれらの諸国が独立する日に無作為に割り当てたいかもしれない．

理想的な実験は，しばしば，仮想的である．それでも，仮想的な実験は，私たちに実りのある研究課題を選ぶ手助けをしてくれるので，考察する価値がある．あなた自身が予算制約や，あなたの探求が社会的に正しいか否かを見守る倫理委員会とは無縁の研究者であると想像してもらうことで，私たちはこの主張を擁護したい．今日であれば職を失うことになる可能性が高い，多くの物議をかもした実験デザインを用い，1960 年代に権威に対する反応についての突破口となった仕事をした心理学者，多額の資金を供与された Stanley Milgram のようなものをである．

権威に対する反応を理解しようと，Milgram (1963) は被験者を説得し，苦痛を伴う電気ショックをやめてくれと哀訴している犠牲者に与えさせることができることを示した（ショックは偽物であり，犠牲者は俳優であった）．これは，物議をかもすと同時に賢明でもあった．ショックを与えた被験者は実験により心理的に傷ついたと主張する心理学者もいた．だが，Milgram の研究は，実験の中には計画段階で止めておくのが良いものがあるとしても，私たちは多くの実験を考えることができるという点を明らかにしている[1]．何でもありの世界であなたの問いに答えることのできる実験を考えつくことができないのであれば，控えめの予算と非実験的なサーベイデータを用い，役立つ結果を導ける見込みはかなり薄い．理想的な実験を記述することは，因果的な問いを正確に立てる手助けにもなる．理想的な実験の方法は，操作したい力と一定に保ちたい力を強調してくれる．

実験によって答えられない研究上の問いは FUQs（根源的に不明の問い）である．FUQ は実際どのように見えるのであろうか？　一見して，人種やジェンダーの因果効果に関する問いは，これらの事柄は独立に操作するのが困難なので，良い候補に見える（「自分の染色体が誕生時に切り替えられると想像してみると良い」）．その一方で，人種と性別の領域で経済学者にとってもっとも関心のある問題である労働市場における差別は，あなたが黒人，白人，また，男性，女性であると**信じる**がゆえにあなたに対し異なる扱いをする人がいるか否かで生じる．男性が女性と認識されたり，逆の認識がなされたりする仮想現実世界の概念には，長い歴史があり，ダグラス・アダムス流の人を楽しませる異様さを必要としない（ギャニミードに扮したロザリンドはシェイクスピアの『お気に召すまま［*As You Like It*］』で皆をだましている）．人種を変えるという発想は同様に無理なものではない．『白いカラス（*The Human Stain*）』の中でフィリッ

1)　Milgram は，後日，テレビ番組で俳優 William Shatner によって演じられた．経済学者の中にはこのような名誉を得たものはいないが，Angrist は未だ希望を捨てていない．

プ・ロスは，キャリアを白人として通した黒人の文学の教授であるコールマン・シルクの世界を想像する．労働経済学者は常にこのようなことを想像している．ときには，私たちは，科学の発展のために，偽の求職と履歴書に関わる調査といったシナリオさえ構築することもある[2)]．

研究デザインについては若干の想像力でうまくいくが，想像力がすべての問題を解決できるわけではない．例えば，少し年齢が進んでから学校に通い始めることの効能で子供たちが学校でより良く勉強ができるようになるか否かに私たちは関心があるとしよう．もしかしたら7歳の脳のほうが6歳の脳よりも学習する準備ができているかもしれない．この問いは，今や，テストの得点を増すために，高い年齢で通学を開始させる学区域があるという事実に由来する政策的視点を持っている（Deming and Dynarski 2008）．遅い就学の学習に対する効果を評価するために，私たちは7歳で1年生を始める子供を無作為に選び，その一方で，まだ典型的であるように，他の子供には6歳で始めさせることができるであろう．遅らされた子供が学校でより多くを学習するか否か，証拠が小学校のテストの得点に出るかに関心がある．より具体的にするために，1年生のテストの得点を見ることにしよう．

就学開始年齢の1年生のテストの得点に対する効果という，この問いの問題は，7歳で学校を始めたグループはより年長であるということである．そして，年長の子供は，純粋な成熟効果によりテストが良くできる傾向があるということである．学年ではなく年齢を一定に保つことで私たちはこれを解決できるように見えるかもしれない．6歳で開始した子供については2年生になるまでテストを延期し，7歳で開始した子供については1年生のときにテストを行い，すべての子供が7歳のときにテストをするとしよう．しかし，第1のグループは学校でより長い期間を過ごしており，これは，学校に価値があるのであれば達成度を上げることになる．子供が未だ学校にいる限り，開始年齢の学習に対する効果を成熟と就学期間の効果からひもとく方法はない．ここでの問

---

2) 最近の例としては，Lakisha といった黒人のように聞こえる名前と Emily といった白人のように聞こえる名前が記された履歴書に対する雇用主の反応を比較した Bertrand and Mullainathan (2004) がある（しかし，Fryer and Levitt 2004 は名前が人種だけでなく社会経済的地位に関する情報を伝えているかもしれないと述べている）．

題は，生徒にとっては開始年齢が現在の年齢から就学期間を引いたものに等しいという点である．この決定的なリンクは，成人の標本では消えるので，（Black, Devereux, and Salvanes 2008 がしたように）純粋な開始年齢が労働所得や最高学歴といった，成人時の成果に与える効果は研究できる．しかし，開始年齢が小学校のテストの得点に与える効果は，無作為試行においてでさえ解釈不能であり，ひと言で言えば，FUQ である．

第３と第４の研究上の FAQs は特定の研究を生む基本的要素である．**あなたの識別戦略は何か？**　Angrist and Krueger (1999) は**識別戦略**（identification strategy）という言葉を用い，非実験データ（無作為試行により生成されたのではないデータ）を用い，実際の実験を近似する方法を表現した．学校の例に戻ると，Angrist and Krueger (1991) はアメリカの各州の義務教育法と生徒たちの生まれた季節の相互作用を自然実験として用い，高校からの卒業が賃金に与える因果効果を推定した（生まれた季節は，高校生が 16 歳の誕生日以降に中退することを許す法律により縛られる程度に影響する）．第３章から第６章は，主として識別戦略の概念的枠組みと関わっている．

説得力のある識別戦略への関心の集中は，現代的な実証研究を象徴するものであるが，理想的な実験と自然実験の並置は計量経済学で長い歴史をもつ．ここに，計量経済学の父，Trygve Haavelmo (1944, p. 14) が両種類の実験デザインについてより明示的な議論をすべきと訴えているものがある．

> 実験デザイン（自然科学者が「究極的実験」と呼ぶものの処方箋）は，あらゆる数量的理論に対する不可欠な補論である．そして，私たちが理論を構築するときには，通常，何らかの実験を想定しているが，残念ながらほとんどの経済学者は実験デザインを明示的に記述しない．もし彼らが記述するならば，彼らが想定する実験は２つの異なる種類に分類できることに気付くであろう．すなわち，(1) ある実際の経済現象が，――「その他の影響」から人工的に分離されるとき――ある仮説が正しいことを実証するか否かを私たちが見るために**できれば行いたい**実験，そして，(2) 自然界が自らの壮大な実験室から次々に作り出している，そして，私たちは単に受け身の観察者として見る一連の実験である．いずれの場合も理論の目的は同じで，現実の出来

事の支配者になることである．

第４の研究の FAQ については Rubin (1991) から言葉を借りることにしよう．**あなたの統計的推論の方法は何か？**　この問いに対する答えは分析対象の母集団，用いられる標本，標本誤差を求める際に置く仮定を記述することになる．全数調査の個票データを用い，アメリカの人口を研究するときのように，推論が単純であることもある．しかし，特に，クラスター化やグループ化されたデータでは，しばしば推論はより複雑である．最終章は，あなたが問い４に答えたあとで起きる実用的問題を扱う．推論の問題はまず刺激的ではないし，しばしばかなり技術的であるが，よく考え抜かれ，概念的にもおもしろいプロジェクトでさえ，その究極的成功は統計的推論の詳細にかかっている．ときに落胆させるようなこの事実は，Keisuke Hirano が博士論文を完成させたあとで書いた次の計量経済学の俳句を生んだ．

良過ぎる t　　　　(T-stat looks too good)
クラスタリングで　(Try clustered standard errors—)
星消ゆる　　　　　(Significance gone)

上の議論から明らかなように，４つの研究上の FAQs はプロジェクト企画の過程の一部である．以下の章のほとんどは，あなたが研究上の FAQs に答えたのちに出てくる計量経済学的問い，つまり，あなたの研究課題が定まったあとで生じる問題に関わっている．しかし，実証研究の基本的な話に移る前に，なぜ無作為試行が私たちに基準を与えるかについてのより詳しい説明をすることから始める．

Econo-
metrics
Lab

第2章　実験的理想
The Experimental Ideal

> 物事は必ずしもそれらが見えるようなものとは限らないというのは，重要であり，よく知られた事実である．例えば，惑星地球では，イルカがして来たことと言えば水の中にいて楽しく暮らすことくらいなのに対し，人間は車，ニューヨーク，戦争など，たくさんのことを成し遂げてきたので，当然，自分がイルカよりも知的であると常に決めてかかってきた．しかし，逆に，イルカたちは，まったく同じ理由から，自分たちが人間よりも遥かに知的であると常に信じてきた．(…) 実際，惑星にはイルカより知的な種がただ1つ存在し，彼らは，行動研究実験室で長時間を過ごし，車輪の中を走り回り，人間に関する恐ろしく優雅で緻密な実験を行っていた．またもや人間がこの関係を完全に誤って解釈していたという事実は，これらの生き物の計画によるものであった．
>
> ダグラス・アダムス『銀河ヒッチハイク・ガイド』

もっとも信頼され影響力のある研究デザインは無作為割当てを用いる．的確な例は，早期介入プログラムの効果を評価するために企画された1962年の無作為実験であるペリー（Perry）就学前プロジェクトであり，ミシシッピ州イプシナンティの123人の黒人の就学前児童が関与した．ペリーの実験群は就学前教育と家庭訪問を含む集中的な介入を無作為に割当てられた．小さくともよくデザインされ，参加者が27歳になった1993年まで追跡データを生むこととなったPerry実験の強い影響力は誇張し難い．多くの学術研究がPerryの発見を参照したり，用いている（例えばBarnett 1992を参照）．もっとも重要なのは，Perryプロジェクトが，1964年に開始され，最終的には数百万人のアメリカの子供たちに役立った（そして役立ち続けている），壮大な Head Start プログラムの知的基盤を提供したことである[1]．

2.1 セレクション問題

因果効果を明らかにするうえで実験が果たす役割に関する，よりフォーマルな議論に少し時間を割いておきたい．「もし〜なら」といった因果的な問いにあなたが関心をもっているとしよう．話を具体的にするために，「病院は人々を健康にするのか？」といった簡単な例を考えることにしよう．私たちの目的上，この問いは寓話的であるが，これは医療経済学が関心をもつ因果的問いに驚くほど近い．この問いにより現実感を与えるために，プライマリーケアのために救急処置室を利用している貧しい高齢者を研究していると想像してみよう．これらの患者の中には入院する者もいる．この種のケアは高くつき，病院施設の混雑を招き，おそらく，あまり効果がない（例えば，Grumbach, Keane, and Bindman 1993 を参照）．実際に，自らが病気になりやすい状態である人たちが他の病気の患者に身をさらすことは，彼らの健康に負の影響を与えるかもしれない．

入院する人たちは多くの価値あるサービスを得るので，病院の有効性の問いに対する答えはやはりイエスであるように見える．しかし，データはこれを支持するであろうか？　実証的考え方をする人にとって自然なアプローチは，病院に行ったことのある人たちの健康状態と，そうでない人たちの健康状態とを比べることである．National Health Interview Survey (NHIS) はこの比較に必要な情報を含んでいる．具体的には，それは「回答者は，過去 12 カ月の間に病院で患者として一晩以上を過ごしたことがありますか？」という問いを含んでおり，私たちはそれを用い，最近病院を訪れた人々を識別できる．NHIS はさらに「あなたは一般に自分の健康を，優良である，とても良い，良い，ま

1)　Perry データは，とりわけ，政策の関心が幼少期教育に戻ったことを反映して，関心を集め続けている．Michael Anderson (2008) による再分析は，Perry プロジェクトの概ね正の効果は完全に女子への効果から導かれていることも示しているものの，ペリーによる最初の分析の知見が正しいことを確認している．Perry の介入は男子には何もしなかったようである．

ずまずである，悪いのうち，どのように表現しますか？」とたずねている．以下の表は平均的な健康状態（悪い健康状態には1，優良な健康状態には5を割り振った）を入院した人々とそうでない人々について示している（2005年NHISから表を作成）．

グループ	標本数	平均的健康状態	標準誤差
入院歴あり	7,774	3.21	0.014
入院歴なし	90,049	3.93	0.003

平均の差は0.72であり，入院歴なしの人のほうに有利な，大きく，58.9の t 値で統計的に高度に有意な比較となっている．

表面上の数値だけを見れば，この結果は病院に行くと人々はより病気になることを示している．病院は私たちを感染させる他の病人や危険な機器や薬物で満ちているので，これが正しい答えであるということがないとは言えない．ただ，この比較が額面通りに受け止められてはならないことは容易に見てとれる．病院に行く人々はたぶん最初から他の人よりも健康ではない．さらに，入院後も医療ケアを求めた人々は，そうしなかった場合と比べればより良い状態にあるかもしれないが，平均して見れば，最初から入院しなかった人々ほどには健康ではない．

この問題をより的確に記述するために，私たちは病院治療をバイナリ確率変数，$D_i=\{0,1\}$ で記述されると考えることができる．関心の対象となる結果である健康状態の評価は Y_i で記される．問題は，Y_i が病院のケアにより影響を受けるか否かである．この問いを扱うために，私たちは病院に行った人が行っていなかったらどうなったか，また，その逆を想像できると仮定する．従って，どの個人についても２つの潜在的健康変数がある．

$$\text{潜在的な結果変数} = \begin{cases} Y_{1i} & \text{if} \quad D_i = 1 \\ Y_{0i} & \text{if} \quad D_i = 0 \end{cases}$$

すなわち，Y_{0i} はある個人が実際に病院に行ったか否かとは関係なく，彼が病院に行かなかったときの彼の健康状態であり，一方，Y_{1i} は彼が行ったときの健康状態である．私たちは，個人 i にとっての病院に行くことの因果効果と言

える Y_{1i} と Y_{0i} の差を知りたい．もし時を遡り，人の処置の状態を変えることができるならば，これが私たちの測ろうとするものである[2)]．

観察される結果 Y_i は，潜在的結果変数を用いて次のように書ける．

$$Y_i = \begin{cases} Y_{1i} & \text{if} \quad D_i = 1 \\ Y_{0i} & \text{if} \quad D_i = 0 \end{cases}$$
$$= Y_{0i} + (Y_{1i} - Y_{0i})D_i \qquad (2.1.1)$$

この記号は，$Y_{1i} - Y_{0i}$ が個人 i にとっての入院の因果効果なので役立つ．一般に，母集団では Y_{1i} と Y_{0i} の両方とも分布がある可能性が高く，処置効果は異なる人々では異なり得る．しかし，私たちはどの 1 人についても両方の潜在的結果を見ることは決してないので，入院した人たちの平均的健康状態と，入院しなかった人たちの平的的健康状態を比べることにより，入院の効果について学ばなければならない．

入院状況による平均間のナイーブな比較は，必ずしも私たちが知りたいものとは限らないが，潜在的結果に関する何かを私たちに教えてくれる．入院状態を所与とした条件付き平均的健康状態の比較は，次の式の通り，正式に平均因果効果に関連づけ得る．

$$\underbrace{E[Y_i|D_i=1]-E[Y_i|D_i=0]}_{\text{平均的健康状態の観察される差}} = \underbrace{E[Y_{1i}|D_i=1]-E[Y_{0i}|D_i=1]}_{\text{処置を受けた人々に対する平均処置効果}}$$
$$+\underbrace{E[Y_{0i}|D_i=1]-E[Y_{0i}|D_i=0]}_{\text{セレクション・バイアス}}$$

$$E[Y_{1i}|D_i=1]-E[Y_{0i}|D_i=1] = E[Y_{1i}-Y_{0i}|D_i=1]$$

という項は**入院した人たちに対する入院の平均因果効果**である．この項は，入院した人々の健康を示す $E[Y_{1i}|D_i=1]$ と彼らがもし入院していなかったならばどうなったかを示す $E[Y_{0i}|D_i=1]$ との間の平均的な差をとらえている．しかし，健康状態の観察される差は，この因果効果に**セレクション・バイアス**（selec-

2) 潜在的結果の考え方は，因果効果に関する現代的な研究の根本的な構成要素である．この考え方を開発した重要な参考文献は，Rubin (1974, 1977) と潜在的結果と関わる因果的枠組みを Rubin 因果モデルとして言及している Holland (1986) である．

tion bias）と呼ばれるもう１つの項を加えたものである．この項は，入院した人々と入院しなかった人々の間の Y_{0i} の平均の差である．病気の人々は健康な人々よりも治療を求めるので，入院した人々の Y_{0i} はより悪い値であり，この例ではセレクション・バイアスを負としている．セレクション・バイアスが（絶対値で）非常に大きければ，それが正の処置効果を隠してしまうかもしれない．ほとんどの実証経済研究の目標はセレクション・バイアスを克服し，それによって，D_iのような変数の因果効果に関して何かを言うことである[3)]．

2.2　無作為割当てがセレクション問題を解決する

D_i の無作為割当ては，D_i を潜在的結果変数から独立にするので，セレクション問題を解決する．これを見るには，

$$\begin{aligned} E[Y_i|D_i=1]-E[Y_i|D_i=0] &= E[Y_{1i}|D_i=1]-E[Y_{0i}|D_i=0] \\ &= E[Y_{1i}|D_i=1]-E[Y_{0i}|D_i=1] \end{aligned}$$

に注意して欲しい．ここで，Y_{0i} の D_i からの独立性が２行目で $E[Y_{0i}|D_i=0]$ を $E[Y_{0i}|D_i=1]$ に置き換えるのを許している．実際に，無作為割当を所与とすると，これはさらに簡略化でき，

$$\begin{aligned} E[Y_{1i}|D_i=1]-E[Y_{0i}|D_i=1] &= E[Y_{1i}-Y_{0i}|D_i=1] \\ &=E[Y_{1i}-Y_{0i}] \end{aligned}$$

無作為割当による入院の入院した人々に対する効果は，無作為に選ばれた患者に対する入院の効果と同じとなる．しかし，主たる点は，無作為な D_i の割り当てがセレクション・バイアスを除去するということである．これは無作為試行に問題がないということを意味するものではないが，無作為試行は，原則，実証研究で生じるもっとも重要な問題を解決する．

私たちの入院の物語はどの程度，現実的妥当性があるのだろうか？　実験は，

3)　この節で私たちは初めて条件付き期待値の演算子（$E[Y_i|D_i=1]$ や $E[Y_i|D_i=0]$）を用いる．私たちはこれを用い，１つの確率変数の値を一定に保ったときの，もう１つの確率変数の母集団（あるいは限りなく大きな標本）平均を表わす．より正式で詳しい定義は第３章で登場する．

ナイーブな比較のみを基にして見えるのとは異なる事柄をしばしばあらわにする．医学からの最近の例は，ホルモン置換治療（HRT）の評価である．これは，閉経の症状を軽減するために中年女性に薦められた医学的介入である．看護師に関する大規模で影響力のある非実験的サーベイ調査である Nurse Health Study による証拠は，HRT 利用者がよりよい健康状態にあることを示した．対照的に，最近終了した無作為試行の結果は HRT にはあまり便益がないことを示した．それどころか，無作為試行は，非実験データでは目立たなかった深刻な副作用をあらわにした（例えば，Women's Health Initiative [WHI], Hsia et al. 2006 を参照）．

私たち自身の分野である労働経済学からの因習的な例は，政府による補助金を受けた訓練プログラムの評価である．これらは教室での指導と OJT との組み合わせを長期失業者，麻薬中毒者，前科者といった社会的に弱い立場の労働者のグループに対して提供するプログラムである．雇用と労働所得を増やすのが考え方である．逆説的にも，参加者と非参加者との非実験的比較に基づく研究は，訓練後には訓練生はもっともらしい比較対象のグループよりも稼ぎが少ないことを示している（例えば，Ashenfelter 1978; Ashenfelter and Card 1985; Lalonde 1995 を参照）．ここでも，政府による補助金を受けた訓練プログラムは所得を稼ぐ潜在的な力の低い男女のためのものであるので，セレクション・バイアスは自然な関心事である．従って，驚くことではないが，プログラム参加者と非参加者との間の単純比較は，参加者の労働所得がより低いことをしばしば示す．対照的に，訓練プログラムの無作為的評価からの証拠は，ほとんどが正の効果を生んでいる（例えば Lalonde 1986; Orr et al. 1996 を参照）．

社会科学では医学ほどには無作為試行が未だ一般化していないが，広まりつつある．無作為割当ての重要性が急速に高まっている分野は教育研究である（Angrist 2004）．米国議会を通過した 2002 年の教育科学研究法（Education Sciences Reform Act）は，国が支援する教育研究に対し厳格な実験，あるいは，準実験的な研究デザインの採用を義務付けている．従って，今後何年かの間に教育研究ではずっと多くの無作為試行が見られると私たちは期待できる．教育の領域からの先駆的な無作為的研究は，小学校での小規模学級の効果を推定するために設計されたテネシー STAR 実験である．

労働経済学者や他の学者は，教室環境と子供たちの学習の間の因果的関連を立証しようとしてきた長い伝統を持っており，私たちはその研究領域を「教育生産」と呼んでいる．この用語法は，学校環境の特徴をお金のかかる投入として，一方，学校の生産する生産物を生徒の学びとして私たちが考える事実を反映している．教育生産に関する研究の鍵となる問いは，費用を所与としてどの投入がもっとも多くの学びを生産するかである．従って，小規模学級の費用が生徒のより高い達成度という見返りを伴うかを知ることは重要である．STAR実験はこの問いに答えるためのものであったのである．

非実験データをもちいた教育生産の多くの研究は，学級規模と生徒の学習との間の関連はほとんどないか皆無であることを示している．従って，学校制度は，雇う教員数を減らすことにより，習熟度を低下させることなく経費を節約できるかもしれない．しかし，学力の弱い生徒は意図的に小規模学級に集められるので，学級規模と生徒の習熟度の間の観察される関係は文字どおりに解釈されるべきではない．無作為試行は，リンゴをリンゴと比べること，つまり，異なる規模の学級に割り当てられた生徒たちがそれ以外の面では似ていることを保証することによりこの問題を克服する．テネシーSTAR実験からの結果は，小規模学級の強く持続的な成果を示している（最初の研究，Finn and Achiles 1990とSTARデータの計量経済分析，Krueger 1999を参照）．

STAR実験は著しく野心的であり，影響力があったので，少し詳細に述べる価値がある．それは1200万ドルを費やし，1985–1986年の幼稚園のコーホートを対象に実施された．この研究は最初の幼稚園のコーホートが3年生になるまでの4年間続き，11,600人の子供たちが関与した．1985–1986年のテネシーの標準学級の平均規模は約22.3人であった．実験は生徒を3つの処置群の1つに割当てた．それらは，13–17人の小さな学級，22–25人の生徒の標準学級と非常勤教員の補助（通常の配置），または，標準学級と常勤教員の補助である．

無作為実験に関する最初の問いは，無作為割当が異なる実験群の間で被験者の属性をうまくバランスさせたか否かである．これを評価するために，実験前の成果や他の共変量を比較するのが一般的である．残念ながらSTAR実験は実験前のテストの得点をまったく含まないが，人種や年齢といった子供たちの

表 2.2.1　テネシー STAR 実験における実験群と対照群の属性

変数	学級規模			グループ間の等号に関する P 値
	小規模	標準	標準/補助	
無料の給食	0.47	0.48	0.50	0.09
白人/アジア系	0.68	0.67	0.66	0.26
1985 時の年齢	5.44	5.43	5.42	0.32
脱落率	0.49	0.52	0.53	0.02
幼稚園の学級規模	15.10	22.40	22.80	0.00
幼稚園でのパーセント点	54.70	48.90	50.00	0.00

注：Krueger (1999)　表 1 から抜粋．表は，幼稚園で STAR に入った生徒達の標本について変数の平均値を処置状態ごとに示す．最後の列の P 値は全 3 グループ間で変数の平均値の等しさに係る F 検定のものである．無料の給食変数は給食の無料提供を受けている割合である．パーセント点は 3 つのスタンフォード学力テスト（Stanford Achievement Test）の平均パーセント点である．脱落率は 3 年生時の追跡調査までに失われた割合である．

属性を見ることは可能である．Krueger (1999) からの再掲である表 2.2.1 は，これらの変数の平均値を比べている．表中の生徒の属性変数は，無料の給食，生徒の人種，生徒の年齢である．貧しい子供たちだけが無料給食の資格があるので，無料給食を受けているかどうかは家族の所得のよい尺度である．3 つの学級タイプ間でこれらの属性の差は小さく，最後の列の P 値で示されるように，有意にゼロと異なるものは 1 つもない．これは，無作為割当が意図したとおりになされたことを示している．

表 2.2.1 は平均的学級規模，標本脱落率，そして，ここでは百分位数で測られたテストの得点をも示している．脱落率（追跡調査で失われた生徒の割合）は小さい幼稚園学級で低かった．これは，少なくとも原理的には潜在的に問題である[4]．小規模学級に割り当てられた学級の規模は有意に他より小さく，望ましい変動を実験が作り出すのに成功したことを示している．通常学級に割り当てられた子供たちの親が先生や校長にうまくロビー活動を行っていたならば，グループ間での学級規模の差はもっと小さかったであろう．

4)　Krueger (1999) は，脱落問題にかなりの注意を払っている．グループ間に脱落率の差があると，結果として，上の学年の生徒の標本は学級タイプ間で無作為に分布しなくなるかもしれない．従って，幼稚園の結果は，脱落による影響を受けておらず，もっとも信頼できる．

表 2.2.2　テストの得点に対する学級規模の効果の実験推定値

説明変数	(1)	(2)	(3)	(4)
小規模学級	4.82 (2.19)	5.37 (1.26)	5.36 (1.21)	5.37 (1.19)
標準/補助学級	0.12 (2.23)	0.29 (1.13)	0.53 (1.09)	0.31 (1.07)
白人/アジア系	—	—	8.35 (1.35)	8.44 (1.36)
女子	—	—	4.48 (0.63)	4.39 (0.63)
無料の給食	—	—	13.15 (0.77)	−13.07 (0.77)
白人教師	—	—	—	−0.57 (2.10)
教師経験	—	—	—	0.26 (0.10)
教師修士号	—	—	—	−0.51 (1.06)
学校固定効果	No	Yes	Yes	Yes
R^2	0.01	0.25	0.31	0.31

注：Krueger (1999)　表Ⅴから抜粋．被説明変数はスタンフォード学力テスト（Stanford Achievement Test）の得点である．誤差項の学級内相関を許容する頑健標準誤差が括弧内に示されている．標本サイズは 5,681 である．

無作為化はセレクション・バイアスを除去するので，実験群間の結果の差は（非常勤教員の補助付きの標準学級）学級規模の平均因果効果をとらえている．以下で私たちが議論を拡げるように，実際には，実験群と対照群との間の平均の差は，テストの得点の各実験群を表わすダミー変数への回帰から得ることができる．実験・対照群間の差の回帰推定値は，表 2.2.2 に報告されているが（Krueger 1999 表Ⅴより抜粋），約 5 パーセント点の小規模学級の効果を示している（表の他の行は，回帰の他のコントロール変数の係数を示している）．幼稚園の百分位化された得点の標準偏差を σ とすると，効果の大きさは約 0.2σ である．小規模学級の効果は，0 とは有意に異なり，標準/補助の効果は小さく，有意でない．

社会科学の年史における模範的な無作為試行である STAR 研究は，ロジスティック上の困難，長い期間，そして無作為試行の潜在的に高い費用などの面でも際立っている．多くの場合，そのような試行は実用的でない[5)]．また，私たちは答えを早く得たいという場合もある．従って，私たちが行う研究の多くは，より安価でより入手しやすい変動の源泉を活用しようとする．私たちは，他の要因はバランスが保たれつつも，関心対象の変数を変化させる自然，あるいは準実験を見出したいと願っている．私たちは説得力のある自然実験を常に見出すことができるであろうか？　もちろん，それはできない．それにもかかわらず，私たちは観念的な無作為試行を私たちの基準とする立場をとる．すべての研究者がこの観点を共有しているわけではないが，多くの研究者が共有している．私たちは，私たちの教師であり，指導教員でもあった，社会科学における実験と準実験的研究デザインの先駆的提唱者である Orley Ashenfelter からそれを初めて聞いた．ここに引用するのは，教育と所得を関連付ける非実験データに基づく研究の信頼性を Ashenfelter (1991) が評価しているものである．

> 教育と所得を関連づける証拠はどの程度説得力があるであろうか？　ここに私の答えがある．「かなり説得力がある．理想的な実験が何を示すかについて賭けをしなければならないとしたら，それは，よりよい教育を受けた労働者はより多くを稼ぐことを示すであろうという方に自分は賭ける．」

Angrist and Lavy (1999) による学級規模の準実験的研究は，非実験データを実験的精神で分析し得る方法を明らかにしている．Angrist と Lavy の研究はイスラエルでは学級規模が 40 の上限をもつことに頼っていた．従って，40 人の 5 年生のコーホートの生徒は 40 人の学級に入るのに対し，41 人の 5 年生のコーホートの生徒は，コーホートが分断されるので，半分の大きさの学級に入ることになる．40 人のコーホートと 41 人のコーホートの生徒たちは，他の面では似ている可能性が高いので，40 人と 41 人の在学生の差を「無作

5)　無作為試行は決して完璧ではなく，STAR も例外ではない．進級できなかったり，級を飛ばした生徒たちは実験を離れた．1 学年後に実験校に入った生徒たちは実験に加えられ，無作為に学級の 1 つに割り当てられた．実験の 1 つの不運な側面は，標準と標準/補助の学級の生徒たちについては，おそらく標準学級の子供たちの親による反対運動のせいであろうか，幼稚園の後に学級の再編成が行われたことである．幼稚園後には幾分かの子供の入れ替えもあった．しかし Krueger (1999) の分析は，これらの実施上の問題は研究の主たる結論に影響しないことを示している．

為に割り当てられたのと同程度に良い」と考えることができる．

Angrist と Lavy の研究は在学生数が制度上の学級規模の上限の上と下の学年の生徒たちを比べ，現実の実験の便益がなくとも，学級規模の急な変化の効果に関するよくコントロールされた推定値を構築した．テネシー STAR 研究のときと同様に，Angrist and Lavy (1999) の結果は学級規模と達成度との間の強い関連性を示した．これは，Angrist and Lavy でも報告されている，大きな学級と小さな学級に在籍する生徒たちの間の単純比較に基づくナイーブな分析とは極めて対照的であった．これらの比較は，小さい学級の生徒は標準化されたテストで悪い成績をあげたことを示した．従って，セレクション・バイアスの病院の話は学級規模の問いにも当てはまるように見える[6]．

2.3　実験の回帰分析

回帰は，実験からのデータの分析も含む因果的問いの研究に役立つ道具である．（今，仮に）処置効果がすべての人の間で同じ，$\mathrm{Y}_{1i}-\mathrm{Y}_{0i}=\rho$, 定数であるとしよう．一定の処置効果のもとでは，私たちは（2.1.1）式を次の形に書きかえることができる．

$$\mathrm{Y}_i = \underset{E(\mathrm{Y}_{0i})}{\underset{\parallel}{\alpha}} + \underset{(\mathrm{Y}_{1i}-\mathrm{Y}_{0i})}{\underset{\parallel}{\rho}}\,\mathrm{D}_i + \underset{\mathrm{Y}_{0i}-E(\mathrm{Y}_{0i})}{\underset{\parallel}{\eta_i}}, \tag{2.3.1}$$

ここで，η_i は Y_{0i} の確率変数の部分である．処置状態のスイッチをオンにしたりオフにしたりしながら，この式の条件付き期待値を評価すると次式が得られる．

$$E[\mathrm{Y}_i|\mathrm{D}_i=1] = \alpha+\rho+E[\eta_i|\mathrm{D}_i=1]$$
$$E[\mathrm{Y}_i|\mathrm{D}_i=0] = \alpha+E[\eta_i|\mathrm{D}_i=0],$$

従って，

$$E[\mathrm{Y}_i|\mathrm{D}_i=1]-E[\mathrm{Y}_i|\mathrm{D}_i=0]=\underbrace{\rho}_{\text{処置効果}}$$

6)　Angrist and Lavy (1999) の結果は，準実験的回帰不連続研究デザインの例として第6章で再び登場する．

$$+\underbrace{E[\eta_i|\mathrm{D}_i=1]-E[\eta_i|\mathrm{D}_i=0]}_{\text{セクション・バイアス}}$$

従って，セレクション・バイアスは，回帰の誤差項，η_i と説明変数，D_i との間の相関となる．

$$E[\eta_i|\mathrm{D}_i=1]-E[\eta_i|\mathrm{D}_i=0]=E[\mathrm{Y}_{0i}|\mathrm{D}_i=1]-E[\mathrm{Y}_{0i}|\mathrm{D}_i=0],$$

であるので，この相関は処置を受ける人たちと受けない人たちとの間の（処置を受けないときの）潜在的結果変数の差を反映している．病院の話では，治療を受けた人たちは治療を受けない状態でより悪い健康状態にあったし，Angrist and Lavy (1999) の研究では，小さい学級の生徒たちは本質的により低いテストの得点を示す傾向があった．

STAR 実験では，D_i が無作為に割り当てられ，セレクション・バイアス項が消え，Y_i の D_i への回帰は関心対象である因果効果，ρ を推定する．表 2.2.2 は，無作為割当ての指標である D_i 以外にも共変量を含む特定化を含む，異なる回帰を示している．共変量は実験データの回帰分析で 2 つの役割を果たす．第 1 に，STAR 実験デザインは条件付き無作為割当てを用いた．特に，異なる学級規模への割当ては学校内では無作為であったが，学校間ではそうではなかった．異なるタイプの学校（都市部対農村部など）に通う生徒たちは，小規模学級に割り当てられる傾向が若干高かったり低かったりした．表 2.2.2 の 1 列目の比較は，これに対する調整をしていないが，Krueger の回帰モデルのいくつかは，学校の固定効果，すなわち，STAR データの各学校ごとの個別の切片を含んでいる．実際には，学校の固定効果を調整することの影響はむしろ小さいが，それは見てみなければわからなかったことである．固定効果を含む回帰モデルについては第 5 章でさらに説明する．

Krueger の表の中のその他のコントロール変数は，人種，年齢，無料の給食といったような生徒の属性を描写している．以前，私たちは，これらの個人の属性が学級タイプ間でバランスしている，すなわち，これらが生徒の学級規模の割当てと体系的には関連していないことを見た．もしこれらのコントロール変数（X_i と呼ぶことにする）が，処置 D_i と無相関であるならば，それらは ρ の推定値に影響を与えないであろう．つまり，長い回帰

$$Y_i = \alpha + \rho D_i + X_i'\gamma + \eta_i, \qquad (2.3.2)$$

における ρ の推定値は短い回帰である（2.3.1）式における ρ の推定値に近くなるであろう．この点については，第3章でさらに述べる．

変数 X_i を入れることは，この場合には必要ではないが，関心対象である因果効果のより正確な推定値を生むかもしれない．3列目の処置効果の推定値の標準誤差は，2列目の対応する標準誤差と比べ小さいことに気付いてほしい．コントロール変数 X_i は D_i と無相関であるが，Y_i の説明力が相当高い．従って，これらのコントロール変数を入れることが，誤差の分散を減らし，それが回帰推定値の標準誤差を小さくするのである．同様に，ρ の推定値の標準誤差は，学校の固定効果を入れると，これらも生徒の成績のばらつきの重要な部分を説明するので，小さくなる．最後の列は教師の属性を加えている．教師は学級に無作為に割当てられたので，これらのデータでは教師の属性は生徒の達成度とはほとんど関係がなく，小規模学級の推定値とその標準誤差は共に教師の変数の追加によって変化しない．

回帰は実証経済研究で飛びぬけて重要な役割を果たしている．この章で私たちが見たように，回帰は実験データの分析によく適している．場合によっては，回帰は，無作為割当がない状況で実験を近似するのにも用いることができる．しかし，どんなときに回帰が因果的解釈をもつかという重要な問いに入る前に，数多くの根本的な回帰の事実と特性を見ておくのが役立つ．これらの事実と特性は，回帰を行う動機とは関係なく，どの回帰でも正しいと信頼できるのである．

第Ⅱ部　コ　ア

「ちょっと，フィットは良いけれど見た目が奇妙だぞ」

第3章　たかが回帰，されど回帰

Making Regression Make Sense

「思いもよらないことを考え，できそうにもないことをやろう．言い表しようも無いものに取り組んで，本当にそれが言い表せないものなのかどうかを確かめる準備をしよう．」

ダグラス・アダムス『ダーク・ジェントリーの全体論的探偵社』

アングリスト（Angrist）は語る．

私が初めて回帰分析を行ったのは，1979 年，オベーリン（Oberlin）大学の学生として 1 年生から 2 年生へと進級する夏のことだった．ピッツバーグの私の家の近くにあったカーネギーメロン大学で，当時そこの教員であったアラン・メルツァー（Allan Meltzer）とスコット・リチャード（Scott Richard）のリサーチアシスタントとして私は働いていた．その当時，私は依然として特殊教育の仕事に興味があり，その夏も前年の夏にやっていた州立の精神病院での雑役夫のアルバイトに再び戻るつもりだった．しかし，Econ 101（経済学入門）の授業を履修したことによって，同じ時給でも，リサーチアシスタントとしての仕事のほうが，病院での仕事よりも労働時間や労働条件がよいことに気がついた．当時の私は回帰分析はおろか，統計学さえも理解していなかったが，私に与えられたリサーチアシスタントとしての仕事は，データを収集し回帰分析を行うことであった．

その夏に私が関わった論文（Meltzer and Richard 1983）は，政府支出の GDP 比で測った政府の大きさと所得格差の関係が民主主義諸国においてどうなっているかを見ようというものであった．所得分布はたいてい右側の裾が長く，それは所得の平均値が中央値よりも大きくなる傾向があることを意味している．格差が拡大すると，平均所得より低い所得しか持たない投票者の数が増える．このため，所得格差の拡大により，所得が中央値と平均の間となった人々は，もともと所得が中央値より低かった人々に加わり裕福な者から貧しい者への再分配的財政政策に投票するようになるかもしれない．その結果として，政府はより大きくなることになる，というわけだ．

メルツァーとリチャードのプロジェクトの背後にある理論は呑み込めたが，投票の棄権率は貧しい人々のほうが高いので，私自身はこの理論がそこまでもっともらしいとは思わなかった．また，政府による教育支出は（教育を受ける人々のみならず，社会のすべての人々に便益のある）公共財として分類するべきなのか，それとも公的部門によって供給される私的財，つまり生活保護のような再分配にすぎないのかという点についても，この２人のボスと議論したことを覚えている．しかしこのプロジェクトにより，私は教育の社会的収益率について関心をもつようになり，これはのちにより多くの情熱と理解をもって再び取り組んだ Acemoglu and Angrist (2000) で分析したトピックの始まりだったといえるかもしれない．

今でこそ，私はメルツァーとリチャードの研究が，回帰分析を用いて興味深い因果関係を明らかにし，その関係を数量的に把握する試みであったことが理解できる．しかしその当時の私は単なる回帰分析の技術者にすぎなかった．私は時々，リサーチアシスタントの仕事は気が滅入ると思った．私のボスたちと当時のカーネギーメロン大学の博士課程の学生以外とは誰とも話をしない日々――博士課程の学生の多くはいずれにせよほとんど英語を話さなかったが――はこうして過ぎていこうとしていた．その中でも，もっともよかったのはアラン・メルツァー――飛びぬけて優れた学者であり，我慢強くかつ人のよい指導者であり，昼食を一緒に食べている間（アランは少ししか食べないし，私は食べるのが早いので，それほど時間はかからないのだが）はおしゃべりをするのが好きな人――と昼食を共にしている時だった．私はアランに，「ダブルワイドで緑線の大量の紙に吐き出される回帰分析の結果を眺めて日々を費やすのに満足しているのですか」と聞いたことがある．するとメルツァーは笑ってこう答えた．「これほどやりたいと思えることは，他にはなかなかないんでね．」

大学や大学院で出会った私たちの先生たちと同じように，今現在，私たちも回帰分析の結果を追い求めることに幸せを感じる日々を過ごしている．それはなぜなのかをこの章では説明する．

3.1　回帰分析の基礎

前章の終わりで，実験における処置群と対照群の違いを推定するための計算手法として単回帰および重回帰モデルを紹介した．2．3節で議論した学級規模の研究においては，もっとも興味のある説明変数である学級規模は実験的に無作為に割り振られていたので，その推定結果は因果関係として解釈することができる．しかしながら，ほとんどの研究において用いられるデータは非実験的な観測データである．実験的な無作為割当てがなされていないと，回帰分析による推定値を因果関係として解釈することができないこともある．回帰分析から因果関係を導くために必要なものは何かという中心的な問題については，本章で後述する．

因果関係の問題という比較的抽象的な問題はしばらくの間は置いておき，回帰分析の推定値の機械的性質の説明から始めよう．これらの性質は，母集団回帰ベクトルとその標本版との間の一般的な関係であり，分析者による推定結果の解釈とは無関係なものである．これらの性質は，母集団回帰関数および条件付き期待値関数と回帰による推定値の分布の間の密接な関係を含んでいる．

3.1.1　経済学的関係と条件付き期待値関数

私たちの専門である労働経済学の分野における典型的な実証的経済分析とは，個人の経済的状況，特に人々の経済的豊かさの違いの決定要因について統計的に分析することである．しかし，経済的豊かさの違いを説明することは非常に難しいことはご存じのとおりであり，一言でいえば，それらはなんら法則性がないような乱雑なものである．ただし，応用計量経済学者として，私たちはこの乱雑な現象を何らかの有用な方法で集約し解釈できると信じている．序章では，この「規則的な乱雑さ」の例として学歴と所得の関係に触れた．平均的には，学歴の高い人々はそうでない人々に比べてより高い所得を稼ぐ．この学歴と所得の関係は目を見張るほどの予測力をもち，この関係を覆い隠すような個人的状況にさまざまな違いがしばしばあるにもかかわらず観測される関係である．もちろん，高学歴の人々がそうでない人々よりもより多く稼ぐ傾向があるという事実は，必ずしも学歴が所得を**引き上げる**ことを意味しない．この学歴と所得の関係が因果関係かどうかという問いは非常に重要であり，本書で私たちはこの問いに何度となく立ち戻ることになる．しかしながら，この因果関係という難解な問題を解かなくても，狭義の統計的意味においては学歴から所得が予測できることは明らかである．条件付き期待値関数（以下，CEF）は，この予測力を集約する自然な方法である．

$\mathrm{K} \times 1$ 説明変数ベクトル X_i（各要素は x_{ki} と表す）を所与とする被説明変数 Y_i の CEF とは，X_i を固定した時の Y_i の期待値，または母平均で与えられる．母平均は，標本サイズが無限大の時の標本平均とも解釈できるし，有限サイズの分布を完全に数え上げたときの標本平均とも解釈できる．CEF は $E[\mathrm{Y}_i|\mathrm{X}_i]$ と書き，X_i の関数である．X_i は確率的なので，CEF も確率的だが，例えば $\mathrm{X}_i=42$ が X_i の取りうる値として $E[\mathrm{Y}_i|\mathrm{X}_i=42]$ のように，CEF のある特定の値に着目することもある．第 2 章において，私たちは D_i を 0–1 のダミー変数とする CEF，$E[\mathrm{Y}_i|\mathrm{D}_i]$ に簡単に触れた．この CEF は $E[\mathrm{Y}_i|\mathrm{D}_i=1]$ と $E[\mathrm{Y}_i|\mathrm{D}_i=0]$ の 2 つの値しか取らない．この特殊ケースは重要ではあるが，ほとんどの場合ではベクトル X_i に便宜的に集約された多変数の関数としての CEF を見てゆく．X_i の特定の値（$\mathrm{X}_i=x$ と表す）については，$E[\mathrm{Y}_i|\mathrm{X}_i=x]$ と書く．Y_i が $\mathrm{Y}_i=t$ における条件付き確率密度関数 $f_y(t|\mathrm{X}_i=x)$ をもつ連続変数のとき，CEF は

$$E[\mathrm{Y}_i|\mathrm{X}_i=x] = \int t f_y(t|\mathrm{X}_i=x)dt$$

となる．もし Y_i が離散変数であるならば，$\mathrm{X}_i=x$ における Y_i の条件付き確率関数 $P(\mathrm{Y}_i=t|\mathrm{X}_i=x)$ を用いて，$E[\mathrm{Y}_i|\mathrm{X}_i=x]=\sum_t tP(\mathrm{Y}_i=t|\mathrm{X}_i=x)$ となる．

期待値というのは，母集団分布における概念である．実際には，データは母集団分布からの抽出として与えられ，母集団の全数を観測できることは稀である．ゆえに，私たちは標本を使って母集団についての推論を行うのである．例えば，標本 CEF は母集団分布 CEF を知るために用いられる．これは必要かつ

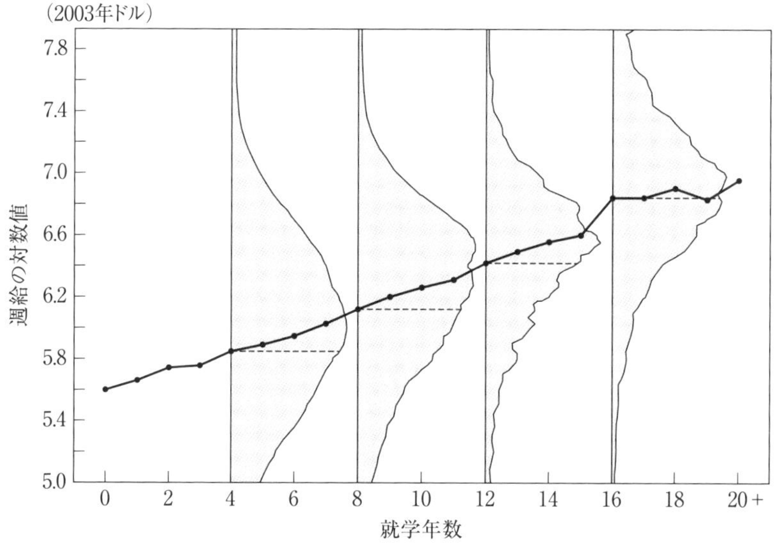

図 3.1.1　就学年数ごとに見た，対数週給の平均値の生データと CEF．1980 年の IPUMS 5 パーセントファイルにおける 40 – 49 歳の白人男性の標本．

重要なことであるが，標本から母集団分布を推論する方法についてのフォーマルな説明は 3.1.3 節まで待たれたい．私たちの「母集団分布ありき」の計量経済学的アプローチは，データを用いて分析する以前に，分析の対象を定義しなければならないという事実に基づいている[1)]．

図 3.1.1 は学歴を所与とした週給の対数値の CEF を，1980 年の国勢調査から抽出した中年白人男性について描いたものである．また，いくつかの就学年数（4, 8, 12, 16 年）については，所得の分布も描いている．この図の中の CEF は，個人的状況のばらつきが多いにもかかわらず，学歴の高い人はそうでない人よりも一般的にはより多くの所得を稼いでいるという事実を捉えている．1 年の就学年数の増加は，おおよそ 10% の所得の増加に対応している．

繰り返し期待値の法則は，この CEF を補完する重要なものである．この法則は，条件なしの期待値を CEF の条件なし平均として表せることを意味する．言い換えると，

1)　「母集団分布ありき」の計量経済学的アプローチに関する教育的な書物例として，Chamberlain 1984, Goldberger 1991, Manski 1991 などがある．

$$E[Y_i] = E\{E[Y_i|X_i = x]\} \tag{3.1.1}$$

と書ける．ただし，外側の期待値は，X_i の分布を用いた期待値である．ここで，(X_i, Y_i) が連続的に分布し，同時密度関数が $f_{xy}(u, t)$ であり，$f_y(t|X_i = u)$ が $X_i = u$ を所与とする時の Y_i の条件付き分布，$g_y(t)$ および $g_x(u)$ を周辺密度関数とするときの繰り返し期待値の法則の証明を述べておく．

$$\begin{aligned}
E\{E[Y_i|X_i]\} &= \int E[Y_i|X_i = u]g_x(u)du \\
&= \int\left[\int tf_y(t|X_i = u)dt\right]g_x(u)du \\
&= \iint tf_y(t|X_i = u)g_x(u)dudt \\
&= \int t\left[\int f_y(t|X_i = u)g_x(u)du\right]dt \\
&= \int t\left[\int f_{xy}(u, t)du\right]dt \\
&= \int tg_y(t)dt = E[Y_i]
\end{aligned}$$

なお，証明中の積分の範囲は u と t でインデックス付けした X_i と Y_i の取りうる範囲すべてである．ここでこの証明を述べたのは，CEF とその性質がこの章の残りにおける中心的な話題となるからである[2)]．

この繰り返し期待値の法則の威力は，確率変数を CEF と，ある特別な性質をもつ誤差項の 2 つに分解するときに発揮される．

---

2)　以下の簡単な例を見れば，繰り返し期待値の法則がどのように機能するのかがわかる．母集団分布における男性と女性の平均所得は，男性の平均賃金に母集団分布における男性の割合をかけたものと，女性の平均賃金に母集団分布における女性の割合をかけたものとの和に等しい．

定理 3.1.1　CEF 分解の性質

$$\mathrm{Y}_i = E[\mathrm{Y}_i|\mathrm{X}_i] + \varepsilon_i$$

ここで（i）ε_i は X_i と平均独立，すなわち $E[\varepsilon_i|\mathrm{X}_i]=0$ であり，ゆえに（ii）ε_i は X_i のいかなる関数とも無相関である．

証明　（i）$E[\varepsilon_i|\mathrm{X}_i]=E[\mathrm{Y}_i-E[\mathrm{Y}_i|\mathrm{X}_i]|\mathrm{X}_i]=E[\mathrm{Y}_i|\mathrm{X}_i]-E[\mathrm{Y}_i|\mathrm{X}_i]=0$.（ii）$h(X_i)$ を X_i の任意の関数とする．繰り返し期待値の法則より，$E[h(\mathrm{X}_i)\varepsilon_i]=E\{h(\mathrm{X}_i)E[\varepsilon_i|\mathrm{X}_i]\}$ となるが，平均独立なので，$E[\varepsilon_i|\mathrm{X}_i]=0$.

この定理はいかなる確率変数 Y_i も「X_i によって説明される」部分——つまり CEF——と X_i のいかなる関数とも直交する（すなわち無相関である）残りの部分とに分解できることを意味している．

CEF は以下のいくつかの理由により，Y_i と X_i の関係を要約するよい方法であると言える．はじめに，私たちは平均値が確率変数の代表値であると考えることに慣れている．より正確に言うと，CEF は，それが予測誤差二乗和の最小化問題（a minimum mean squared error：MMSE）の解であるという意味において，X_i を所与としたときの Y_i の最良の予測量である．次の CEF 予測の性質は，CEF 分解の性質の帰結である．

定理 3.1.2　CEF 予測の性質

$m(\mathrm{X}_i)$ を X_i の任意の関数とする．CEF は以下の予測誤差二乗和の最小化問題の解である．

$$E[\mathrm{Y}_i|\mathrm{X}_i] = \underset{m(\mathrm{X}_i)}{\arg\min}\, E[(\mathrm{Y}_i - m(\mathrm{X}_i))^2]$$

ゆえに，CEF は X_i を所与としたときの Y_i の予測誤差二乗和最小化予測法である．

証明

$$
\begin{aligned}
(Y_i - m(X_i))^2 &= ((Y_i - E[Y_i|X_i]) + (E[Y_i|X_i] - m(X_i)))^2 \\
&= (Y_i - E[Y_i|X_i])^2 + 2(E[Y_i|X_i] - m(X_i)) \\
&\quad \times (Y_i - E[Y_i|X_i]) + E([Y_i|X_i]) - m(X_i))^2
\end{aligned}
$$

第 1 項は $m(X_i)$ を含まないので，最小化問題とは関係ない．第 2 項は $h(X_i) \equiv 2(E[Y_i|X_i] - m(X_i))$ とすると $h(X_i)\varepsilon_i$ とかけるので，CEF 分解の性質より期待値は 0 となる．最後の項は $m(X_i)$ が CEF のときに最小化される．

CEF の最後の性質は分散分析の定理と呼ばれ，分解および予測の性質とも密接に関連している．

定理 3.1.3　分散分析の定理

$$
V(Y_i) = V(E[Y_i|X_i]) + E[V(Y_i|X_i)]
$$

ここで $V(\cdot)$ は分散を，$V(Y_i|X_i)$ は X_i を所与としたときの Y_i の条件付き分散である．

証明　CEF 分解の性質より，残差 $\varepsilon_i \equiv Y_i - E[Y_i|X_i]$ は CEF と無相関なので，Y_i の分散は CEF の分散と誤差 ε_i の分散の和に等しい．誤差 ε_i の分散は，$\varepsilon_i = Y_i - E[Y_i|X_i]$なので，$E[\varepsilon_i^2|X_i] = V[Y_i|X_i]$ であることに注意すると，

$$
E[\varepsilon_i^2] = E[E[\varepsilon_i^2|X_i]] = E[V(Y_i|X_i)]
$$

となる．

あなたは以前どこかで，この 2 つの CEF の性質と分散分析定理について聞いたことがあるかもしれない．例えば，回帰分析の結果表の中に，分散分析表を見たことがあるかもしれない．また，分散分析は格差研究においても重要であり，例えば労働経済学者は，所得分布の変化を労働者の特性の変化によって説明できる部分とそれ以外の変化によって説明される部分とに分解する（例えば，Autor, Katz, and Kearney 2005 を見よ）．しかし，CEF の性質と分散分析に

おける分散分解法は，標本分布のみならず母集団分布においても使うことができ，特にこれらの性質がCEFの線形性を必要としないという点は，おそらくそれほど広くは知られていないのではないだろうか．実のところ，実証分析ツールとしての線形回帰モデルの有用性さえも線形性の仮定には依存していないのである．

3.1.2　線形回帰モデルとCEFの関係

「さて，あなたはどんな回帰モデルを推定したいのですか？」私たちの世界では，この類の質問をほぼ毎日のように耳にする．回帰分析はCEFと密接に関連しており，CEFはある事象間の実証的関係の自然な集約方法であるので，それはほぼすべての実証分析において有益な基礎を与えてくれる．回帰式——すなわち，期待誤差二乗和を最小化することで得られる最良の当てはめ線——とCEFの関係は少なくとも３つの方法で説明することができる．これらの説明を正確に述べるためには，私たちが心に思い描いている回帰式とは何かということをはっきりさせておくのがよい．この節では，母集団分布における最小二乗問題の解として定義される母集団回帰係数ベクトルについて考える．ここでは，因果関係は問題にしない．むしろ，$K\times 1$ の回帰係数ベクトル β は単に次の最小化問題の解として定義する．

$$\beta = \arg\min_{b} E[(Y_i - X_i'b)^2] \tag{3.1.2}$$

一階条件より，$E[X_i(Y_i - X_i'b)]=0$ であり，その解は $\beta = E[X_iX_i']^{-1}E[X_iY_i]$ と書ける．定義より，$E[X_i(Y_i - X_i'\beta)]=0$ となっていることに注意されたい．言い換えると，$Y_i - X_i'\beta = e_i$ と定義される母残差は，説明変数 X_i とは無相関である．この誤差項はそれ自身では重要ではないが，β との関係において意味があり重要であることは強調しておいてもよいだろう．この重要な点に関しては，3.2節の因果回帰についての議論の中で再び述べることにする．

１つの説明変数 x_i と定数項のみを含む単回帰モデルの場合，傾き係数は $\beta_1 = \dfrac{Cov(Y_i, x_i)}{V(x_i)}$ であり，切片は $\alpha = E[Y_i] - \beta_1 E[X_i]$ となる．２つ以上の説明変数を含む重回帰の場合，k番目の説明変数の傾き係数は以下のようになる．

回帰解剖

$$\beta_k = \frac{Cov(\mathrm{Y}_i, \tilde{x}_{ki})}{V(\tilde{x}_i)} \qquad (3.1.3)$$

ただし，$\tilde{x}_{ki}$ は x_{ki} を他のすべての説明変数に回帰したときの残差である．

言い換えると，$E[\mathrm{X}_i\mathrm{X}_i']^{-1}E[\mathrm{X}_i\mathrm{Y}_i]$ は k 番目の要素が $\frac{Cov(\mathrm{Y}_i, \tilde{x}_{ki})}{V(\tilde{x}_{ki})}$ である K×1 ベクトルである．この重要な公式は，行列を用いた式である $\beta = E[\mathrm{X}_i\mathrm{X}_i']^{-1}E[\mathrm{X}_i\mathrm{Y}_i]$ よりも多くのことを明らかにしてくれるので，重回帰分析の中で何が起きているかを示してくれているといわれる．すなわち，重回帰分析におけるそれぞれの係数は，各変数から他の変数の動きを取り除いたうえで，その変数と被説明変数との2変数間の関係を表す傾き係数になっている．

回帰解剖の公式を確かめるために，次の式を (3.1.3) 式の分子に代入してみよう．

$$\mathrm{Y}_i = \alpha + \beta_1 x_{1i} + \cdots + \beta_k x_{ki} + \cdots + \beta_K x_{Ki} + e_i$$

$\tilde{x}_{ki}$ は説明変数の線形結合なので，e_i とは無相関である．また，$\tilde{x}_{ki}$ は他のすべての共変量への回帰残差であるので，これらの他のすべての共変量とも無相関でなければならない．さらに，同じ理由により，$\tilde{x}_{ki}$ と x_{ki} の共分散は $\tilde{x}_{ki}$ の分散に等しい．ゆえに，$Cov(\mathrm{Y}_i, \tilde{x}_{ki}) = \beta_k V(\tilde{x}_{ki})$ となる[3]．

回帰解剖の公式は，回帰分析か統計の授業で目にしたことがあるだろうが，

---

3) 回帰解剖の公式は，通常は Frisch and Waugh (1933) によるといわれる．この回帰解剖は，以下にある別の方法でも可能である．

$$\beta_k = \frac{Cov(\tilde{\mathrm{Y}}_{ki}, \tilde{x}_{ki})}{V(\tilde{x}_{ki})}$$

ここで $\tilde{\mathrm{Y}}_{ki}$ は，Y_i を x_{ki} 以外のすべての共変量に回帰したときの残差である．この方法がうまくいくのは，$\tilde{\mathrm{Y}}_{ki}$ を作る回帰式における（Y_i 以外の）当てはめ値が $\tilde{x}_{ki}$ とは無相関だからである．これは（$\tilde{x}_{ki}$, $\tilde{\mathrm{Y}}_{ki}$）のグラフを描いてみるとよくわかる．このグラフ自体は2次元のグラフであるが，これらの点の最小二乗の当てはめ線の傾きは，重回帰係数 β_k に等しい．しかしながら，x_{ki} が他の全ての共変量とは無相関でない限りは，Y_i から他の共変量を取り除くだけでは十分ではない．すなわち，

$$\frac{Cov(\tilde{\mathrm{Y}}_{ki}, x_{ki})}{V(x_{ki})} = \left[\frac{Cov(\tilde{\mathrm{Y}}_{ki}, \tilde{x}_{ki})}{V(\tilde{x}_{ki})}\right]\left[\frac{Cov(\tilde{x}_{ki})}{V(x_{ki})}\right] \neq \beta_k$$

となる．

その際にはおそらく次のような捻りのある説明がなされたのではないだろうか．つまり，この節で定義された回帰係数は，推定量というよりはむしろ被説明変数と説明変数の同時分布における非確率的性質として説明されたのではないだろうか．この同時確率分布は，もし分析対象である母集団を完全に観測することができれば（またはデータ生成の確率過程を知っているのであれば）知ることができるものであるが，現実にはそのような情報はおそらく誰も持ち合わせていないであろう．そうであるにもかかわらず，母集団パラメターとは何かということをどうやって推定したらよいかを悩む前に考えておくことは，実証分析を進めるうえでよいことであり，お勧めである．

なぜ母集団回帰係数ベクトルが分析の対象となるのか，理由を以下に３つ述べる．これらの理由は，一言で言うならば，「もし CEF に関心があるのであれば回帰パラメターに関心を持つべきである」となる．

定理 3.1.4　線形 CEF 定理（回帰分析の正当性その１）
CEF が線形のとき，母集団回帰関数は CEF に一致する．

証明　$K \times 1$ 係数ベクトル β^* に対して，$E[Y_i|X_i]=X_i'\beta^*$ であるとする．CEF 分解の性質より $E[X_i(Y_i-E[Y_i|X_i])]=0$ であるので，$E[Y_i|X_i]=X_i'\beta^*$ を代入すると，$\beta^*=E[X_iX_i']^{-1}E[X_iY_i]=\beta$ となる．

線形 CEF 定理をみると，CEF を線形にするものは何かという疑問がわく．古典的なシナリオは同時正規性，つまりベクトル $(Y_i, X_i')'$ が多変量正規分布に従っているというものである．このシナリオは回帰分析の父である Galton (1886) によって考案されたものである．彼は身長や知能といった正規分布に従っている特性の世代間の連鎖に関心があった．この正規性の仮定は，説明変数や被説明変数がしばしば離散変数である一方，正規分布は連続分布であるので，実証上の制約となる．別の線形性のシナリオは，回帰モデルが飽和しているというものである．3.1.4 節で見るように，飽和回帰モデルとは，すべての説明変数が取りうる値のすべての組み合わせに対して，それぞれに異なるパラメターをもつモデルである．例えば，２つのダミー変数（その係数は主効果と呼ばれる）とそれらを掛け合わせた項（交差項と呼ばれる）を説明変数とするモデルは，飽和回帰モデルである．そのようなモデルは本質的に線形であり，この点は 3.1.4 節でも議論する．

私たちが回帰分析に焦点を当てる残り 2 つの理由を次に述べるが，これらは線形 CEF 定理が使えないときに役立つ．

定理 3.1.5　最良線形予測量定理（回帰分析の正当性その 2）

関数 $X_i'\beta$ は，X_i を所与としたとき，期待誤差二乗和を最小化するという意味において，Y_i の最良線形予測量である．

証明　$\beta=E[X_iX_i']^{-1}E[X_iY_i]$ は (3.1.2) の母集団分布における最小二乗問題の解である．

言い換えると，CEF，$E[Y_i|X_i]$ が X_i のすべての関数の中で，X_i を所与としたときの Y_i の最良の予測量であるのとちょうど同じように，母集団回帰関数は線形関数の中ではもっともよい予測量となっている．

定理 3.1.6　回帰 CEF 定理（回帰分析の正当性その 3）

関数 $X_i'\beta$ は，$E[Y_i|X_i]$ の期待誤差二乗和を最小化する線形近似である．すなわち，

$$\beta = \arg\min_b E\{(E[Y_i|X_i]-X_i'b)^2\} \tag{3.1.4}$$

証明　まず，β は (3.1.2) の解であることに注意せよ．次に，

$$\begin{aligned}(Y_i-X_i'b)^2 &= \{(Y_i-E[Y_i|X_i])+(E[Y_i|X_i]-X_i'b)\}^2\\ &= (Y_i-E[Y_i|X_i])^2+(E[Y_i|X_i]-X_i'b)^2\\ &\quad +2(Y_i-E[Y_i|X_i])(E[Y_i|X_i]-X_i'b)\end{aligned}$$

である．第 1 項は b を含まず，また，最後の項は CEF 分解の性質（ii）より期待値をとるとゼロになる．ゆえに，CEF 近似問題 (3.1.4) は母集団最小二乗

問題 (3.1.2) と等しくなる．

これらの２つの定理は，回帰分析に対してさらに２つの別の見方を与えてくれる．CEF が被説明変数の制約のない最良の予測量であるのとちょうど同じように，回帰は被説明変数の最良の線形予測量を与えてくれる．一方，もし Y_i を予測しているのではなく，$E[Y_i|X_i]$ を近似していると考えたいのであれば，回帰 CEF 定理より，たとえ CEF が非線形であるとしても，回帰が CEF の最良の線形近似を与えてくれることがわかる．

これらの３つの動機のうち，私たちがもっとも好む回帰分析の動機は回帰 CEF 定理である．実証分析というのは，統計的関係の本質的な特徴を押さえ記述するという努力の過程であるのだが，この「回帰は CEF を近似する」という文言は，本質をおさえるという目的にとっては統計的関係を細部にわたって完全に把握することは必ずしも必要ではない，という私たちの考え方によくあてはまる．線形 CEF 定理は特殊ケースのみにしか当てはまらない．最良線形予測量定理は十分に一般的ではあるが，実証分析に対する過度に分析的な見方を助長するように思われる．というのも，私たちは**それぞれ**の Y_i を予測しようとしているのではなく，私たちが興味のあるのはその**分布**だからである．

図 3.1.2 は，図 3.1.1 で描いた就学年数ごとの CEF に対して，CEF 近似の性質を見るために描いたものである．この回帰線は，あたかも Y_i ではなく $E[Y_i|X_i]$ のモデルを推定しているかのように，いくらか凸凹している非線形の CEF に当てられているように見えるが，実は，これこそが私たちのやっていることなのである．回帰 CEF 定理の１つの含意として，Y_i そのものではなく，$E[Y_i|X_i]$ を被説明変数としても回帰係数を得ることができるという点がある．この点を理解するために，X_i は確率関数 $g_x(u)$ をもつ離散確率変数としよう．すると，

$$E\{(E[Y_i|X_i]-X_i'b)^2\} = \sum_u (E[Y_i|X_i=u]-u'b)^2 g_x(u)$$

となる．これは，$E[Y_i|X_i=u]$ を u に回帰する加重最小二乗法（WLS）によって β を得ることができることを意味する．ただし，u は X_i の取りうる値すべての範囲を考えている．このウェイトは X_i の分布，すなわち $g_x(u)$ で与えら

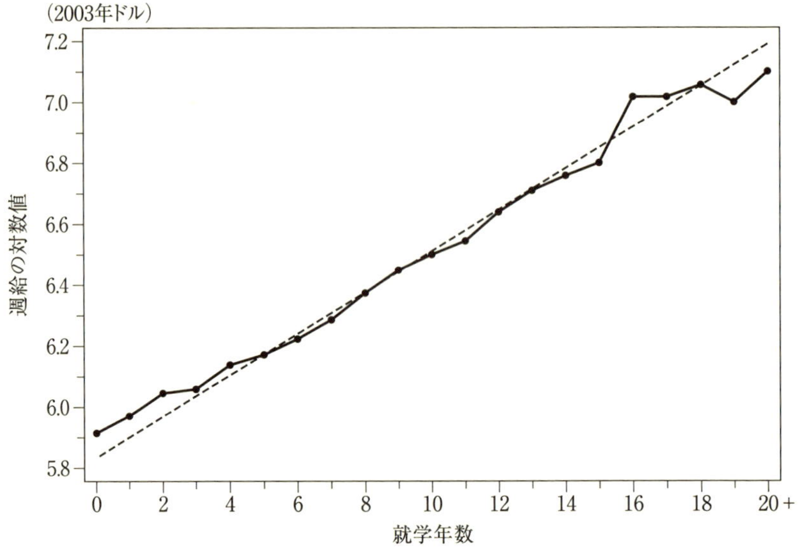

図 3.1.2　就学年数ごとに見た、対数週給の平均値の CEF と回帰線（実線＝CEF; 破線＝回帰線）

れる．さらに簡単に理解する方法として，β の公式において繰り返し期待値をとると，

$$\beta = E[\mathrm{X}_i\mathrm{X}_i']^{-1}E[\mathrm{X}_i\mathrm{Y}_i] = E[\mathrm{X}_i\mathrm{X}_i']^{-1}E[\mathrm{X}_iE(\mathrm{Y}_i|\mathrm{X}_i)] \qquad (3.1.5)$$

CEF または回帰公式の集計データ版は，個票データを使った分析が難しいプロジェクトのときに特によく使われる．例えば Angrist (1998) は，軍隊への自発的な志願がその後の人生における所得に与える効果を分析するために，集計データを用いている．このプロジェクトで用いた推定戦略の 1 つとして，文民としての所得を，退役軍人であることを示すダミー変数および個人属性や軍が兵隊を選別するために用いた情報などに対して回帰するということを行っている．所得のデータはアメリカの年金システムから入手したが，それらの記録そのものを公にすることはできない．そこで，個人の所得を用いる代わりに，Angrist は人種や性別，テストスコア，学歴そして退役軍人かどうかという条

A. 個人レベルデータ

·regress earning school, robust

Source	SS	df	Ms		
				Number of obs	= 409435
				F(1, 409433)	=49118. 25
Model	22631. 4793	1	22631. 4793	Prob > F	= 0. 0000
Residual	188648. 31	409433	. 460755019	R-squared	= 0. 1071
				Adj R-squared	= 0. 1071
Total	211279. 789	409434	.51602893	Root MSE	= . 67879

		Robust		Old Fashioned	
earning	Coef.	std. Err.	t	std. Err.	t
school	. 0674387	. 0003447	195. 63	. 0003043	221. 63
const.	5. 835761	. 0045507	1282. 39	. 0040043	1457. 38

B. 就学年ごとの平均

·regress average_earning school [aweight=count], robust

(sum of wgt is 4. 0944e+05)

Source	SS	df	Ms		
				Number of obs	= 21
				F (1, 19)	= 540. 31
Model	1.16077332	1	1.16077332	Prob > F	= 0. 0000
Residual	.040818796	19	. 002148358	R-squared	= 0. 9660
				Adj R-squared	= 0. 9642
Total	1.20159212	20	. 060079606	Root MSE	= . 04635

		Robust		Old Fashioned	
earning	Coef.	std. Err.	t	std. Err.	t
school	. 0674387	. 0040352	16. 71	. 0029013	23. 24
const.	5. 835761	. 0399452	146. 09	. 0381792	152. 85

図 3.1.3　個票データと集計データそれぞれに基づいた教育の収益率の推定値（ステータの出力表）.

出典：データは 1980 年の IPUMS 5 パーセントファイル．40–49 歳の白人男性の標本．分散不均一性に対して頑健な標準誤差を使用．パネル A は個人レベルのデータ，パネル B は就学年数ごとの平均所得データを用いている．

件ごとに集計した平均所得を分析に用いた．

集計データを用いた回帰分析方法を例示するため，21 の就学年数グループごとに計算した所得の CEF を用いて賃金関数における学歴の係数を推定した．図 3.1.3 の Stata（ステータ）の結果表にあるように，集計データを用いた際に，標本における学歴ごとの人数でウェイト付けした加重最小二乗法による推定値は，数百万人分の個人データを用いて推定したものとまったく同じになる．しかしながら，集計データを用いた回帰で得られた標準誤差は，繰り返し抽出された個票データを使って推定した傾きの推定値の漸近標本分散とは異なっている．これは，傾きの推定値の漸近標本分散を得るためには $Y_i - X_i'\beta$ の分散を推定する必要があるからである．この分散は個票データ，特に $W_i \equiv [Y_i X_i']$ の二次のモーメントに依存しており，この点は次節で詳しく見てゆくことにする．

3.1.3 OLS の漸近的推論

実際の推定において，CEF あるいは母集団回帰ベクトルがあらかじめ分かっている場合はほとんどない．ゆえに，データからこれらの値を推測するのだが，この統計的推論とは，伝統的な計量経済学のほとんどが対象とするところである．これはいかなる計量経済学の教科書においても取り扱われている内容だが，私たちもこの推論についての議論を完全に省略しようとは思わない．基礎的な漸近理論をおさらいすることは，統計的推論の過程が，特定の回帰係数の推定値をどのように解釈するべきなのかという問いとはまったく別物であるという重要な点に気づかせてくれる．回帰係数は，それが何を意味するかに関係なく，記述が簡単で統計的推論に用いることのできる標本分布をもっているのである[4)]．

私たちの関心は，

$$\beta = E[X_i X_i']^{-1} E[X_i Y_i]$$

の繰り返し抽出における標本版の分布にある．ここで $W_i \equiv [Y_i\ X_i']'$ をサイズ N の標本において，独立同一分布に従うベクトルとする．一次のモーメント（積率）$E[W_i]$ の自然な推定量は，次のような標本平均 $(1/N)\sum_{i=1}^{N} W_i$ である．大数の法則より，標本サイズが大きくなるにつれて，この標本平均は，母集団分布の平均に限りなく近づいてゆく．例えば，二次のモーメントの行列 $E[W_i W_i']$ とその標本版 $(1/N)\sum_{i=1}^{N} W_i W_i'$ のように，ベクトル W_i のより高次のモーメントについても同様に考えることができる．この原理に倣って，ベクトル β のモ

4) この節における OLS 推論の漸近的性質についての議論の多くは，Chamberlain (1984) の凝縮版である．漸近理論の重要な落とし穴と問題点は最終章で議論する．

ーメント法による推定量は，それぞれの母集団モーメントを標本平均で置き換えるものである．この論理により，最小二乗（OLS）推定量は

$$\hat{\beta} = \left[\sum_i \mathrm{X}_i \mathrm{X}_i'\right]^{-1} \sum_i \mathrm{X}_i \mathrm{Y}_i$$

となる．ここで，私たちは$\hat{\beta}$をモーメント法推定量として導出したが，それは3.1.2節の冒頭で説明した最小二乗問題の解の標本版となっているので，βのOLS推定量と呼ばれる[5]．

ベクトル$\hat{\beta}$の漸近標本分布は，推定される対象の定義（つまり，推定しようとしている対象βの性質）とデータが無作為抽出であるという仮定のみに依存する．この分布を導出する前に，私たちが必要とする一般的な漸近分布理論をまとめておくのがよい．この基礎理論のほとんどは言葉で述べることができる．これらを言葉で述べるために，読者は統計理論のコアとなる用語と概念――モーメント，数学的期待値，確率極限，漸近分布――についての知識をもっているものとする．これらの用語の定義と以下にあげる理論的性質の厳密な数学的記述については，Knight (2000) を参照のこと．

大数の法則　標本モーメントは母集団モーメントに確率収束する．言い換えると，標本平均が母平均に近づく確率は，標本サイズを十分に大きくしてやればいくらでも高めることができる．

中心極限定理　標本モーメントは（対応する母集団モーメントを引いて，標本サイズの平方根をかけてやれば）漸近的に正規分布に従う．漸近共分散行列は，対応する確率変数の分散で与えられる．言い換えると，十分に大きな標本では，適切に標準化された標本モーメントは近似的に正規分布に従う．

5)　計量経済学者は，表現がコンパクトであるという理由により行列を用いるのを好む．さほど頻繁ではないが，私たちもそうである．Xは行の要素がX_i'で与えられる行列であり，yはY_i（i=1, ⋯, N）を要素とするベクトルとする．標本モーメント行列$\frac{1}{N}\sum \mathrm{X}_i \mathrm{X}_i'$は$\mathrm{X}'\mathrm{X}/N$であり，標本モーメントベクトル$\frac{1}{N}\sum \mathrm{X}_i y_i$は$\mathrm{X}'y/N$と書く．ゆえに，$\hat{\beta}=(\mathrm{X}'\mathrm{X})^{-1}\mathrm{X}'y$という，よく使われる行列による表現となる．

スルツキー定理

1. 2つの確率変数のうち，1つは分布収束し（つまり漸近分布を持ち），もう1つはある定数に確率収束するとして，この2つの確率変数の和を考える．この和の漸近分布は，確率収束する確率変数を収束先の定数で置き換えた和の漸近分布と同じものになる．より厳密には，a_N を漸近分布をもつ統計量とし，b_N を b に確率収束する統計量とすると，a_N+b_N と a_N+b は同じ漸近分布をもつ．
2. 2つの確率変数のうち，1つは分布収束し（つまり漸近分布を持ち），もう1つはある定数に確率収束するとして，この2つの確率変数の積を考える．この積の漸近分布は，確率収束する確率変数を収束先の定数で置き換えた積の漸近分布と同じものになる．より厳密には，a_N を漸近分布をもつ統計量とし，b_N を b に確率収束する統計量とすると，$a_N b_N$ と $a_N b$ は同じ漸近分布をもつ．

連続関数定理　確率極限は連続関数を通り抜ける．例えば，標本モーメントのいかなる連続関数の確率極限も母集団モーメントで評価した関数の値となる．厳密には，$h(b_N)$ の確率極限は $h(b)$ であり，ここで $plim\ b_N=b$ であり，$h(\cdot)$ は b で連続である．

デルタ法　漸近的に正規分布に従う確率変数ベクトルを考える．この確率変数ベクトルの連続微分可能なスカラー関数も漸近的に正規分布に従い，漸近共分散行列は，内側にこの確率変数ベクトルの共分散行列，外側に確率変数ベクトルの確率極限で評価した関数の傾きをもつ二次形式で与えられる[6]．厳密には，$h(b_N)$ の漸近分布は正規分布であり，共分散行列は $\nabla h(b)'\Omega\nabla h(b)$ である．ただし，$plim\ b_N=b, h(\cdot)$ は b で連続微分可能であり，傾きは $\nabla h(b), b_N$ は漸近共分散行列 Ω をもつ[7]．

---

6)　二次形式は行列でウェイト付けした二乗和である．ν を $N\times 1$ ベクトル，M は $N\times N$ 行列とする．ν の二次形式は $\nu'\mathrm{M}\nu$ である．もし M が $N\times N$ の対角行列であり，その対角要素を m_i とすると，$\nu'\mathrm{M}\nu=\sum_i m_i\nu_i^2$．

これらの結果を用いて$\hat{\beta}$の漸近分布を2通りの方法で導出できる．概念的にはわかりやすいが，若干野暮ったい方法は，デルタ法を用いる方法である．まず，$\hat{\beta}$は標本モーメントの関数であるから漸近正規性をもつことはわかるので，あとはこの関数の傾きから漸近分布の共分散行列を求めるだけである．($\hat{\beta}$の一致性は連続関数定理よりほぼ自明である)[8]．より簡単で示唆に富む方法はスルツキー定理と中心極限定理を用いる方法である．

$$\mathrm{Y}_i = \mathrm{X}_i'\beta + [\mathrm{Y}_i - \mathrm{X}_i'\beta] \equiv \mathrm{X}_i'\beta + e_i \qquad (3.1.6)$$

と書けることに注意せよ．ここで，誤差e_iは以前と同様に被説明変数と母集団回帰関数との差として定義されている．言い換えると，$E[\mathrm{X}_i e_i]=0$というのは$\beta=E[\mathrm{X}_i\mathrm{X}_i']^{-1}E[\mathrm{X}_i\mathrm{Y}_i]$と$e_i=\mathrm{Y}_i-\mathrm{X}_i'\beta$の帰結であって，経済的関係についての仮定から導かれるものではない[9]．

恒等式 (3.1.6) を$\hat{\beta}$の公式のY_iに代入すると，

$$\hat{\beta} = \beta + \left[\sum \mathrm{X}_i\mathrm{X}_i'\right]^{-1}\sum \mathrm{X}_i e_i$$

が得られる．

$\hat{\beta}$の漸近分布は$\sqrt{N}(\hat{\beta}-\beta)=N[\sum \mathrm{X}_i\mathrm{X}_i']^{-1}\frac{1}{\sqrt{N}}\sum \mathrm{X}_i e_i$の漸近分布である．スルツキー定理より，これは$E[\mathrm{X}_i\mathrm{X}_i']^{-1}\frac{1}{\sqrt{N}}\sum \mathrm{X}_i e_i$と同じ漸近分布をもつ．$E[\mathrm{X}_i e_i]=0$なので，$\frac{1}{\sqrt{N}}\sum \mathrm{X}_i e_i$は$N$の平方根で標準化され，中心化された標本モーメントである．中心極限定理より，これは平均0，分散共分散行列$E[\mathrm{X}_i\mathrm{X}_i' e_i^2]$の正規分布に漸近的に従う．ゆえに，$\hat{\beta}$は確率極限$\beta$と共分散行列

$$E[\mathrm{X}_i\mathrm{X}_i']^{-1}\,E[\mathrm{X}_i\mathrm{X}_i' e_i^2]\,E[\mathrm{X}_i\mathrm{X}_i']^{-1} \qquad (3.1.7)$$

7)　スルツキー定理と連続関数定理を用いたデルタ法の導出については，Knight (2000, pp. 120–121) を参照のこと．私たちは「$h(b_N)$の漸近分布」という言い方をするが，実際には$\sqrt{N}(h(b_N)-h(b))$の漸近分布のことを指している．

8)　推定量がそのターゲットとなるパラメターに確率収束する時，推定量は**一致性をもつ** (consistent) という．

9)　この残差の定義は，X_iの平均独立を必ずしも意味しない．平均独立のためには，CEFの線形性が必要である．

を持つ漸近正規分布に従うことがわかる.

t 統計量に用いる理論的な標準誤差は (3.1.7) の対角要素の平方根である. 実際には, これらの標準誤差は期待値には和を使い, 誤差には推定残差 $\hat{e}_i = Y_i - X_i'\hat{\beta}$ を代入して 4 次の標本モーメント $\sum [X_i X_i \hat{e}_i^2]/N$ を計算することで推定できる.

この方法で計算した漸近標準誤差は, 不均一分散に対して頑健な標準誤差, White (1980a) の標準誤差, または Eicker (1967) の導出で見られることからアイッカー・ホワイトの標準誤差と呼ばれるものである. これらは (例えば Stata においては)「頑健な」標準誤差としても知られている. これらの標準誤差は, 大標本においてはデータとモデルに最小限の仮定を課すだけで, 正確な仮説検定および信頼区間を与えるので, 頑健と呼ばれるのである. 特に, 私たちの極限分布の導出方法では, 例えば中心極限定理といった基礎的な統計的性質が使えるのに必要なもの以外には, 特に仮定を課してはいないのである. しかしながら, 頑健な標準誤差は統計ソフトで自動的に得られるものではない. 既定の標準誤差は, 分散均一の仮定, つまり, $E[e_i^2 | X_i] = \sigma^2$ という仮定のもとで導出されたものである. この仮定のもとでは, 繰り返し期待値の法則より,

$$E[X_i X_i' e_i^2] = E(X_i X_i' E[e_i^2 | X_i]) = \sigma^2 E[X_i X_i']$$

となるので, $\hat{\beta}$ の漸近共分散行列は,

$$\begin{aligned} &E[X_i X_i']^{-1} E[X_i X_i' e_i^2] E[X_i X_i']^{-1} \\ &\quad = E[X_i X_i']^{-1} \sigma^2 E[X_i X_i'] E[X_i X_i']^{-1} \\ &\quad = \sigma^2 E[X_i X_i']^{-1} \end{aligned} \qquad (3.1.8)$$

と簡単なものになる. (3.1.8) の対角要素は特に指定しなければ SAS や Stata が結果に出すものである.

回帰モデルは CEF の近似であるという私たちの見方において, 分散不均一性は自然なように思われる. もし CEF が非線形であり, それを近似するのに線形モデルを用いたならば, 回帰線の CEF へのあてはまりの度合いは X_i とともに変化する. ゆえに, 平均的にはあてはまりの悪い X_i における残差は大きくなるであろう. たとえ Y_i の X_i での条件付き分散は定数であると仮定できたとしても, CEF が非線形であれば $E[(Y_i - X_i'\beta)^2 | X_i]$ が X_i に依存することになる

であろう．この点を理解するために，次の式を見てみよう．

$$
\begin{aligned}
&E[(\mathrm{Y}_i - \mathrm{X}_i'\beta)^2 \mid \mathrm{X}_i] \\
&\quad = E\{[(\mathrm{Y}_i - E[\mathrm{Y}_i \mid \mathrm{X}_i]) + (E[\mathrm{Y}_i \mid \mathrm{X}_i] - \mathrm{X}_i'\beta)]^2 \mid \mathrm{X}_i\} \\
&\quad = V[\mathrm{Y}_i \mid \mathrm{X}_i] + (E[\mathrm{Y}_i \mid \mathrm{X}_i] - \mathrm{X}_i'\beta)^2 \qquad (3.1.9)
\end{aligned}
$$

ゆえに，White (1980b) で指摘されたように，たとえ $V[\mathrm{Y}_i \mid \mathrm{X}_i]$ が定数だとしても，残差の分散は回帰線と CEF の差の二乗とともに増加するのである[10]．

同様の理由で，CEF の線形性は分散均一を可能にするが，十分ではない点も触れておく価値がある．この点の説明において，私たちの好む例は線形確率モデル（LPM）である．線形確率モデルとは，被説明変数が 0–1，つまり労働参加の指標といったダミー変数になっている回帰モデル全般を指す．もし回帰モデルが飽和しているとすると，説明変数を所与とする CEF は線形になる．CEF は線形なので，残差分散は条件付き分散 $V[\mathrm{Y}_i \mid \mathrm{X}_i]$ でもある．しかし，被説明変数は条件付き分散が $P[\mathrm{Y}_i=1 \mid \mathrm{X}_i](1-P[\mathrm{Y}_i=1 \mid \mathrm{X}_i])$ のベルヌーイ試行であるので，説明変数が定数項のみでない限り，線形確率モデルの残差は必然的に分散不均一となることがわかる．

これらの点は重要ではあるが，実証上の問題として分散不均一性はさほど大きな問題とはならないかもしれない．図 3.1.3 で見た個票データを用いた学歴の回帰分析では，昔ながらの（分散均一の仮定の下での）標準誤差は .0003043 であるが，頑健な標準誤差は .0003447 であり，頑健なものと比べてそれほど小さくはない．集計データを用いた際の標準誤差は，グループサイズが異なれば必然的に分散不均一になるのではあるが，個票データのときと比べると，もう少し大きな違いが見られる．頑健なものは .004 であり，従来のものは，.0029 である．私たちの経験上，この程度の違いはよく見られるものである．もし分散不均一性が深刻で，例えば，標準誤差が従来の標準誤差と比べて 30% 以上大きくなったり，逆に小さくなったときは，プログラムのミスやその他の問題を心配するべきである．例えば，従来の標準誤差よりも頑健な標準誤差が小さいというのは，頑健な標準誤差の計算における有限標本バイア

10)　$\mathrm{Y}_i - E[\mathrm{Y}_i \mid \mathrm{X}_i]$ は X_i と平均独立なので，(3.1.9) の 2 行目にある二乗項を展開したときの交差項はゼロになる．

スの兆候かもしれない．

最後に，おそらくどこかで目にしたことがあるであろう，統計的推論についての教科書的なアプローチについて簡単に触れておく．伝統的な計量経済学的推論は，この節で導入した仮定よりも強い仮定から始まる．時に古典的正規回帰モデルと呼ばれる伝統的な設定では，固定された（非確率的な）説明変数，CEF の線形性，誤差項の正規性，および分散均一性が仮定される（例えば，Goldberger 1991 を見よ）．これらの強い仮定のもとで，次の 2 つの結果が得られる．(1) OLS 推定量の不偏性，(2) 大標本のみならず小標本においても有効な OLS 推定量の標本分散の公式．OLS 推定量の不偏性とは，$E[\hat{\beta}]=\beta$ を意味し，これはいかなる標本サイズの下でも成り立つ性質であるので，大標本において $\hat{\beta}$ の期待値を β に近づけることができることを意味する一致性よりも強い性質である．どのようなときになぜ不偏性が得られるのかを見るのは簡単である．一般に，

$$E[\hat{\beta}] = \beta + E\{(\sum \mathrm{X}_i\mathrm{X}_i')^{-1}\sum \mathrm{X}_i e_i\}$$

である．もし説明変数が非確率的（繰り返し抽出において固定されている）ならば，それら説明変数は，期待値オペレータを通り抜けることができ，$E[e_i]=0$ なので，不偏性の結果を得る．さもなければ，確率的説明変数であるとしても，もし $E[e_i|\mathrm{X}_i]=0$ であれば繰り返し期待値の法則より不偏性を得る．これは CEF が線形のときは正しいが，より一般的な「不可知論的」回帰の枠組みでは，必ずしも正しいとは限らない．

古典的仮定の下で得られる分散の形は，分散均一の仮定で得られる大標本の時の分散と同じであるが，――この強い古典的仮定が正しいという仮定のもとで――この公式はいかなる標本サイズのもとでも有効である．私たちは推定への漸近的アプローチから始めることを選んだのだが，それは近年の実証分析は，頑健分散の公式の背後にある大標本理論に依拠していることが多いからである．そうすることのメリットは，弱い仮定のもとでの妥当な推定が可能である点であり，特に私たちのガチガチではない回帰分析に対するアプローチにおいては納得のいく枠組みである．一方，大標本アプローチも危険がないわけではなく，それについては第 8 章の推定の議論，および第 4 章の操作変数法の議論にお

いて立ち返ることにする．

3.1.4 飽和モデル，主効果，そしてその他の回帰の話

私たちは，しばしば**飽和した**（saturated）とか**主効果**（main effects）といったような言葉を使って回帰モデルについて議論することがある．これらの用語は，もともとは離散の処置変数の効果をモデル化する時に回帰分析を用いる，実験主義者が伝統的に用いる言葉だった．しかしながら今日では，この用語は応用計量経済学を含む多くの分野において幅広く用いられるようになった．これらの用語を知らない読者にとっては，この節はそういった話が簡単に概観できるようになっている．

飽和回帰モデルは離散の説明変数からなるモデルであり，説明変数の取り得るすべての組み合わせに対して異なるパラメターをもつモデルである．例えば，労働者が大卒かどうかを表す変数のみを説明変数とするモデルにおいては，大卒ダミーと定数項からなるモデルは飽和モデルである．説明変数が多くの値をとるときにも，飽和モデルを考えることはできる．例えば，$s_i=0, 1, 2, \cdots, \tau$ とする．s_i についての飽和回帰モデルは，

$$Y_i = \alpha + \beta_1 d_{1i} + \beta_2 d_{2i} + \cdots + \beta_\tau d_{\tau i} + \varepsilon_i$$

で与えられ，ここで，$d_{ji}=1[s_i=j]$は学歴レベルが j であることを表わすダミー変数であり，β_j は j レベルの学歴の**効果**と言える[11]．ここで，

$$\beta_j = E[Y_i|s_i=j] - E[Y_i|s_i=0]$$

であり，$\alpha=E[Y_i|s_i=0]$ であることに注意せよ．実際には，対照群の s_i はいかなる値を選ぶこともできる．回帰モデルは，$E[Y_i|s_i=j]$ におけるすべての可能な j に対してそれぞれ 1 つのパラメターをもっているかぎりにおいて，飽和モデルになっている．CEF は飽和させるのに必要なだけのダミー説明変数を含んだ線形関数であるので，飽和回帰モデルは CEF に完全に当てはまることになる．これは，線形 CEF 定理の重要な一特殊ケースである．

11)　指示関数を表すのに，$1[s_i=j]$ を用いるが，この場合は学歴レベルが $s_i=j$ の時に 1 となるダミー変数を作る関数となっている．

もし２つの説明変数——例えば，大卒ダミーと性別ダミー——があるとすると，これらの２つのダミー変数とそれらを掛け合わせた項と定数項を含むモデルは飽和モデルである．ダミー変数の係数は主効果として知られているものであり，掛け合わせた項は**交差項**と呼ばれるものである．これがモデルを飽和させるパラメター化の唯一の方法というわけではない．つまりすべての説明変数の取り得る値それぞれの効果を識別することができるようなダミー変数の組み合わせであれば，それは飽和モデルである．例えば，別の飽和モデルとして，男性大卒ダミー，男性非大卒ダミー，女性大卒ダミー，女性非大卒ダミーを含むが定数項のないモデルがある．

ここでこの点をより具体的に見るために，いくつかの記号を導入しよう．x_{1i} は大卒ダミーであり，x_{2i}は女性ダミーとする．x_{1i}とx_{2i}を所与として，CEF は次の４つの値をとる．

$$E[\mathrm{Y}_i|x_{1i}=0, x_{2i}=0]$$
$$E[\mathrm{Y}_i|x_{1i}=1, x_{2i}=0]$$
$$E[\mathrm{Y}_i|x_{1i}=0, x_{2i}=1]$$
$$E[\mathrm{Y}_i|x_{1i}=1, x_{2i}=1]$$

これらの CEF に次のようにパラメターを当てることができる．

$$E[\mathrm{Y}_i|x_{1i}=0, x_{2i}=0] = \alpha$$
$$E[\mathrm{Y}_i|x_{1i}=1, x_{2i}=0] = \alpha+\beta_1$$
$$E[\mathrm{Y}_i|x_{1i}=0, x_{2i}=1] = \alpha+\gamma$$
$$E[\mathrm{Y}_i|x_{1i}=1, x_{2i}=1] = \alpha+\beta_1+\gamma+\delta_1$$

ここで，４つのギリシャ文字があり，CEF は４つの値をとるので，このパラメター化は CEF に何の制約も課してはいない．CEF はギリシャ文字を用いて，

$$E[\mathrm{Y}_i|x_{1i}, x_{2i}] = \alpha+\beta_1 x_{1i}+\gamma x_{2i}+\delta_1(x_{1i}x_{2i})$$

と２つの主効果と１つの交差項をもつモデルとしてパラメター化できる[12)]．なので，飽和回帰モデルは，

$$Y_i = \alpha + \beta_1 x_{1i} + \gamma x_{2i} + \delta_1 (x_{1i} x_{2i}) + \varepsilon_i$$

となる．

複数の学歴レベル変数と性別ダミーを組み合わせて，τ の学歴レベルの主効果と，１つの性別の主効果と，τ の性別と学歴の交差項をもつ飽和モデルを考えることもできる．

$$Y_i = \alpha + \sum_{j=1}^{\tau} \beta_j d_{ji} + \gamma x_{2i} + \sum_{j=1}^{\tau} \delta_j (d_{ji} x_{2i}) + \varepsilon_i \tag{3.1.10}$$

交差項の係数 δ_j はそれぞれの学歴レベルの効果が性別によってどのように異なるかを教えてくれる．この場合の CEF は $2(\tau+1)$ の値をとり，回帰モデルもこれだけ多くのパラメターをもつことになる．

この飽和回帰モデルというのは，下にいくほど制約が強くなるモデル作成戦略ピラミッドの頂点にあるという点には注意が必要である．もちろん，飽和モデルは CEF に完全に当てはまるので，これから分析を始めるというのは自然である．他方で，飽和モデルは非常に多くの交差項を含める必要があるが，これらの多くは興味のないものや不正確にしか推定できないものであろう．ゆえに，このような項の一部またはすべてをうまい具合に省略したくなるかもしれない．数式 (3.1.10) から交差項を取り除いたものは，CEF を学歴と性別だけの完全な加法モデルで近似しているものになる．もし教育の収益が男性と女性で似通っているのであれば，それはよい近似となる．いずれにせよ，3.3.1 節で議論したように，この加法モデルにおける学歴の係数は両方の性別にとっての収益の（加重）平均にはなっている．他方，交差項のみを含み，主効果を省略したモデルを推定するのはおかしなことかもしれない．学歴の場合だと，これは，

$$Y_i = \alpha + \gamma x_{2i} + \sum_{j=1}^{\tau} \delta_j (d_{ji} x_{2i}) + \varepsilon_i \tag{3.1.11}$$

のようなモデルになる．このモデルは，学歴は女性の賃金だけを変化させるモデルになっており，真実とはかけ離れているように思われる．結果として，

---

12)　３つ目のダミー変数 x_{3i} がある場合には，飽和モデルは３つの主効果と３つの二次の交差項 $\{x_{1i}x_{2i}, x_{1i}x_{3i}, x_{2i}x_{3i}\}$ と１つの３次の交差項 $x_{1i}x_{2i}x_{3i}$ からなる．

(3.1.11) 式の推定結果は解釈が困難になりやすい．

最後に，Y_i の分布が何であれ，飽和モデルはCEFに完全に当てはまるという点を理解しておくことは重要である．例えば，このことは線形確率モデルや制限付き被説明変数モデル（例えば，非負の Y_i）についても正しいことであり，この点についてはこの章の最後で立ち返ることにする．

3.2　回帰分析と因果関係

3.1.2節では，回帰分析がCEFの最良（最小二乗誤差）線形近似となることを示した．しかしながら，この点を理解することは，どのようなときに回帰分析から因果関係としての解釈を得ることができるのかという，より深い問いに対する答えにはなっていない．一体どのようなときに，私たちは回帰係数を，実験ができれば明らかにされるであろう因果関係としての効果を近似するものと考えてよいのであろうか．

3.2.1　条件付き独立の仮定

回帰モデルは，それが近似するCEFが因果関係をとらえている限りにおいて，因果関係として解釈することができる．もちろん，これは上の質問に対する答えにはなっていないし，すでに見たように，回帰モデルに正当性を与えているものはCEFなので，ただ単に足場を1つ上に登ったに過ぎない．因果関係というのは，異なる人々にとっては異なるものを意味するが，多くの学問分野における研究者たちは，第2章で見た仮説的な比較において，異なる通院シナリオの下では何が起こったであろうかを記述する際に用いたように，潜在的な結果という用語を用いて因果関係について考えることが有用であることを知っている．これらの潜在的な結果の差を，私たちは通院の因果効果と呼んだのである．CEFはそれがある参照母集団における平均的な潜在的結果の差を表しているときに，因果関係としての解釈をもつのである．

因果関係としての解釈をもつCEFというのは幾分曖昧な概念なので，理解を容易にするために，学歴レベルの例という，より具体的な問題を使って考えてみよう．学歴と所得の間の因果関係は，もしある人が現実とは異なる学歴レベルをもっているとしたら得られたであろう所得を表す関数的関係として定義することができる．特に，私たちは各個人の学歴選択の問題を，たとえある選択肢が他の選択肢よりもより現実的であるとしても，そのときそのときの逐次的な選択行動の連鎖と考えることもできる．例えば，高校 1 年生のときに不安で不幸と感じていたアングリストは，彼の選択肢について陰鬱に考えていた．高校を辞めて，できれば仕事を見つけて働くか，それとも学校にはとどまるが，簡単な授業だけを履修して，やっつけの卒業証書を手に入れるか，それとも大学進学を目指すコースでしっかりと勉強するかであった．普通はこのような選択の帰結は事前にはわからないのだが，異なる結果をもたらすであろう異なる選択という考え自体は，異論のないところであろう．潜在的な帰結という個人的な概念は科学的に有用たりえるほどに正確な概念なのか，という点について哲学者たちは論を交わしてきたが，意思決定主体としての個人としては，人生や選択についてこのように考えることに何の問題もないように思える（ロバート・フロスト［Robert Frost］が「選ばれなかった道」の中で吟じたように，旅行者兼ナレーターは選択のときを振り返る．彼は実現しなかった帰結を知ることはできないことはわかっているが，あまり先人のいない道を行くという意思決定が，「すべての違いを生み出してきた」と信じている）．

実証分析において，学歴と所得の因果関係を知ることとは，完全に制御された環境において学歴を変えるか，または無作為に学歴を変化させることで異なる学歴を比較可能にすることによって，異なる学歴のもとでは平均的にはどのくらい所得が異なるのかを知ることである．第 2 章で見たように，実験においては，対象とする原因変数は潜在的な結果変数とは独立なので，グループ間の比較が真の意味で比較可能となっている．ここでは，この考えを，ダミー変数より複雑で，因果関係の推定のためにはさまざまな変数を制御しなければならないような原因変数のケースに一般化しよう．この一般化は，**条件付き独立の仮定**（conditional independence assumption：CIA）という，回帰モデルの推定値を因果関係として解釈することを正当化する（時に暗黙の）核心的な仮定について語ることを意味する．この仮定は，観測可能な変数によるセレクションとも呼ばれるが，これはその他のコントロール変数は既知であり観測可能であると仮定されるからである（例えば，Goldberger 1972; Barnow, Cain, and Goldberger 1981 を見よ）．ゆえに，これらのコントロール変数は何か，または何であるべきかというのが大変重要になる．この点についてはじきにもう少し触れるが，とりあえずは，計量経済学的にこのコントロール変数を X_i と呼ぶだけにしておく．学歴の問題に即して言えば，X_i は能力や家庭環境についてのベクトルと考えるのが自然であろう．

まず始めに，学歴については，アングリストは大学に行くか否かという二択問題としよう．この意思決定を C_i というダミー変数で表す．大学進学と所得のような将来の結果の因果関係は，第 2 章の実験で用いたのと同じ潜在的結果という概念を使って記述することができる．この問題を記述するために，2 つの潜在的所得を考える．

$$
\text{潜在的所得} = \begin{cases} Y_{1i} & \text{もし } C_i = 1 \text{ ならば} \\ Y_{0i} & \text{もし } C_i = 0 \text{ ならば} \end{cases}
$$

この場合，Y_{0i} は i さんが大学へ行かなかったときの所得であり，Y_{1i} は大学へ行ったときの所得である．私たちはこの大学進学の因果効果としての Y_{1i} と Y_{0i} の差を知りたいのである．時間を遡って，選ばれなかった道のほうに i さんの背中をポンと押してやることができれば，この差を測ることができるであろう．観測された結果 Y_i は，潜在的な結果変数を使って次のように書くことができる．

$$
Y_i = Y_{0i} + (Y_{1i} - Y_{0i})C_i
$$

問題は，私たちは Y_{1i} と Y_{0i} のどちらか 1 つしか観測することはできず，両方を同時に観測することはできないという点である．ゆえに，$Y_{1i} - Y_{0i}$ の平均を計算したり，大学進学者グループといったような特定のグループにおける平均値を計算したりしようとするのである．この平均は，$E[Y_{1i} - Y_{0i} | C_i = 1]$ と書ける．

一般的に，大学へ行った人と行かなかった人の比較は，大学へ行ったことの因果効果を図るという目的においてはよくないやり方である．第 2 章の論理に習うと，

$$\underbrace{E[Y_i|C_i=1]-E[Y_i|C_i=0]}_{\text{観測された所得の差}}$$
$$=\underbrace{E[Y_{1i}-Y_{0i}|C_i=1]}_{\text{処置群にとっての平均処置効果}}+\underbrace{E[Y_{0i}|C_i=1]-E[Y_{0i}|C_i=0]}_{\text{セレクション・バイアス}} \quad (3.2.1)$$

となる．大学へ行く人たちは，理由は何であれ高い所得を得るように見える．もしそうであるならば，セレクション・バイアスは正になり，単純な比較 $E[Y_i|C_i=1]-E[Y_i|C_i=0]$ は大学へ行くことの便益を過大に見せてしまう．

CIA の主張は，X_i という観測可能な特性でコントロールすれば，セレクション・バイアスはなくなるというものである．厳密には，

$$\{Y_{0i}, Y_{1i}\} \perp\!\!\!\perp C_i|X_i \quad (3.2.2)$$

を意味し，ここで記号“$\perp\!\!\!\perp$”は独立の関係を意味し，垂直の直線“|”の右側にある確率変数は条件付け変数である．CIA を所与とすると，X_i によって条件付けしたもとでの異なる学歴レベルの平均所得の比較は因果関係として解釈できる．言い換えると，

$$E[Y_i|X_i, C_i=1]-E[Y_i|X_i, C_i=0]=E[Y_{1i}-Y_{0i}|X_i]$$

となる．

さて，次は条件付き独立の仮定を，例えば就学年数 s_i のようにダミー変数以外の変数の場合に拡張してみよう．就学年数と所得の因果関係は人それぞれ異なるであろう．ゆえに，個人特有の関数

$$Y_{si} \equiv f_i(s)$$

を用いて i さんが s 年の教育を受けたあとに受け取るであろう潜在的な所得を表すとする．もし s が 12 年と 16 年の 2 つの値しかとらないのであれば，大学進学・非進学の例と同じことになる．

$$Y_{0i}=f_i(12); \ Y_{1i}=f_i(16)$$

さらに一般的には，関数 $f_i(s)$ から，**いかなる**就学年数 s についても潜在的

な i さんの所得を見ることができる．言い換えると，関数 $f_i(s)$ は，「もし何々であったならば」という因果関係についての問いに対する答えになっているのである．例えば，人的資本と所得の関係についての理論モデルの文脈においては，関数 $f_i(s)$ の形は個人の行動や市場の力やその両方によって規定されるものであろう．

このより一般的な設定における CIA は，

$$\text{すべての } s \text{ に対して，} \mathrm{Y}_{si} \perp\!\!\!\perp \mathrm{s}_i \,|\, \mathrm{X}_i \qquad \text{(CIA)}$$

となる．多くの無作為実験においては，s_i **は** X_i による条件付けのもとで無作為に割り当てられているので，CIA が成立していると考えられる（例えば，テネシー STAR 実験において，少人数クラスは学校内では無作為に割り当てられていた）．非実験データを用いた研究においては，CIA の下では X_i で条件付けしてやれば，s_i という変数は“無作為割当と同じくらいよい”変数になっているということになる．

X_i で条件付けしたときに，1 年就学年数が増えたときの**平均因果効果**は $E[f_i(s)-f_i(s-1)|\mathrm{X}_i]$ だが，4 年増えたときの平均因果効果は $E[f_i(s)-E[f_i(s-4)]|\mathrm{X}_i]$ である．データからは $\mathrm{Y}_i=f_i(\mathrm{s}_i)$，つまり $f_i(s)$ の $s=\mathrm{s}_i$ のときの結果しかわからない．しかし，CIA のもとでは，X_i による条件付けのもとでの学歴間の平均所得の比較は，因果関係として解釈できる．言い換えると，いかなる s についても，

$$E[\mathrm{Y}_i|\mathrm{X}_i, \mathrm{s}_i=s]-E[\mathrm{Y}_i|\mathrm{X}_i, \mathrm{s}_i=s-1] = E[f_i(s)-f_i(s-1)|\mathrm{X}_i]$$

となる．例えば，高卒の平均因果効果を見たいときには，就学年数が 12 年の人と 11 年の人の所得を比較してやることができる：

$$\begin{aligned} &E[\mathrm{Y}_i|\mathrm{X}_i, \mathrm{s}_i=12]-E[\mathrm{Y}_i|\mathrm{X}_i, \mathrm{s}_i=11] \\ &\quad = E[f_i(12)|\mathrm{X}_i, \mathrm{s}_i=12]-E[f_i(11)|\mathrm{X}_i, \mathrm{s}_i=11] \end{aligned}$$

この比較は因果関係として解釈できる．それは，CIA のもとでは，

$$E[f_i(12)|\mathrm{X}_i, \mathrm{s}_i=12]-E[f_i(11)|\mathrm{X}_i,\mathrm{s}_i=11]$$

$$= E[f_i(12) - f_i(11) | X_i, s_i = 12]$$

であるからである．ここでは，セレクション・バイアスは高卒者が中途退学したとしたときの潜在的な所得と，中途退学者の所得との差として得られる．しかしながら，CIA のもとでは，X_i による条件付けのもとでは，高校卒業は潜在的な所得とは独立であるので，セレクション・バイアスは消えてしまう．また，この場合は高卒者における高校卒業の因果効果は，X_i における平均的な高校卒業効果と同じになる：

$$E[f_i(12) - f_i(11) | X_i, s_i = 12] = E[f_i(12) - f_i(11) | X_i]$$

この点は重要だが，セレクション・バイアスを取り除くことができる点のほうがより重要である．

これまでのところ，条件付け変数によってとり得る値のそれぞれについての因果効果を個別に議論してきた．このことは即ち，変数 X_i の取り得る値の数だけ因果効果があることを意味しており，あまりにも情報が多すぎて困ってしまう．実証家は，ほぼいつも条件なしの，または全体の平均因果効果といった単一の尺度を用いて，これらの情報を要約するのが便利であることを知っている．繰り返し期待値の法則により，高校卒業の条件なし平均因果効果は，

$$E\{E[Y_i | X_i, s_i = 12] - E[Y_i | X_i, s_i = 11]\} \quad (3.2.3)$$
$$= E\{E[f_i(12) - f_i(11) | X_i]\}$$
$$= E[f_i(12) - f_i(11)] \quad (3.2.4)$$

で表される．同様に，高卒者に対する，高校卒業の平均因果効果も興味を引くかもしれない：

$$E\{E[Y_i | X_i, s_i = 12] - E[Y_i | X_i, s_i = 11] | s_i = 12\} \quad (3.2.5)$$
$$= E\{E[f_i(12) - f_i(11) | X_i] | s_i = 12\}$$
$$= E[f_i(12) - f_i(11) | s_i = 12] \quad (3.2.6)$$

これらの数値から，卒業したという事実そのものから，高卒者がどれだけ所得の増分を得ているのかを知ることができる．同様に，大学卒業の効果のため

には，$E[f_i(16)-f_i(12)|s_i=16]$ が大卒者における平均因果効果を見るのに使えるし，$E[f_i(16)-f_i(12)]$ は条件無しの平均効果として使える．

条件無しの平均効果 (3.2.3) は，X_i の周辺分布を使ってウェイト付けしながら，すべての X 特有の効果を平均してやればよく，一方高卒者や大卒者における平均因果効果のためには X 特有の効果をそのグループにおける X_i の分布を使って加重平均をしてやればよい．どちらの場合でも，実証分析において対応するものはマッチング推定量である．つまり，同じコントロール変数をもっている人々を学歴グループ間で比較し，それらの人々のグループ間の平均所得の差を計算し，何らかの方法でその差の平均をとるのである．

実際にマッチング法を実装するためには，注意しなければならない細かな点がたくさんある．3.3.1 節において，マッチング法の細かい技術的な点については補足する．ここでは，マッチングによるアプローチの欠点として以下の 3 つに触れておく．1 つ目は，推定方法自体が自動的ではなく，むしろそれがマッチングと平均化という 2 つのステップを必要とするという点にある．2 つ目は，場合によっては推定結果の標準誤差を推定することも単純ではないかもしれない点があげられる．3 つ目の点としては，この小節で中心的であった 2 つのグループの比較（高卒または大卒者と中退者の比較）は，解こうとしている問題に対する正当な回答法になっていない恐れがあるという点である．というのも，s_i は多くの値をとり得るので，それぞれの s_i の微増に対してそれぞれの因果効果があり，それらもまた何らかの方法で要約されなければならない[13]．マッチング法に関するこれらの欠点を目にすると，私たちは時に回帰分析に戻りたくなるのである．

実は，回帰分析は CIA の下では因果効果を自動的に推定できる，簡単な実証戦略となっている．それを理解するために，CIA から回帰分析に至る 2 つ

13) 例えば，s_i の分布を使って，s についての平均効果を計算したとする．言い換えると，各 s に対して，$E[f_i(s)-f_i(s-1)]$をマッチング法で推定し，差の平均を次のように計算するとしよう．

$$\sum E[f_i(s)-f_i(s-1)]P(s)$$

ただし，$P(s)$は s_i の確率関数である．これは導関数の平均 $E[f_i'(s_i)]$ を離散近似したものである．

のルートを辿ることができる．1つ目のルートとして，$f_i(s)$ は s に関して線形であり，加法的な誤差項以外はすべての人々にとって同じであると仮定してみよう．この仮定のもとでは，線形回帰モデルを用いることは $f_i(s)$ の特徴を推定する方法として自然なやり方である．より一般的だか幾分長い２つ目のルートは，$f_i(s)$ は人それぞれ異なるし，さらに必ずしも s について線形ではない点から始まる．例えそのような場合でも，人々の間で $f_i(s)$ の無作為な変動と，ある人にとっての $f_i(s)$ の非線形性を許すことで，回帰分析は個人特有の差 $f_i(s)-f_i(s-1)$ の加重平均を推定する方法と見なすことができる．実際，(3.2.3) や (3.2.5) のように，回帰分析は平均因果効果を推定するマッチング推定量の特殊型と見なすこともできるのである．

ここでは，回帰分析とマッチング法の類似性についての詳細に立ち入るのではなく，回帰分析を因果関係として解釈するために必要とされる条件に焦点を当てたいと思う．ゆえに，まずわれわれは最初のルート，すなわち線形で均一の因果効果を仮定するモデルから始める．仮に，

$$f_i(s)=\alpha+\rho s+\eta_i \tag{3.2.7}$$

とする．この式は，線形性に加えて分析したい学歴と所得の関数的関係は全ての人にとって均一であることも意味している．(3.2.7) 式では i さんが s 年の就学年数だったらどれくらいの所得を得るのかを示しており，実現した学歴 s_i だけについての関係ではないことを強調するために，i を付けずに s と書いておく．さらに，$f_i(s)$ において個人特有であり確率的な唯一の部分は平均ゼロの誤差項 η_i であるとし，これは潜在的な所得を決定する観測できない要素を表しているとする．(3.2.7) 式の s に観測値 s_i を代入すると，

$$\mathrm{Y}_i=\alpha+\rho \mathrm{s}_i+\eta_i \tag{3.2.8}$$

を得る．(3.2.7) 式の係数が (3.2.8) 式の係数と明示的に対応しており，それが因果関係を表しているという点を除けば，(3.2.8) 式はただの２変数モデルのように見える．重要なのは，(3.2.7) 式は因果関係の式なので，s_i は潜在的な結果である $f_i(s)$ と相関しているかもしれないし，あるいは，この場合だと (3.2.8) 式の残差項 η_i と相関しているかもしれないという点である．

今，仮に観測された変数 X_i のベクトルを所与として，CIA が成り立っているとしよう．さらに，(3.2.8) 式にある潜在的な結果変数の式の関数形の仮定に加えて，潜在的所得の確率項である η_i を観測可能な属性 X_i の線形関数と誤差項 ν_i とに分解する：

$$\eta_i = X_i'\gamma + \nu_i$$

ここで，γ は $E[\eta_i | X_i] = X_i'\gamma$ を満たすような母回帰係数ベクトルである．γ は η_i の X_i への回帰により定義されているので，残差 ν_i と X_i は構成上無相関である．さらに，まさに CIA のおかげで，

$$E[f_i(s) | X_i, s_i] = E[f_i(s) | X_i] = \alpha + \rho s + E[\eta_i | X] = \alpha + \rho s + X_i'\gamma$$

となる．ゆえに，線形因果モデル

$$Y_i = \alpha + \rho s_i + X_i'\gamma + \nu_i \qquad (3.2.9)$$

の誤差項は説明変数 s_i と X_i とは無相関であり，回帰係数 ρ は因果関係を表すことになる．

ここでのカギとなる仮定は，観測可能な属性 X_i が η_i と s_i（すなわち $f_i(s)$ と s_i）の相関を生み出す唯一の理由となっているというものであることは再び強調するに値する．これは，回帰モデルにおける観測可能な変数によるセレクションの仮定であり，四半世紀前に Barnow, Cain and Goldberger (1981) によって議論されたものである．これは，未だに経済学におけるほぼすべての実証分析の基礎をなしている．

3.2.2 脱落変数バイアスの公式

分析対象の変数 s_i に加えて，私たちはコントロール変数 X_i を回帰モデルに導入した．脱落変数バイアス（OVB）の公式は，回帰モデルにおける異なるコントロール変数の組み合わせと回帰係数の推定値との関係を表している．この重要な公式は，――(3.2.9) 式のようにコントロール変数をもつ――より多くのコントロール変数を含む「長い回帰式」では因果関係としての解釈が可能だが，コントロール変数が少ない「短い回帰式」では因果関係として解釈ができ

ないという考えにしばしば基づいている．それゆえ，短い回帰式に含まれている変数の係数はバイアスがかかっていると言われる．実際，OVB 公式というのは短い回帰式と長い回帰式の係数ベクトルに関する機械的な関係であり，それは元の長い回帰式が因果関係式であるかどうかとは関係がない．とはいえ，OVB 公式によって定められるように，長い回帰式と短い回帰式に含まれている係数の違いとしてこの公式をとらえる従来の考え方に私たちも従ってみよう．

議論を具体的にするために，学歴の回帰モデルにおけるコントロール変数は，家族背景と知性と動機の3つに集約することができるとしよう．これらの特定の要因をベクトル A_i で表し，短く“能力”と呼ぶことにする．能力をコントロールした賃金を学歴 s_i に回帰するモデルは，

$$Y_i = \alpha + \rho s_i + A_i'\gamma + e_i \qquad (3.2.10)$$

と書け，ここで，α，ρ，γ は母回帰係数，e_i は定義上どの説明変数とも相関しない誤差項である．もし A_i を所与として CIA が成り立っているとすると，ρ は (3.2.7) の線形因果モデルにおける係数と考えられるが，誤差項 e_i は A_i をコントロールしてもなお残されている，潜在的な所得の確率的な部分となる．

実際には能力を測るのは難しい．例えば，アメリカの人口動態調査 (Current Population Survey : CPS)〔日本における CPS に対応する調査は総務省「労働力調査」である〕という，ミクロ経済学で広く使われているアメリカの失業率を計算するときの基礎データでもある標本サイズの大きなデータセットでは，大人の回答者の家族背景はわからないし，知性や動機に関する情報もない．そこで，回帰式 (3.2.10) に能力を含めないとどうなるであろうか．能力を含めない“短い回帰式”の係数は，(3.2.10) の“長い回帰式”の係数と次のような関係がある：

脱落変数バイアスの公式

$$\frac{Cov(Y_i, s_i)}{V(s_i)} = \rho + \gamma'\delta_{As} \qquad (3.2.11)$$

ここで，δ_{As} は A_i の要素を s_i に回帰することで得られる係数ベクトルである．言葉で言うと，脱落変数バイアスの公式は次のように言える：

短い式の係数は，「長い式の係数」と「脱落変数の効果と，脱落変数を短い式に含まれた変数に回帰したときの係数を掛け合わせたもの」を足したものに等しい．

この公式の導出は簡単である．長い回帰式を短い回帰式の公式 $\frac{Cov(Y_i, s_i)}{V(s_i)}$ に代入すればよい．脱落変数バイアスの公式が 3.1.2 節の回帰解剖の公式 (3.1.3) と密接に関連しているのは驚くことではない．脱落変数バイアスの公式と回帰解剖の公式のどちらにおいても，脱落変数と短い式に含まれた変数が無相関であれば，短い回帰式の係数と長い回帰式の係数は同じものになる[14)]．

脱落変数バイアスの公式を使えば，能力を含めないときに学歴の係数がどうなるかについての大体の予想がつく．能力という変数は賃金に対して正の効果があると同時に，学歴とも正の相関をもつであろう．それゆえ，短い回帰式の係数は，真の値よりも過大になるであろう．一方，経済理論に照らしてみると，学歴と能力の相関の符号は完全にはわからない．ある脱落変数は学歴と負の相関をもつかもしれず，その場合は短い回帰式の係数は過小になるであろう[15)]．

表 3.2.1 はこれらのことを全国若年者縦断調査（National Longitudinal Survey of Youth：NLSY）のデータを用いて描写したものである．この表の最初の 3 つの数字を見ると，年齢，人種，居住地域といった基本的な人口学的属性に加えて，家族背景（――この場合は，両親の学歴――）を回帰式に含めることによって，学歴の係数が 0.132 から 0.114 に減少することがわかる．さらに個人の能力をコントロールするため，その代理変数としての陸軍仕官適正

---

14)　ここに脱落変数バイアスを重回帰に一般化したものを書いておく．β_1^s を短い回帰式における $K_1 \times 1$ 変数ベクトル X_{1i} の係数ベクトルとし，β_1^l を長い回帰式における $K_1 \times 1$ 変数ベクトル X_{2i} の係数ベクトルとする．さらに β_2^l を長い回帰式における追加的な $K_2 \times 1$ 変数ベクトル X_{2i} の係数ベクトルとすると，

$$\beta_1^s = \beta_1^l + E[X_{1i}X_{1i}']^{-1}E[X_{1i}X_{2i}']\beta_2^l$$

となる．

15)　私たちは高学歴者の一員として，能力と学歴は正の相関をもつと考えたいが，これは先の結論とは異なる：ミック・ジャガーはロンドン・スクール・オブ・ビジネスを中退したし，ビル・ゲイツはハーバード大学を中退したが，これはおそらくこれらの優れた能力をもった人々にとって学校へ通うことの機会費用が高かったからであろう（もちろん，彼らは大変運のよい大学中退者でもあったのだが）．

表 3.2.1　教育の収益率の推定値（男性，NLSY）

	(1)	(2)	(3)	(4)	(5)
コントロール変数	なし	年齢ダミー	第2列＋追加変数*	第3列＋AFQT スコア	第4列＋職種ダミー
	0.132 (0.007)	0.131 (0.007)	0.114 (0.007)	0.087 (0.009)	0.066 (0.010)

注：データは NLSY 1979 年コーホートの 2002 年における調査．対数賃金を就学年数とその他のコントロール変数に回帰した際の，就学年数の係数を掲載．（　）の中の数字は標準誤差．標本は男性に限定しており，NLSY の標本ウェイトを用いて加重してある．標本サイズは 2,434.

* その他のコントロール変数は，母親と父親の就学年数と人種と国勢調査上の地域についてのダミー変数.

試験（Armed Forces Qualification Test：AFQT）の点数を含めると，学歴の係数はさらに 0.087 まで減少する（AFQT は兵士を選別するために用いられるテストである）．脱落変数バイアスの公式を見ると，これらの係数の減少からこれらの追加的な変数が賃金および学歴と正の相関をもっていたことがわかる[16)]．

脱落変数バイアスの公式は単純ではあるが，回帰分析について知っておかなければならないもっとも重要な事柄の 1 つである．脱落変数バイアスの公式の重要性は，もし脱落変数バイアスがないと主張するのであれは，それは回帰分析の結果が知りたかったものそのものであると言っているのと同じであるという点にある．そして，大抵の場合，知りたかったことというのは，因果関係としての解釈ができるものである．言い換えると，長い回帰式においては，因果関係としての解釈に必要な CIA がすでに満たされているということなのである．

実証分析において，どのようなときに CIA がもっともらしいのかをここで考えることは価値のあることである．最善のシナリオは，ある種の（おそらく自然）実験において，X_i で条件付けをして，s_i を無作為に割当てるというものである．Black et al. (2003) による，失業者の強制的な再訓練プログラムの分析は 1 つの例である．この分析の著者らは，再訓練プログラムがその後の賃金

16)　学歴の式に能力の変数を含めないことによる影響については，非常に多くの実証分析がある．初期の重要な文献としては，Griliches and Mason (1972)，Taubman (1976)，Griliches (1977)，Chamberlain (1978) がある．

を引き上げているかどうかに関心をもっていた．彼女らは分析対象の訓練プログラムへの参加資格が個人属性と過去の失業及び仕事履歴に基づいて決められているという事実を利用した．労働者たちは個人属性に基づいていくつかのグループに振り分けられた．これらのうち，いくつかのグループは訓練プログラムへの参加資格がなく，それ以外のグループの労働者はもし仕事をしていないのであれば訓練を受けることを要求された．訓練が義務となっているいくつかのグループの労働者数が訓練を受けることのできる人数を上回るときには，くじによって訓練機会を割り振った．つまり，労働者をグループに振り分けるのに用いた属性による条件付きで訓練義務は無作為に割り当てられたことになる．ここでは，訓練を受けたことを意味するダミー変数とグループを決めるのに用いた個人属性，過去の失業および仕事の履歴の変数を含む回帰モデルの分析により，訓練の因果効果を推定することができているように思われる[17)]．

学歴選択の場合には，大学に進学させるか高校でやめにするかを決めるくじなどは普通存在しない[18)]．そうではあるが，似たような能力と家庭環境をもつ個人に大学進学を促すような実験を考えることはできるであろう．教育維持奨学金という，ある地域のイギリスの高校生が学校に行くことで支払われる奨学金があるが，これはそのような実験的政策の 1 つと言える（Dearden et al., 2003）．

CIA が成り立っていると思われる 2 つ目のシナリオは，s_i の決定過程の制度に関する詳細な知識を要するものである．自発的な軍役への志願がその後の所得に与える影響を分析した Angrist (1998) はその 1 つの例である．この研究では，アメリカ陸軍に自発的に志願した男性は，長期的に見てより経済的に恵まれているかどうかを問うものである．自発的な志願は無作為な振り分けとは異なるので，この問いに対する答えは通常の回帰分析ではわからない．ゆえにアングリストは 1979 年から 1982 年の間に志願した人々すべてのうち，実際に仕官した退役軍人と仕官しなかった人々との観測可能な違いをコントロー

17) このプログラムは賃金を引き上げるように見えるが，この主な理由は，訓練を受けた労働者はより早く仕事に復帰するからである．

18) 私立学校の授業料補助金の配分にくじが使われたことはある．これについては，Angrist et al. (2002) を参照のこと．

ルするためにマッチングと回帰分析の方法を用いた．この場合のコントロール戦略は，軍隊が兵士を選別するときは年齢や学歴，試験の点数など観測できるものに基づいて基本的には選んでいるという事実による．

Angrist (1998) において CIA というのは，観測可能なこれらすべての変数で条件付けをしてやれば，退役軍人とそうでない人が比較可能であるということを意味する．Angrist (1998) の研究において，X_i という条件のもとで，志願者が退役軍人か否かの違いは，採用基準を満たすとされた志願者が最後の最後で仕官できなかったケースがあるという事実のみに基づいて生じているという点において，考えてみる価値があることのように思われる．もちろん，採用基準を満たしている人が仕官者リストから外れるというのは，その人の潜在的な稼得能力に関係しているかもしれないので，この場合においてさえ CIA が完全に満たされているとは言えないのではあるが．

3.2.3　悪いコントロール変数

説明変数を追加することで，回帰係数の推定値を因果関係として解釈できる可能性が高まることについてはすでに述べた．しかし，説明変数は多ければ多いほどよいというわけではない．ある種の変数はコントロール変数としてはよくないもので，それを回帰式に含めることで，短い回帰式の係数が変化することがたとえ予想されるとしても，そういった変数は回帰式に含めるべきではない．ここで言う悪いコントロール変数とは，それら自身が今見ようとしている実験の結果となっている変数のことである．つまり，悪いコントロール変数とは，それ自身が被説明変数となり得る変数のことである．逆に良いコントロール変数とは，分析対象の説明変数が決まる時点にすでに決まっていると考えられる変数である．

悪いコントロール変数を用いる問題点は，セレクション・バイアスと基本的には同じだが，第２章や 3.2.1 節で議論したものよりは幾分わかりにくいものである．これを見るために，大学の学位が所得に与える影響に興味があるとし，ホワイトカラーとブルーカラーの２つの職種のいずれかで働くものとする場合を考えよう．大学の学位は，明らかに給料の高い，ホワイトカラーの仕事への扉を開いてくれる．ゆえに，職種は賃金の学歴への回帰式において，省略された変数と考えるべきであろうか．いずれにせよ，職種は学歴と所得の両方と強く相関している．そういう理由から，おそらく1つの職種，例えばホワイトカラー職における大卒の賃金への効果を見るというのがもっともよいかもしれない．この議論はもっともらしいようではあるが，この議論の問題点は，一旦大卒であることが職種に影響を与えるという事実を認めるならば，同じ職種の中での大卒とそうでない人々の賃金の比較は，**たとえ学位が無作為に割当てられているとしても，**もはやリンゴとリンゴの比較，つまり同じグループの比較にはなっていないという点である．

この大卒と職種の例における，悪いコントロール変数の問題点を厳密に記述しておく[19]．W_i はホワイトカラー職を示すダミー変数とし，Y_i を所得とする．これらの変数の実現値は，大卒かどうかということを表すダミー変数 C_i と，潜在的な所得を用いて以下のように表すことができる．

$$Y_i = C_iY_{1i} + (1 - C_i)Y_{0i}$$
$$W_i = C_iW_{1i} + (1 - C_i)W_{0i}$$

ここで，C_i は大卒ならば1，さもなければゼロとなるダミー変数，$\{Y_{1i}, Y_{0i}\}$ は潜在的な所得，$\{W_{1i}, W_{0i}\}$ はホワイトカラーかどうかを表す潜在的な変数である．C_i は無作為に割り当てられているとすると，C_i はすべての潜在的な変数 Y_i や W_i とは独立である．この独立性のもとでは，

$$E[Y_i|C_i=1] - E[Y_i|C_i=0] = E[Y_{1i} - Y_{0i}]$$
$$E[W_i|C_i=1] - E[W_i|C_i=0] = E[W_{1i} - W_{0i}]$$

なので，C_i が Y_i や W_i に与える因果効果を推定することには何の問題もない．実際に，Y_i と W_i を C_i に回帰することで，平均的な処置効果を推定することができる．

悪いコントロールとは，W_i で条件付けした所得の比較は因果関係としての解釈をもたなくなることを意味する．ホワイトカラー職に就いているという条件のもとで，大卒者とそれ以外の平均所得の差を考えよう．これは回帰分析に

19) 3.4.2節で詳細に議論する「正のグループのみの比較」においても同じ問題が発生する．

W_i を入れるか，または $W_i=1$ の標本に絞って Y_i を C_i に回帰することで得られる．後者において推定されるものは，$W_i=1$ の条件のもとで，C_i を1にしたときと0にしたときに生じる平均の差である．つまり，

$$
\begin{aligned}
&E[Y_i \mid W_i=1, C_i=1]-E[Y_i \mid W_i=1, C_i=0] \\
&\quad = E[Y_{1i} \mid W_{1i}=1, C_i=1]-E[Y_{0i} \mid W_{0i}=1, C_i=0] \qquad (3.2.12)
\end{aligned}
$$

となる．$\{Y_{1i}, W_{1i}, Y_{0i}, W_{0i}\}$ と C_i は同時独立なので，

$$
\begin{aligned}
&E[Y_{1i} \mid W_{1i}=1, C_i=1]-E[Y_{0i} \mid W_{0i}=1, C_i=0] \\
&\quad = E[Y_{1i} \mid W_{1i}=1]-E[Y_{0i} \mid W_{0i}=1]
\end{aligned}
$$

となる．この式は，悪いコントロール変数を用いたときは，リンゴとミカンの比較，つまり違うグループの比較をしていることを表している．

$$
\begin{aligned}
&E[Y_{1i} \mid W_{1i}=1]-E[Y_{0i} \mid W_{0i}=1] \\
&\quad = \underbrace{E[Y_{1i}-Y_{0i} \mid W_{1i}=1]}_{\text{因果効果}}+\underbrace{\{E[Y_{0i} \mid W_{1i}=1]-E[Y_{0i} \mid W_{0i}=1]\}}_{\text{セレクション・バイアス}}
\end{aligned}
$$

言い換えると，ホワイトカラー職に就いている大卒者と，それ以外の人の賃金の差は，大学卒業が $W_{1i}=1$ の人（つまり，大学を卒業するならばホワイトカラー職に就く人々）の賃金に与える因果効果と，大学卒業はホワイトカラー職に就く人々の構成を変えるという事実を反映したセレクション・バイアスの項との和に等しくなる．

この例におけるセレクション・バイアスは，正にも負にもなり得るが，それは職種選択と大学進学，および潜在的な所得との間の関係に依存する．もっとも重要な点は，たとえ $Y_{1i}=Y_{0i}$，つまり大卒の所得への因果効果はないとしても，(3.2.12) の条件付き比較はそのようにはならないことにある（Y_i を W_i と C_i に回帰するのも，まったく同じ問題にさらされている）．また，条件付きの比較は，「職種ではとらえきれない」大卒の効果をとらえているというのも正しくはない．事実，大学進学と職種，そして所得についてのより手の込んだモデル無くしては，私たちはこの条件付きの比較からあまり有用な結論を得ることはできないのである[20]．

実証分析の例として表 3.2.1 で見た NLSY のモデルでは，2 桁の職業ダミー変数を追加すると学歴の係数が 0.087 から 0.066 に減少していた．しかしながら，これは何によって引き起こされているかを言い当てるのは難しい．職業ダミーの追加による学歴係数の変化は，ただ単にセレクション・バイアスによって引き起こされる人工的産物かもしれない．ゆえに，教育の影響を受けない変数のみをコントロールすればよかったのかもしれないのである．

2 つ目の悪いコントロール変数の話には，**代理コントロール変数**（proxy control），つまり，それを含めると脱落変数を部分的にコントロールしてはくれるが，その変数自身も分析対象の説明変数の影響を受けている変数が登場する．代理コントロール変数の単純な例として，次のようなものがある．仮に，(3.2.10) 式のような長い回帰式に関心があるとする．

$$\mathrm{Y}_i = \alpha + \rho \mathrm{s}_i + \gamma a_i + e_i \qquad (3.2.13)$$

なお，ここでは議論のために，コントロール変数ベクトル A_i を変数 a_i に置き換えてある．この能力は中学 2 年時点における（全員が中学 2 年までは必ず修了するという仮定のもとで）あらゆる学歴選択がなされる以前の，生まれ持った能力を図る IQ スコアのようなものと考えるのがよい．この式の誤差項は，定義上 $E[\mathrm{s}_i e_i] = E[a_i e_i] = 0$ を満たす．a_i は s_i が決まる前に計測されているので，よいコントロール変数である．

(3.2.13) 式は，回帰分析の対象であるが，残念なことに a_i のデータがない．しかしながら，第 2 の能力の指標として，例えば，学校教育を終えた時点で調査したデータ（例えば，就職活動時の候補者の選別に用いるテストスコア）があるとする．この変数を，**期末能力**（late ability）a_{li} と呼ぶ．一般的に，学校教育は，期末能力を生まれ持った能力よりも高いものにする．より具体的には，

$$a_{li} = \pi_0 + \pi_1 \mathrm{s}_i + \pi_2 a_i \qquad (3.2.14)$$

---

20) この例では，セレクション・バイアスはおそらく負，つまり，$E[\mathrm{Y}_{0i}|\mathrm{W}_{1i}=1] < E[\mathrm{Y}_{0i}|\mathrm{W}_{0i}=1]$ となるだろう．いかなる大卒者もホワイトカラー職に就けると考えるのは，それなりに現実的であるので，$E[\mathrm{Y}_{0i}|\mathrm{W}_{1i}=1]$ は $E[\mathrm{Y}_{0i}]$ とさほど異ならないであろう．しかし，非大卒でホワイトカラー職に就いている人（つまり $\mathrm{W}_{0i}=1$）はおそらく特別で，平均よりも高い Y_{0i} をもっているだろう．

とする．この式は，学校教育と生まれ持った能力の両方が，期末または観測される能力を高めることを意味する．計測された能力にもほぼ確実に計測誤差があるが，話をわかりやすくするために，これらの関係は (3.2.14) 式のように非確率的であるとする．

Y_i を s_i に回帰する回帰式では，脱落変数バイアスが心配だから，理想的なコントロール変数である a_i が無いときには，Y_i を s_i と期末能力 a_{li} とに回帰することを提案する．(3.2.14) 式を使って (3.2.13) 式の a_i に代入すると，s_i と a_{li} への回帰式は

$$\mathrm{Y}_i=\left(\alpha-\gamma\frac{\pi_0}{\pi_2}\right)+\left(\rho-\gamma\frac{\pi_1}{\pi_2}\right)\mathrm{s}_i+\frac{\gamma}{\pi_2}a_{li}+e_i \qquad (3.2.15)$$

となる．このシナリオでは，γ と π_1 および π_2 はすべて正であるので，$\rho-\gamma(\pi_1/\pi_2)$ は π_1 がゼロでない限りは過小になってしまう．言い換えると，分析対象の説明変数によって大きくなる代理コントロール変数を使うと，真の効果を過小に推定してしまう．しかし，π_1 についてはある程度分析できることは重要な点である．もし a_{li} の s_i への回帰係数がゼロならば，(3.2.14) 式における π_1 はゼロと仮定してもよいことになるからである．

代理コントロール変数のストーリーには，最初に述べた悪いコントロール変数のときにはなかった興味深い曖昧な点がある．結果の変数でコントロールするのは単に誤りである．もし回帰式に因果関係の解釈をもたせたいのならば，賃金式に職種をコントロール変数として含めたいと思うはずはない．しかし，代理コントロール変数の場合は，そうすることはよいことになる．そして，代理コントロール変数を含めると，分析対象の変数の真の係数を得ることはできないが，まったくコントロール変数を加えないよりはましかもしれない．代理コントロール変数を用いる動機は (3.2.13) 式であったことを思い起こそう．このモデルのパラメターに関して言えば，脱落変数バイアスの公式からコントロール変数の無いときの s_i への回帰係数は $\rho+\gamma\delta_{as}$ となり，ここで，δ_{as} は a_i を s_i に回帰したときの傾き係数になっている．(3.2.15) 式の学歴の係数は，まったくコントロール変数を含めなかったときの係数よりも ρ に近いかもしれない．さらに，δ_{as} は正だとすると，因果効果はこれら二つの値の間にあるということが確実に言えるのである．

最初の悪いコントロール変数と代理コントロール変数のケースの両方において心しておかなければならないことは，コントロール変数について考えるときには，タイミングが重要であるという点である．分析対象の説明変数が決まる以前に測られた変数は，一般的に良いコントロール変数である．特に，これらの変数は分析対象の説明変数が決まる以前に決まっているので，因果関係の意味において，これらの変数が説明変数の結果とはなりえないのである．しかしながら，しばしばタイミングは不正確であったり，わからなかったりする．そのような場合，因果関係についてのはっきりとした理由付けには何が先に起きたのかという仮定か，またはどのコントロール変数も，分析対象の説明変数によって引き起こされたものではないという主張が必要とされるのである[21)]．

3.3 異質性と非線形性

前節で見たように，CIA の仮定のもとでの線形因果モデルは，因果関係としての解釈が可能な線形 CEF となる．CEF は線形であると仮定すると，それは母集団回帰関数でもある．しかしながら，実際には CEF が線形であるという仮定そのものは回帰結果を因果関係として解釈するために必ずしも必要ではないのである．まず 1 つ目には，3.1.2 節で見たように，Y_i の X_i と s_i への回帰式は，その形にかかわらず CEF の最良線形近似とみなすことができるので，もし CEF が因果関係を表すならば，その近似である回帰式の係数も因果関係らしきものとなる．しかしながら，この主張はややあやふやなものであるので，回帰分析と CEF の関係をもう少し詳しく調べてみるのがよい．こうすることで，回帰分析が，実は計算上の魅力を備えたマッチング推定量であるということが理解できるようになるのである．

3.3.1 回帰分析とマッチング法の類似性

10 年か 20 年ほど前から，マッチング法は実証分析のツールとして徐々に

21) Griliches and Mason (1972) は，学歴式における期初と期末の能力の使い方をいくつも探究している．Chamberlain (1977, 1978) も非常に近い研究として参照せよ．Rosenbaum (1984) は，回帰分析の枠組みを超えた非常に異なった概念を用いて代理コントロール変数の考え方についての別の議論を展開している．

注目を集めてきた．前節の因果回帰のところで見たように，マッチング法を他の要因をコントロールする方法と考える典型的な動機はCIAによる．例えば，Angrist (1998) では兵役への志願が兵士の退役後の所得に対して与える効果を推定する際にマッチング法が用いられている．（年齢や学歴やテストスコアといった）兵士の選抜に用いられる個人属性によって条件付けてやれば，退役軍人かどうかは潜在的な所得とは独立であるという仮定のもとでは，これらのマッチング法による推定値を因果関係として解釈することができる．マッチング推定量は驚くほど単純である．まずマッチングにより他の要件を一定としたときの処置群と対照群の比較を行い，それを加重平均することで，全体の平均処置効果という１つの指標を作ることができる．

マッチング法の魅力的な特徴の１つは，マッチング法による推定を行う際に，マッチングによる推定値を因果関係として解釈するために必要である条件付き独立の条件を明示的に仮定する点にある．同時に，今しがた見たように，その仮定は，回帰係数を因果関係として解釈する際に必要なものとまったく同じものでもある．言い換えると，マッチング法も回帰分析も，どちらも他の要件をコントロールするための方法なのである．因果関係の推測のために必要な中心的な仮定はこの２つの方法に共通しているから，マッチング法がどのくらい回帰分析と異なるのかを考えてみるのは興味深い．この点についての私たちの見解としては，回帰分析は加重マッチング推定量の特殊型と考えることができるので，回帰分析とマッチング法による推定値の違いは実証上重要になることはあまりないというものである．

この考えに肉付けをするために，マッチング法と回帰分析における**推定される対象**，すなわちこれらの方法で推定しようとしている母集団における値の数学的構造をより深く見てみるのがよい．もちろん，回帰分析の場合は，母集団回帰係数ベクトルが推定される対象となる．一方，マッチング法の推定される対象は，たいていの場合，コントロール変数によって定義されるセルごとの比較の加重平均となる．これは，兵役の例で見たようにコントロール変数が離散変数であり，退役軍人かどうかといったように説明変数が離散（ここではダミー変数 D_i と表す）である場合を見るのがいちばんわかりやすい．処置変数は０か１の２つの値しか取らないので，Y_{1i} と Y_{0i} で潜在的な結果変数を表すこと

ができる．この場合，もっとも関心のあるパラメターは，処置群の平均処置効果，すなわち，$E[Y_{1i}-Y_{0i}|D_i=1]$ である．これは，観測可能である退役軍人の平均所得 $E[Y_{1i}|D_i=1]$ と，もし彼らが兵役についていなかったならば得られたであろう仮想的な（観測不可能な）平均所得 $E[Y_{0i}|D_i=1]$ との差である．D_i が Y_{0i} と独立でない限り，退役軍人かどうかによる平均所得の単純な比較では，バイアスのかかった処置効果の測定しかできない．具体的には，

$$
\begin{aligned}
&E[Y_i|D_i=1]-E[Y_i|D_i=0]\\
&\quad=E[Y_{1i}-Y_{0i}|D_i=1]+\{E[Y_{0i}|D_i=1]-E[Y_{0i}|D_i=0]\}
\end{aligned}
$$

となる．言い換えると，退役軍人かどうかによる観測可能な所得の比較は，処置群における平均処置効果とセレクション・バイアスの和に等しくなる．これは第２章のセレクション・バイアスの議論とまったく同じである．

この場合における CIA は，

$$\{Y_{0i},Y_{1i}\} \perp\!\!\!\perp D_i|X_i$$

で与えられる．CIA を所与として，X_i で条件付けるとセレクション・バイアスは無くなるので，処置群における処置効果は X_i についての繰り返し期待値を計算することで得ることができる：

$$
\begin{aligned}
\delta_{TOT} &\equiv E[Y_{1i}-Y_{0i}|D_i=1]\\
&=E\{E[Y_{1i}-Y_{0i}|X_i,D_i=1]|D_i=1\}\\
&=E\{E[Y_{1i}|X_i,D_i=1]-E[Y_{0i}|X_i,D_i=1]|D_i=1\}
\end{aligned}
$$

もちろん，$E[Y_{0i}|X_i,D_i=1]$ は仮想的である．しかしながら，CIA のおかげで，

$$E[Y_{0i}|X_i,D_i=0]=E[Y_{0i}|X_i,D_i=1]$$

となる．ゆえに，

$$
\begin{aligned}
\delta_{TOT} &= E\{E[Y_{1i}|X_i,D_i=1]-E[Y_{0i}|X_i,D_i=0]|D_i=1\}\\
&=E[\delta_X|D_i=1] \qquad (3.3.1)
\end{aligned}
$$

となる．ただし，

$$\delta_X \equiv E[Y_i | X_i, D_i=1] - E[Y_i | X_i, D_i=0]$$

は X_i のそれぞれの値における退役軍人と非退役軍人の平均の差である．このそれぞれの値，$X_i=x$ ごとのものを δ_x と書く．

Angrist (1998) のマッチング推定量は X_i が離散変数であることを利用して (3.3.1) の右辺の標本版を計算している．離散変数の場合，マッチング法の推定される対象は，次のように書ける．

$$E[Y_{1i} - Y_{0i} | D_i=1] = \sum_x \delta_x P(X_i=x | D_i=1) \tag{3.3.2}$$

ここで，$P(X_i=x | D_i=1)$ は $D_i=1$ を所与としたときの，X_i の確率関数である[22]．この場合，X_i は生年，テストスコアのグループ，軍隊への志願年，および志願時における学歴のすべての可能な組み合わせによって決まる．この場合のテストスコアは AFQT であり，志願者の精神的能力を分類するために軍隊によって用いられたものである（3.2.2 節の学歴回帰分析において，この変数はコントロール変数として用いた）．Angrist (1998) のマッチング推定量は，δ_X をそれぞれの X_i における退役軍人とそうでない人々の平均所得の差で置き換え，退役軍人たちの X_i の経験分布を用いて加重平均したものである．

条件なしの平均処置効果も非常に簡単に求めることができる．

$$\begin{aligned} \delta_{ATE} &= E\{E[Y_{1i} | X_i, D_i=1] - E[Y_{0i} | X_i, D_i=0]\} \\ &= \sum_x \delta_x P(X_i=x) = E[Y_{1i} - Y_{0i}] \end{aligned} \tag{3.3.3}$$

これは δ_X の期待値を，処置群における分布の代わりに X_i の周辺分布を使って計算したものである．δ_{ATE} は典型的な**志願兵**が兵役からどれだけ得た，または失ったのかを表すのに対して，δ_{TOT} は典型的な**兵士**が兵役の結果いくら得た，または失ったかを表すものである（Angrist 1998 における母集団は志願兵であるので）．

アメリカ軍は兵士に対して非常に厳しい基準で選抜を行う傾向にあるが，その傾向は冷戦終結による軍縮後は特にそうである．現在では，高卒だとテスト

22)　このマッチング推定量は Rubin (1977) によって議論され，Card and Sullivan (1988) では職業訓練補助金が雇用に与える効果を推定するのに用いられた．

表 3.3.1　軍役への志願が所得に与える効果の推定値（コントロールなし，マッチング法，回帰法）

人種	平均所得 1988-1991 (1)	退役軍人ステータス間の平均の差 (2)	マッチング法の推定値 (3)	回帰法の推定値 (4)	回帰-マッチング (5)
白人	14,537	1,233.4	−197.2	−88.8	108.4
		(60.3)	(70.5)	(62.5)	(28.5)
非白人	11,664	2,449.1	839.7	1,074.4	234.7
		(47.4)	(62.7)	(50.7)	(32.5)

注：Angrist (1998) の表 II と表 IV より再録．(　) の中の数字は標準誤差．1979 年から 1982 年の間に軍役へ志願した人びとにとっての，軍役への志願が 1988-91 年の年金課税所得に与えた影響の推定値．マッチング法および回帰法においては，志願者の生年，応募時点での学歴および AFQT テストスコアをコントロールしてある．128,968 人の白人と 175,262 人の非白人の標本．

スコアの分布において上半分に入っている人しか軍は採用しようとしない．ゆえに，退役軍人とそうでない人々の所得の単純な比較においては，このような志願兵の選別によって正のセレクション・バイアスが生じる．このことは，1979 年から 1982 年に軍へ志願した男性の 1988 年から 91 年の間の年金課税所得に対して兵役志願が与えた効果を，平均の差，マッチングおよび回帰分析によって推定した結果をレポートした表 3.1.1 からも見てとれる．マッチングによる推定値は (3.3.2) の標本版で得られる．白人の退役軍人は，そうでない白人に比べて 1,233 ドル多く稼いでいたが，一旦ほかの要因の違いをマッチングによって考慮すると，この退役軍人効果は負となる．同様に，非白人の退役軍人はそうでない非白人に比べて 2,449 ドル多く稼いでいるが，他の要因をコントロールすることによってその効果は 840 ドルにまで減少する．

表 3.3.1 には，マッチング推定値を得るのに用いたのと同じ変数をコントロールした回帰分析による兵役志願効果の推定値もレポートされている．これらは，回帰式

$$\mathrm{Y}_i = \sum_x d_{ix}\alpha_x + \delta_{\mathrm{R}}\mathrm{D}_i + e_i \qquad (3.3.4)$$

における δ_{R} の推定値であるが，ここで $d_{ix}=1[\mathrm{X}_i=x]$ は $\mathrm{X}_i=x$ を表すダミー変数，α_x は $\mathrm{X}_i=x$ の効果，δ_{R} は回帰分析における推定される対象である．この回帰モデルはコントロール変数の取りうるすべての値に対して異なるパラメタ

ーをもっている．ゆえに，このモデルは X_i に関して飽和しているということができる．しかしながら，$\mathrm{D}_i \cdot \mathrm{X}_i$ という交差項が含まれておらず，D_i の加法的な効果しか含まれていないので，完全に飽和しているとは言えない．

マッチング法と回帰分析の両方で同じ変数をコントロールしているにもかかわらず，表 3.3.1 の回帰による推定値は，非白人に対しては幾分大きく，白人に対しては負の効果が小さいように見える．事実，マッチングと回帰の結果の違いは統計的に有意である．同時に，2 つの推定戦略は兵役の効果について，だいたい同じ見解を示している．回帰とマッチングの推定値が似ているのは，回帰分析もマッチング推定量の特殊形と見ることができるからである．すなわち，回帰における推定される対象とマッチングにおける推定される対象との違いは，共変量特有の効果 δ_{X} を平均効果に集約するときに用いるウェイトのみである．特に，マッチング法においては，共変量特有の効果をウェイト付けして処置群における処置効果を推定する際に共変量の分布を用いるが，回帰分析においては，これらの効果を分散によりウェイト付けした平均として計算している．

この点を理解するために，Y_i の X_i と D_i への回帰において，D_i の係数を書くために回帰解剖の公式を用いて書いてみる．

$$\delta_{\mathrm{R}} = \frac{Cov(\mathrm{Y}_i, \tilde{\mathrm{D}}_i)}{V(\tilde{\mathrm{D}}_i)} \tag{3.3.5}$$

$$= \frac{E[(\mathrm{D}_i - E[\mathrm{D}_i|\mathrm{X}_i])\mathrm{Y}_i]}{E[(\mathrm{D}_i - E[\mathrm{D}_i|\mathrm{X}_i])^2]}$$

$$= \frac{E\{(\mathrm{D}_i - E[\mathrm{D}_i|\mathrm{X}_i])E[\mathrm{Y}_i|\mathrm{D}_i, \mathrm{X}_i]\}}{E[(\mathrm{D}_i - E[\mathrm{D}_i|\mathrm{X}_i])^2]} \tag{3.3.6}$$

2 つ目の等号は，モデルが X_i において飽和しているということは $E[\mathrm{D}_i|\mathrm{X}_i]$ が線形であるという事実より得られる．ゆえに，D_i を X_i に回帰したときに得られる残差 $\tilde{\mathrm{D}}_i$ は，D_i と $E[\mathrm{D}_i|\mathrm{X}_i]$ の差である．また，3 つ目の等号は Y_i を D_i と X_i に回帰するというのは，Y_i を $E[\mathrm{Y}_i|\mathrm{D}_i,\mathrm{X}_i]$ に回帰するのと同じであるという事実より導かれる（これは回帰 CEF の定理 3.1.6 と呼んだものである）．

さらに簡単化するために，CEF $E[\mathrm{Y}_i|\mathrm{D}_i, \mathrm{X}_i]$ を展開して，

$$E[\mathrm{Y}_i|\mathrm{D}_i, \mathrm{X}_i] = E[\mathrm{Y}_i|\mathrm{D}_i{=}0, \mathrm{X}_i] + \delta_{\mathrm{X}}\mathrm{D}_i$$

となり，これを (3.3.6) 式の分子の $E[\mathrm{Y}_i|\mathrm{D}_i, \mathrm{X}_i]$ に代入すると，

$$\begin{aligned} &E\{(\mathrm{D}_i - E[\mathrm{D}_i|\mathrm{X}_i])E[\mathrm{Y}_i|\mathrm{D}_i, \mathrm{X}_i]\} \\ &\quad = E\{(\mathrm{D}_i - E[\mathrm{D}_i|\mathrm{X}_i])E[\mathrm{Y}_i|\mathrm{D}_i{=}0, \mathrm{X}_i]\} \\ &\qquad + E\{(\mathrm{D}_i - E[\mathrm{D}_i|\mathrm{X}_i])\mathrm{D}_i\delta_{\mathrm{X}}\} \end{aligned}$$

となる．右辺の第 1 項は，$E[\mathrm{Y}_i|\mathrm{D}_i{=}0, \mathrm{X}_i]$ は X_i のみの関数であり，ゆえに $(\mathrm{D}_i - E[\mathrm{D}_i|\mathrm{X}_i])$ と無相関なので，ゼロとなる．同様に，第 2 項は

$$E\{(\mathrm{D}_i - E[\mathrm{D}_i|\mathrm{X}_i])\mathrm{D}_i\delta_{\mathrm{X}}\} = E\{(\mathrm{D}_i - E[\mathrm{D}_i|\mathrm{X}_i])^2\delta_{\mathrm{X}}\}$$

と簡単化できる．これより，

$$\begin{aligned} \delta_{\mathrm{R}} &= \frac{E[(\mathrm{D}_i - E[\mathrm{D}_i|\mathrm{X}_i])^2\delta_{\mathrm{X}}]}{E[(\mathrm{D}_i - E[\mathrm{D}_i|\mathrm{X}_i])^2]} \\ &= \frac{E\{E[(\mathrm{D}_i - E[\mathrm{D}_i|\mathrm{X}_i])^2|\mathrm{X}_i]\delta_{\mathrm{X}}\}}{E\{E[(\mathrm{D}_i - E[\mathrm{D}_i|\mathrm{X}_i])^2|\mathrm{X}_i]\}} = \frac{E[\sigma_D^2(\mathrm{X}_i)\delta_{\mathrm{X}}]}{E[\sigma_D^2(\mathrm{X}_i)]} \end{aligned} \tag{3.3.7}$$

であることが示される．ここで，

$$\sigma_D^2(\mathrm{X}_i) \equiv E[(\mathrm{D}_i - E[\mathrm{D}_i|\mathrm{X}_i])^2|\mathrm{X}_i]$$

は D_i の X_i による条件付き分散である．これより，回帰モデル (3.3.4) より，δ_{X} の処置の分散によりウェイト付けした平均を得ることができることがわかる．

分析対象である D_i はダミー変数であるので，もう一歩踏み込むことができる．この場合，$\sigma_D^2(\mathrm{X}_i) = P(\mathrm{D}_i{=}1|\mathrm{X}_i)(1 - P(\mathrm{D}_i{=}1|\mathrm{X}_i))$ なので，

$$\delta_{\mathrm{R}} = \frac{\sum_x \delta_x[P(\mathrm{D}_i{=}1|\mathrm{X}_i{=}x)(1 - P(\mathrm{D}_i{=}1|\mathrm{X}_i{=}x))]P(\mathrm{X}_i{=}x)}{\sum_x [P(\mathrm{D}_i{=}1|\mathrm{X}_i{=}x)(1 - P(\mathrm{D}_i{=}1|\mathrm{X}_i{=}x))]P(\mathrm{X}_i{=}x)}$$

と書くことができる．これから，回帰分析において推定される対象は，共変量特有の処置効果を $[P(\mathrm{X}_i{=}x|\mathrm{D}_i{=}1)(1 - P(\mathrm{X}_i{=}x|\mathrm{D}_i{=}1))]P(\mathrm{X}_i{=}x)$ によってウェイト付けしていることが見て取れる．一方，マッチングにおける処置群にお

ける処置効果の推定される対象は，

$$E[Y_{1i}-Y_{0i}|D_i=1]=\sum_x \delta_x P(X_i=x|D_i=1)$$
$$=\frac{\sum_x \delta_x P(D_i=1|X_i=x)P(X_i=x)}{\sum_x P(D_i=1|X_i=x)P(X_i=x)}$$

と書けるが，ここでは

$$P(X_i=x|D_i=1)=\frac{P(D_i=1|X_i=x)\cdot P(X_i=x)}{P(D_i=1)}$$

を用いている．ゆえに $E[Y_{1i}-Y_{0i}|D_i=1]$ を得るのに用いるウェイト付けは，共変量ごとの処置を受ける確率に比例している．それゆえに，回帰分析とマッチング法におけるウェイト付けの仕方は，処置変数が共変量と独立でない限り異なったものになる．

この導出過程から見てとれる重要な点の１つは，処置群における処置効果の推定される対象は，処置を受ける確率がもっとも高い共変量をもつ人々に対する効果にもっとも重くウェイト付けするという点である．一方，回帰分析においては，処置変数の条件付き分散がもっとも大きな共変量をもつ人々にもっとも重くウェイト付けする．原則として，処置変数の分散は $P(D_i=1|X_i=x)=1/2$ のとき，つまり，処置を受けた人と受けない人が半々になっている共変量において最大となる．もし δ_x が属性間でそれほど変化しないときは，ウェイト付けの仕方の違いは，あまり重要ではなくなる（ただし，加重の仕方は推定量の統計的な効率性に対しては影響する）．しかしながら，この例では兵役に就く確率がもっとも高い男性は，兵役の利益をもっとも享受していなかったようである．これはおそらく，従軍確率の高い人々はもっとも有能であり，ゆえに軍役以外においてももっとも高い潜在的な所得をもっているためであると思われる．このことにより，従軍効果のマッチングによる推定値は，同じコントロール変数を用いた回帰分析による推定値よりも小さくなっているのである[23)]．

同様に重要なこととして，回帰分析とマッチング法のいずれにおいても，処置群と対照群の両方を含んでいない共変量に対してはまったくウェイト付けしないという点がある．X_i の実現値，x^* においては，誰も処置を受けていない

か，または全員が処置を受けているとする．すると，δ_{x^*} は定義されず，回帰分析におけるウェイト $[P(\mathrm{D}_i=1|\mathrm{X}_i=x^*)(1-P(\mathrm{D}_i=1|\mathrm{X}_i=x^*))]$ はゼロとなる．マッチング法の計量経済学の文脈における言葉でいえば，共変量のコントロールに関して飽和している場合，回帰とマッチングの両方の推定される対象は**共有サポート**（common support）が課せられている，つまり，処置を受けた人と受けなかった人の両方が観測される共変量の値に限って推定の対象となるのである[24)]．

推定される対象から推定値への移行はもう少し複雑である．実際には，回帰とマッチングの両方の推定量は，異なる属性間での推論可能性をある程度許すという暗黙の仮定を課すことにより得られる．例えば，マッチング推定量はしばしば観測値の少ない共変量のセルどうしを結合して推定に用いる．もし結合された共変量のセルのいくつかにおいて，処置を受けた人と受けなかった人の両方を含んでいないものがあれば，これらは共有サポートの仮定に反してしまう．また X_i に関して飽和していない回帰モデルにおいても，処置を受けた人か受けなかった人のどちらかしかいない共変量を持つ人々がいれば，その情報を外挿的推論によって推定に用いているので共有サポートの仮定に反しているかもしれない．しかしながら，ここでもマッチング法と回帰分析の対称性を見てとれる．すなわち，これらの方法は原則として同じクラスに属し，実際の推定においては同じような仮定が必要なのである[25)]．

回帰とマッチングをもう少し：順序処置と連続処置

上で見たような二値処置変数の回帰分析におけるマッチング的な解釈は，順

23)　$P(\mathrm{D}_i=1|\mathrm{X}_i=x)=1/2$ となる属性の人々にもっとも重いウェイトを付けるのはまったく不思議ではない．というのも，回帰分析は，効果が一定で均一分散の線形モデルでは効率性がもっとも高いからである．ゆえに，共通の処置効果をもっとも正確に推定している属性をもつ人々にもっとも重くウェイト付けするような推定量がもっとも効率性が高いと予想するべきである．誤差の均一分散のもとでは，処置の確率が 1/2 の場合にもっとも正確な処置効果の推定値を得ることができる．

24)　確率変数の**サポート**とは，正の確率をもつ実現値の集合である．マッチング法における共有サポートの議論は，Heckman, Ichimura, Smith and Todd (1998) および Smith and Todd (2001) を参照のこと．

序処置変数や連続処置変数モデルにも適用できるだろうか．この問いに対する詳細な解答は多分に技術的で，知りたいと思うようなものではないかもしれない．一方，短い解答としては，ある程度は適用可能だと言える．

すでに見たように，母集団モデルの OLS 係数ベクトルは常に CEF の MMSE 線形近似となっている．もちろん，これは２値変数のときと同様に説明変数が順序変数や連続変数の場合においてもそうである．関連する性質として，回帰係数は「平均微係数」として解釈できる点があげられる．重回帰モデルにおいては，残念なことにこの解釈は複雑で，それは OLS 係数ベクトルが CEF の微係数を行列で重み付けした平均となっているという事実による．行列で重み付けした平均は，特別な場合を除いて解釈が困難である (Chamberlain and Leamer 1976 を参照)．この解釈が比較的わかりやすい重要な特殊ケースは，説明変数に関して飽和している順序または連続処置変数をもつ場合である．長い導出過程を避けるために，ここでは単に公式を説明することにする．さらに詳細を知りたい場合は，Angrist and Krueger (1999) の補論を参照のこと．

ここでの議論のために，処置の度合い s_i は，連続に分布している確率変数と仮定し，必ずしも非負ではないものとする．分析対象の CEF は $h(t) \equiv E[Y_i|s_i=t]$ でその微係数は $h'(t)$ と書けるとする．すると，

$$\frac{E[Y_i(s_i-E[s_i])]}{E[s_i(s_i-E[s_i])]}=\frac{\int h'(t)\mu_t dt}{\int \mu_t dt} \tag{3.3.8}$$

となり，ここで，

$$\mu_t \equiv \{E[s_i|s_i \geq t]-E[s_i|s_i<t]\}\{P(s_i \geq t)[1-P(s_i \geq t)]\} \tag{3.3.9}$$

25)　X 変数の値が細かく分類されている場合のマッチングの問題は，その値からより粗いグループへと集計するか，同一ではないが似た値をもつ観測値を組み合わせることによってしばしば解決される．このアプローチについての議論は，Cochran (1965)，Rubin (1973)，または Rosenbaum (1995, 第３章) を参照のこと．連続共変量の場合は，マッチが不完全となるため，マッチング推定量にはバイアスがある．Abadie and Imbens (2008) は，回帰に基づいたバイアスの補正によって不完全マッチングによる漸近バイアスを取り除くことができることを最近証明している．

となる．また，(3.3.8) の積分範囲は s_i のとりうる値の範囲すべてである．この公式では（Yitzhaki 1996 において導出されたものであるが），それぞれの s_i を，処置がそれよりも大きいという条件付きの s_i の期待値と，それより小さいという条件付きの期待値との差に比例したウェイト付けを行っている．また，$P(s_i \geq t) \cdot [1-P(s_i \geq t)]$ は s_i が中央値のときに最大になるので，中央値に近い s_i により重いウェイト付けを行っていることもわかる．

コントロール変数 X_i がある場合は，(3.3.8) におけるウェイトが X_i に依存する．同じ公式で X_i のあるものは，X_i の影響を取り除いたあとに Y_i を s_i に回帰する重回帰係数と見ることができる．具体的には，

$$\frac{E[Y_i(s_i - E[s_i \mid X_i])]}{E[s_i(s_i - E[s_i \mid X_i])]} = \frac{E\left[\int h'_X(t)\mu_{tX}dt\right]}{E\left[\int \mu_{tX}dt\right]} \tag{3.3.10}$$

ここで，$h'_X(t) \equiv \dfrac{\partial E[Y_i \mid X_i, s_i = t]}{\partial t}$ であり，

$$\mu_{tX} \equiv \{E[s_i \mid X_i, s_i \geq t] - E[s_i \mid X_i, s_i < t]\} \times \{P(s_i \geq t \mid X_i)[1-P(s_i \geq t \mid X_i)]\}$$

である．(3.3.10) 式は 2 種類の平均化を行っている．1 つ目は，積分の部分でコントロール変数の値を所与として非線形 CEF **そのもの**の平均化を行っており，2 つ目は，期待値記号の部分で X_i についてコントロール変数 X_i **間で**の平均化を行っている．ここにおいて重要な点は，$P(s_i \geq t \mid X_i)$ が 0 か 1 になる X_i に関しては，s_i の CEF に与える影響について母集団回帰係数からは何の情報も得ることができないことである．これは，s_i が固定されている X_i についてもそうである．また，特筆すべき点として，もし s_i がダミー変数の場合は，より一般的な公式である (3.3.10) 式から (3.3.7) 式を導出することができることがある．

Angrist and Krueger (1999) では，出身州と生年をコントロール変数とする学歴回帰式における平均加重関数が用いられている．(3.3.8) 式と (3.3.10) 式は神秘的か，少なくとも自明ではないように見えるかもしれないが，この例においては，平均ウェイト $E[\mu_{tX}]$ は s_i のモードで中心化された，t

について十分にスムーズな対称関数となる．

説明変数の分布をモデル化することで，(3.3.8) 式または (3.3.10) 式の含意の更なる探求が可能になる．例えば，s_i は正規分布に従うとする．$z_i=[s_i-E(s_i)]/\sigma_s$（ここで σ_s は s_i の標準偏差）とすると，z_iは標準正規分布に従う．すると，

$$E[s_i|s_i\geq t]=E(s_i)+\sigma_s E\left[z_i|z_i\geq \frac{t-E(s_i)}{\sigma_s}\right]$$
$$=E(s_i)+\sigma_s E[z_i|z_i\geq t^*]$$

となる．切断された正規分布の公式（例えば，Johnson and Kotz 1970 を参照）より，

$$E[z_i|z_i>t^*]=\frac{\phi(t^*)}{[1-\Phi(t^*)]} \quad と \quad E[z_i|z_i<t^*]=\frac{-\phi(t^*)}{\Phi(t^*)}$$

であることがわかる．ここで，$\phi(\cdot)$ と $\Phi(\cdot)$は標準正規分布の密度関数および分布関数である．これを (3.3.9) 式の μ_t の公式に代入すると，

$$\mu_t=\sigma_s\left\{\frac{\phi(t^*)}{[1-\Phi(t^*)]}-\frac{-\phi(t^*)}{\Phi(t^*)}\right\}[1-\Phi(t^*)]\Phi(t^*)=\sigma_s\phi(t^*)$$

となる．ゆえに，

$$\frac{Cov(Y_i,s_i)}{V(s_i)}=E[h'(s_i)]$$

が示されたことになる．言い換えると，s_iが正規分布に従うとき，Y_iの s_i への回帰は条件なしの平均微係数 $E[h'(s_i)]$ となる．もちろん，この結果は特殊中の特殊ケースである[26]．しかし，s_iの正規性はさほど問題ではないと思うのも一理あるように思われる．そして，私たちの実証的経験においては，（プロビットやトービットといった）パラメトリックな非線形モデルの平均微係数（これは“限界効果”とも呼ばれる）は，説明変数の分布が何であれ，対応する回帰係数とほとんど変わらないのが普通である．この点については，3.4.2 節でさらに見ていくことにする．

26)　同様の他の特殊ケースについては，Yitzhaki (1996) と，制限被説明変数モデルの分布形に依存しない推定法を考察した Ruud (1986) にある．

3.3.2 傾向スコアによる共変量のコントロール

回帰理論においてもっとも重要な結果は脱落変数バイアスの公式だが，それによると，含まれた変数の係数はそれらが脱落変数と無相関のときには影響を受けない．Rosenbaum and Rubin (1983) による傾向スコア定理は，分析対称の原因変数が処置ダミー変数の場合において，回帰分析ではなくマッチング法による推定戦略へとこの考えを拡張するものである[27]．

傾向スコア定理によると，もし共変量 X_i で条件付けすると潜在的な結果変数が処置変数と独立となるのであれば，潜在的な結果変数は $p(X_i) \equiv E[D_i|X_i] = P[D_i=1|X_i]$ で定義される傾向スコアという X_i の 1 変量関数で条件付けすることで独立になる．正式には次の定理となる．

定理 3.3.1　傾向スコア定理

$\{Y_{0i}, Y_{1i}\} \perp\!\!\!\perp D_i | X_i$ となる CIA が成り立つとすると，$\{Y_{0i}, Y_{1i}\} \perp\!\!\!\perp D_i | p(X_i)$ となる．

証明　$P[D_i=1|Y_{ji}, p(X_i)]$ が Y_{ji} $(j=0, 1)$ に依存しないことを示せば十分である．CIA により，

$$
\begin{aligned}
P[D_i=1|Y_{ji}, p(X_i)] &= E[D_i|Y_{ji}, p(X_i)] \\
&= E\{E[D_i|Y_{ji}, p(X_i), X_i]|Y_{ji}, p(X_i)\} \\
&= E\{E[D_i|Y_{ji}, X_i]|Y_{ji}, p(X_i)\} \\
&= E\{E[D_i|X_i]|Y_{ji}, p(X_i)\}
\end{aligned}
$$

となる．ただし，$E\{E[D_i|X_i]|Y_{ji}, p(X_i)\} = E\{p(X_i)|Y_{ji}, p(X_i)\}$ は明らかに単に $p(X_i)$ である．

回帰分析における脱落変数バイアスの公式のように，傾向スコア定理によると，処置を受ける確率に影響を与える変数のみをコントロールしてやればよいことになる．ただし，この定理はさらに次のことを言っている：本当にコントロールする必要があるものは処置を受ける確率そのものである，と．実際に傾

27)　傾向スコア法は多変量処置の場合にも適用できるが，これはまだあまり研究が進んでいない．この方向での努力については，Imbens (2000) を参照のこと．

向スコア定理は次の2段階推定のために用いられる：まず，$p(X_i)$ をロジットやプロビットといった何らかのパラメトリックなモデルで推定する．そして第2段階においては第1段階で推定した傾向スコアでのマッチングかまたは以下で説明する加重法（概要は Imbens 2004 を見よ）のいずれかを用いて処置効果を推定する．

直接的な傾向スコアマッチング法は共変量によるマッチングと同じように行うが，共変量で直接マッチングを行うのではなく，傾向スコアでのマッチングを行う点が異なっている．傾向スコア定理と CIA により，

$$\begin{aligned} &E[Y_{1i}-Y_{0i}|D_i=1] \\ &\quad = E\{E[Y_i|p(X_i), D_i=1]-E[Y_i|p(X_i), D_i=0]|D_i=1\} \end{aligned}$$

となる．ゆえに，処置群に対する処置効果の推定値は，$p(X_i)$ の推定値で標本を階層化し，期待値を階層ごとの標本平均で置き換えるか，またはそれぞれの処置群の観測値を似たような傾向スコアをもつ対照群とマッチさせることによって推定することができる（Dehejia and Wahba 1999 では両方のアプローチが用いられている）．別の方法としては，モデルに基づいた方法またはノンパラメトリックな方法で $E[Y_i|p(X_i), D_i]$ を推定したものでこれらの条件付き期待値関数を置き換え，全体の期待値はそれらの和で置き換えるという方法である（Heckman, Ichimura and Todd 1998 を参照のこと）．

うまい加重法による傾向スコア推定へのアプローチでは，CIA の下だと $E[Y_iD_i/p(X_i)]=E[Y_{1i}]$ であり $E[Y_i(1-D_i)/(1-p(X_i))]=E[Y_{0i}]$ であるという事実を活用することで面倒なマッチングの段階を回避している[28]．ゆえに，$p(X_i)$ の推定法を所与として，平均処置効果の推定値は次の標本版で得られる．

$$E[Y_{1i}-Y_{0i}] = E\left[\frac{Y_iD_i}{p(X_i)} - \frac{Y_i(1-D_i)}{(1-p(X_i))}\right]$$

28)　これは X_i について繰り返すことで得られる：

$$E\left[\frac{Y_iD_i}{p(X_i)}\right] = E\left\{E\left[\frac{Y_iD_i}{p(X_i)}\middle|X_i\right]\right\}$$

$$E\left[\frac{Y_iD_i}{p(X_i)}\middle|X_i\right] = \frac{E[Y_i|D_i=1, X_i]p(X_i)}{p(X_i)} = E[Y_{1i}|D_i=1, X_i] = E[Y_{1i}|X_i]$$

$$= E\left[\frac{(D_i - p(X_i))Y_i}{p(X_i)(1-p(X_i))}\right] \qquad (3.3.11)$$

この最後の式は Newey (1990) や Robins, Mark and Newey (1992) で提唱されたものである．処置群への処置効果の推定値も同様に次の標本版から得られる．

$$E[Y_{1i} - Y_{0i} | D_i = 1] = E\left[\frac{(D_i - p(X_i))Y_i}{(1-p(X_i))P(D_i = 1)}\right] \qquad (3.3.12)$$

非確率的な抽出法の補正がセレクション確率の逆数による重み付けでできるという考え方は，Horvitz and Thompson (1952) に遡る．もちろん，この方法を推定可能にし，推定量が一致推定量になるためには，$p(X_i)$ の一致推定量が必要である．

Horvitz と Thompson による傾向スコア法は，推定量が基本的に自動化されており，面倒なマッチングが不要であるという点において魅力的である．また，Horvitz と Thompson による傾向スコア法は，3.3.1 節の共変量によるマッチングで詳細に議論したような，傾向スコアマッチングと回帰分析の密接な関係に焦点を当てたものである．共変量に関して飽和したモデルにおける，Y_i の D_i への母回帰における推定される対象 δ_R について再び考えてみよう．この推定される対象は

$$\delta_R = \frac{E[(D_i - p(X_i))Y_i]}{E[p(X_i)(1-p(X_i))]} \qquad (3.3.13)$$

と書くことができる．Horvitz と Thompson の傾向スコア法の推定される対象である (3.3.11) 式と (3.3.12) 式と回帰の推定される対象はすべて Hirano, Imbens, and Ridder (2003) により考察された，次の加重平均推定対象のクラスに属するものである．

$$E\left\{g(X_i)\left[\frac{Y_i D_i}{p(X_i)} - \frac{Y_i(1-D_i)}{(1-p(X_i))}\right]\right\} \qquad (3.3.14)$$

ここで，$g(X_i)$ は既知の加重関数である（推定される対象から推定量を得るためには，$p(X_i)$ を一致推定量で置き換えてから期待値を和で置き換える）．平均処置効果を得るには，$g(X_i)=1$ としよう．処置群への効果は，$g(X_i)=[p(X_i)/P(D_i=1)]$ とおく．そして回帰のためには，

$$g(X_i) = \frac{p(X_i)(1-p(X_i))}{E[p(X_i)(1-p(X_i))]}$$

とすればよい．この類似性は回帰分析と（傾向スコアによるものを含む）マッチング法は，少なくとも傾向スコアのモデルを特定化しない限りは，実はさほど変わらないものであるという事実に再び焦点を当てるものである．

ここにおいて大きな疑問は，$p(X_i)$をどのようにモデル化し推定するのがいちばんよいのか，または$E[Y_i | p(X_i), D_i]$を推定する際にどのくらいの平滑化または階層化をするのがいちばんよいのかという点であり，後者は特に共変量が連続の際に問題になる．この問題の回帰分析版は，共変量に関してどのようにパラメター化するのか（例えば，多項式かまたは共変量が離散変数のときは主効果と交差項を入れるかどうか）といったものになる．この問題に対する解答は，本源的に場合によるというものになる．いまだ成長中の実証分析の文脈においては，連続変数に関する2，3次の多項式を含むロジットモデルでうまくいくと言われているが，これは定理ではなく，必然的にいくらかの実験が必要とされる類いのものである（例えばDehejia and Wahba 1999を参照のこと）[29]．

現在も発展中の理論的文脈では傾向スコアの効率的な使い方についての思考刺激的ないくつかの定理が生み出されている．まず，漸近効率性の観点からは，完全共変量マッチング法の代わりに傾向スコアを用いると大抵効率性が下がってしまう．事実，結果変数に対する説明力をもつ共変量に基づくマッチングを行うことによって，その変数が傾向スコアに含まれようと含まれまいと，より小さな漸近標準誤差を得ることができるのである．このことは，傾向スコアについての知識があるときとないときの比較による，CIAのもとでの処置効果の推定値の最大正確性についてのHahn (1998) による考察から知られている．例えば，Angrist (1998) では，たとえ従軍確率が生年と無関係であっても，所得が生年と関係しているので，生年に基づいたマッチングによって効率性が高くなっている．この点についての回帰分析版は，脱落変数バイアスがない場合においても，脱落変数が結果に対していくらかの予測力をもつ限りにおいて，長い回帰式のほうが短い回帰式に含まれる変数の係数のより正確な推定値を得

29) Andrea Ichino と Sascha Becker はさまざまなマッチング推定量を実装するステータプログラムを開発している．Becker and Ichino (2002) を参照のこと．

ることができるというものになる（3.1.3 節を参照）.

Hahn (1998) の結果は，なぜ私たちは傾向スコアを用いる推定量をわざわざ使わなければならないのか，という疑問を投げかける．哲学的な議論の 1 つとしては，傾向スコア法は分析者の関心を処置の与え方についてのモデルに正しく向かわせているというものがあり，この処置のモデルは，たいていの場合より複雑で不可思議な結果決定のプロセスよりは，私たちがよりよい情報をもっていると思われるものである．この見方は，処置の与え方が人工的な制度や政府の規制といったものであるが，結果を決定する過程がよくわからない（例えば市場など）場合には特に説得力のあるものである．例えば，金融政策の因果効果の時系列的評価において，Angrist and Kuersteiner (2004) は，私たちは GDP の決定過程よりは，FRB が利子率を決定する方法についてよりよく知っていると言っている．同様に，処置の与え方についてのモデルの正当性を実証するほうが，結果のモデルを実証するよりも簡単かもしれない（この点の別の議論としては Rosenbaum and Rubin 1985 を参照のこと）.

傾向スコアを用いる理由の，より正確だが純粋に統計的な議論は Angrist and Hahn (2004) にある．この論文は，たとえ傾向スコアに基づいた推定量を用いることによる**漸近**（asymptotic）効率性の改善がないとしても，有限標本における推定量の正確性をしばしば高めることができることを示している．現実のデータはすべて有限なので，この結果は実証的に意味のあるものである．直感的には，もし傾向スコアから脱落した共変量が（純粋に統計的な意味において）結果の変動をほとんど説明しないのであれば，それらの効果を推定するのに必要な統計的重荷に耐えるよりは，それらの変数を無視したほうがよいかもしれないということである．この点は，NLSY のように結果の予測力をもつかもしれない無数の変数を含むデータの分析を見るとよくわかる．実際には，私たちはこれらすべての潜在的な共変量の小さな部分集合のみに焦点を当てるのである．この部分集合は，たいてい処置を予測するものは何かという視点で選ばれるのである．

最後に，Hirano, Imbens, and Ridder (2003) は，Hahn (1998) の定理によって生み出された「傾向スコア法の逆説」に対する別の漸近的解決を提示している．彼らは，既知の傾向スコアによる処置効果の推定値がたとえ非効率的だとしても，連続共変量をもつモデルでは，Horvitz と Thompson 流の加重推定量は，ウェイトに**ノンパラメトリックな**（non parametric）スコアの推定値を用いれば効率的になることを示した．傾向スコアは推定されるもので，かつそれはノンパラメトリックに推定されるというこれらの事実は，Hirano, Imbens, and Ridder の結論にとって鍵となっている．

Hirano, Imbens, and Ridder (2003) の結果は傾向スコア法の逆説を解決したのか．現時点では，私たちは Angrist and Hahn (2004) の有限標本の解決法を好む．後者の結果は，傾向スコアに基づく推論に概念的かつ統計的力を与えるのは，スコアに制約を課すという研究者の意思にほかならないという事実に焦点を当てている．例えば，多次元であるが離散共変量をもつ場合の応用例としての Angrist (1998) では，スコアの制約のないノンパラメトリックな推定量は単にそれぞれの共変量セルにおける処置の経験確率となっている．このノンパラメトリック推定量を $p(X_i)$ に代入してやれば，(3.3.11) 式と (3.3.12) 式の標本版はそれに対応する全共変量マッチング推定量と代数的に同値となることを示すことは容易である．ゆえに，全共変量マッチングは漸近効率的なベンチマークであるので，スコアに基づく推定法は効率的であるというのも驚きではない．傾向スコア法の重要な要素は，次元を減らすために事前の知識を用いるという点にある．統計的なメリットは有限標本における性質が改善される点にある．もしあなたがマッチング問題の次元を平滑化したり，制約をおいたり，さもなければ減らすという実証的帰結に影響を与える方法を行うという気にならないのであれば，全共変量マッチングか飽和回帰コントロールモデルを用いることも考えられるのである．

3.3.3　傾向スコア法対回帰分析

傾向スコア法は，私たちの関心を $E[Y_i|X_i,D_i]$ の推定から傾向スコア $p(X_i) \equiv E[D_i|X_i]$ の推定へと向かわせる．これは傾向スコアのモデル化や推定が簡単な場合には魅力的なことである．例えば，Ashenfelter (1978) は政府資金による訓練プログラムへの参加者は，事前の所得の低い人々であることを示しており，これはその後の関連研究でも指摘されていることである．もしこ

の低い所得が訓練参加者を特殊なものにする唯一の要因であれば，過去の所得歴をコントロールすることで訓練が所得に与える因果効果を推定することができる．しかしながら，実際には所得歴は連続でもあり多次元的でもあるので，これらの情報をコントロールするのは難しい．Dehejia and Wahba (1999) はこの文脈において，訓練プログラムの所得への因果効果は所得履歴で条件付けするよりも傾向スコアで条件付けした方がよい推定値が得られると主張している．

Dehejia と Wahba により報告されている傾向スコア法での推定値はベンチマークとなる無作為試行により得られる推定値と非常に近いものとなっている．それにもかかわらず，私たちは回帰分析こそがほとんどの実証分析の出発点であるべきだと信じている．ただし，これは定理ではない．疑うまでもなく，傾向スコア法のほうが平均因果効果のより信頼できる推定値を得ることができる場合もある．私たちが傾向スコア法に飛びつかない第 1 の理由は実際的なものである．つまり，傾向スコア法を実装する際には，傾向スコアをモデル化する方法や推論をどう行うかといった詳細を詰めてゆく必要があるが，これらの方法は未だ標準的な方法が確立されていない．ゆえに，たとえ同じデータと同じ変数を使っていたとしても，研究者によって非常に異なる結論に至ることになるかもしれない．さらに，Horvitz と Thompson の推定される対象のところですでに見たように，回帰分析と傾向スコアによる加重法の間には大きな理論的差異はない．もし回帰モデルが飽和モデルに近いくらい柔軟なものであれば，回帰分析も傾向スコアによる加重法の一種と見ることができ，違いの多くはその実装法のみにある．実際に推定するモデルは，飽和モデルとはほど遠いかもしれないが，共変量が正しければこれはさほど問題とはならない．

回帰分析と傾向スコアマッチング法の比較を，Dehejia and Wahba (1999) によって用いられた職業支援事業（National Supported Work，以下 NSW）の同じデータを用いて行ってみよう[30]．NSW は，70 年代半ばに行われたプログラムで，労働参加力の弱い人々に対して職業経験をつけさせることを目的としたものである．その時期においては幾分珍しく，NSW は無作為試行による政

30) 傾向スコア法とのさらなる比較については，Smith and Todd (2005) と Dehejia (2005) のやり取りを参照せよ．

策評価が行われた．Lalonde (1986) の革新的な研究においては，NSW の無作為試行により得られた結果の，PSID と CPS から得られる非実験的コントロールグループとの比較が行われた．もっともらしい非実験的法による結果はさまざまであり，それらの多くは実験的方法の結果と大きく異なっていたため，彼の結論は悲観的なものとなった．さらに，無作為試行による結果を知らない客観的な分析者は，最良の計量的定式化や観測される対照群を選ぶとは考えられないとも彼は言っている．

Lalonde (1986) の発見の再訪として，Dehejia and Wahba (1999) は，NSW の処置群を観測可能な対照群に傾向スコアを使ってマッチさせることによって，NSW の実験的な結果に近づくことができることを発見し，それをさまざまな対照群を用いることで示した．Dehejia and Wahba (1999) に従って，特に選択をかけていない標本（CPS–1）と最近無職を経験した人々から選んだ比較群（CPS–3）という２つの CPS からの対照群を再び見てみよう．

表 3.3.2 に記載されているのは，NSW の処置群，無作為抽出による NSW の対照群，および２つの CPS からの対照群の記述統計である（第 1–4 列は Dehejia and Wahba 1999 からの再録である）．NSW の処置群と無作為抽出による NSW の対照群は，CPS–1 における代表的な人と比べて，若く，学歴が低く，非白人であり所得がかなり低いことがわかる．CPS–3 と NSW の処置群はより近いが，違いもあり，特に人種とプログラム前の所得に違いが見られる．

表 3.3.3 には NSW の処置効果の推定値が記載してある．被説明変数は 1978 年という，処置を受けてから 1, 2 年後の年収である．表の行には，まったく共変量を含めないものと，表 3.3.2 にあるすべての属性変数をコントロールしたもの，および属性と２年前の所得をコントロールした結果がレポートされている．すべての推定値は 1978 年の所得を処置ダミー変数とコントロール変数に回帰した結果である（第１行では処置群と対照群の単純比較を行っている）．

第１列にある，実験的対照群を用いた推定値は，1,600 ドルから 1,800 ドルあたりである．これらの推定値が定式化によってほとんど変わらないのは当たり前である．それとは対照的に，第２列にある NSW の参加者と CPS–1 の標本の単純比較はだいたい −8,500 ドルであるが，これはこの比較はセレク

表 3.3.2　NSW と非実験データを使った対照群における共変量の平均値

変　数	NSW		全比較標本		P-スコアでスクリーニングした比較標本	
	処置群 (1)	対照群 (2)	CPS-1 (3)	CPS-3 (4)	CPS-1 (5)	CPS-3 (6)
年齢	25.82	25.05	33.23	28.03	25.63	25.97
就学年数	10.35	10.09	12.03	10.24	10.49	10.42
黒人	0.84	0.83	0.07	0.20	0.96	0.52
ヒスパニック	0.06	0.11	0.07	0.14	0.03	0.20
ドロップアウト	0.71	0.83	0.30	0.60	0.60	0.63
既婚	0.19	0.15	0.71	0.51	0.26	0.29
1974 年所得	2,096	2,107	14,017	5,619	2,821	2,969
1975 年所得	1,532	1,267	13,651	2,466	1,950	1,859
観察数	185	260	15,992	429	352	157

注：Dehejia and Wahba (1999) の表 1 より再録．最初の 4 列における標本については Dehejia and Wahba (1999) を参照のこと．最後の 2 列における標本は，傾向スコアが 0.1 から 0.9 の間になる標本に限定したもの．傾向スコアの計算には，表にあるすべての変数を用いた．

ション・バイアスの影響を強く受けていることを示唆している．属性のコントロール変数と過去の所得を追加するとこの差は大きく減少する．この差は大きく減少し，推定された処置効果は 800 ドルになる．CPS–3 を使った第 3 列の結果はさらによい．このグループの特徴は NSW の参加者に非常に近く，単純比較による所得の差はたったの −635 ドルであることも，これと整合的である．最後の行にレポートしてある，全変数をコントロールした結果は 1,400 ドルに近く，実験的処置効果とそう遠くない結果が得られている．

より小さいサイズだが注意深く選ばれた CPS–3 における対照群を形成する際に用いられたルールは場当たり的であり，この点は CPS–1 と比較して CPS–3 の標本を用いる欠点であろう．CPS–3 を作る選択基準は，低所得で労働参加意欲の弱い人びとを重点的に抽出するという NSW プログラムのルールに基づいていると言うこともできるが，実際にはほかにもいろいろな選択方法が可能である．ゆえに，私たちはもっと系統だった選択方法を好む．Crump, Hotz, Imbens, and Mitnik による 2009 年の論文において，彼らは回帰分析の前準備として傾向スコアを用いた系統だった標本選択を行うべきだと提案した．この提案は，傾向スコア法を回帰分析の基礎と見なすという私たちの先の議論

表 3.3.3　別の対照標本を用いたNSW 訓練効果の回帰分析による推定値

定式化	全比較標本 NSW (1)	全比較標本 CPS-1 (2)	全比較標本 CPS-3 (3)	P-スコアでスクリーニングした比較標本 CPS-1 (4)	P-スコアでスクリーニングした比較標本 CPS-3 (5)
単純差	1,794 (633)	−8,498 (712)	−635 (657)		
人口学的要因をコントロール	1,670 (639)	−3,473 (710)	771 (837)	−3,361 (811) [139/497]	890 (884) [154/154]
1975 年所得	1,750 (632)	−78 (537)	−91 (837)	No obs. [0/0]	166 (644) [183/427]
人口学的要因と1975 年所得	1,636 (638)	623 (558)	1,010 (837)	1,201 (722) [149/357]	1,050 (861) [157/162]
人口学的要因と1974 年および1975 年の所得	1,676 (639)	794 (548)	1,369 (837)	1,362 (708) [151/352]	649 (853) [147/157]

注：Dehejia and Wahba (1999) のデータと異なる対照群の標本を用いて推定した訓練効果．人口学的コントロール変数として年齢，就学年数，黒人，ヒスパニックを表すダミー変数，高校中退，婚姻状態を使用．（　）の中の数字は標準誤差．標本サイズは [処置群/対照群] として報告．CPS-1 データにおいて 1975 年の所得のみを用いて傾向スコアを計算すると，スコアが [0.1, 0.9] に入る標本はなかった．

とは対照的である．

Crump et al. (2009) の提案を実装するために，私たちはまず始めに NSW の処置群と観測データの対照群の標本をプールし，傾向スコアが $0.1 < p(X_i) < 0.9$ となる標本のみを用いて傾向スコアを推定した．言い換えれば，推定に用いる標本を，処置を受ける予想確率が少なくとも 10% あるが 90% を超えはしない標本に限定したのである．こうすることで，共変量で作ったそれぞれのセルにおいて，処置を受けた標本と受けなかった標本が，少なくともいくつか含まれるような標本のみを用いて回帰分析を行うことができる．このようにスクリーニングした標本を用いた回帰分析においては，「共有サポート」のないセル，別の言い方をすると，処置群と対照群の間で共変量の分布に重なりがないようなセルにおける推論を行う必要がないのである．（表にあげてあるすべての共変量を使って推定した）傾向スコアに基づいてスクリーニングを行った標本の記述統計は，表 3.3.2 の最後の 2 列にある．スクリーニングした CPS-1

と CPS–3 標本における共変量の平均は，スクリーニングを行わない標本における平均値よりも第 1 列にある NSW 標本の平均値により近くなっている．

この共有サポートを用いたスクリーニングをさらに考えるため，別の共変量の組み合わせだがスクリーニングと処置効果の推定においては同じセットの共変量を用いて分析を行った．推定結果は表 3.3.3 の最後の 2 列に示してある．人口特性または前期の所得のみをコントロールしても，第 2 列および第 3 列の結果とほとんど変わらない．しかしながら，人口特性および前期の所得の両方をコントロールすると，スクリーニングした CPS–1 に基づいた結果はスクリーニングを施さない場合の結果に比べて，少しだけ実験に基づいた結果に近づく．スクリーニングした CPS–1 を使って，前期および前々期の所得を用いた結果も，実験に基づいた結果に近い．一方，共有サポートを使ってスクリーニングした CPS–3 の結果は，前期の所得を使った場合のみ少しだけよくなるが，前々期の所得まで用いると少し後退するようである．

これらの検討結果は，回帰分析における（すでに強い）私たちの信念をより強いものにする．CPS–1 標本では基本属性が大きく偏っているにもかかわらず，回帰分析において正しい共変量をコントロールすることでセレクション・バイアスをかなりうまく取り除くことが可能であることがわかる．プログラム参加資格に関する情報を用いて標本を限定することによって，CPS–3 を使った回帰結果を Dehejia and Wahba (1999) における前期および前々期の所得を考慮した傾向スコア法による結果と同じくらいよいものにすることができる．共有サポートを保証する系統だったスクリーニングは，CPS–1 のようなサイズは大きいが選択の粗い標本を用いた回帰分析にとってのよい補助となっているようである．スクリーニングした CPS–1 の結果は，スクリーニングをしていない CPS–3 の結果と同じくらいよい．しかしながら，傾向スコアを使ったスクリーニングを行った標本を使った推定値の標準誤差は，傾向スコアの推定における抽出法におけるばらつきを考慮するように調整されてはいない．CPS–1 から CPS–3 へと行ったように，事前情報を用いて標本をスクリーニングすることの利点は，そういった標準誤差の調整は必要ないということである．

3.4 回帰分析の詳細

3.4.1 加重回帰

実証家にとって標本ウェイトほど混乱を生み出すものない．博士号を取得して 20 年経った今でもなお，Stata の説明書のウェイトの節を読むときにはおろおろしてしまう．ウェイトはさまざまな方法で用いることができ，どのように使うかは結果に影響を与えるかもしれない．しかしながら，残念なことにどんな場合にウェイトを用いたほうがよいのかというのははっきりしないことがしばしばで，どのようにウェイトを組み入れるかについての詳細もまた然りである．ウェイトを用いることの賛成意見と反対意見についての詳細な議論は本書の範囲を超えるので，Pfefferman (1993) と Deaton (1997) の 2 つを参照されたい．ここでは，加重法への私たちのアプローチについていくつかのガイドラインとその合理性について述べる．

加重回帰法における簡単な経験則としては，推定している回帰モデルにウェイト付けすることでターゲットである母集団の推定により近くなるときには加重法を用いよというものがある．例えば，もし推定しようとしているものが母集団回帰関数であり，推定に用いるデータが観測確率の逆数で与えられるウェイト w_i をもった作為抽出データであるならば，このウェイト w_i を用いた加重最小二乗法を用いるのがもっともである（加重最小二乗法を行うには，Stata では pweights というコマンドを，SAS では weight というコマンドを用いればよい）．観測確率の逆数をウェイトとして用いると，たとえデータが単純な無作為抽出データでなくても，母集団回帰関数に関する一致推定量を得ることができる．

加重法を使うその他の場合として，集計データを使用する場合がある．母集団回帰モデルのパラメータ $\beta=E[\mathrm{X}_i\mathrm{X}_i']^{-1}E[\mathrm{X}_i\mathrm{Y}_i]$ を知るために，無作為抽出データを用いて Y_i を X_i に回帰したいとする．しかしながら，無作為抽出データの代わりに，X_i のレベルでグループ化された集計データをもっているとする．つまり，各 x について，無作為抽出データから作られた $E[\mathrm{Y}_i|\mathrm{X}_i=x]$ の推定値をもっているとする．この平均値を $\bar{y}_x$ とし，さらに，n_x/N を無作為抽出における x の相対頻度として，n_x の値はわかっているとする．3.1.2 節で見たように，n_x でウェイト付けして $\bar{y}_x$ を x に回帰する結果は，無作為抽出のマイクロデータを使った結果と同じになる．ゆえに，もしマイクロデータを用いた回

帰結果を得たいと思うのならば，グループサイズでウェイト付けすることに意味がある．しかしながら，（1 人当たり所得のように）公表された平均データを用いて，その背後にあるマイクロデータは気にしないことに慣れているマクロ経済学者は加重法を用いることに同意しないかもしれないし，おそらくはこの点を原理的には理解しているとしても，集計された変数をウェイト付けせずに分析することを好ましいとするマクロ経済学の伝統的な原理に抵抗するのは気が進まないままであろう．

他方，多くの教科書にある加重法の説明のように，もしウェイトを用いる唯一の合理的理由が分散不均一性であるならば，私たちはマクロ経済学者以上に加重法への肩入れをしないだろう．分散不均一性があるときの加重法の議論はだいたい以下のようだ．今，線形の CEF である $E[Y_i|X_i]=X_i'\beta$ の推定に興味があるとする．$e_i \equiv Y_i - X_i'\beta$ として定義される誤差項は分散が不均一かもしれない．つまり，条件付き分散関数 $E[e_i^2|X_i]$ は必ずしも定数ではないかもしれない．この場合，母集団回帰関数は $E[X_iX_i']^{-1}E[X_iY_i]$ のままだが，その標本版は非効率となる．線形の CEF のより正確な推定量は WLS——つまり，$E[e_i^2|X_i]^{-1}$ の推定値でウェイト付けした残差二乗和を最小にするような推定量である．

3.1.3 節で見たように，典型的な分散不均一の例は線形確率モデル（Linear Probability Model：LPM），つまり被説明変数 Y_i がダミー変数のときである．飽和モデルのように，CEF が実際に線形であると仮定すると $P[Y_i=1|X_i]=X_i'\beta$ となるので，$E[e_i^2|X_i]=X_i'\beta(1-X_i'\beta)$ となり，分散が明らかに X_i の関数となる．これは，モデルの性質上生じる分散不均一性の例であり，ここでは回帰関数を推定することで条件付き分散関数を簡単に推定することができる場合でもある．線形確率モデルの効率的な加重最小二乗推定量は——一般最小二乗法の特殊ケースだが——$[X_i'\beta(1-X_i'\beta)]^{-1}$ をウェイトに使うものである．ここでは CEF は線形であると仮定してあるので，これらのウェイトは OLS によって最初に推定することができる．

私たちはこの場合においても加重法を使わないやり方を好むが，それには 2 つの理由がある（ただし，分散不均一に対して頑健な標準誤差は用いる）．1 つ目は，実際問題として $E[e_i^2|X_i]$ の推定値はあまりよくないかもしれない．もし

条件付き分散のモデルがあまりよくない近似であったり，またはもしその推定値が多くのノイズを含んでいるものであれば，加重最小二乗法による推定値はウェイト付けしないものよりも有限標本上の性質が悪くなるかもしれない．それゆえに，漸近理論に基づいて行う推論が誤りを導いたり，望まれた効率性の改善が得られなかったりするかもしれない[31]．２つ目は，もし CEF が線形ではないとすると，加重最小二乗推定量はウェイト付けしない推定量と比べても大差ないものとなってしまう．他方，ウェイト付けしない推定量は解釈がまだ簡単である．つまり，それは母集団分布の CEF の MMSE 線形近似である．

加重最小二乗推定量もまたある種の近似ではあるが，その性質はウェイトに依存する．この点は，少なくともあなたの推定結果を他の研究者によってレポートされた結果と比較するのを困難にするし，結果がウェイトに依存するときはさらなる定式化の考察が必要となるのである．最後に，次の古い警告が思い浮かぶ．「壊れていないんだったら，修理はするな．」母集団回帰ベクトルの解釈は分散不均一性の影響は受けないんだから，何を心配する必要があるだろうか．ウェイト付けによる効率性の改善は穏やかなものだろうし，間違ったウェイトや，不正確に推定されたウェイトを用いることの害のほうがその改善より大きくなることだってあるのだ．

3.4.2　制限被説明変数と限界効果

多くの実証分析において，被説明変数が限られた値しかとらない場合がある．その一例として，Angrist and Evans (1998) は子育てが女性の労働供給に与える効果を分析したものであり，これは操作変数の章においても議論されるものである．この研究は子育てが親の労働と所得に与える因果効果を見ようとするものである．子育ては潜在的な所得と相関しそうなので，アングリストとエバンスは兄弟姉妹の性別組み合わせと多子出産を操作変数とする推定値を OLS 推定値とともに報告している．この研究におけるほぼすべての被説明変数は２値変数（例えば，就業形態）か，または非負変数（例えば，労働時間，労働週数，および所得）である．被説明変数が限定的な数値であるということは，

31)　Altonji and Segal (1996) はこの点を GMM（一般積率法）の文脈において議論している．

実証分析上問題になるだろうか．多くの計量経済学の教科書は，被説明変数が連続変数である場合はOLSでよいが，興味のある結果変数が数値的に限られている変数（LDV）の場合には，線形回帰モデルは不適切であり，プロビットやトービットといった非線形モデルのほうが好ましいとしている．それとは対照的に，回帰分析をCEFの延長とみる私たちの見解からすると，被説明変数が限られているということはさほど重要ではない．

いつものように，役に立つベンチマークは無作為化実験であり，そこでは回帰分析は単に処置群と対照群の差の単純な比較となる．例えば，ランド（RAND）健康保険実験（Health Insurance Experiments：HIE; Manning et al. 1987も参照）における処置群であることを示す，無作為に割り振られた説明変数に対して，さまざまな結果変数を回帰することを考えてみよう．アメリカにおける社会科学においておそらくもっとも高価なこの野心的実験において，ランドコーポレーションは，保険料を課さない小さな健康保険会社を設立した．そして，約6000人の参加者が異なる特徴をもつ健康保険プランに無作為に割り振られた．

いかなる保険プランにおいてももっとも重要な特徴の1つは，保険に入っている個人が支払うことを期待されている治療費の割合である．HIEは多くの異なるプランに人々を無作為に割り当てた．あるプランは治療費を完全に無料化し，またあるプランでは自己負担率や支払い上限，定額支出金のさまざまな組み合わせを提供することで，被保険者に治療費の一部を自己負担してもらった．この実験の主な目的は，受診行動がその費用構造によって影響を受けるかどうかを見ることで，もしそうであれば費用が健康そのものに影響を与えるのかを探ることであった．HIEの結果では，受診料が無料だったりわずかであるような健康保険に入っている人はそうでない人に比べてより受診するのだが，それでより健康になるということは多くの場合において観測されなかった．これらの発見は，費用に応じて変化する健康保険プランや診療方法を設計するうえで役に立った．

HIEにおけるほぼすべての結果変数は制限被説明変数である．これらには，実験の対象者が医療支出を行ったかどうかや，ある年に入院したかといったダミー変数，受診回数や（受診者か保険者によって支払われた）年間の粗医療支出

表 3.4.1　HIE の 2 つの処置群における結果変数の平均値

プラン	受診回数	外来支出額 (1984 年ドル)	入院	受診確率	入院確率	全支出 (1984 年ドル)
無料	4.55 (0.17)	340 (10.9)	12.8 (0.7)	86.8 (0.8)	10.3 (0.5)	749 (39)
定額支出	3.02 (0.17)	235 (11.9)	11.5 (0.8)	72.3 (1.5)	9.6 (0.6)	608 (46)
定額支出 −無料	−1.53 (0.24)	−105 (16.1)	−1.3 (1.0)	−14.5 (1.7)	−0.7 (0.7)	−141 (60)

注：Manning et al.（1987）の表 2 より再録．（　）の中のすべての標準誤差は異時点間および家族内の相関を考慮した補正を施したもの．単位は 1984 年 6 月のアメリカドル．受診は医師との面接のみであり，放射線療法，麻酔療法，病理療法は含まれていない．受診とその費用から歯科医療費と外来の心理療法は除いてある．

額といった非負変数が含まれる．さらに，標本の 20% にとって支出変数はゼロである．Manning et al. (1987) の表 2 に報告されている推定値に基づいて，HIE の 2 つの処置群に対しての結果を表 3.4.1 に再録してある．この表には，診療費が無料のグループと定額支出が必要なグループの結果を示してある．後者のグループには，外来診療に対して年間 1 人当たり 150 ドルか，ひと家族あたり 450 ドルを，すべての費用が支払われた後に定額支出してもらうというプランであった（なお，入院費用への定額支払いの必要はなかった）．全体で 3000 強の人々がこれらの 2 つのグループに割り振られていた．

制限被説明変数の議論を簡単にするために，無料診察と定額支出プランの間の比較のみに着目し，処置は単純に無作為割当で決められていたとする[32)]．$\mathrm{D}_i=1$ は定額支出グループとする．無作為割当のおかげで，$\mathrm{D}_i=1$ のグループと $\mathrm{D}_i=0$ のグループの平均の差によって，条件なしの平均処置効果が測定できる．第 2 章における実験の議論にあったように，

$$E[\mathrm{Y}_i|\mathrm{D}_i=1]-E[\mathrm{Y}_i|\mathrm{D}_i=0]$$

32)　HIE はここで議論している以上にもっと複雑な構造をもっていた．14 の異なるトリートメントがあり，それには健康維持法人（Health Maintenance Organization：HMO）のような事前支払いサービスへの割り振りもふくまれている．実験方法は単純な無作為割当を用いず，むしろグループ間の属性のバランスを確保するためにより複雑な層化割当法を用いていた．

$$= E[Y_{1i}|D_i=1]-E[Y_{0i}|D_i=1]$$
$$= E[Y_{1i}-Y_{0i}] \qquad (3.4.1)$$

となり，これは D_i が潜在的な結果変数とは独立だからである．さらに，前と同じように，$E[Y_i|D_i=1]-E[Y_i|D_i=0]$ は Y_i を D_i に回帰したときの傾き係数となる．

(3.4.1) 式は，実験における因果効果の推定は，Y_i がダミー変数であれ，非負であれ，連続的に分布している変数であれ，何ら問題がないことを示唆している．被説明変数の種類によって，右辺の解釈は異なるが，平均因果効果を得るために，**何ら特別なことをする必要はない**のである．例えば，HIE における結果変数の 1 つは医療支出を行ったかどうかを表すダミー変数である．ここでの結果変数はベルヌーイ試行なので，

$$E[Y_{1i}-Y_{0i}] = E[Y_{1i}]-E[Y_{0i}]$$
$$= P[Y_{1i}=1]-P[Y_{0i}=1] \qquad (3.4.2)$$

となる．これは結果を記述するのに用いる言葉に影響を与えるかもしれないが，計算そのものに影響を与えない．例えば，HIE において，(3.4.1) 式の左辺におけるように，実験グループ間の比較から，ある年において，無料グループに割り振られた人々の 87% が少なくとも何らかの診療を受けているが，定額支出プランに割り振られた人々は 72% しか受診していなかったことがわかる．ゆえに，150 ドルという比較的大きくない定額支出を課すことは受診行動に対して大きな効果をもつことがわかる．これらの 2 つの受診率の差は -0.15 であるが，これは Y_i を医療支出の有無を示すダミー変数とするときの $E[Y_{1i}-Y_{0i}]$ の推定値である．ここにおける結果変数はダミー変数だから，この平均因果効果は受診率や受診確率に対する因果効果でもある．

受診の結果変数が確率なので，CEF を推定する際にプロビットを使ったとしてみよう．試すだけなら害はない！　プロビットモデルは受診するかどうかが

$$Y_i^* = \beta_0^* + \beta_1^* D_i - \nu_i \qquad (3.4.3)$$

を満たす潜在変数 Y_i^* によって決まっているという仮定に基づいていて，ここでの ν_i は $N(0, \sigma_\nu^2)$ に従っているとしている．この潜在変数は実際の医療支出とはなり得ないことに注意が必要である．というのも，支出は非負であるので，実数線上に連続的に分布しており，それゆえに負の値もとりうる正規分布に従う確率変数と見なすことはできないからである．潜在指数モデル

$$Y_i = 1[Y_i^* > 0]$$

を所与とすると，Y_i の CEF は

$$E[Y_i | D_i] = \Phi\left[\frac{\beta_0^* + \beta_1^* D_i}{\sigma_\nu}\right]$$

と書くことができる．ここで，$\Phi(\cdot)$ は正規分布の CDF である．ゆえに，

$$E[Y_i | D_i] = \Phi\left[\frac{\beta_0^*}{\sigma_\nu}\right] + \left\{\Phi\left[\frac{\beta_0^* + \beta_1^*}{\sigma_\nu}\right] - \Phi\left[\frac{\beta_0^*}{\sigma_\nu}\right]\right\} D_i$$

となる．これは回帰変数 D_i の線形関数であるので，Y_i を D_i に回帰する線形回帰における傾き係数は単にプロビットの当てはめ値 $\Phi[(\beta_0^* + \beta_1^*)/\sigma_\nu] - \Phi[\beta_0^*/\sigma_\nu]$ の差である．しかし，プロビットにおける係数である β_0^*/σ_ν と β_1^*/σ_ν は，（効果の符号についてはわかるのだが）それを正規分布の CDF に戻して計算しない限りは，D_i が受診に与える効果の大きさについてわからないのである．これとは対照的に，回帰分析はプロビットの分布の仮定があろうがなかろうが，私たちの知りたいことに答えてくれるのである．

HIE におけるもっとも重要な結果変数の 1 つは粗医療支出，言い換えれば，医療費である．定額支出プランに入っている被験者は，医療費で計って，診療の利用が少なくなっているのだろうか．HIE では定額支出グループと無料グループの間の医療費の平均的な差は －141 ドルで，それは無料グループの医療費の約 19% に当たる．この計算は，推定値自体の正確さはそれほどではないが，患者に医療費の一部を負担させることで，医療費をかなり減らすことができることを示唆している．

支出変数は非負の確率変数で時にゼロとなるので，期待値は

$$E[Y_i | D_i] = E[Y_i | Y_i > 0, D_i] P[Y_i > 0 | D_i]$$

と書ける．処置群と対照群の支出の差は，

$$
\begin{aligned}
&E[\mathrm{Y}_i|\mathrm{D}_i=1]-E[\mathrm{Y}_i|\mathrm{D}_i=0] \qquad (3.4.4)\\
&\quad = E[\mathrm{Y}_i|\mathrm{Y}_i>0, \mathrm{D}_i=1]P[\mathrm{Y}_i>0|\mathrm{D}_i=1]\\
&\qquad - E[\mathrm{Y}_i|\mathrm{Y}_i>0,\mathrm{D}_i=0]P[\mathrm{Y}_i>0|\mathrm{D}_i=0]\\
&\quad = \underbrace{\{P[\mathrm{Y}_i>0|\mathrm{D}_i=1]-P[\mathrm{Y}_i>0|\mathrm{D}_i=0]\}}_{\text{参加効果}}E[\mathrm{Y}_i|\mathrm{Y}_i>0,\mathrm{D}_i=1]\\
&\qquad + \underbrace{\{E[\mathrm{Y}_i|\mathrm{Y}_i>0,\mathrm{D}_i=1]-E[\mathrm{Y}_i|\mathrm{Y}_i>0,\mathrm{D}_i=0]\}}_{\text{COP 効果}}\\
&\qquad \times P[\mathrm{Y}_i>0|\mathrm{D}_i=0]
\end{aligned}
$$

となる．なので，平均支出の全体的な差は次の2つの部分に分解できる．支出が正になる確率の差（しばしば，参加効果と呼ばれる）と，受診しているという条件のもとでの平均の差，つまり正の条件付き（conditional-on-positive：COP）効果である．しかしながら，もう一度言っておくが，因果効果の推定にとっては何の特別な含意もない．(3.4.1) 式は真のままである．つまり Y_i の D_i への回帰により，支出に対する条件なしの平均処置効果がわかるのである．

良い COP と悪い COP：正の条件付き効果

支出のような非負の確率変数に対する因果効果は2つの部分に分解できるので，実証家の中にはこれらの2つの部分を別々に見るべきだと感じている人々もいる．実際，多くの人が2つの部分をもつモデルを使っており，最初の部分は受診への効果の評価に，次の部分は COP 効果を見るのに用いている (例えば，そのようなモデルを HIE に応用した例として Duan et al. 1983 および 1984 を参照のこと)．(3.4.4) 式の最初の部分は特に問題がなく，上に述べたように，Y_i がダミー変数ということは平均処置効果が確率の差になるということを意味するに過ぎないからである．2つの部分を持つモデルを用いる問題は，たとえ無作為実験を用いたとしても，COP 効果を因果効果として解釈できない点にある．この問題は，3.2.3 節で議論した，悪いコントロール変数を用いた際のセレクション問題と同じ問題として理解することができる．

COP 効果をさらに分析するために，次のように書いてみよう．

$$
\begin{aligned}
&E[Y_i \mid Y_i>0, D_i=1]-E[Y_i \mid Y_i>0, D_i=0] \qquad (3.4.5)\\
&=E[Y_{1i} \mid Y_{1i}>0]-E[Y_{0i} \mid Y_{0i}>0]\\
&=\underbrace{E[Y_{1i}-Y_{0i} \mid Y_{1i}>0]}_{\text{因果効果}}+\underbrace{\{E[Y_{0i} \mid Y_{1i}>0]-E[Y_{0i} \mid Y_{0i}>0]\}}_{\text{セレクション・バイアス}}
\end{aligned}
$$

ここで，2行目は D_i が無作為割当てであることによる．このように分解すると，COP 効果はさらに2つの項からなることがわかる．定額支出のもとで受診した部分母集団における因果効果の項と，何らかの支払いをしなければならないときに受診をする人と無料のときに受診する人との Y_{0i} の差の項である．第2章におけるセレクション・バイアスよりはわかりにくいが，この第2項もセレクション・バイアスを表す項である．

ここにおいてもセレクション・バイアスが生じてしまうのは，実験によって正の支出を行うグループの構成が変化するからである．$Y_{0i}>0$ となる部分母集団にはおそらく定額支出が必要であれば受診しないことを選択する医療費の低い人びとが含まれているであろう．言い換えると，このグループは $Y_{1i}>0$ のグループよりも大きくて，平均的に医療費の低い人々が含まれている．ゆえにセレクション・バイアス項は正であり，COP 効果自体は，おそらく負と思われる因果効果 $E[Y_{1i}-Y_{0i} \mid Y_{1i}>0]$ よりもよりゼロに近くなるのである．これは 3.2.3 節の悪いコントロール変数の問題と同じである．つまり因果効果を見る上で $Y_i>0$ は結果変数であり，Y_i が正となる確率に対して処置が影響を与えない場合を除いては，条件付けの影響の「お清め」ができていないのである．

COP 効果が因果効果ではないという問題に対する解決法の1つは，トービットモデルのように打ち切られた変数の回帰を行うことである．これらのモデルは潜在的な支出変数を非受診者に対しても想定する（例えば，Hay and Olsen 1984）．伝統的なトービットでの支出問題の定式化としては，観測された Y_i は，

$$Y_i = 1[Y_i^*>0]Y_i^*$$

によって生成されるとする．ここで，Y_i^* は正規分布に従っている潜在変数であり，負の値も取りうる．ここにおける Y_i^* は制限被説明変数ではないので，トービットの支持者は，たとえば (3.4.3) 式を用いて，これを D_i に関連づけ

ることにやぶさかではない．この場合，β_1^* は D_i の潜在変数 Y_i^* への因果効果となる．この式は Y_i が正かどうかにかかわらず，すべての人に対して定義される．もし，私たちが Y_i^* への効果を見たいのであれば，COP のようなセレクションの問題はない．

しかし，私たちは Y_i^* への効果を知るだけでは満足しない．最初の問題は，「潜在的医療費」というのは，何とも謎めいたものである点にある．ある人々にとっては，医療費は実際にゼロなのである．つまりこれは統計的人工物でもなければ打ち切りによるものでもない．ゆえに潜在的に負の Y_i^* というのは，理解しがたいのである．Y_i^* についてのデータはないし，そのようなデータはこれから先も生み出されはしない．第 2 の問題は，潜在変数モデルにおける β_1^* と観測された結果変数である Y_i への因果効果との関係は潜在変数についての分布的仮定に依存する点である．この関係を見るために，D_i を所与としたときの Y_i の期待値を評価すると，

$$E[Y_i|D_i]=\Phi\left[\frac{\beta_0^*+\beta_1^*D_i}{\sigma_\nu}\right][\beta_0^*+\beta_1^*D_i]$$
$$+\sigma_\nu\phi\left[\frac{\beta_0^*+\beta_1^*D_i}{\sigma_\nu}\right], \tag{3.4.6}$$

となる（例えば，McDonald and Moffitt 1980 を見よ）．この式は ν_i の正規性と分散均一性，および Y_i は $1[Y_i^*>0]Y_i^*$ と書けるという仮定からきている．

トービットの CEF を見ると，観測された支出に対する平均処置効果がわかる．特に，

$$E[Y_i|D_i=1]-E[Y_i|D_i=0]$$
$$=\left\{\Phi\left[\frac{\beta_0^*+\beta_1^*}{\sigma_\nu}\right][\beta_0^*+\beta_1^*]+\sigma\phi\left[\frac{\beta_0^*+\beta_1^*}{\sigma_\nu}\right]\right\}$$
$$-\left\{\Phi\left[\frac{\beta_0}{\sigma_\nu}\right][\beta_0^*]+\sigma_\nu\phi\left[\frac{\beta_0^*}{\sigma_\nu}\right]\right\} \tag{3.4.7}$$

は仰々しい公式である．しかし，唯一の説明変数はダミー変数 D_i なので，$E[Y_i|D_i=1]-E[Y_i|D_i=0]$ の推定にとってはこの式にあるものを何ら必要としないのである．Y_i を D_i に OLS で回帰するときの傾き係数は，背後にある構造をトービットモデルで定式化しようがしまいが，(3.4.7) 式の左辺における

CEFの差になっているのである[33].

結果変数の分布が集積点をもつ，つまりゼロのような特定の値に観測値が集まっていたり，大きく歪んだ分布だったりして，平均への効果を分析しても的外れではないかと分析者が感じるときにはCOP効果を見ることがしばしばある．実際に平均への効果の分析では，特定の値の確率の変化や，中位点から遠くはなれた分位点の変化といったものを見落としてしまう．しかし，ではなぜこれらの分布の効果を直接見ないのだろうか．結果変数の分布は，年間の医療支出がゼロ，100ドル，200ドル，といったものである．言い換えると，異なるcに対して，$1[Y_i > c]$を左辺におくということである．計量経済学的には，これらの結果変数はすべて(3.4.2)の範疇にある．線形回帰モデルを用いて，分布効果を直接見るという考えは，Angrist (2001) による子育てが労働時間に与える効果の分析においても見られる．また別の例として，もし分位点を見るというのが慣習であるならば，分位点回帰モデルを用いることもできる．このアイデアについては，第7章で詳しく述べる．

そもそも，トービットのような潜在変数モデルは意味があるのか．もし分析しているデータが本当に打ち切られたデータであるのならば，答えはイエスだ．「真に打ち切られたデータ」というのは，分析の対象としている結果変数の潜在変数が実際に存在することを意味する．労働経済学からのわかりやすい例としては，CPSの所得データであり，これは高額所得者に関しては回答者の秘匿性を守るために所得額が打ち切り（トップコード化）されている．大抵は，私たちは学歴が税金の申告書にあるような意味での所得に対して与える効果に興味があるのであり，トップコード化が施されたCPSに載っている所得に対する効果に興味があるわけではない．Chamberlain (1994) はCPSのトップコード化が教育の収益率の推定値を大きく引き下げている点を指摘し，分位点回帰を応用したトービット的な方法でこの打ち切りの影響を考慮する方法を提案している．打ち切られたデータのモデル化に分位点回帰を用いる方法につい

33)　参加を決めるのが支出の潜在変数と異なる潜在変数とする標本セレクションモデルはトービットモデルの一般化と言える．例えば，Maddala (1983) を見よ．潜在変数への効果の解釈に関連する同じ概念上の問題はトービットモデルと同様に標本セレクションモデルにおいても起きる．

ても第7章で議論する[34]．

共変量が生み出す非線形性

CPSのトップコード化のような真の打ち切りのケースは稀であるし，それは応用分析においてトービット的なモデルを建設的に用いることができる場合が限られていることを意味する．しかしながら，ここで少し予防線を張っておく必要がある．実験についての議論において，そのうまいところは $E[\mathrm{Y}_i|\mathrm{D}_i]$ が必ず D_i の線形関数になっており，回帰モデルとCEFがぴったりと一致しているところにあると言った．実際，このCEFは Y_i のいかなる関数についても線形であり，分布の指示関数 $1[\mathrm{Y}_i>c]$ についてもそうである．もちろん，実際には注目する説明変数はかならずしもダミー変数とは限らず，通常はCEFにさらに説明変数が追加されるし，その場合には，制限被説明変数のときの $E[\mathrm{Y}_i|X_i,\mathrm{D}_i]$ はほぼ確実に非線形となる．直感的には，平均の予測値が被説明変数の境界値に近くなるように，制限被説明変数のときのCEFの導関数も小さくなる（例えば，正規分布のCDFが極値において平坦になることを考えられたい）．

とどのつまり，共変量のある制限被説明変数モデルにおいては，回帰モデルはかならずしもCEFに完全に一致しないのである．しかしながら，背後にあるCEFは，条件付き独立の仮定が満たされれば因果関係としての解釈ができる点は真のままである．また，もしCEFを因果関係として解釈できるのであれば，回帰分析はCEFのMMSE近似であるので，回帰分析もまた因果関係として解釈できると言えそうである．さらに，もしも共変量のモデルが飽和している場合は，(3.3.1)式や(3.3.3)式と同様に，回帰分析により加重平均処置効果を推定していることになる．同じように，もし注目する説明変数が多変量

34)　私たちの好む回帰分析の例，対数賃金の学歴への回帰ですらCOP問題が起きる点に注意が必要である．というのも，対数賃金の回帰分析においては，所得がゼロの標本を分析から落としているからである．これはもし教育が就労確率に影響を与えるのであればCOP的なセレクション・バイアスを生じさせる．ゆえに，実際には，分析対象を参加率が高く，学歴間でそれなりに安定的な働き盛り世代の男性の標本（例えば，図3.1.1における40–49歳の白人男性）に絞って分析を行うのである．

や連続変数の場合は，3.3.1 節の最後にあった公式で見たように，加重平均導関数を求めることができる．

しかしそうとはいえ，飽和回帰モデルを推定することが魅力的と思えるほどのデータは持ち合わせていないかもしれない．ゆえに，回帰分析は CEF のいくつかの特徴を見落としてしまうことになる．まず 1 つに，制限被説明変数の境界値を超える値を予測するかもしれない．この点を気にする研究者もいて，これは線形回帰モデルの大きな弱点と言われ続けてきた．プロビットやトービットといった非線形モデルの望ましい性質の 1 つは，CEF が制限被説明変数の境界値内に収まることである．特に，トービットの予測値が正になる（この点は (3.4.6) 式からは必ずしも明らかではない）一方，プロビットの予測値は常に 0 と 1 の間に収まるのである．ゆえに，曲線にモデルをフィットさせるという単純な理由で，非線形モデルを好む人もいるかもしれない．

この点は渋々ながら私たちも認めよう．しかし，非線形モデルの結果が有用になるためには，それを**限界効果**（marginal effects）に変換しなければならないという点を強調しておくことは重要である．限界効果は非線形モデルから示唆される CEF の（平均的な）変化のことである．限界効果なくして，観測される被説明変数への影響について語るのは困難である．もし注目する説明変数がダミー変数 D_i であるという仮定を続けるならば，限界効果は差分

$$E\{E[\mathrm{Y}_i|\mathrm{X}_i, \mathrm{D}_i=1]-E[\mathrm{Y}_i|\mathrm{X}_i,\mathrm{D}_i=0]\}$$

か，または微分

$$E\left\{\frac{\partial E[\mathrm{Y}_i|\mathrm{X}_i, \mathrm{D}_i]}{\partial \mathrm{D}_i}\right\}$$

により得られる．連続変数や多変量の説明変数の場合には，微分のほうが多く用いられる．

それでは，OLS 回帰係数の推定値はプロビットやトービットといった非線形モデルに基づいて得られる限界効果にどのくらい近いのであろうか．まず，限界効果を導出して，それから実証例を示す．共変量を含むモデルのプロビット CEF は，

$$E[Y_i|X_i, D_i] = \Phi\left[\frac{X_i'\beta_0^* + \beta_1^* D_i}{\sigma_\nu}\right]$$

となるので，有限差分の平均は，

$$E\left\{\Phi\left[\frac{X_i'\beta_0^* + \beta_1^*}{\sigma_\nu}\right] - \Phi\left[\frac{X_i'\beta_0^*}{\sigma_\nu}\right]\right\} \tag{3.4.8}$$

となる．実際，これは導関数の平均で近似できる．

$$E\left\{\phi\left[\frac{X_i'\beta_0^* + \beta_1^* D_i}{\sigma_\nu}\right]\right\}\cdot\left(\frac{\beta_1^*}{\sigma_\nu}\right)$$

(Stata はどちらの限界効果も計算できるが，ダミー変数の場合は標準で (3.4.8) を計算する．)

同様に，(3.4.6) 式を共変量を含む形に一般化すると，非負の制限被説明変数に対して，

$$E[Y_i|X_i, D_i] = \Phi\left[\frac{X_i'\beta_0^* + \beta_1^* D_i}{\sigma_\nu}\right][X_i'\beta_0^* + \beta_1^* D_i] + \sigma_\nu\phi\left[\frac{X_i'\beta_0^* + \beta_1^* D_i}{\sigma_\nu}\right]$$

となる．トービットの限界効果はほとんど導関数の平均値となっており，次の驚くほど簡単なものとなることが証明できる：

$$E\left\{\Phi\left[\frac{X_i'\beta_0^* + \beta_1^* D_i}{\sigma_\nu}\right]\right\}\cdot\beta_1^* \tag{3.4.9}$$

(例えば，Wooldridge 2006 を参照)．(3.4.9) 式の直接的な含意は，トービットの係数 β_1^* は D_i が Y_i に与える効果に比べると常に大きくなっていることである．直感的には，これは潜在変数 Y_i^* の線形モデルを所与とすると，D_i が変化すると，潜在的な結果変数も常に変化するからである．しかしながら，実際の Y_i は変化するとは限らない．多くの人々にとってはいずれにせよゼロのままなのである．

表 3.4.2 は，女性の就業と労働時間（ともに制限被説明変数である）が出生行動に与える効果の回帰モデルの OLS 推定値と非線形モデルの限界効果を比較したものである．これらの推定値は，Angrist and Evans (1998) で用いられた 1980 年の国勢調査の標本の 1 つを用いて推定したものである．この標本

には，21 歳から 35 歳の既婚女性で，少なくとも 2 人の子供がいる女性が含まれている．子育てに関する変数として，3 人以上の子供がいることを示すダミー変数か，または総出産回数を用いている．共変量としては，母親の年齢，初産の時の年齢，人種ダミー（黒人かヒスパニックか），母親の学歴（高卒ダミー，大学ダミー，大卒ダミー）の線形項を用いている．この共変量モデルは飽和していない．この例において背後にある CEF はほぼ確実に非線形であるにもかかわらず，すべての項は和の形で入っており，交差項は含まれていない．

子供が 3 人以上いることを示すダミー変数が与える効果のプロビットによる限界効果は OLS の推定値とほぼ同じである．この点は表 3.4.2 の第 2, 3, 4 列から見ることができるが，第 1 列は 1980 年の全標本を用いた別の方法によって得られた推定値と比較している．3 番目の子供がいることの効果の OLS による推定値は −0.162 であり，プロビットによる限界効果は −0.163 と −0.162 となっている．これらのうち，最初のものは (3.4.8) を用いて推定されたものであり，2 つ目は

$$E\left\{\Phi\left[\frac{X_i'\beta_0^*+\beta_1^*}{\sigma_\nu}\right]-\Phi\left[\frac{X_i'\beta_0^*}{\sigma_\nu}\right]\middle|\mathrm{D}_i=1\right\}$$

を用いて推定された物である（なので，処置を受けた人々にとっての限界効果となっている）．

出生行動と就労時間の関係についての，トービットの限界効果も OLS の推定値に非常に近いが，ほぼ同じというわけではない．これは第 5 列と第 6 列を見ればわかる．例えば，トービットの推定値は −6.56 と −5.87 だが，第 2 列にある OLS の推定値は −5.92 である．1 つのトービットの推定値は絶対値で 10% 大きくなっているが，これはさほど重要ではないだろう．その他の列は OLS の推定値とダミーではなく通常の子供数を用いた際の限界効果とを比較している．これらの計算はすべて導関数を用いて計算している（MFX とラベルが書いてある）．ここでもまた，OLS と非線形限界効果の推定値はプロビットとトービットの両方においても似通っている．

プロビットモデルは，予想確率が 0.5 に近いときは背後にある非線形の CEF がその辺りにおいて大体線形になるので，OLS の結果と近い限界効果を生み出すとしばしば言われる．しかしながら，予測値が 0 や 1 に近いと，大き

表 3.4.2　子育てが様々な LDV 結果変数に与える効果の，様々な推定方法による比較

		右辺の変数								
		2 人以上の子供					子供の数			
			プロビット		トービット			プロビット MFX	トービット MFX	
被説明変数	平均 (1)	OLS (2)	平均効果 全標本 (3)	処置群の 平均効果 (4)	平均効果 全標本 (5)	処置群の 平均効果 (6)	OLS (7)	平均効果 全標本 (8)	平均効果 全標本 (9)	処置群の 平均効果 (10)
A．全標本										
就労ダミー	0.528 (0.499)	−0.162 (0.002)	−0.163 (0.002)	−0.162 (0.002)	—	—	−0.113 (0.001)	−0.114 (0.001)	—	—
就労時間	16.7 (18.3)	−5.92 (0.074)	—	—	−6.56 (0.081)	−5.87 (0.073)	−4.07 (0.047)	—	−4.66 (0.054)	−4.23 (0.049)
B．30 歳以上の非白人，大学通学者，初産年齢が 20 歳以下										
就労ダミー	0.832 (0.374)	−0.061 (0.028)	−0.064 (0.028)	−0.070 (0.031)	—	—	−0.054 (0.016)	−0.048 (0.013)	—	—
就労時間	30.8 (16.0)	−4.69 (1.18)	—	—	−4.97 (1.33)	−4.90 (1.31)	−2.83 (0.645)	—	−3.20 (0.670)	−3.15 (0.659)

注：子供数が母親の労働供給に与える効果について，OLS，平均処置効果，および非線形モデルの限界効果をまとめたもの．パネル A の標本サイズは 254,654 であり，これは Angrist and Evans (1998) で用いられた 1980 年の国勢調査における既婚女性の標本と同じである．共変量として，年齢，初産のときの年齢，第一子および第二子が男の子であるダミー変数を用いている．パネル B は初産の年齢が 20 歳以前であり，少なくとも大学教育を受けた 30 歳以上の非白人女性 746 人の標本についての結果である．標準偏差は第 1 列の（ ）の中にある．標準誤差はその他の列の（ ）にある．第 4, 6, および 10 列にある処置群における平均処置効果は，3 人以上の子供のいる女性に限った結果である．

な乖離が予想されるだろう．それゆえに，OLSと限界効果の比較と，平均的な就労率が比較的高いであろうと思われる，30歳以上の大卒で，初産時の年齢が20歳より低い女性の部分標本を用いて行ってみた．この標本における就労確率は83%であるが，OLSの推定値と限界効果は近いものになった．

この議論の結論としては，非線形モデルは線形モデルに比べて制限被説明変数のCEFによりよく当てはまるかもしれないが，限界効果を見る限りにおいてはその差はほとんどないということが言える．この楽観的な結論は定理ではないが，ここでの実証例のように，かなり頑健な真理のように思われる．

それでは，なぜ私たちは非線形モデルや限界効果に煩わされなければならないのだろうか．1つの答えは，限界効果の計算が，Stataのような統計パッケージにおいて自動的に計算されるようになった今となっては，計算してもよいと思うほどに簡単になったからということだ．しかし，OLSでは標準的なことでも，非線形モデルを用いる過程において，さまざまな決定を下さなければならない（例えば，ウェイトの掛け方や微分を使うのかそれとも差分を使うのかなど）．さらに，操作変数法やパネルデータを使うときには，非線形性はさらに複雑になる．最後に，限界効果の標準誤差を計算する必要があるため，統計的推論の段階においてもさらに複雑さが増す．オッカムの剃刀の原理によれば，「ある事柄を説明するためには，必要以上に多くのものを仮定するべきでない」ということである．この精神において，私たちのかつての教師であるAngus Deaton (1997) がトービット的なモデルにより生み出された非線形回帰関数について熟慮した際の文書を引用しておく．

> (誤差項の分布) Fについての知識がないときには，この回帰関数は（トービットの係数）の識別すらままならない（Powell 1989を参照）が，さらに根源的なこととして，私たちはどうしてこの不器用で，困難で，頑健でない対象を取り扱わなければならなくなったのかを問うべきである．

3.4.3　なぜ回帰分析は回帰と呼ばれるのか，また，平均への回帰とは何を意味するのか

回帰（regression）という言葉はFrancis Galton (1886) の身長に関する研究において初めて使われた．26ページの写真で，仕立て屋を訪れている人物

がガルトンだが，彼は親と子供の身長というおおよそ正規分布に従っているデータを分析した．親の身長で条件付けしたときの，子供の身長の CEF は線形であり，そのパラメターは単回帰モデルの傾きと切片からなっていた．身長は定常，つまり分布は時間を通じてそれほど変化しないので，単回帰モデルの係数は相関係数でもあり，ゼロと 1 の間の値となる．

ガルトンの設定における唯一の説明変数 x_i は両親の平均身長であり，被説明変数 Y_i は子供が大人になったときの身長である．いつものように，傾きの回帰係数は $\beta_1 = \dfrac{Cov(\mathrm{Y}_i, x_i)}{V(x_i)}$ であり，切片は $\alpha = E[\mathrm{Y}_i] - \beta_1 E[\mathrm{X}_i]$ である．しかし，身長の分布は世代間で変わらないので，Y_i と x_i の平均と分散は同じである．ゆえに，

$$\beta_1 = \frac{Cov(\mathrm{Y}_i, x_i)}{V(x_i)} = \frac{Cov(\mathrm{Y}_i, x_i)}{\sqrt{V(x_i)}\sqrt{V(\mathrm{Y}_i)}} = \rho_{xy}$$
$$\alpha = E[\mathrm{Y}_i] - \beta_1 E[\mathrm{X}_i] = \mu(1-\beta_1) = \mu(1-\rho_{xy})$$

となり，ここで，ρ_{xy} は身長の世代間相関係数，$\mu = E[\mathrm{Y}_i] = E[\mathrm{X}_i]$は母集団における平均身長である．これらより，線形の CEF

$$E[\mathrm{Y}_i \mid x_i] = \mu(1-\rho_{xy}) + \rho_{xy} x_i$$

が得られ，親の身長を所与としたときの子供の身長は，両親の身長の平均と母集団分布の平均身長との加重和であることがわかる．つまり，背の高い両親の子供は，平均的にみて，両親ほど背は高くなくなるということである．背の低い両親の子も同様である．より具体的には，6 フィート 3 インチ〔約 190 センチ〕の高さであるピスケの子供は背が高くなるが，ピスケほどには高くはならないことが予想されるのである．しかしながら，ありがたいことに，5 フィート 6 インチ〔約 168 センチ〕のアングリストの子供は，アングリスト自身よりも背が高くなると予想される．ガルトンはこの傾向を「身長遺伝の平均への回帰」と呼んだ．今日，私たちはこれを平均への回帰と呼ぶ．

チャールズ・ダーウィンの従兄弟であるガルトンは，よりよい人々を繁殖させることを目的とする優生学会の創設者としても知られている．実際に，回帰分析における彼の関心は主にこの点にあった．この例からも，私たちは科学的

知見の価値は，その著者の政治的背景によって判断されるべきものではないと結論することができる．

この章における私たちの主な関心事である多重回帰に対して，ガルトンはさほど興味を示さなかったようである．ガルトンの仕事における回帰分析は定常的な確率変数の分布の機械的な特性に過ぎない：それらは両親の身長を子供の身長に回帰するという場合でも同様に使える方法であり，そこではその関係は明らかに因果関係ではない．ガルトンは獲得された特性も遺伝するというラマルク説（Lamarckian）の（のちにスターリン時代のロシアで促進された）考えに対して反対だったので，自らに対してもそれは因果関係ではないと言ったであろう．

回帰分析を因果関係の特定のための統計的分析手法として使うことができるという考えを最初に見ることができるのは George Udny Yule (1899) による貧困率の決定要因の探求においてであろう．統計家でもあり，カール・ピアソン（Karl Pearson）（ピアソンはガルトンの子分でもあった）の学生でもあったユールは，ガルトンの回帰係数を，はるか昔にルジャンドル（Legendre）とガウス（Gauss）が導出した最小二乗正規方程式を解くことによって，複数の変数を含む場合に拡張することもできることに気がついた．Yule (1899) の論文は，重回帰分析の推定値を含む初めての公刊論文のようである．彼のモデルは，地域内の貧困率の変化をイギリスの救貧法の実施の変化に関連づけるモデルであり，その地域の人口成長や年齢分布はコントロールされている．彼は特に，アウトリリーフという，貧困者向けの住宅への移住を要求せずに行われる所得補助が高い貧困率に寄与していないかどうかに関心があった．これはきちんと定義された因果関係についての問いであり，今日でも未だに重要な問いである[35]．

最後に，回帰分析の歴史は Steven Stigler (1986) の本に美しく詳述されている．Stigler はシカゴ大学の有名な統計学者であるが，ノーベル経済学賞受賞者である彼の父親，George Stigler ほどには有名でない．

---

35)　救貧法についてのユールの最初の応用論文は 1895 年に *Economic Journal* から出版されたが，ピスケはこの雑誌の共同編集者であることを誇りに思う．重回帰の理論はこの応用論文の姉妹論文である Yule (1897) にある．

3.5　補論：加重平均導関数の導出

まず始めに，Y_i を s_i に回帰すると，

$$\frac{Cov(Y_i, s_i)}{V(s_i)} = \frac{E[h(s_i)(s_i - E[s_i])]}{E[s_i(s_i - E[s_i])]}$$

となる．$\kappa_{-\infty} = \lim_{t \to -\infty} h(t)$ が存在すると仮定する．微積分学の基本定理より，

$$h(s_i) = \kappa_{-\infty} + \int_{-\infty}^{s_i} h'(t)dt$$

となる．これを$h(s_i)$に代入すると，分子は，

$$E[h(s_i)(s_i - E[s_i])] = \int_{-\infty}^{+\infty} \int_{-\infty}^{u} h'(t)(u - E[s_i])g(u)dtdu$$

となる．ここで，$g(u)$ は s_i の u における密度である．積分の順番を入れ替えることにより，

$$E[h(s_i)(s_i - E[s_i])] = \int_{-\infty}^{+\infty} h'(t) \int_{t}^{+\infty} (u - E[s_i])g(u)dudt$$

となる．内側の積分は，(3.3.9) 式の加重関数である $\mu_t \equiv \{E[s_i | s_i \geq t] - E[s_i | s_i < t]\}\{P(s_i \geq t)[1 - P(s_i \geq t)]\}$ となり，明らかに非負である．$s_i = Y_i$ とすると分母も同様にこれらのウェイトの積分となることが証明できる．ゆえに二変数回帰係数 $\frac{Cov(Y_i, s_i)}{V(s_i)}$ を加重平均導関数として表すことができる．共変量のある回帰モデルに対する同様の公式は，Angrist and Krueger (1999) の補論で導出されている．

「Q.O.B」=「生まれ四半期」

第４章　機能する操作変数：必要なものをたぶん得られる

Instrumental Variables in Action: Sometimes You Get What You Need

> 起こることはすべて起こる．
> 起こるさいに何かを引き起こすことは，かならずその何かを引き起こす．
> 起こるさいにそれ自体を再度引き起こすことは，かならず再度起きる．
> ただし，かならずしも発生順に起きるとはかぎらない．
>
> ダグラス・アダムス『ほとんど無害』

計量経済学をその兄といえる統計学から分ける２つの特徴がある．１つ目は因果関係に言及する点である．因果関係の推論は応用計量経済学の一番の要と言える．統計学者 Paul Holland (1986) は，「細工なしでは因果関係などありえない」として，まるで非実験データから因果関係を推論することはできないというような格言を述べている．深く考えなければ「相関関係は因果関係とは違う」というわかり切ったことでおしまいである．しかし私たちは，生業としてデータを扱う多くの人と同じように，たとえ注目する変数が研究者や実験者によって作られたものでないとしても，相関関係は場合によっては因果関係を表す十分な証拠になると思っている[1]．

私たちが統計学者――実は彼らだけでなく多くの他の社会科学者――と異なる２つ目は，初期の計量経済学が線形の同時方程式体系でパラメーターを推定

1)　最近は統計学者の間でも，観察されるデータを明示的に因果関係の枠組みで説明する統計モデルが議論されている．たとえば Freedman (2005) の展望論文を参照．

する方法を研究していたことから発展して，現在は多種多機能の統計ツールを備えていることにある．なかでも強力な武器はこの章のトピックである操作変数（Instru-mental variables：以下ではIVと書く）を使う方法である．あとでわかるように，IV法は同時方程式体系において一致性を持ったパラメター推定を行う以上のことを可能にしてくれる．

1920年代に農産物市場の研究をしていた親子の研究チームPhillip WrightとSewall Wrightは因果関係の推論という難問に取り組んでいた．観察されるデータ，すなわち需要曲線と供給曲線の交点となる取引量と価格のデータから，2つの曲線の傾きを推定するにはどうすればよいか，言い換えれば均衡価格と取引量の組み合わせ――私たちが観察できるのはこの組み合わせだけ――から，2つの確率方程式を同時に解くにはどうしたらよいかである．観察される価格と量のデータはどちらの曲線上にのっているのだろうか？　母回帰係数が同時方程式のどちらの式の傾きも示さないことはPhillip Wrightによってその頃にはすでに指摘されていた．Wright (1928)が初めて示したIV法は，一方の式だけに入る変数を使ってその式をシフトさせ，もう一方の式をたどることで，統計学的な同時方程式の問題を解くものであった．このように式をシフトさせる変数が，のちに**操作変数**（IV）と呼ばれるようになった（Reiersol 1941）．

別の関心として，IV法は回帰モデルに測定誤差があることによって生じるバイアスの問題を解く方法としても開拓されてきた[2)]．線形モデルに関する統計理論のうち最も重要な結果の一つに，注目する説明変数が確率的な誤差を持つとき，回帰係数は0方向にバイアスを持つというものがある（なぜかを理解するために説明変数が確率的誤差だけからなることを考えよう．この場合，説明変数は被説明変数とは相関せず，Y_iをこれに回帰したときの係数は0になる）．操作変数法はこの種のバイアスを取り除いてくれる．

同時方程式モデル（Simultaneous equations models: SEMs）は計量経済思想史の中でとても重要なものである．IV法を議論するときに使われる専門用語はいまだにこの枠組みからきている．しかしながら，近年，影響力を持つ応用分野の論文のほとんどが古典的なSEMの枠組みを使っていない．近年のIV

2)　重要な先行研究の成果としてWald (1940)やDurbin (1954)などがある．これらについてはこの章で後に議論する．

法はSEMのパラメターを推定するよりも測定誤差の問題を解くために使われることが多い．そして，IV法の最も重要な利用方法は，脱落変数バイアス（Omitted variables bias: OVB）の問題を解くというものである．ちょうど無作為実験での回帰において多くの変数をコントロールせずに済むのと同じように，操作変数法はデータではとらえられない，あるいはわからないコントロール変数の問題を解いてくれる[3]．

4.1　IVと因果関係

IVについて2つの手順で話したい．はじめは，因果効果が同一となる均一効果モデルで，次に，因果効果が異なり得る不均一潜在効果モデルに拡張した枠組みで説明する．不均一効果を導入することで，私たちが通常使用する基本的な統計方法の仕組み（典型的なものは2段階最小二乗法すなわち2SLS）は変えずに，IV推定値をより豊かに解釈できるようになる．まずは均一効果モデルに焦点を置き，余計な話は抜きにしてIVの仕組みを説明しよう．

教育と賃金の因果関係をとらえる枠組みとして均一効果の設定をするために，これまでと同様，潜在的な結果変数が次のように書けるとしよう：

$$\mathrm{Y}_{si} \equiv f_i(s)$$
$$f_i(s) = \alpha + \rho s + \eta_i \tag{4.1.1}$$

これらは3.2節の回帰と因果関係で議論したものと同じである．

また先の議論でみたように，コントロール変数のベクトルとして「能力」を表すA_iが存在し，観測可能な変数によるセレクションを仮定して説明できる：

$$\eta_i = A_i'\gamma + \nu_i$$

とする．γは母回帰係数であり，A_iとν_iは設定上相関しない．ここでは，変数A_iがη_iとsの相関をもたらす唯一の原因だと仮定している．すなわち，

3)　IVの歴史とその利用についてはAngrist and Krueger (2001) を，IV誕生の詳細な説明についてはStock and Trebbi (2003)を，同時方程式モデルを含む計量経済学の考え方の歴史についてはMorgan (1990) を参照のこと．

$$E[s_i\nu_i] = 0$$

を仮定している．仮に A_i が観察されるのであれば，賃金を教育に回帰する式にこれを含めて推定したい．長い回帰式で書けば次のようになる：

$$Y_i = \alpha + \rho s_i + A_i'\gamma + \nu_i \tag{4.1.2}$$

(4.1.2) 式は (3.2.9) 式で見た線形の因果モデルの形と同じである．この式の誤差項は潜在的な結果変数の確率部分であり，A_i をコントロールした後に残る部分である．この誤差項は仮定により教育とは相関しない．この仮定が正しいのであれば，Y_i を s_i と A_i に回帰する母回帰により (4.1.2) 式の係数が与えられる．

私たちがはじめに取り組みたい問題は，A_i が観察できないときにどうやって長い回帰式の係数 ρ を推定するかである．このとき注目する原因変数 s_i と相関し，被説明変数を左右する他の決定要因とは一切相関しない変数（操作変数であり Z_i と呼ぶ）を分析者が入手できるのであれば，操作変数法によりこの問題を解決できる．ここで「被説明変数を決定する他の要因とは一切相関しない」とは，$Cov(\eta_i, Z_i)=0$ であり，Z_i が A_i と ν_i のどちらとも相関しないことを言っている．Z_i は注目する因果モデルの中に入らないことから，これを**除外制約**と呼ぶ．

除外制約が成立しているとすると，(4.1.2) 式から，

$$\rho = \frac{Cov(Y_i, Z_i)}{Cov(s_i, Z_i)} = \frac{Cov(Y_i, Z_i)/V(Z_i)}{Cov(s_i, Z_i)/V(Z_i)} \tag{4.1.3}$$

が得られる．ここで，２つ目の等号が役に立つ．というのは，通常，共分散ではなく回帰係数によって ρ を考えた方が簡単だからである．知りたい係数 ρ は，Y_i を Z_i に回帰する母回帰（誘導形と呼ばれる式）と，s_i を Z_i に回帰する母回帰（1 段階目と呼ばれる推定式）の比である．IV 推定量は (4.1.3) 式の標本版である．IV の推定対象は 1 段階目の推定が 0 とならないという考えのもとで得られるが，これはデータを使ってチェックすることができる．一般的に，1 段階目の推定が 0 であることが統計的な意味でわずかに棄却されるだけならば，得られた IV 推定値は情報をほとんど持っていないことになる．この点については後で述べよう．

ここで，もう一度(4.1.3) 式の共分散の比が因果効果である ρ に等しくなるための仮定を思い出してみよう．第1に，操作変数は s_i に必ず影響を与えていなければならない．これが1段階目である．第2に，Y_i と Z_i を関係づけるのは1段階目の式だけである．さしあたって，この2番目の仮定を除外制約と呼ぶ．ただし，不均一効果モデルについて議論する時には，この仮定は2つのことを意味する．1つは，操作変数が無作為に割当てられているのと同様であること（第3章でみたCIAのように，共変量で条件付けると潜在結果変数から独立であること）であり，もう1つは，操作変数が1段階目の式で示される経路以外では結果変数に影響しないことである．

それでは，どうやって操作変数を見つければよいだろうか？　良い操作変数は，制度に関する知識と，見たい変数の決定過程に関するアイデアが合わさったときに見つけられる．例えば，教育の経済モデルによれば教育を受けるかどうかは代替的な行動選択の費用と便益に基づいて決定される．そこで，教育を受けるかどうかの操作変数として，個人の能力や潜在的な稼得能力とは無関係である，教育ローン政策や他の補助政策によって生じる教育費の差が候補となる．教育を受けるかどうかの差をとらえる変数の2番目の候補は，制度的な制約である．重要な制度は義務教育法だろう．Angrist and Krueger (1991) は，OVBを取り除くために「自然実験」を利用することを典型的なものとした論文の中で，義務教育により生じる差を利用している．

Angrist and Krueger (1991) が用いる「生まれ四半期を用いた戦略」のスタート点は，アメリカのほとんどの州において子供は6歳になる年の暦年に学校に入学することを義務付けているという事実にある．すなわち，就学開始年齢は誕生日の関数となる．ここで，暦年の終わりの方で生まれた子供は同学年の中では年少となる．12月31日を誕生日の区切りとする州では，第4四半期に生まれた子供は6歳になる直前の9月に入学するのに対し，第1四半期に生まれた子供は9月に入学するときにはすでにおよそ6歳半になっている．さらに，義務教育法は通常，16歳の誕生日をむかえるまで教育を受けることを定めているので，合法的に退学できる年齢になった時，この年齢の学生は違う学年であったり，卒業したかどうかが変わることになる．こうして，就学開始年齢政策と義務教育法を組み合わせることで，誕生日によって子供が学校に行かなくてはならない年月に差が生じるという自然実験の状態が作り出される．

Angrist and Krueger はアメリカの国勢調査を用いて教育水準と生まれ四半期の関係を見ている．図 4.1.1 のパネル A（Angrist and Krueger 1991）より抜粋）は 1980 年の国勢調査が示す 1930 年代生まれの男性の教育年数と生まれ四半期の関係を示している．この図によれば，暦年の初めの方で生まれた男性の平均教育年数は短い．これが 1 段階目の推定を図示したものである．一般的な IV の枠組みにおいて 1 段階目の推定は，注目する原因変数をモデルの中にある共変量と操作変数に回帰したものである．図示された点はこの回帰をまとめたものといえる．なぜなら，各生まれ年の四半期ごとの平均教育年数は，教育年数をすべての出生年ダミー（共変量）と生まれ四半期ダミー（操作変数）に回帰した時の当てはめ値として得られるからである．

図 4.1.1 のパネル B は，パネル A と同じ標本について生まれ四半期ごとに平均所得を示したものである．このパネルは操作変数と被説明変数の間の誘導形の関係を図示している．誘導形とは被説明変数をモデルの中のすべての共変量と操作変数に回帰したものである．パネル B によれば，所得は経験年数とともに高くなるので年長世代ほど所得が高い傾向にある．この図によれば，出生年という Angrist and Krueger (1991) で使われた共変量をコントロールした上で，早い四半期で生まれた男性は遅い四半期に生まれた男性よりも常に平均所得が低いことがわかる．重要な点は，この誘導形のパターンが教育年数における生まれ四半期のパターンと同じ動きである，すなわち，2 つのパターンが強く関係していることである．個人の誕生日はおそらくその人の生まれながらの能力ややる気，家族の結びつきとは関係していないと考えられるので，生まれ四半期ごとの所得の差を説明する唯一の原因として，生まれ四半期ごとの教育年数の差が挙げられると考えられる．これは生まれ四半期を用いた IV 推定を可能にする重要な仮定である[4)]．

図 4.1.1 で示される背景を数学表記すれば，次の 1 段階目と誘導形の回帰式として書ける．

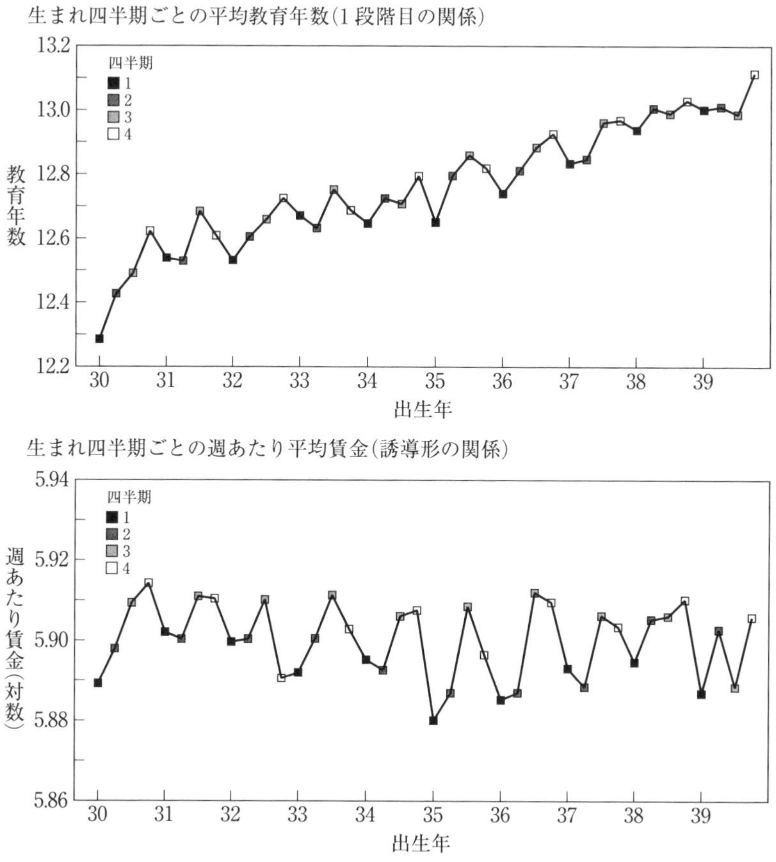

図 4.1.1　教育の収益の IV 推定：生まれ四半期を操作変数に用いた場合の 1 段階目と誘導形の関係を図示（Angrist and Krueger, 1991 より）.

$$s_i = X_i'\pi_{10} + \pi_{11}Z_i + \xi_{1i} \quad (4.1.4a)$$

$$Y_i = X_i'\pi_{20} + \pi_{21}Z_i + \xi_{2i}. \quad (4.1.4b)$$

---

4)　他の説明も可能である．もっともよく使われるのは何らかの家庭環境の影響が生まれた季節に関係しているというものである（たとえば，Bound, Jaeger, and Baker, 1995）．ただし，家庭環境の影響では脱落変数の可能性をうまく説明できない事実として，義務教育法により最も影響を受ける教育水準で，平均教育年数の生まれ四半期のパターンが最も顕著となっていることがある．

(4.1.4a) 式の π_{11} は，共変量 X_i をコントロールした場合に Z_i が S_i に与える 1 段階目の影響をとらえている．(4.1.4b) 式の π_{21} は，同じ共変量をコントロールした場合に Z_i が Y_i に与える誘導形の影響をとらえている．Angrist and Krueger (1991) では，操作変数 Z_i は生まれ四半期（あるいは四半期を表すダミー変数）であり，共変量は生まれた年と生まれた州である．SEM の言葉で書けば，両式の被説明変数は**内生変数**（両式で表される式体系の中で同時に決められるもの）であり，右辺の変数は**外生変数**（式体系の外で決められるもの）である．操作変数 Z_i は，外生変数の部分集合である．操作変数ではない外生変数は外生共変量と呼ばれる．この本では伝統的な需要・供給体系を推定することはないが，これら SEM での変数表記は実証分析において今でも広く使われている．

共変量を取入れた IV 推定量は比率 π_{21}/π_{11} の標本版となる．これを見るために誘導形と 1 段階目の係数の分母は同じであることに注意しよう．つまり両者の比は，

$$\rho = \frac{\pi_{21}}{\pi_{11}} = \frac{Cov(Y_i, \tilde{Z}_i)}{Cov(S_i, \tilde{Z}_i)} \tag{4.1.5}$$

と書ける．ここで，$\tilde{Z}_i$ は Z_i を外生共変量 X_i に回帰したときの残差を表す．すなわち，(4.1.5) 式の右辺は，(4.1.3) 式で見た IV 式において Z_i を $\tilde{Z}_i$ に置き換えたものである．計量経済学者は (4.1.5) 式の標本版を，共変量を加えた因果関係式：

$$Y_i = \alpha' X_i + \rho S_i + \eta_i \tag{4.1.6}$$

における ρ の間接最小二乗（indirect least squares; ILS）推定量と呼ぶ．ここで，η_i は合成された誤差項 $A_i'\gamma + \nu_i$ である．$\tilde{Z}_i$ はモデルの設定上 X_i とは相関しないし，仮定により η_i とも相関しないから，(4.1.6) 式を使えば $Cov(Y_i, \tilde{Z}_i) = \rho Cov(S_i, \tilde{Z}_i)$ となることを簡単に確かめられる．

4.1.1 2 段階最小二乗法

(4.1.4b) 式で表される誘導形は，1 段階目の式である (4.1.4a) を，注目する因果関係を表す (4.1.6) 式――同時方程式体系の言葉を使えば「構造形」

と呼ばれる式——に代入することで求められる．つまり，

$$\begin{aligned} Y_i &= \alpha' X_i + \rho[X_i'\pi_{10} + \pi_{11}Z_i + \xi_{1i}] + \eta_i \\ &= X_i'[\alpha + \rho\pi_{10}] + \rho\pi_{11}Z_i + [\rho\xi_{1i} + \eta_i] \\ &= X_i'\pi_{20} + \pi_{21}Z_i + \xi_{2i} \end{aligned} \tag{4.1.7}$$

が得られる．ここで π および ξ は (4.1.4b) 式の $\pi_{20} \equiv \alpha + \rho\pi_{10}, \pi_{21} \equiv \rho\pi_{11}, \xi_{2i} \equiv \rho\xi_{1i} + \eta_i$ である．(4.1.7) 式は，なぜ $\rho = \pi_{21}/\pi_{11}$ となるかを再度示してくれている．(4.1.7) 式を少し変形すると，

$$Y_i = \alpha' X_i + \rho[X_i'\pi_{10} + \pi_{11}Z_i] + \xi_{2i} \tag{4.1.8}$$

となる．ここで，$[X_i'\pi_{10} + \pi_{11}Z_i]$ は s_i を X_i と Z_i に回帰した１段階目の推定の母集団あてはめ値である．Z_i と X_i は誘導形の式の誤差項 ξ_{2i} とは相関していないので，Y_i を X_i と $[X_i'\pi_{10} + \pi_{11}Z_i]$ に母集団回帰したときの $[X_i'\pi_{10} + \pi_{11}Z_i]$ の係数は ρ となる．

実際には標本データで分析することになる．無作為標本の下で，１段階目の推定のあてはめ値は，

$$\hat{s}_i = X_i'\hat{\pi}_{10} + \hat{\pi}_{11}Z_i$$

により一致推定量として得られる．ここで，$\hat{\pi}_{10}$ と $\hat{\pi}_{11}$ は (4.1.4a) 式の OLS 推定値である．Y_i を X_i と $\hat{s}_i$ に回帰した時の $\hat{s}_i$ の係数は，ρ の２段階最小二乗 (2SLS) 推定量と呼ばれる．言い換えれば，2SLS 推定値は「２段階目の推定」：

$$Y_i = \alpha' X_i + \rho\hat{s}_i + [\eta_i + \rho(s_i - \hat{s}_i)] \tag{4.1.9}$$

を OLS で推定することで得られる．２段階推定と呼ばれる所以は，推定が２段階で行われる——１段階目に (4.1.4a) 式を使って $\hat{s}_i$ を推定し，２段階目に (4.1.9) 式を推定する——からである．共変量と１段階目のあてはめ値はともに η_i や $(s_i - \hat{s}_i)$ と相関しないから，得られる推定量は ρ の一致推定量となる．

ただし，2SLS という名前にもかかわらず，通常２回の手順で 2SLS 推定量を作成することはない．その理由として，後述のように標準誤差の計算が正し

くないことがある．典型的には，SAS や Stata といった解析ソフトの解析工程にまかせて計算させる．これにより正しい標準誤差を得ることができ，他の計算ミスを犯すことを防げる（4.6.1 節を参照のこと）．それでも，2SLS 推定量が OLS 回帰の連続で求められるという事実は，これがなぜ機能するかを覚えておくのに大切である．直感的に言うと，2SLS は共変量に条件付けたうえで準実験的な変化によって作り出される——すなわち操作変数 z_i によって作り出される——s_i の変化だけをとらえてくれる．

2SLS は多くのすばらしい点を持っている．第 1 にそれは IV 推定量を与えてくれる．すなわち，(4.1.9) 式の ρ の 2SLS 推定値は $\frac{Cov(Y_i, \hat{s}_i^*)}{Cov(s_i, \hat{s}_i^*)}$ の標本版である．ここで $\hat{s}_i^*$ は $\hat{s}_i$ を X_i に回帰したときの残差である．これは，多変量回帰の解剖式と $Cov(s_i, \hat{s}_i^*) = V(\hat{s}_i^*)$ という関係式から得られる．1 つの内生変数と 1 つの操作変数をもつモデルでは，2SLS 推定量は ILS 推定量と等しくなることも簡単に示すことができる[5)]．

2SLS と IV の関係は操作変数が複数の場合にはもう少し説明が必要となる．それぞれの操作変数が同じ因果効果をとらえるものだと仮定すれば（この強い仮定はあとで弱められる），これらの IV 推定値をより正確な 1 つの推定値にまとめたいだろう．2SLS は，複数の操作変数を持つモデルにおいて操作変数を 1 つにまとめることでそれを可能にしてくれる．たとえば，z_{1i}, z_{2i}, z_{3i} の 3 つの操作変数があるとする．Angrist and Krueger (1991) の応用例では，第 1 四半期，第 2 四半期，第 3 四半期のうちいつ生まれたかを表すダミー変数にあたる．1 段階目の推定は，

$$s_i = X_i'\pi_{10} + \pi_{11}z_{1i} + \pi_{12}z_{2i} + \pi_{13}z_{3i} + \xi_{1i} \qquad (4.1.10a)$$

であり，2SLS の第 2 段階目の推定は，あてはめ値を (4.1.4a) 式からではな

---

5) $\hat{s}_i^* = \tilde{z}_i\hat{\pi}_{11}$ であることに注意．ここで $\tilde{z}_i$ は z_i を X_i に回帰したときの残差であり，2SLS 推定量は $[Cov(Y_i, \tilde{z}_i)/V(\tilde{z}_i)](\hat{\pi}_{11})^{-1}$ の標本版になる．ただし，分子である $Cov(Y_i, \tilde{z}_i)/V(\tilde{z}_i)$ の標本版は誘導形である (4.1.4b) 式の π_{21} に対する OLS 推定値であるのに対し，$\hat{\pi}_{11}$ は 1 段階目を表す (4.1.4a) 式の π_{11} に対する OLS 推定値である．よって，1 つの操作変数を持つ 2SLS は ILS，すなわち共変量をコントロールしたもとで，操作変数の誘導形の影響が，1 段階目の影響に比べてどれぐらいかを表す比率となる．

く (4.1.10a) 式から求めること以外は (4.1.9) 式と同じものとなる．この 2SLS 推定量の IV での解釈は前と同じであり，操作変数は 1 段階目のあてはめ値を共変量に回帰した残差である．このときの除外制約は (4.1.10a) 式の生まれ四半期ダミーが (4.1.6) 式の η_i と相関しないことである．

表 4.1.1 は，生まれ四半期ダミーを使って教育の経済収益をとらえた 2SLS 推定の結果をまとめている．ここでは Angrist and Krueger (1991) の推定値と同じ OLS および 2SLS 推定値を記している．それぞれの列は，(4.1.6) 式にあたる式について様々な操作変数や共変量の組み合わせで OLS および 2SLS により ρ を推定した値を示している．(1) 列はコントロール変数を入れずに対数賃金を回帰した場合の OLS 推定値を示し，(2) 列は生まれ年と生まれた州のダミー変数をコントロール変数とした場合の OLS 推定値を示す．どちらの場合も，教育の収益は約 0.075 である．

(3) 列と (4) 列に示された最初の 2 つの IV 推定値は外生共変量を入れないモデルのものである．(3) 列の推定値を作るために使われた操作変数は第 1 四半期生まれを表すダミー変数であり，(4) 列の推定値を作るために使われた操作変数は第 1, 2, 3 の 3 つの生まれ四半期ダミー変数である．これらの推定値は 0.10 から 0.11 となっている．生まれた年と州のダミー変数を外生共変量として入れる場合（(5) 列と (6) 列）も結果は似ている．生まれ四半期がこれらの変数とは強く相関していないことを考えれば驚くことではない．全体として 2SLS 推定値は OLS 推定値よりも少しだけ大きな値をとっている．これは，教育と所得の間に見られる関係が能力や家庭環境といった脱落変数によって生じたものではないことを示している．

表 4.1.1 の (7) 列は操作変数に交差項を入れた場合の結果である．ここでは 3 個の生まれ四半期ダミーに，それらと 9 個の生まれ年ダミー（標本は 1930–39 年生まれの世代からなる）の交差項を加えて，全部で 30 個の除外操作変数を使っている．1 段階目の推定式は，

$$\begin{aligned} \mathrm{s}_i = {} & \mathrm{X}_i'\pi_{10} + \pi_{11}\mathrm{Z}_{1i} + \pi_{12}\mathrm{Z}_{2i} + \pi_{13}\mathrm{Z}_{3i} \\ & + \sum_j (\mathrm{B}_{ij}\mathrm{Z}_{1i})\kappa_{1j} + \sum_j (\mathrm{B}_{ij}\mathrm{Z}_{2i})\kappa_{2j} + \sum_j (\mathrm{B}_{ij}\mathrm{Z}_{3i})\kappa_{3j} + \xi_{1i} \end{aligned} \tag{4.1.10b}$$

となる．ここで，B_{ij} は個人 i が年 j に生まれたならば 1 となるダミー変数であ

表 4.1.1　教育の経済収益の 2SLS 推定値

	OLS		2SLS					
	(1)	(2)	(3)	(4)	(5)	(6)	(7)	(8)
教育年数	0.071	0.067	0.102	0.13	0.104	0.108	0.087	0.057
	(0.0004)	(0.0004)	(0.024)	(0.020)	(0.026)	(0.020)	(0.016)	(0.029)
外生共変量								
年齢（四半期換算）								✓
年齢（四半期換算）の 2 乗								✓
9 個の生まれ年ダミー変数		✓			✓	✓	✓	✓
50 個の生まれ州ダミー変数		✓			✓	✓	✓	✓
操作変数								
QOB＝1 を表すダミー変数			✓	✓	✓	✓	✓	✓
QOB＝2 を表すダミー変数				✓		✓	✓	✓
QOB＝3 を表すダミー変数				✓		✓	✓	✓
QOB ダミーと生まれ年ダミーの交差項（合計 30 個の操作変数）							✓	✓

注：この表は Angrist and Krueger（1991）と同じ 1980 年の国勢調査標本を使って，OLS と 2SLS により教育の収益を推定した推定値を示す．標本には 1930–39 年にアメリカで生まれた男性で正の所得があり，主要変数の欠値に対して帰属計算がなされていないものである．標本サイズは 329,509 である．（　）内は頑健な標準誤差である．QOB は「生まれ四半期」を指す．

る（j は 1931 から 1939 を示す）．$\kappa_{1j}, \kappa_{2j}, \kappa_{3j}$ は生まれ四半期と生まれ年の交差項それぞれに対する係数である．生まれ四半期の教育パターンが世代によって異なるため交差項を加えることで 1 段階目の決定係数が上昇し推定の精度が高まるのであれば，これらの交差項を含めることは妥当だと言えよう．この例の場合，交差項を操作変数に加えることでわずかではあるが精度が高まっている．すなわち (6) 列から (7) 列になると標準誤差は 0.019 から 0.016 に下がる[6)]（図 4.1.1 で示した 1 段階目と誘導形の影響のプロットは，この全交差項を入れた特定化によるものである）．

表 4.1.1 の最後の列は外生共変量に四半期換算の年齢とその二乗項を加えた結果を示す．1980 年の国勢調査時点（4 月 1 日）では，1930 年の第 1 四半期に生まれた人は 50 歳であり，第 4 四半期に生まれた人は 49.25 歳である．このように年齢の変数を細かく分けることで，年齢のわずかな差が脱落変数となり生まれ四半期による識別戦略を難しくすることに部分的に対処している．年齢の影響がある程度連続的なものであるならば，四半期換算の年齢の二乗項を入れることで年齢の影響は取り除かれるだろう．

表 4.1.1 の (7) (8) 列は識別と推定の相互作用を示している（伝統的な SEM 理論では，誘導形パラメターを求めることができればそれは**識別された**と言う）．2SLS が機能するためには，モデルに組み込まれた外生共変量に条件付けた上で，1 段階目のあてはめ値にいくらかのバラツキがなければならない．かりに 1 段階目のあてはめ値が共変量の線形結合となるのであれば 2SLS 推定値は存在しない．(4.1.9) 式ではこれは完全な多重共線性（すなわち X_i と $\hat{s}_i$ の間の線形依存）として表れる．年齢の二乗項を共変量としてコントロールした 2SLS 推定値は存在するものの，四半期換算の年齢という操作変数（生まれ四半期ダミー）と関係が近い共変量を入れることで，1 段階目のあてはめ値に「残された」バラツキは小さくなる．このバラツキがおもに 2SLS 推定の標準誤差を決定するので，(8) 列の推定値は (7) 列の推定値よりも精度が低い．ただし，(8) 列の推定でもなお推定値は OLS 推定値と近い．

6)　ここで当てはまりが良くなることにはコストも伴う．4.6.4 節で見るように，操作変数を増やせば推定バイアスも大きくなる可能性がある．

IV および 2SLS 用語のまとめ

以上で見てきたように，**内生変数**（endogenous variables）は被説明変数（従属変数［dependent variables］）であり，かつ操作変数が割当てられている説明変数（独立変数［independent variable］）でもある．同時方程式モデルでは，内生変数は線形確率方程式を解くことで決定されるものである．**説明変を内生変数として扱う**ときには，その内生変数に操作変数を割り当てる，すなわち，2SLS の 2 段階目で内生変数を当てはめ値に置き換える．Angrist and Krueger (1991) の例では内生説明変数は教育年数である．**外生変数**（exogenous variables）とは，操作変数が割当てられない**外生共変量**（exogeneous covariates）と操作変数自身を含めて指す．同時方程式モデルでは，外生変数は方程式体系外で決定されるものである．Angrist and Krueger (1991) の例では外生的な共変量は生まれ年と生まれ州を表すダミー変数である．ここでは外生的な共変量をコントロール変数と考えている．2SLS を熱烈に支持する人はこれらの変数をそれぞれ区別して呼ぶ．すなわち，IV を使った実証分析で分析される確率変数を，被説明変数，内生説明変数，操作変数（instrumental variables)，外生共変量のいずれかに分ける．これらはしばしば，被説明変数，内生変数，操作変数，共変量と省略される（伝統的な同時方程式モデルでは被説明変数も内生変数となるが，それは曖昧にされる）．

4.1.2 Wald 推定量

最も簡単な IV 推定量は，1 つのダミー操作変数を使って，1 つの内生変数があり共変量がないモデルを推定することである．この場合，因果回帰モデルは，

$$\mathrm{Y}_i = \alpha + \rho \mathrm{s}_i + \eta_i \tag{4.1.11}$$

と書ける．ここで，η_i と s_i は相関している可能性がある．さらなる簡単化のため，Z_i を確率 p で 1 となるダミー変数とすると，

$$Cov(\mathrm{Y}_i, \mathrm{Z}_i) = \{E[\mathrm{Y}_i|\mathrm{Z}_i=1] - E[\mathrm{Y}_i|\mathrm{Z}_i=0]\}p(1-p)$$

となる．$Cov(\mathrm{s}_i, \mathrm{Z}_i)$ に対しても類似の式が書ける．よって，

$$\rho = \frac{E[\mathrm{Y}_i|\mathrm{Z}_i=1]-E[\mathrm{Y}_i|\mathrm{Z}_i=0]}{E[\mathrm{s}_i|\mathrm{Z}_i=1]-E[\mathrm{s}_i|\mathrm{Z}_i=0]} \tag{4.1.12}$$

と書ける．これは，(4.1.11) 式と $E[\eta_i|\mathrm{Z}_i]=0$ から，

$$E[\mathrm{Y}_i|\mathrm{Z}_i] = \alpha + \rho E[\mathrm{s}_i|\mathrm{Z}_i] \tag{4.1.13}$$

と書けることを使い，ρ に関する式に直せば導出される．

(4.1.12) 式は，測定誤差のある説明変数を持った 2 変量回帰に関する Wald 推定量の母集団表記である[7)]．この Wald 式は，OVB を取り除くために私たちがIV 戦略をとることをわかりやすく示してくれている．因果効果を IV で推定するためには，操作変数が注目する原因変数に与える影響のみを通じて被説明変数と関係している必要がある．よって，ダミー操作変数の場合には，誘導形の平均の差をそれに対する 1 段階目の平均の差で割る（修正する）のは自然であろう．

生まれ四半期を使って教育の経済収益を推定した Angrist and Krueger (1991) の研究は Wald 推定量が機能することを示している．表 4.1.2 は Wald 推定値の構成要素を 1980 年の国勢調査を使って示している．第 1 四半期に生まれた男性と第 4 四半期に生まれた男性の所得の差は −0.0135 であり，彼らの教育年数の差は −0.151 である．これら 2 つの差の割合が，1 年あたりの教育の経済的価値を示す Wald 推定値である．計算すると 0.089 となる．予想通りこの推定値は表 4.1.1 で示した 2SLS 推定値と大きな差はない．Wald と 2SLS の推定値が似たものになると予想できる理由は，両方とも「生まれた時期による所得差」という同じ情報から作られているからである．

Angrist (1990) は，ベトナム戦争時に兵役についていたかが退役軍人の所得に与える影響について分析しており，ここでも Wald 推定量が機能すること

7)　この章の導入部分で述べたように，説明変数の測定誤差は，回帰係数をゼロ方向に小さくさせる．このバイアスを取り除くために，Wald (1940) は，データを測定誤差とは独立となるようにグループ化し，(4.1.12) 式のように関心のある係数を平均での差の比として推定することを提案している．Durbin (1954) は，直線をあてはめる Wald の方法は Wald のグループ化を表すダミー変数を操作変数とした IV 推定量であることを示している．Hausman (2001) は測定誤差を扱う計量経済学の方法についてサーベイしている．

表 4.1.2　生まれ四半期を操作変数に用いた教育の収益に関する Wald 推定値

	(1) 第 1 四半期 生まれ	(2) 第 4 四半期 生まれ	(3) (1) と (2) の差 (標準誤差)
週当たり賃金の対数値	5.892	5.905	−0.0135 (0.0034)
教育年数	12.688	12.839	−0.151 (0.016)
教育の収益の Wald 推定値			0.089 (0.021)
教育の収益の OLS 推定値			0.070 (0.0005)

注：Angrist and Imbens (1995) より抜粋．標本は，1980 年国勢調査で 5% 抽出された 1930–39 年アメリカ生まれの男性で，正の所得がある者．標本数は 162,515．

を示している．1960 年代および 1970 年代初期は，若いアメリカ人男性は陸軍の兵役任務につく可能性があった．アメリカの徴兵政策の公平性に対する関心が高まり，1970 年に，徴兵の順位を決めるために徴兵くじ制度がとられることになった．ここで，徴兵対象者とされたかどうかがベトナム戦争の退役軍人かどうかをとらえる操作変数の有望な候補となる．というのは，選ばれるかどうかは誕生日ごとに割り振られたくじ番号で決められたからである．具体的には，1970 年から 1972 年にかけて毎年，徴兵年齢である 19 歳に達した人について，誕生日ごとに無作為に連続した数字（RSN）が割り振られた．この数字が国防省の定めた数字より小さい人は徴兵対象者とされ，大きい人は徴兵されなかった．実際には，徴兵対象者とされた中にも健康などの理由で免役された者は多くいたし，くじでは徴兵免除とされた者の中にも自発的に兵役についた者は多くいた．そのような理由で，無作為徴兵くじは退役軍人かどうかを完全に説明するわけではないが，徴兵くじで対象とされたかどうかはベトナム戦争の退役軍人であるかどうかと強く相関する操作変数となる．

1970 年の徴兵くじで選抜されるリスクのあった白人男性のうち，徴兵対象者はくじが行われた以降の年で明らかに所得が低い．このことは表 4.1.3 の (2) 列に，徴兵くじで無作為に選ばれたかどうかが社会保障課税対象所得に与えた影響として示されている．比較可能なように，(1) 列に平均年間所得が示されている．1950 年生まれの男性については，徴兵対象者であったかどうか

表 4.1.3　1950 年生まれの白人男性について，兵役が所得に与える影響の Wald 推定値

	所得		兵役状況		
	平　均	徴兵対象者であったことの影響	平　均	徴兵対象者であったことの影響	兵役についたことの影響の Wald 推定値
所得稼得年	(1)	(2)	(3)	(4)	(5)
1981	16,461	−435.8 (210.5)	0.267	0.159 (0.040)	−2,741 (1,324)
1971	3,338	−325.9 (46.6)			−2,050 (293)
1969	2,299	−2.0 (34.5)			

注：Angrist (1990) の表 2，3 より抜粋．(　) 内は標準誤差を示す．所得データは社会保障行政記録による．数字は名目ドル単位．兵役についたか否かのデータは “Survey of Income and Program Participation” による．標本数は約 13,500 である．

が所得に有意な負の影響を与えていることが，兵役について間もない 1971 年の所得への影響を見ても，10 年後の 1981 年の所得への影響を見ても確認される．これに対して，徴兵対象者であったかどうかと 1969 年の所得に相関は見られない．1969 年に行われた徴兵くじは 1950 年生まれの男性が対象とされたのであるが，1969 年以前は，1950 年生まれの男性がすべて徴兵されていたのである．

徴兵対象者かどうかは無作為に抽選されているので，(2) 列の推定値は，徴兵対象であったことが所得に与える因果効果をとらえていると言えるだろう．徴兵対象の影響を退役軍人の影響につなげるために必要な情報は，Wald 推定量の分母，すなわち徴兵対象とされたことが実際の兵役につく確率に与える影響である．これが表 4.1.3 の (4) 列に書かれている．徴兵対象とされた男性は 16% ほど多く実際にベトナム戦争の兵役についている．兵役についたことが 1981 年の所得に与える負の影響は，(5) 列に書かれているように 1981 年の平均所得の約 15% にのぼる．所得を下げる影響は，影響を受けた人々がまだ兵役についていた年である 1971 年で，(パーセントで見て) さらに大きい．

Wald あるいは IV 推定量の重要な特徴は識別仮定を評価し解釈することが簡単な点である．D_i をベトナム戦争退役軍人であるかどうかとし，Z_i をくじで徴兵対象とされたかどうかを表すとしよう．D_i の因果効果をとらえるもの

としてWald推定量を解釈するために必要な基本条件は，Z_i が $E[D_i|Z_i]$ を変化させることを通じてのみ $E[Y_i|Z_i]$ を変化させるということである．これを簡単に確認しようと思えば，Z_i と，D_i に影響されない個人属性——例えば人種や性別，D_i が決定する前から決まっていた他の個人属性など——との相関を見ればよい．別の便利な確認方法は，D_i と Z_i の間に関係がない標本グループにおいて，操作変数と結果変数の間に関係があるかを見ることである．徴兵対象とされたことが退役軍人であることを通じてのみ所得に影響するならば，徴兵対象とされたことが退役軍人であることに関係していないグループでは，徴兵対象であったことが所得を低下させる影響は見られないはずである．

この考え方はAngrist (1990) の徴兵くじの分析では1969年の所得への影響として説明されている（表4.1.3の1番下の行に示されている）．1969年の所得は1970年の徴兵くじよりも前に確定しているのだから，徴兵対象とされたことの処置効果が1969年の所得に与える影響はないといっていいだろう．2つ目の確認として1953年生まれのグループを見よう．1953年生まれのグループにも無作為番号を割り振る徴兵くじが1972年の2月に行われたが，1953年生まれの者が実際に徴兵されることはなかった（徴兵が正式に終わったのは1973年7月である）．よって，1953年生まれの者（1972年の徴兵くじ番号で95以下が徴兵対象者）については，1段階目でとらえられるはずの徴兵対象と退役軍人との関係において，徴兵対象かどうかにより兵役確率が変わることをほとんど説明できないはずである．さらに徴兵対象状況と所得の間にも1953年生まれの者については有意な関係は見られないはずである．このことは，徴兵対象と割り当てられたことが所得に与える影響が，兵役を通じたもののみであるとする考えを支持している．

Wald推定量の議論を，家族の人数が母親の雇用状況や市場労働に与える影響をとらえるIV推定値としてまとめなおしてみよう．これら労働に関する推定値は，教育や兵役の研究と同じようにこの本の説明に頻繁に出てくる．出生率と労働供給の関係は労働経済学者の間で長く興味を持たれてきた．この分析における脱落変数バイアスの存在は明らかである——労働供給に強い選好をもたない，あるいは低い潜在稼得能力をもつ母親の方が，労働供給に強い選好を持ち高い稼得能力を持つ母親よりも子供を産むだろう．この場合，世帯人数と母親の雇用状態の間に見られる相関関係を解釈するのは難しい．なぜなら，世帯人数の多い母親はそもそも働かない人だからである．Angrist and Evans (1998) は２つの操作変数を利用した Wald タイプの推定によってこの脱落変数の問題を解決している．

１つ目の Wald 推定量は，多子出産の情報を使うものである．これは Rosenzweig and Wolpin (1980) が世帯人数の影響について最初に行った分析方法でもある．Angrist and Evans (1998) は，少なくとも２人の子供がいる母親を対象標本として，２回目の出産が多子出産（ほとんどが双子出産）であったことを表すダミー変数——双子操作変数を用いた．表 4.1.4 の (3) 列に示すように双子の１段階目の推定値は 0.625 である．これは，２人以上の子供を持つ母親の 37.5% が（２回目の出産が双子であろうかなかろうが）３人目の子供を持ったことを示している．３回目が多子出産であると，この割合は１に押し上げられる．双子操作変数は，多子出産が基本的に無作為に生じるものであり，潜在的な結果変数や家庭環境とは相関しないことを前提にしている．

表 4.1.4 に示されている２つ目の Wald 推定量は，きょうだいの性別構成を操作変数に使ったものである．この操作変数は，２人の子供を持つアメリカ人の親は，子供たちの性別が異なる場合よりも性別が同じ場合に，３人目の子供を持つ確率が高いという事実から考えられたものである．これが表 4.1.4 の (5) 列に示されている．性別が同じ２人の子供を持つ両親は３番目の子供を持つ確率が 6.7% ポイント高いといえる（性別が異なる子供を持つ親のうち３番目の子供を持つ確率は 0.38 である）．同性ダミー操作変数は，性別が無作為に決まり，きょうだい構成は子供の数を増やすことを通じてのみ労働供給に影響を与えるという考えに基づいている．

双子や性別構成による操作変数はともに，３番目の子供の存在が母親の雇用率や労働週数，労働時間に大きな影響を与えることを示している．双子操作変数を使った Wald 推定値は，雇用率を約 0.08，労働週数を 3.8 週，週当たり労働時間を 3.4 時間減らすことを示している．(4) 列に示されているこれらの結果は，(2) 列に示されている OLS 推定値よりも絶対値で見て小さい．この結果から，OLS 推定値は，セレクション・バイアスにより過大となっているといえる．興味深いことに，(6) 列で示されている同性ダミーを使った場合の

表 4.1.4　家族の人数が労働供給に与える影響の Wald 推定値

			IV 推定：操作変数に以下を利用			
			2回目の出産が双子であることを表すダミー		最初の2人の子供が同姓であることを表すダミー	
	平均	OLS	1段階目推定	Wald 推定値	1段階目推定	Wald 推定値
被説明変数	(1)	(2)	(3)	(4)	(5)	(6)
雇用確率	0.528	−0.167 (0.002)	0.625 (0.011)	−0.083 (0.017)	0.067 (0.002)	−0.135 (0.002)
労働週数	19.0	−8.05 (0.09)		−3.83 (0.76)		−6.23 (1.29)
週当たり労働時間	16.7	−6.02 (0.08)		−3.39 (0.64)		−5.54 (1.08)

注：この表は3人目の子供の誕生が労働供給に与える影響に関して，OLS 推定値と，双子あるいはきょうだい性別構成を操作変数に使って推定した Wald 推定値を示す．データは Angrist and Evans (1998) と同じもので，1980 年国勢調査において少なくとも2人の子供を持つ 21-35 歳の既婚女性である．OLS モデルでは母親の年齢，1人目の子供を産んだ時の年齢，1人目と2人目の子供の性別ダミー，人種ダミーをコントロールしている．1段階目の推定はすべての被説明変数で同じである．

Wald 推定値は，双子ダミーを使った場合よりも大きな値をとっている（例えば雇用率を 0.135 下げる）．表 4.1.4 に並べられている双子ダミーと同性ダミーを操作変数に使った場合の結果は，異なる操作変数がたとえ両方とも有効な操作変数であっても同じ因果効果の推定値をとらえるとは限らないことを示唆している．この重要な点については 4.4 節の不均一効果モデルで拡張する．とりあえず今は，均一効果モデルで話をすすめよう．

4.1.3　グループデータと2段階最小二乗法

Wald 推定量はすべての IV 推定量の源といえる．というのは，より複雑な 2SLS も典型的には Wald 推定量の組み合わせから作られるからである．Wald と 2SLS をつなぐものはグループデータである．すなわち，ダミー変数を操作変数にして 2SLS を行うことは，グループ平均について GLS を行うことと同じである．GLS は平均の組み合わせから作られる Wald 推定量の線形結合と理解できる．この関係は，操作変数がダミー変数である場合には一般的に言える．

すべての操作変数がダミー変数ではないし離散変数でもないが，このことは大して重要ではない．というのは，多くの操作変数が「生まれ四半期」のようにカテゴリーとして定義できるからである．また，連続変数の操作変数（例えば徴兵くじ番号のように1から365の幅を持つ操作変数）は通常，情報を大して失うことなくグループ化できる（例えば，徴兵対象とされたかどうかをダミー変数で表したり，くじ番号により分けられた25個のグループをダミー変数で表すというように）[8]．

Waldとグループ化そして2SLSの関係をもう少し説明するために，徴兵くじの分析の話を続けよう．先に，徴兵対象とされたかどうかは，ベトナム戦争の退役軍人であるかどうかの有力な操作変数だと述べた．徴兵対象者となる上限は1950年生まれの者では無作為番号195番，1951年生まれの者では125番，1952年生まれの者では95番であった．しかしながら，実際は，徴兵くじ番号（ここでは無作為番号RSNの略称としてR_iと書く）は，徴兵対象とされたかという事実以上に，退役軍人であること(D_i)と強い関係を持っている．区切り点より大きい数字の番号の人は徴兵免除者とされたが，事前にはこの区切り点は知らされなかった．よって，よりよい条件で兵役についたり，兵役のタイミングを自ら決めたいとして自発的に兵役を志願した者がいた．自発的志願のプレッシャーは割当てられた数字が小さい者で大きく，割当て数字が大きい者で小さかった．結果として，徴兵対象とされる区切り点よりかなり高い者や，低い者の間でも$P[D_i=1|R_i]$に差があった．例えば，1950年生まれのRSN 200–225の者とRSN226–250の者は，結果的にはどちらもくじで徴兵対象とされることはなかったにもかかわらず，前者は後者よりも多く兵役についたのである．

徴兵対象者を1950年生まれの者に対する操作変数として使う場合，Wald推定量は，$R_i<195$の者と$R_i>195$の者の所得を比較する．しかし先に議論したように他にも多くの比較ができる．例えば，25刻みで考えれば，$R_i \leq 25$と$R_i \in [26-50]$の者との比較や，$R_i \in [51-75]$と$R_i \in [76-100]$の者との比較など

8)　例外は古典的な測定誤差モデルの場合である．この場合，操作変数が割当てられる変数も操作変数も連続であると仮定される．この章では，OVBに対するIVでの説明を考えている．

も可能である．25 刻みではなく，例えば 5 刻みや 1 刻みといった具合に細かい単位で比較することもできる．このような比較集合を拡張したのが Wald 推定量の集合である．これらは完備集合でありその区間は使われる操作変数に対応して部分集合に分けられるが，それぞれの推定量は分子が互いに線形独立であるという意味で線形独立となっている．さらに，これらの Wald 推定量は R_i が潜在的結果変数とは独立で，かつ退役軍人であるかどうかと相関する（Wald の分母が 0 ではない）かぎり，どれも同じ因果効果——この因果効果は一定であると仮定している——をとらえた一致推定量となっている．

同じ因果効果について複数の Wald 推定量をどうやって構築すればよいのかと疑問を持つだろう．それぞれの Wald 推定値の情報を効率的に結合させた 1 つの推定値を考えたい．後でわかるように，線形独立の Wald 推定値のすべてを線形結合させた最も効率的なものは，これらの推定値を得るために使われるグループ平均に直線を当てはめることで作られる．

グループデータ推定量は以下のように求められる．(4.1.11) 式を 2 変量の均一効果モデルで考えるとすると，

$$Y_i = \alpha + \rho D_i + \eta_i \tag{4.1.14}$$

と書ける．ここで，$\rho = Y_{1i} - Y_{0i}$ は注目している因果効果をとらえており，$Y_{0i} = \alpha + \eta_i$ である．R_i は無作為に割り振られた変数であり，また，このくじ番号は退役軍人であることを通じてのみ所得に影響を与え，それ以外の影響はないと仮定しているので，$E[\eta_i|R_i]=0$ である．よって，

$$E[Y_i|R_i] = \alpha + \rho P[D_i=1|R_i] \tag{4.1.15}$$

となる．これは $P[D_i=1|R_i]=E[D_i|R_i]$ から得られる．言い換えれば，平均所得を結ぶ線の傾きは，くじ番号とそのくじ番号によって決められる兵役につく平均確率が与えられれば，兵役についたことが所得に与える影響である ρ に等しい．Y_{0i} と D_i は相関すると考えられるので，Y_i を D_i に回帰したもの——退役軍人かどうかによる平均所得の差——はおそらく ρ にはならないにもかかわらずこのことは成立している．

(4.1.15) 式は，$E[Y_i|R_i]$ と $P[D_i=1|R_i]$ の標本版に直線をあてはめれば ρ を

求められることを示している．R_i を $j=1, \cdots, J$ についてとる値としよう．原則的には，j は 1 から 365 となるが，Angrist (1990) ではくじ番号の情報を 5 番ずつ 69 個に区切り，70 番目を 346-365 としたグループを考えている．そこで，R_i を 1 から 70 個の区切りについてとる値と考えよう．$\bar{y}_j$ と $\hat{p}_j$ はそれぞれ $E[Y_i|R_i=j]$ と $P[D_i=1|R_i=j]$ の推定値であり，$\bar{\eta}_j$ は (4.1.14) 式の平均誤差である．標本モーメントは母集団モーメントに収束するので，ρ は以下のグループに関する OLS 推定式：

$$\bar{y}_j = \alpha + \rho\hat{p}_j + \bar{\eta}_j \tag{4.1.16}$$

の推定値であり一致性を持つ．しかしながら，グループ平均の式は分散構造が分かる不均一分散を持っているので，一般化最小二乗法（GLS）で推定するのがよいだろう．線形の均一効果モデルにおいて，グループデータの効率的な GLS 推定量は，ウェイトに $\bar{\eta}_j$ の分散を使った WLS である（Prais and Aitchison 1954 や Wooldridge 2006 を参照）．この分散は，マイクロデータ〔グループではなく個人で見たときの〕残差について均一分散 σ_η^2 を持ち，各グループに占める人数を n_j とすると，σ_η^2/n_j と書ける．よって，3.4.1 節で別の文脈で説明したようにグループ標本数でウェイト付けすればよい．

(4.1.16) 式にある ρ の GLS（もしくは WLS）推定量は，とくに 2 つの意味で重要である．第 1 に，J 個のグループ観測値から作られる GLS 推定値は，$J-1$ 個の線形独立な Wald 推定量の集合からなる漸近的に効率的な線形結合である（Angrist 1991）．このことは数学を使わなくてもわかる．GLS や Wald 推定量の線形結合はともにグループ化された被説明変数の線形結合である．また，GLS はグループデータについて漸近的に有効な線形推定量である．よって，GLS 推定量よりも良い（漸近的により効率的である）Wald 推定量の線形結合はない．繰り返しになるが，ここでは ρ が一定であることを引き続き仮定している．線形独立の Wald 推定量の集合から GLS 推定量を作る式は Angrist (1988) に書かれている．

第 2 に，それぞれの Wald 推定量が IV 推定量であるのと同じように，(4.1.16) 式の GLS 推定量は 2SLS 推定量でもある．この場合の操作変数は，それぞれのくじ番号を示すダミー変数の集合である．これを見るためにダミー

操作変数を $Z_i \equiv \{r_{ji}=1[R_i=j]; j=1, \cdots, J-1\}$ と定義しよう．$1[\cdot]$ はダミー変数を作成する指示関数である．ここで，D_i を Z_i と定数項に回帰する 1 段階目について考えよう．1 段階目は飽和モデルであるので，当てはめ値はそれぞれのグループ j において n_j 個分ある標本での条件付き平均 $\hat{p}_j$ となる．よって，2 段階目の傾き ρ の推定値は，グループ標本数 n_j でウェイト付けられたグループ平均式 (4.1.16) の WLS 推定における傾きと同じになる．

グループデータと 2SLS の間の関係は概念上も実用上も重要である．概念的には，ダミー操作変数の集合を使った 2SLS 推定量はどのようなものでも，これらの操作変数を 1 つずつ使って作られる Wald 推定量の線形結合と理解できる．したがって，この章の後半では，Wald 推定量を使いながら簡単な枠組みによって，処置効果が均一ではないという現実的な世界で IV 推定値を解釈する．

すべての操作変数が本質的には離散変数ではないし，それゆえ，単純に Wald やグループデータの解釈が当てはまるわけではないが，多くについてはそれが可能である．すでに見てきたように，徴兵くじ，生まれ四半期，双子，きょうだいの性別構成などが例である（最近の分析では Bennedsen et al. (2007) や Ananat and Michaels (2008) などで，第 1 子が男であることが操作変数に使われている）．さらに，連続変数だと思われる操作変数でも多くの場合離散変数に置き換えられる．たとえば，Angrist, Graddy and Imbens (2000) は天気に関する連続の操作変数を**大雨，快晴，その中間**の 3 つのダミー変数に置き換えて使い，魚の需要関数を推定している．これによると，ダミー変数として指示化された変数が，天候と魚の価格の相関の主要部分をうまくとらえているようである[9]．

実用面では，グループデータの記述が 2SLS と同じという事実から，私たちは IV による分析手法を簡単に説明し評価することができる．例えば徴兵くじの場合，グループモデルでは，グループ間でくじ番号により兵役につく確率に差があることだけが，くじ番号によって平均年収が異なる理由であると仮定し

9)　ダミー変数として再定義された連続形の操作変数は，1 段階目の関係式：$E[D_i|Z_i]$ について簡単なノンパラメトリックモデルを示すと見ることも可能である．係数一定の均一分散モデルでは，$E[D_i|Z_i]$ が漸近的に効率的な操作変数である（Newey 1990）．

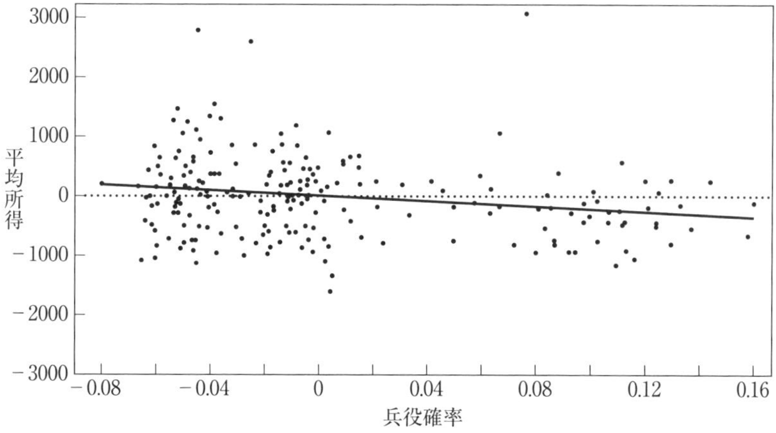

図 4.1.2　平均所得と兵役確率の関係（Angrist 1990 より再録）．
この図は，生まれた世代および５番ずつの RSN 番号によるグループごとに，条件付兵役確率に対して 1981–84 年の平均所得を VIV プロットしたものである．標本は 1950–53 年生まれの白人男性である．それぞれの点は所得を年と世代に回帰した残差の平均（4 年平均）である．最小二乗法で推定した回帰線の傾きは-2, 384 で標準誤差は 778 である．

ている．もし背後にある因果効果が線形で均一であるならば，(4.1.16) 式はグループ平均によく当てはまるはずである――これは確認すればわかることであり，次の節で統計学的推論の仕組みを使って説明する．

労働経済学者は離散形の操作変数に関するグループデータをプロットしたものを視覚的操作変数 (Visual IV：VIV) と呼ぶことがある[10]．Angrist (1990) の例を図 4.1.2 に示そう．この図は５区切りの無作為番号にあたるグループでの兵役確率と平均所得の関係を，1950–53 年生まれの白人男性の 1981–84 年の平均年収について示したものである．各点の間にひかれた直線の傾きは，兵役についたことによる所得の減少を表す IV 推定値となる．この場合は約 2, 400 ドルであり，先に述べた Wald 推定値と大きく異ならず標準誤差は小さくなっている（この場合は約 800 ドルである）．

10)　たとえば Borjas (2005) の序説を参照．

4.2 漸近的 2SLS による推論

4.2.1 2SLS の係数ベクトルの漸近分布

2SLS の係数ベクトルの極限分布は OLS について 3.1.3 節で見たものと類似の方法で導出できる．ここでは，$V_i \equiv [X_i' \hat{s}_i]'$ を (4.1.9) 式で書かれた 2SLS の 2 段階目の推定式の説明変数ベクトルとしよう．2SLS 推定量は，

$$\hat{\Gamma}_{2SLS} \equiv [\sum_i V_i V_i']^{-1} \sum_i V_i Y_i$$

であり，この $\Gamma \equiv [\alpha' \rho]'$ が対応する係数ベクトルである．ここで，

$$\begin{aligned} \hat{\Gamma}_{2SLS} &= \Gamma + [\sum_i V_i V_i']^{-1} \sum_i V_i [\eta_i + \rho(s_i - \hat{s}_i)] \\ &= \Gamma + [\sum_i V_i V_i']^{-1} \sum_i V_i \eta_i, \end{aligned} \tag{4.2.1}$$

であることに注意しよう．2 つ目の等号は，1 段階目の残差 $s_i - \hat{s}_i$ が標本において V_i と直行することから得られる．よって，2SLS の係数ベクトルの漸近分布は，$[\sum_i V_i V_i']^{-1} \sum_i V_i \eta_i$ の漸近分布となる．これを求めるのは OLS の時よりも少し難しい．なぜなら，ここでは説明変数に当てはめ値 $\hat{s}_i$ が入っているからである．ただし，スルツキー流に言えば，推定された当てはめ値をそれに対応する母集団での当てはめ値に置き換える（$\hat{s}_i$ を $[X_i'\pi_{10} + \pi_{11} Z_i]$ に置き換える）ことで同じ極限分布を求めることができる．よって，$\hat{\Gamma}_{2SLS}$ は確率極限 Γ をもつ漸近的正規分布に従い，分散共分散行列は $[\sum_i V_i V_i']^{-1} [\sum_i V_i V_i' \eta_i^2] [\sum_i V_i V_i']^{-1}$ により一致推定量として推定される．これは OLS の場合の標準誤差と同じサンドイッチ形式である (White 1982)．OLS と同じように，所与の共変量と操作変数に対して η_i が均一分散であれば，一致性を持つ共分散行列の推定量はより簡単に $[\sum_i V_i V_i']^{-1} \sigma_\eta^2$ と書ける．

目新しいことはほとんどないが間違いやすい点が 1 つある．2SLS 推定値を求めるためには，1 段階目に (4.1.4a) 式を OLS で推定し，そこで求めた当てはめ値を 2 段階目として (4.1.9) 式に入れて OLS 推定するのが自然なように思われる．係数の推定に関してはこれで問題ないが，これにより得られる標準

誤差は誤ったものとなる．解析ソフトは我々が2SLS推定値を求めるために計算していることを知らない．そのため，標準誤差を計算する際，解析ソフトは順番に行われた2段階目のOLS推定の残差分散を，

$$\mathrm{Y}_i-[\alpha'\mathrm{X}_i+\rho\hat{s}_i]=[\eta_i+\rho(\mathrm{s}_i-\hat{s}_i)]$$

というαとρを2段階目の推定値に置き換えたものとして計算する．しかしながら，正しい残差分散の推定量は，残差の計算に1段階目の当てはめ値$\hat{s}_i$ではなく，もとの内生変数である説明変数を使ったものである．言い換えれば，必要な残差は推定された$\mathrm{Y}_i-[\alpha'\mathrm{X}_i+\rho\mathrm{s}_i]=\eta_i$であり，これを使えば$\eta_i+\rho(\mathrm{s}_i-\hat{s}_i)$の分散ではなく，一致性を持つ分散$\sigma_\eta^2$が求められる．この問題は簡単に修正できる（適切な残差分散の推定量をそれぞれ求めればよい）が，2SLS推定を行える解析ソフトであれば自動的に適切な計算をしてくれるし，他の計算ミスを防いでくれる．

4.2.2　過剰識別と2SLSの最小化対象★

内生変数よりも操作変数が多い均一効果モデルは「過剰識別されている」と呼ばれる（内生変数と操作変数の数が同じモデルを「丁度識別」と呼ぶ）．注目するパラメターを求めるのに必要以上の操作変数があるので，過剰識別モデルはいくつかの制約を置いていることになり，これを定式化の検定の一部として使うことができる．この検定過程は，VIVタイプの図でプロットされた直線が対応する条件付き期待値――この条件付き期待値は正確に推定されているとする――に十分近いかどうかを問うものである．この考え方の背景にある詳細については，行列表記を使って簡単に記述できる．

$Z_i\equiv[\mathrm{X}_i'\ \mathrm{z}_{1i}\cdots\mathrm{z}_{Qi}]'$を外生的な共変量と$Q$個の操作変数を連結させたベクトル，$W_i\equiv[\mathrm{X}_i'\ \mathrm{s}_i]'$を共変量と注目する1つの内生変数を連結させたベクトルとしよう．たとえば，生まれ四半期の分析では，共変量は生まれ年と生まれ州を表すダミー変数であり，操作変数は生まれ四半期ダミー変数，内生変数は教育年数である．係数ベクトルは前節同様$\Gamma\equiv[\alpha'\ \rho]'$である．2段階目の因果モデルの残差は$\Gamma$の関数として，

$$\eta_i(\Gamma) \equiv \mathrm{Y}_i - \Gamma' W_i = \mathrm{Y}_i - [\alpha' \mathrm{X}_i + \rho \mathrm{s}_i]$$

と書ける．この残差は操作変数のベクトル Z_i とは相関しないと仮定している．言い換えれば，η_i は次の直行条件：

$$E[\mathrm{Z}_i \eta_i(\Gamma)] = 0 \tag{4.2.2}$$

を満たす．ただし，どの標本においてもこの等式の解は一意には定まらない．なぜなら Γ の要素よりも多いモーメント条件が存在するからである[11)]．(4.2.2) 式の標本版は，i について合計した形：

$$\frac{1}{N}\sum \mathrm{Z}_i \eta_i(\Gamma) \equiv m_N(\Gamma) \tag{4.2.3}$$

となる．2SLS 推定量は (4.2.3) 式をできる限り 0 に近づけるような Γ の値を選ぶ一般化モーメント法（GMM）による推定量として理解できる．

中心極限定理によって，標本モーメントのベクトル $\sqrt{N} m_N(\Gamma)$ は $E[\mathrm{Z}_i \mathrm{Z}_i' \eta_i(\Gamma)^2]$ という漸近的共分散行列を持つ．これを Λ と呼ぼう．一見したところ威圧されそうであるけれど，ただの 4 次のモーメント行列であり，(3.1.7) 式の頑健な標準誤差を計算するために使われたサンドイッチ形式である．Hansen (1982) で示されているように，(4.2.2) 式に基づく最適な GMM 推定量は，$\hat{g}$ を Γ の推定量の候補とする標本モーメントベクトル $m_N(\hat{g})$ に関する 2 次式を最小化するものとして得られる．GMM の 2 次式の中に置かれる最適なウェイトは Λ^{-1} である．もちろん，実際には Λ は観察できないから推定しなければならない．実行可能な GMM は Λ の一致推定量をウェイトに使ったものである．既知の形を使った推定量と，推定された Λ を使った推定量は漸近的には同じ分布を持つので，この差についてはここでは無視しよう．最小化される 2 次式は以下のように書かれる．

$$J_N(\hat{g}) \equiv N m_N(\hat{g})' \Lambda^{-1} m_N(\hat{g}) \tag{4.2.4}$$

---

11) 内生変数が一つで操作変数が 2 つ以上ある場合には，Γ は $[\mathrm{K}+1] \times 1$ であり，Z_i は $[\mathrm{K}+\mathrm{Q}] \times 1$ である（$\mathrm{Q}>1$）．よって，いくつかの操作変数（モーメント式）の間に線形関係があり重複している状態でない限り，線形の連立方程式の解を一意に解くことはできない．

ここで，最初のNは標本モーメントの$\sqrt{N}$標準化からきている．以下ですぐ示されるように，誤差が均一分散であれば，$J_N(\hat{g})$を最小にするものは2SLS推定量である．不均一分散の場合にも，(4.2.4)式を最小にするGMM推定量はWhite (1982)の2段階IV（2SLSの一般化）であるので，$J_N(\hat{g})$を2SLS最小化対象と呼べるだろう．

ここで，2SLSをGMMとして解釈する際の背後にある詳細は以下のとおりである[12)]．条件付き分散が均一であるならば，

$$\Lambda = E[Z_i Z_i' \eta_i(\Gamma)^2] = E[Z_i Z_i']\sigma_\eta^2$$

となる．これをΛ^{-1}に代入し，y, Z, Wにそれぞれ標本データをあてはめれば，最小化する2次関数は，

$$J_N(\hat{g}) = \frac{1}{N\sigma_\eta^2}(y - W\hat{g})' ZE[Z_i Z_i']^{-1} Z'(y - W\hat{g}) \qquad (4.2.5)$$

と書ける．さらに，$E[Z_i Z_i']$に標本で計算される外積行列$[Z'Z/N]$を代入すれば，

$$\hat{J}_N(\hat{g}) = \frac{1}{\sigma_\eta^2}(y - W\hat{g})' P_Z (y - W\hat{g})$$

となる（ここで$P_Z = Z(Z'Z)^{-1}Z$である）．以上より，最小化の解：

$$\hat{g} = \hat{\Gamma}_{2SLS} = [W' P_Z W]^{-1} W' P_Z y$$

が得られる．射影演算子であるP_Zは当てはめ値を作る（すなわち$P_Z W$はWをZに回帰した時の当てはめ値を与える）ことを表し，P_Zは非特異行列であるとする．このことは2段階目にあたる(4.1.9)式のOLS推定の行列表記だとわかる．より一般的には，均一分散でなくても(4.2.4)式を最小化し，$\hat{J}_N(\hat{g})$の計算に$E[Z_i Z_i' \eta_i(\Gamma)^2]$の一致推定量を使うことで，実行可能で効率的な2SLSタイプの推定量を得ることができる．通常は，4次の経験モーメント$\sum Z_i Z_i' \hat{\eta}_i^2$を使う．ここで$\hat{\eta}_i$には不均一分散を考慮しない2SLS推定から求められる残差を使う（分布理論とその他の詳細についてはWhite 1982を参照）．

12)　より詳細な記述はNewey (1985)やNewey and West (1987), Amemiya (1985)の上級テキスト，Hansen (1982)のGMMに関する論文に記載されている．

過剰識別検定の統計量は 2SLS の最小化対象の最小値により与えられる．この統計量は，直観的には，標本モーメントベクトル $m_N(\hat{g})$ が 0 に十分近く，$E[Z_i\eta_i]=0$ の仮定がもっともらしいかどうかを示している．とくに，残差と操作変数が相関していないという帰無仮説の下では，$J_N(\hat{g})$ の最小値は $\chi^2(Q-1)$ 分布に従う．よって，推定値を入れて求められる 2SLS 最小化対象値をカイ二乗分布表と比較して H_0：$E[Z_i\eta_i]=0$ を統計的に検定すればよい．

2SLS の最小化対象がとくに興味深いのは，先の Wald 推定量やグループデータ推定の戦略で見たように，操作変数として互いに排除されるダミー変数の集合を使っているときである．このケースは重要な特例で，2SLS が (4.1.16) 式のようなグループ WLS 推定になる．ここで 2SLS の最小化対象は最小化されるべきもののウェイト付き平方和である．これを確認するために，J 個の値を持つ操作変数について互いに排他的なダミー変数の集合を考えよう．このダミー変数の集合への回帰は，それぞれの操作変数値での J 個（共変量も操作変数に含めて数えている）の条件付き期待値がそれぞれ n_j 分ある $N\times1$ ベクトルの当てはめ値を作り出す．ここで n_j はグループ人数であり $\sum n_j=N$ である．

この場合の外積行列 $[Z'Z]$ は n_j の要素を持つ $J\times J$ の対角行列となる．簡単にすると，

$$\hat{J}_N(\hat{g}) = \frac{1}{\sigma_\eta^2}\sum_j n_j(\bar{y}_j-\hat{g}'\overline{W}_j)^2 \tag{4.2.6}$$

と書ける．ここで $\overline{W}_j$ はグループ j の行列 W の行の標本平均である．よって $\hat{J}_N(\hat{g})$ は $\bar{y}_j$ を $\overline{W}_j$ に回帰する推定の GLS 最小化対象である．もう少し計算すると（詳細については省略），均一分散でない場合の効率的な 2 段階 IV 推定法は，

$$\hat{J}_N(\hat{g})=\sum_j\left(\frac{n_j}{\sigma_j^2}\right)(\bar{y}_j-\hat{g}'\overline{W}_j)^2 \tag{4.2.7}$$

を最小化したものと表せる．ここで，σ_j^2 はグループ j の η_i の分散である．(4.2.7) 式は推定可能である．なぜなら，不均一分散を無視した 2SLS は非効率ではあるが一致性は保たれており，これを使うことで 1 段階目において σ_j^2 を推定することができるからである．効率的な 2 段階 IV 推定量は Angrist (1990, 1991) で示されている．

2SLSの最小化対象をGLSの構造で考えることで，ダミー操作変数の過剰識別検定統計量は，$\bar{y}_j$ と $\overline{W}_j$ をつなぐ直線の当てはまりの良さの尺度として解釈できる．言い換えれば，これは図4.1.2で見たようなVIVプロットの回帰線の当てはまりの良さを表すカイ二乗統計量である．カイ二乗統計量の自由度は操作変数の数（グループ数）と推定されたパラメター数の差である[13]．

2SLS推定量と同様 (4.2.7) 式の検定統計量に至る方法はたくさんある．ここで知っておくとよいことがさらに2つある．第1に，操作変数がグループダミーであるかどうかにかかわらず，IVに関するGMMの最小化対象に基づいた検定統計量は，同時方程式モデルについてほとんどの計量経済学の本に書かれている過剰識別検定と同じである．たとえば，この統計量は *Handbook of Econometrics* で同時方程式について書かれた Hausman (1983) で取り上げられているものである．Hausmanは均一分散のモデルにおいて，最小化された2SLSの最小化対象は，2SLSの残差を操作変数（と外生共変量）に回帰したときの決定係数に標本数を掛け合わせた値に等しいことを示している．式で言えば，$\hat{\eta} = \mathrm{Y} - W\hat{\Gamma}_{2SLS}$ を2SLSの残差ベクトルとして，$N[(\hat{\eta}' P_Z \hat{\eta})/(\hat{\eta}'\hat{\eta})]$ と書ける．

第2に，過剰識別の考え方は「同じ計量経済学上のことを知りたい場合にも手段は1つではない」ということを強調している．言い換えれば，同じ因果関係について2つ以上の操作変数があるならば，丁度識別のIV推定量を1つずつ作成してそれらを比較することが可能である．この比較を使えば過剰識別を直接的にチェックできる．もしそれぞれの丁度識別の推定量が一致性をもつならば，それら推定量の差は標本分散に対して小さいはずであり，標本数が大きくなれば差は小さくなるはずだから，推定値の精度は高まる．実際，すべての丁度識別推定量が等しいかどうかを検定する形式的な方法は，等しいことを帰無仮説にしたWald検定と呼ばれる．これに対して，2SLSの最小化対象に基づいた検定統計量は，IVの設定を最尤法で推定する場合のスコアベクトルに関係していることから，ラグランジュ乗数（LM）検定と呼ばれる[14]．

---

13)　例えば，もし操作変数が3つありそのうちの1つは定数項で，推定するモデルが定数項と1つの内生変数だけを持つならば，検定統計量は自由度1となる．

IVのグループデータ版では，Wald検定は，すべての線形独立のWald推定量の組み合わせが等しいかどうかを検定することと同じである．例えば，もし徴兵くじ番号が，生まれ年ごとの徴兵くじ対象番号に基づいて4つのグループに分けられるとすると（無作為番号1-95, 96-125, 126-195とその他など），3つの線形独立なWald推定量が作られる．別の方法として，効率的なグループデータ推定量は，これら4つの条件付き平均に関してGLS推定を行うことで求められる．ここでの4つのグループは，3つのWald推定量と，これら3つについて重複しない等号制約が2個存在すること，すなわち，Wald統計量は自由度2を持つことを意味する．一方で，4つのグループは，（定数項と兵役の因果効果という）2つのパラメターをもつモデルを推定するために，3つの操作変数と1つの定数項を使えることを意味する．よって，2SLSの最小化対象は，4−2=2の自由度を持つ過剰識別検定統計量を作りだす．さらに，もし最小化する2次式のウェイト行列を推定するときにも同じ方法を使うならば，これら2つの統計量は同じことを検定しているだけでなく同じ値となる．これは2SLSがWald推定量の効率的な線形結合であることを考えればわかるだろう[15]．

最後に，過剰識別検定を実行するときの注意点について述べる．$J_N(\hat{g})$は分散を標準化した当てはまりの良さを測るので，推定値の精度が低いと過剰識別検定統計量は小さい値をとる．IV推定値はしばしば精度が低いので，それぞれの推定値は十分情報を持っているように見えても，1つの推定値が別の推定

14) Wald推定量とWald検定は同一人物の名前Abraham Waldから名づけられた．Wald検定についてはWald (1943) を参照．Waldは数理統計学者であると同時に偉大な計量経済学者であったが，悲惨なことに飛行機事故で48歳で亡くなった．

15) 同じ帰無仮説に対するWaldとLMの検定方法が線形モデルで等しくなることはNeweyとWest (1987) によって示されている．Angrist (1991) はこの段落の議論をより厳密に説明している．Deaton (1985) が取り上げている興味深い計量経済学上の疑問は，グループの数はいくつが最適かというものである．グループ化とIVの類似性から，より多くのグループがあることはより操作変数があることに等しいから漸近的な効率性を得られるようになるが，より大きなバイアスもともなうことになる（第8章を参照）．Devereux (2007) は，グループが多い場合のグループデータについてバイアスを修正した簡単なIV推定量を示している．

値の標本分散内に入っているからといって十分には満足できない．一方，IV 推定値の精度が極めて高い場合には，過剰識別検定統計量による帰無仮説の棄却は必ずしも識別に問題があることを意味するわけではない．これは，むしろ後述する処置効果が不均一であることの証拠であるかもしれない．ただし，概念的には，2SLS 最小化対象の解剖式を理解しておくことは非常に大切である．繰り返しになるが，これがグループデータと IV の重要な関係を強調しているからである．両者の関係は操作変数を使った推定と検定からなぞを取り出し，因果関係を生み出す源であるモーメントに目を向けさせてくれる．

4.3　2 標本 IV と分割標本 IV★

2SLS を GMM として解釈すると，マイクロデータはなくても標本モーメントだけから IV 推定値が作られることがよくわかる．(4.2.3) 式の標本モーメント条件に戻り少し整理すると，2 次のモーメントに関する回帰式のような式：

$$\frac{Z'\mathrm{Y}}{N} = \frac{Z'W}{N}\Gamma + \frac{Z'\eta}{N} \tag{4.3.1}$$

が得られる．(4.3.1) 式の Γ は，$E[Z'\mathrm{Y}/N] = E[Z'W/N]\Gamma$ なので一致性を持つ．

2SLS の最小化対象は，標本数が大きくなったときに残差が消えないように (4.3.1) 式に $\sqrt{N}$ をかけた後で GLS をあてはめたものと考えられる．言い換えれば，2SLS は，(4.3.1) 式の残差からなる 2 次式を（おそらく非対角の）ウェイト行列をつけて最小化している．このような形で 2SLS の問題を書くことでわかる重要な点は，(4.3.1) 式を推定するために個人ごとの観測値は要らないことである．標本で求められる条件付き期待値の関数から OLS の係数ベクトルが求められるように，IV 推定値も標本モーメントから求められる．必要なモーメントは，$Z'\mathrm{Y}/N$ と $Z'W/N$ である．被説明変数である $Z'\mathrm{Y}/N$ は，$[\mathrm{K}+\mathrm{Q}]\times 1$ 次のベクトルである．説明変数の行列 $Z'W/N$ は，$[\mathrm{K}+\mathrm{Q}]\times[\mathrm{K}+1]$ 次元である．IV の 2 次のモーメント式は $\mathrm{Q}=1$ でないかぎり一意の解を求めることができないので，残差に関する 2 次式を最小化することで出来る限り近いものを求めるのがよいといえる．このために使用する最も効率的なウェイト行列は，漸近的な $Z'\eta/\sqrt{N}$ の共分散行列である．これが 2SLS 最小値，$\hat{J}_N(\tilde{g})$ を作り出す．

関連事項として，(4.3.1) 式の左辺と右辺のモーメント行列は，同じ母集団であれば，異なるデータセットによるものでも構わない．このことは Angrist (1990) で使われ，Angrist and Krueger (1992) で定式化され拡張されている 2 標本による操作変数（TSIV）推定量につながる[16]．簡単に説明するために，Z_1 と Y_1 を標本数 N_1 からなるデータセット 1 での操作変数／共変量の行列，および被説明変数のベクトル，Z_2 と W_2 を標本数 N_2 からなるデータセット 2 での操作変数／共変量の行列，および内生変数／共変量の行列とする．

$$plim\left(\frac{Z'_2W_2}{N_2}\right)=plim\left(\frac{Z'_1W_1}{N_1}\right)$$

であると仮定すると，2 つの標本モーメント式の GLS 推定：

$$\frac{Z'_1Y_1}{N_1}=\frac{Z'_2W_2}{N_2}\Gamma+\left\{\left[\frac{Z'_1W_1}{N_1}-\frac{Z'_2W_2}{N_2}\right]\Gamma+\frac{Z'_1\eta_1}{N_1}\right\}$$

は Γ の一致推定量を与える．この推定量の漸近分布は，$\sqrt{N_1}$ で正規化し，$plim\left(\frac{N_2}{N_1}\right)$ は一定であると仮定することで得られる．

TSIV のいいところは，被説明変数や操作変数，内生変数を同じ 1 つの標本数の中で見つけられにくい場合にも IV 推定を行う可能性を広げてくれることにある．あるデータセットは結果変数と操作変数に関する情報を持っていて，それにより誘導形を推定できるのに対して，別のデータセットは内生変数と操作変数の情報を持っていて，それにより 1 段階目を推定できるということがあるだろう．たとえば，Angrist (1990) のように，社会保障局（SSA）が持っている行政データから，被説明変数（年間収入）と操作変数（誕生日からわかる徴兵くじ番号，人種や生年といった共変量）がわかる．しかしながら，SSA は個人が退役軍人であるかどうかの情報を持っていない．この情報は陸軍で記録さ

16) TSIV は Bjorklund and Jantti (1997), Jappelli, Pischke, and Souleles (1998), Currie and Yelowitz (2000), Dee and Evans (2003) で応用されている．最近の論文では，Inoue and Solon (2009) が別の TSIV 推定量との漸近分布の比較を行い，TSIV の最尤法版（LIML タイプ）を紹介している．彼らは Angrist and Krueger (1995) の分布理論の間違いについても修正している．この点についてはこの節の最後に述べる．

れていて，陸軍データには誕生日の情報もあるので徴兵くじ番号を判別できる．Angrist (1990) はこれら軍の情報を使って $Z_2'W_2/N_2$ を計算し，1段階目ではSSAにより人種や生年をコントロールしながら徴兵くじ番号と退役軍人かどうかの関係をとらえ，$Z_1'Y_1/N_1$ を計算している．

さらに2つの簡単化を行えばTSIVはより使いやすくなる．第1に，先に述べたとおり操作変数が互いに排他的なダミー変数の集合からなる場合，Angrist (1990) や Angrist and Krueger (1992) が示すように，(4.3.1) の2次のモーメント式は条件付き平均のモデルに簡素化することができる．具体的には，2標本問題の2SLSの最小化対象は

$$\hat{J}_N(\hat{g}) = \sum_j \omega_j (\bar{y}_{1j} - \hat{g}' \overline{W}_{2j})^2 \tag{4.3.2}$$

と書ける．ここで，$\bar{y}_{1j}$ はある標本における操作変数／共変量の行列が j のときの被説明変数の平均値であり，$\overline{W}_{2j}$ は2番目の標本における操作変数／共変量の値が j のときの内生変数と共変量の平均値である．ω_j は適切なウェイトである．これは，説明変数と被説明変数が同じ標本から得られたものではないこと以外は，VIV式のWLS推定と同じである．これについても Angrist (1990) や Angrist and Krueger (1992) で説明されている通りである．漸近的に効率的なTSIVの最適ウェイトは $\bar{y}_{1j} - \hat{g}' \overline{W}_{2j}$ の分散として与えられる．この分散はTSIVに使われる2つの標本が独立であれば，簡単に求めることができる．

第2に，Angrist and Krueger (1995) は，行列計算のプログラムが不要で通常の解析ソフトで簡単に計算できるありがたいTSIVタイプの推定量を紹介している．この推定量は分割標本IV（SSIV）と呼ばれ，次のように計算される[17]．データセット2での1段階目の推定値は $(Z_2'Z_2)^{-1}Z_2'W_2$ である．これにより，**標本をまたいだ当てはめ値**として $\widehat{W}_{12} \equiv Z_1(Z_2'Z_2)^{-1}Z_2'W_2$ が作られ，デー

17) Angrist と Krueger は，1つのデータセットを2つに分けるというやり方に注目しているので，この推定量を SSIV と呼んでいる．4.6.4節で述べるように，この推定量は通常の 2SLS よりもバイアスは小さいかもしれない．Inoue and Solon (2009) は Angrist and Krueger (1995) で SSIV と呼ばれるこの推定量を，2標本 2SLS（two-sample 2SLS）あるいは TS2SLS と呼んでいる．

タセット1に当てはめられる．SSIV の第2段階は，Y_1 をこの $\widehat{W}_{12}$ に回帰する．この推定量の正しい漸近分布は Inoue and Solon (2009) で求められている．彼らは Angrist and Krueger (1992) で示されている分布は，$Z_1'Z_1 = Z_2'Z_2$ を仮定する必要があるとしている（この仮定は操作変数と共変量の限界分布が繰り返し標本で一定とされるならば正しい）．ただし，内生変数の係数がゼロである時は，SSIV と 2SLS の極限分布は同じであることに注意されたい．この特別な場合の標準誤差は計算が簡単で，一般的な場合にも当てはまる十分よい近似となる[18)]．

4.4 潜在的結果の不均一性を考慮した IV

これまでの議論では均一の因果効果を仮定してきた．退役軍人のようなダミー変数の場合，これはすべての i について $Y_{1i} - Y_{0i} = \rho$ であることを意味し，教育年数のように多数の値を持つ変数の場合，すべての s と i について $Y_{si} - Y_{s-1,i} = \rho$ であることを意味する．どちらもよくある定式化であり，多数の値を持つ場合には同時に線形性の仮定も置かれる．不均一効果モデルについて1つずつ見ていくために，処置ダミー変数のように0か1かで表される原因変数を考えよう．ここでは，処置効果の不均一性，言い換えれば処置効果が個人について分布していることを認めた分析を行いたい．

なぜ処置効果の不均一性が重要なのだろうか？　その答えは分析設計を特徴づける2種類の妥当性にある．**内的妥当性**（internal validity）は，分析の設定

18)　ここで示した式は SSIV による2段階目の推定の標準誤差を使っている．正しい漸近共分散行列は，Inoue and Solon (2005) が示すように

$$\{B'[(\sigma_{11} + \kappa\Gamma'\textstyle\sum_{22}\Gamma)A]^{-1}B\}^{-1}$$

である．ここで　$B = plim\left(\frac{Z_2'W_2}{N_2}\right) = plim\left(\frac{Z_1'W_1}{N_1}\right)$，　$A = plim\left(\frac{Z_1'Z_1}{N_1}\right) = plim\left(\frac{Z_2Z_2}{N_2}\right)$，$plim\left(\frac{N_2}{N_1}\right) = \kappa$ であり，σ_{11} はデータセット1での誘導形の残差の分散，$\sum_{22}$ はデータセット2での1段階目の推定の残差の分散である．これらの値を求めるのは難しくない．SSIV 推論に関する別の方法としては，Dee and Evans (2003) が示すデルタ法を用いた丁度識別の場合の標準誤差の計算方法や，Bjorklund and Jantti (1997) が示すブートストラップ法がある．

によって，知りたい母集団での因果効果を明らかにできるかを問うものである．無作為の臨床試験や良い IV 分析は内的妥当性を持つといえる．**外的妥当性**（external validity）は発見した結果を他の内容にもあてはめて推測する価値があるかどうかを問うものである．例えば，無作為実験の調査母集団が処置によって利益を受けやすいならば，得られた推定値は外的妥当性を持たないだろう．同様に，ベトナム戦争時代の徴兵くじの推定値は自発的な兵役についてはよい指標になるとは限らない．不均一処置効果を考慮した計量分析の枠組みによって，IV 推定値の内的および外的な妥当性の両方を見ることができる[19]．

4.4.1　局所的平均処置効果

IV の枠組みで因果関係を推察する原動力となるのは操作変数 Z_i である．しかしながら，それでもなお注目するのは D_i である．IV のこの特徴を考え，操作変数と処置変数の両方に添え字をつけることで潜在的な結果変数の概念をより一般化してみよう．処置状況が $D_i=d$，操作変数の値が $Z_i=z$ である場合の個人 i の潜在的結果変数を $Y_i(d, z)$ としよう．これは，たとえば，退役軍人かどうかと徴兵対象であったかどうかの組み合わせが与えられたときに，個人 i の所得がどれくらいになるかを示すものである．個人 i の実際の徴兵対象の状況が与えられれば，退役軍人の因果効果は，$Y_i(1, Z_i)-Y_i(0, Z_i)$ と書け，個人 i の退役軍人の状況が与えられれば徴兵の因果効果は，$Y_i(D_i, 1)-Y_i(D_i, 0)$ と書ける．

操作変数 Z_i は注目する変数 D_i に影響し，それが最終的に結果変数 Y_i に影響するというふうに因果関係をつなぐものと考えられる．これを厳密に見るために，操作変数が D_i に因果効果を持つという概念を明示的に表記しよう．D_{1i} を $Z_i=1$ の時の i の処置状況，D_{0i} を $Z_i=0$ の時の i の処置状況とする．よって，観察される処置状況は，

$$D_i = D_{0i}+(D_{1i}-D_{0i})Z_i = \pi_0+\pi_{1i}Z_i+\xi_i \tag{4.4.1}$$

19)　内的妥当性と外的妥当性の違いに関する議論は社会科学において長い歴史がある．たとえば，Campbell and Stanley (1963) の研究手法に関する古典的な議論，それに続く Shadish, Cook, and Campbell (2002) の議論を参照のこと．

と書ける．可変係数表記で書けば，$\pi_0 \equiv E[D_{0i}]$ および $\pi_{1i} \equiv E[D_{1i} - D_{0i}]$，つまり π_{1i} は操作変数が D_i に与える不均一な因果効果を表している．潜在的結果変数と同様に，各人にとっては，潜在的処置割当てを示す D_{1i}, D_{0i} のうちどちらか 1 つだけしか観察されない．たとえば徴兵くじの例では，D_{0i} は，個人 i のくじ番号が大きいとき（徴兵対象とされないとき）に兵役につくかどうかを表し，D_{1i} は，個人 i のくじ番号が小さいとき（徴兵対象とされたとき）に兵役につくかどうかを表す．我々は Z_i に依存してどちらか一方のみを観察できる．Z_i の D_i に与える平均因果効果は $E[\pi_{1i}]$ と書ける．

不均一処置効果モデルに置かれる第 1 の重要な仮定は，操作変数が十分無作為に決められることである．すなわち，操作変数は潜在的結果変数および潜在的処置割当てとは独立でなければならない．これを数式で書くと，

$$[\{Y_i(d, z); \forall d, z\}, D_{1i}, D_{0i}] \perp\!\!\!\perp Z_i \tag{4.4.2}$$

となる．この**独立の仮定**は誘導形の式，すなわち Y_i を Z_i に回帰した式を因果関係として解釈するための十分条件となる．具体的に書くと，

$$\begin{aligned}
&E[Y_i|Z_i=1]-E[Y_i|Z_i=0] \\
&\quad = E[Y_i(D_{1i}, 1)|Z_i=1]-E[Y_i(D_{0i}, 0)|Z_i=0] \\
&\quad = E[Y_i(D_{1i}, 1)-Y_i(D_{0i}, 0)]
\end{aligned}$$

となり，操作変数が Y_i に与える因果効果がとらえられる．独立であることは，同時に，

$$\begin{aligned}
E[D_i|Z_i=1]-E[D_i|Z_i=0] &= E[D_{1i}|Z_i=1]-E[D_{0i}|Z_i=0] \\
&= E[D_{1i}-D_{0i}]
\end{aligned}$$

であることも意味する．言い換えれば，先に議論した 2SLS の 1 段階目の推定により，Z_i が D_i に与える因果効果がとらえられる．

不均一効果モデルに置かれる第 2 の重要な仮定は，$Y_i(d, z)$ が d だけの関数となることである．具体的に言うと，徴兵対象とされたかどうかは明らかに退役軍人であるかどうかを左右するけれども，個人が退役軍人としてあるいはそれ以外として受ける潜在所得には影響しないという仮定である．一般的に，分

析者がわかっている因果ルートだけを通じて操作変数が機能するという条件は**除外制約**と呼ばれる．数式で書けば，これは

$$\mathrm{Y}_i(d, 0) = \mathrm{Y}_i(d, 1) \quad \text{for} \quad d = 0, 1$$

となる．処置効果が均一の線形モデルでは，除外制約は，分析で注目している因果関係式に操作変数が入らない，4.1 節の (4.1.14) 式で言えば $E[\mathrm{z}_i\eta_i]=0$ を満たすという条件を指している．ここで，同時方程式モデルで使われる伝統的な誤差項の考え方では独立性と除外制約を明確に区別することはない点を強調しておこう．分析には z_i と η_i が相関しないという仮定が必要であるが，この仮定の背後にある理屈は独立性と除外制約を別のものとして考えなければ明らかにならない．

徴兵くじが操作変数の場合，仮に徴兵くじ番号が小さい場合に兵役につく確率が上昇するのではなく別のルートを通じて兵役確率が変わるとき，除外制約は成立しない．例えば，Angrist and Krueger (1992) は徴兵くじと教育についてこの点を探っている．なぜ教育を考えるかと言えば，教育を受けている者に対しては兵役猶予があるので，くじ番号の小さい男性ほどくじ番号が高かった場合に望んだと考えられるよりも長く大学に残ろうとする可能性があるからである．そうであれば，徴兵くじ番号は2つの可能性で所得と相関する——兵役につく確率が高まることと，大学に在籍する確率が高まることである．くじ番号は無作為に振られているので独立の仮定は満たされているとしても，この可能性は低くならない．除外制約は操作変数が（十分に）無作為な変数であることとは異なる．除外制約はむしろ，取り上げた操作変数の因果効果が唯一のものであるという条件といえる[20]．

---

20)　後で見るように，Angrist and Krueger (1992) のデータによれば，教育と徴兵くじには強い関係はないことが分かる．これは，おそらく徴兵くじが実施された期間には教育を受ける者に対する兵役猶予は無くなっていたからである．一方で，Angrist and Chen (2007) による最近の研究では，ベトナム戦争の退役軍人は GI Bill（復員兵士援護法）として知られる教育補助金を含む軍人恩給が与えられたため教育年数が長いことがわかっている．ただし，GI Bill によって教育年数が高まったことは除外制約の仮定を侵さない．なぜなら，この軍人恩給はベトナム戦争で兵役についた者が兵役後に受け取ったものだからである．

除外制約を使えば，潜在的結果変数は処置状況によって異なるものとして，これまで使ってきた単独のインデックス (Y_{1i}, Y_{0i}) を使って簡単に書ける．つまり，

$$\begin{aligned} Y_{1i} &\equiv Y_i(1,1) = Y_i(1,0) \\ Y_{0i} &\equiv Y_i(0,1) = Y_i(0,0) \end{aligned} \tag{4.4.3}$$

となる．実際に観察される結果変数 (Y_i) は，潜在的結果変数を使って，

$$\begin{aligned} Y_i &= Y_i(0, Z_i) + [Y_i(1, Z_i) - Y_i(0, Z_i)]D_i \\ &= Y_{0i} + (Y_{1i} - Y_{0i})D_i \end{aligned} \tag{4.4.4}$$

となる．可変係数モデルの書き方では，

$$Y_i = \alpha_0 + \rho_i D_i + \eta_i$$

となる．これは (4.4.4) 式において $\alpha_0 \equiv E[Y_{0i}]$，$\rho_i \equiv Y_{1i} - Y_{0i}$ とした簡略形である．

不均一効果を持つ IV モデルに必要な最後の仮定は，すべての i について $\pi_{1i} \geq 0$ もしくは $\pi_{1i} \leq 0$ となることである．Imbens and Angrist (1994) で紹介されているこの仮定は**単調性の仮定**と呼ばれ，操作変数の影響を受けない人はいるが，影響を受ける人については影響の方向は同じというものである．言い換えれば，すべての人について，$D_{1i} \geq D_{0i}$ あるいは $D_{1i} \leq D_{0i}$ でなくてはならない．以降では，$D_{1i} \geq D_{0i}$ として単調性の仮定が成立するとする．徴兵くじの例において，この仮定は，徴兵対象とされたかどうかが兵役確率に影響しないグループはあったかもしれないが，徴兵対象とされた場合に兵役につこうとしてつけなかった可能性はなかったことをいっている．単調性の仮定がなければ，IV 推定量が，個人 i それぞれに対する因果効果である $Y_{1i} - Y_{0i}$ の加重平均を推定することが保証されない．

除外制約，操作変数と潜在的結果変数の独立性，1 段階目の推定の存在，単調性のすべてが満たされているとき，Wald 推定量は，退役軍人であったこと——操作変数によってどちらの処置状況になるかは異なる——の影響を表すものだと解釈される．このパラメターは局所的平均処置効果（LATE; Imbens and Angrist 1994）と呼ばれる．正式には以下の通りである．

定理 4.4.1　LATE 定理

以下の仮定が成立しているとする：

A1，独立性：$\{Y_i(D_{1i}, 1), Y_i(D_{0i}, 0), D_{1i}, D_{0i}\} \perp\!\!\!\perp Z_i$.

A2，除外制約：$Y_i(d, 0) = Y_i(d, 1) \equiv Y_{di} \quad d = 0,1$

A3，1段階目の推定：$E[D_{1i} - D_{0i}] \neq 0$

A4，単調性：$D_{1i} - D_{0i} \geq 0 \, \forall i$, もしくはその逆

このとき，

$$\frac{E[Y_i|Z_i=1]-E[Y_i|Z_i=0]}{E[D_i|Z_i=1]-E[D_i|Z_i=0]} = E[Y_{1i}-Y_{0i}|D_{1i}>D_{0i}]$$
$$= E[\rho_i|\pi_{1i}>0]$$

である．

証明：除外制約より $E[Y_1 | Z_1=1] = E[Y_{0i} + (Y_{1i} - Y_{0i})D_i | Z_i=1]$ となる．これは，独立性により $E[Y_{0i} + (Y_{1i} - Y_{0i})D_{1i}]$ と書き直せる[21]．同様に $E[Y_i | Z_i=0] = E[Y_{0i} + (Y_{1i} - Y_{0i})D_{0i}]$ だから，Wald 推定量の分子は $E[(Y_{1i} - Y_{0i})(D_{1i} - D_{0i})]$ となる．単調性は $D_{1i} - D_{0i}$ が1か0になることを示しているから，

$$E[(Y_{1i}-Y_{0i})(D_{1i}-D_{0i})] = E[Y_{1i}-Y_{0i}|D_{1i}>D_{0i}]P[D_{1i}>D_{0i}]$$

となる．同様の方法で，

$$E[D_i|Z_i=1]-E[D_i|Z_i=0] = E[D_{1i}-D_{0i}] = P[D_{1i}>D_{0i}]$$

を導出できる．

この定理は，操作変数が十分に無作為に割当てられ，分析者がわかっているただ1つのルートを通じて結果変数に影響し，第1段階の推定が存在し，注目の因果関係について影響の符号がすべての人にとって同じならば，この操作

21)　A1の独立性の仮定の表記は，我々が今見ている $Y_i(d, z)$ の値つまり $Y_i(D_{Z_i}, Z_i)$ の値だけをとらえるために，(4.4.2) 式を簡略化したものである．

変数を使って影響を受けたグループでの平均因果効果を推計できることを言っている．これにより，徴兵くじを使って兵役が所得に与える影響をIV推定すれば，徴兵対象とされたので兵役についたけれども，そうでなければつかなかった人に対して，兵役が所得に与えた影響をとらえることになる．志願して兵役についた者や，病気で兵役を逃れた者は分析からは除かれるが，徴兵政策で選ばれた者は分析に含まれる．

LATEはどれぐらい役に立つのだろうか？　この問いに答えてくれる定理は存在しないものの，議論しておくことは価値があるだろう．ベトナム戦争時代の兵役については，退役軍人（とくに徴集兵）が兵役に対して十分に報酬を支払われたかという疑問と切り離せない．内的妥当性を満たす徴兵くじの推定がこの質問に答えてくれるだろう．ベトナム戦争時の徴兵の影響に関する徴兵くじを使った推定は，今後の徴兵政策を議論する上でも使われよう．一方，徴兵くじという操作変数がベトナム戦争の徴集兵の真の影響をとらえているという内的妥当性を満たしているとしても，外的妥当性を満たしている――兵役に関するここでの推定値から予測される値を別の時代の別の場所に適用できる――かどうかについてはIVの枠組みでは述べられない．IVの定式化自体は，ベトナム戦争時代の兵役が**なぜ**所得に影響するのかを説明しているわけではない．それを知るためには理論が必要である[22]．

単調性の仮定は，均一効果を考える伝統的な同時方程式体系では役割を持たないにもかかわらず，なぜLATE定理では必要とされるのかと思うかもしれない．単調性が満たされない場合，操作変数はある人たちを処置を受ける方へ促し，別の人たちを処置を受けない方へ促す．Angrist, Imbens and Rubin (1996) は後者を**処置に従わない者**と呼ぶ．彼らの存在がLATEと誘導形の関係を難しくする．理由を見るためにLATE定理の証明に戻ろう．誘導形は，

$$E[\mathrm{Y}_i|\mathrm{Z}_i=1]-E[\mathrm{Y}_i|\mathrm{Z}_i=0] = E[(\mathrm{Y}_{1i}-\mathrm{Y}_{0i})(\mathrm{D}_{1i}-\mathrm{D}_{0i})].$$

---

22)　Angrist (1990) は，徴兵くじの推定値を労働市場での経験が失われたことによる損失と解釈している．これに基づけば，徴兵くじの推定値は外的妥当性をもち，例えばAngrist and Krueger (1994) で議論されている第2次世界大戦での徴兵の影響についても推論できると言えよう．

単調性がなければ，これは

$$E[Y_{1i}-Y_{0i}|D_{1i}>D_{0i}]P[D_{1i}>D_{0i}]-E[Y_{1i}-Y_{0i}|D_{1i}<D_{0i}]P[D_{1i}<D_{0i}]$$

となる．処置に従わない者への影響により従う者への影響が打ち消されてしまえば，全ての人にとって処置効果は正でありながら誘導形はゼロであるというケースが存在してしまう．これは均一効果モデルでは問題にならない．なぜなら，1 段階目に従わない者の行動を含んでいようがいまいが，誘導形はつねに均一の処置効果に 1 段階目の推定をかけたものとなるからである[23]．

近年の計量経済学でよく使われる潜在指標モデルで，処置割当てのように 1 か 0 の値をとる内生ダミー変数をもつ場合を考えると，LATE をより深く理解できる．潜在指標モデルは，個人が，部分的には観察できるが部分的には観察できない（潜在的な）効用と費用を比較して行動を選択することを描写している（例えば，Heckman, 1978 を参照）．通常，この観察できない要素は注目する結果変数と相関をもつと考えられるので，処置変数は内生性をもつとされる（同時方程式体系では必ずしも内生性を持つと考えられるわけではない）．例えば，退役軍人か否かは以下のようにモデル化される．

$$D_{0i}=\begin{cases}1：\gamma_0+\gamma_1 Z_i>\upsilon_i \text{ の場合}\\ 0：\text{上記以外の場合}\end{cases}$$

ここで，υ_i は兵役に関する観察できない費用と便益を含む確率要因であり，Z_i とは独立であると仮定している．この潜在指標モデルは，潜在的な処置割当てを

$$D_{0i}=1[\gamma_0>\upsilon_i] \quad \text{and} \quad D_{1i}=1[\gamma_0+\gamma_1>\upsilon_i]$$

---

23)　均一効果を ρ とすると，

$$\begin{aligned}&E[Y_{1i}-Y_{0i}|D_{1i}>D_{0i}]P[D_{1i}>D_{0i}]-E[Y_{1i}-Y_{0i}|D_{1i}<D_{0i}]P[D_{1i}<D_{0i}]\\&=\rho\{P[D_{1i}>D_{0i}]-P[D_{1i}<D_{0i}]\}\\&=\rho\{E[D_{1i}-D_{0i}]\}\end{aligned}$$

となる．よって，誘導形の影響がゼロであることは，1 段階目がゼロか $\rho=0$ かのどちらかを指す．

と置いている．

このモデルではγ_1が一定であることから，単調性の仮定が自動的に満たされていることに注意しよう．$\gamma_1>0$と仮定すれば，LATE は

$$E[Y_{1i}-Y_{0i}|D_{1i}>D_{0i}]=E[Y_{1i}-Y_{0i}|\gamma_0+\gamma_1>\upsilon_i>\gamma_0]$$

と書ける．これは，$Y_{1i}-Y_{0i}$とυ_iの結合分布および，１段階目の推定の潜在的パラメターγ_0とγ_1の関数として書かれている．一般的には，これは条件付きではない平均処置効果($E[Y_{1i}-Y_{0i}]$)や，処置を受けた者に対する処置効果($E[Y_{1i}-Y_{0i}|D_i=1]$)とは一致しない．次の節でこれらの平均因果効果の違いについて詳しく見よう．

4.4.2　処置割当て従順者の部分母集団

LATE の枠組みは操作変数を持つ母集団を，操作変数に依存して３つのグループに分ける．それは母集団の構成員が操作変数にどう反応するかで定義される．

定義 4.4.1　処置割当て従順者：$D_{1i}=1$かつ$D_{0i}=0$である部分母集団のこと．

常に処置を受ける者：$D_{1i}=D_{0i}=1$である部分母集団

決して処置を受けない者：$D_{1i}=D_{0i}=0$である部分母集団

LATE は従順者母集団に対する処置効果を示す．無作為試行において無作為に選ばれた実験群の中には，提示された処置を受ける（例えば薬を飲む）ことに従う被験者もいれば，従わない被験者もいる．他方，対照群の中には本来はその薬を飲んではいけないのに飲んでしまう者がいる．「従順者」という言葉は，無作為試行において処置が提示されたときにそれに従うという意味でつけられたものである．無作為試行において薬を飲むように言われたのに飲まなかった者は決して処置を受けない者であり，対照群とされたにものかかわらず薬を飲んでしまった者は常に処置を受ける者である．これ以上の仮定（例えば均一因果効果の仮定）を置かなければ，常に処置を受ける者と決して処置を受け

ない者に与える影響についてLATEは何の情報も持ちえない．なぜなら，定義上，これら２つのグループでは操作変数によって処置状況が変わり得ないからである．IVと部分的に従順者が存在する無作為試行の類似点は言葉の類似性以上のものである――IVはすべての人が処置に従うわけではない無作為試行において因果推論を行う際の問題を解決してくれる．この重要な点については次の節で説明する．

その前に一般的な事実についていくつか述べておこう．まず，従順者に対する平均因果効果は処置を受けた者に対する平均処置効果では必ずしもない．前述の簡単な式 $D_i = D_{0i} + (D_{1i} - D_{0i})Z_i$ から，処置を受けた母集団は重ならない２つのグループからなることがわかる．単調性により，$D_{0i}=1$ と $D_{1i}-D_{0i}=1$ は同時には成立し得ない．$D_{0i}=1$ ならば $D_{1i}=1$ となる必要があるからである．処置を受けた者は $D_{0i}=1$ か，$D_{1i}-D_{0i}=1$ でかつ $Z_i=1$ かのどちらかになる．したがって，D_i は２つの相互に排他的なダミー変数である D_{0i} と $(D_{1i}-D_{0i})Z_i$ の和として書ける．言い換えれば，処置を受けた者は，常に処置を受ける者と，操作変数によって処置を受けるかどうかが変わる従順者からなる．操作変数は十分無作為に割当てられたものとしているので，操作変数によって割当てに従うことになった従順者はすべての従順者を代表しているといえる．ここから，

$$
\begin{aligned}
&\underbrace{E[Y_{1i}-Y_{0i}|D_i=1]}_{\text{処置を受けた者に対する効果}} \\
&\quad = \underbrace{E[Y_{1i}-Y_{0i}|D_{0i}=1]}_{\text{常に処置を受ける者に対する効果}} P[D_{0i}=1|D_i=1] \\
&\qquad + \underbrace{E[Y_{1i}-Y_{0i}|D_{1i}>D_{0i}]}_{\text{処置割当て従順者に対する効果}} P[D_{1i}>D_{0i}, Z_i=1|D_i=1]
\end{aligned}
\tag{4.4.5}
$$

が言える．$P[D_{0i}=1|D_i=1]$ と $P[D_{1i}>D_{0i}, Z_i=1|D_i=1]$ を足せば１になるはずだから，この式は，処置を受ける者に対する処置効果が，常に処置を受ける者と処置従順者に与える影響の加重平均となることを示している．

同様に，LATEは，処置を受けなかった者に対する平均因果効果：$E[Y_{1i}-Y_{0i}|D_i=0]$ にはならない．徴兵くじの例では，処置を受けなかった（兵

役につかなかった）者に対する平均処置効果は，ベトナム戦争世代の退役軍人ではない者からなる母集団に対して兵役が与えた影響である．これは決して処置を受けない者と従順者の加重平均として書ける．具体的には，

$$
\begin{aligned}
\underbrace{E[Y_{1i}-Y_{0i}|D_i=0]}_{\text{処置を受けなかった者に対する効果}}
&= \underbrace{E[Y_{1i}-Y_{0i}|D_{1i}=0]}_{\text{決して処置を受けない者に対する効果}} P[D_{1i}=0|D_i=0] \\
&\quad + \underbrace{E[Y_{1i}-Y_{0i}|D_{1i}>D_{0i}]}_{\text{処置割当て従順者に対する効果}} P[D_{1i}>D_{0i}, Z_i=0|D_i=0]
\end{aligned}
\qquad (4.4.6)
$$

となる．ここでは，単調性の仮定より $D_{1i}=0$ ならば必ず処置を受けない者であることを使った．

最後に，次の関係：

$$
\begin{aligned}
E[Y_{1i}-Y_{0i}] = E[Y_{1i}-Y_{0i}|D_i=1]P[D_i=1] \\
+E[Y_{1i}-Y_{0i}|D_i=0]P[D_i=0]
\end{aligned}
$$

を使いながら，(4.4.5) 式と (4.4.6) 式の平均をとると，条件付きでない平均処置効果が，処置割当て従順者，常に処置を受ける者，決して処置を受けない者の加重平均値になることが示される．もちろん，これは単調性と (4.4.1) 式の定義の下で得られる結論である．

IV は，常に処置を受ける者と決して処置を受けない者に与える影響について直接的な情報を持つわけではないので，操作変数は，通常，処置を受けた者全員あるいは処置を受けなかった者全員に対する平均因果効果をとらえるわけではない．ただし重要な例外がある．操作変数が処置を常に受けてしまうあるいは決して受けない者が存在しないケースを作り出す場合がある．これはよくあるわけではないが重要な特例である．一例として，出生率に関して双子であることを操作変数に使った Rosenzweig and Wolpin (1980)，Bronars and Grogger (1994)，Angrist and Evans (1998)，Angrist, Lavy, and Schlosser (2006) がある．別の例は Oreopoulos (2006) の最近の研究で，イギリスに

おいて義務教育法の変化を教育年数の操作変数に使ったものがある．

双子を操作変数に使う特例がどのように機能するのかを見るために，T_i を2番目に産まれた子供が双子（多子出産）であるかどうかを表すダミー変数としよう．Angrist and Evans (1998) はこの操作変数を使い，少なくとも子供が2人以上いる女性において，3人目の子供を持つことが女性の所得に与える影響を分析している．3人目の子供の影響が興味深いのは，1960年から1970年代において生じたアメリカの出生率の低下が子供を3人持つことから2人持つことに変わったことによる部分が大きいとされたからである．2番目の多子出産は，この差をとらえる準実験となる．Y_{0i} を女性が子供を2人だけ持っているとしたら得られる潜在所得，Y_{1i} を女性が子供を3人持っているとしたら得られる潜在所得とする．子供を3人持っているかどうかは D_i で表される．T_i は十分に無作為に決まるとし，出生率は多くても子供1人分だけ増加する（多子出産のほとんどは双子である）とする．また，多子出産は子供を増やす影響を通じてのみ所得を変化させるとすると，操作変数に T_i を使ったLATEは $E[Y_{1i}-Y_{0i}|D_i=0]$，すなわち処置を受けなかった（子供が2人だけであった）女性に対する平均因果効果を示す．これは，多子出産を経験したすべての女性が3人の子供を持つことになったからである．すなわち，双子の操作変数において決して処置を受けない者は存在しない．

Oreopoulos (2006) も処置を受けなかった者に対する平均因果効果を推定するのに操作変数を利用している．彼の研究では，イギリスの義務教育年齢が14歳から15歳に上昇したことを使って経済学的な教育の収益を推定している．義務教育年齢変更前には多くの学生が14歳で退学していたとされるが，イギリスの新しい義務教育法についてはほぼ全員が従順者となった．ここで関心のある因果効果は，高校教育年数が1年延びることに対する所得プレミアムである．そして，その1年を終了することが処置を受けるということである．Oreopoulosのイギリス標本では，義務教育法によって，すべての学生があと1年長く教育を受けることになるから，決して処置を受けない者は存在しない．よってOreopoulosの操作変数法は，14歳で学校をやめる者に対して高校教育を1年長く受けたことが与える平均因果効果をとらえる．これはイギリスの10代が法を遵守するということに依っている．たとえば義務教育の縛りがゆるいイスラエルでは，Oreopoulos の操作変数法は，処置効果を受けなかった者に対する処置効果を推定することにはならない．イスラエルの計量経済学者は義務教育法の変化を操作変数にした LATE を使って処理しなければならない．

4.4.3 無作為試行における IV

LATE の枠組みで使われる言葉は，IV と無作為試行の類似性に基づいている．ただし，無作為試行から実際に直接作られる操作変数もある．操作変数が無作為に割当てられた処置ならば，LATE は，割当てられたので処置に従ったものの割当てられなければ処置を受けることはなかった者に対する処理効果を示す．特に重要なケースは，不従順者を含む無作為試行から操作変数が作られる場合である．多くの無作為試行において，処置参加者は，処置を受けることが無作為に割当てられたうえで自発的に参加する．他方，対照群では実験的処置を受けることが認められない．割当てられた処置を実際に受けたグループ（従順者）は，処置が割当てられた者のうち自己選択した者からなる部分集合なので，実際に処置を受けた者と対照群を比較すれば間違いである．この場合，自己選択バイアスはおそらく正になる．無作為試行において自ら薬を飲もうとするような者は健康になりやすいし，無作為に与えられる訓練プログラムなどの経済介入を自ら受けようとする者は処置にかかわらず所得が高くなる傾向にある．

処置を受けたかどうかに関する操作変数として処置が無作為に割当てられたかどうかを使って IV を行えば，この手の割当て従順問題が解決される．さらに，この場合，LATE は処置を受けた者に対する処置効果となる．操作変数 z_i を無作為に処置グループに割当てられた者であることを示すダミー変数であるとし，D_i を実際に処置を受けたかどうかを表す変数であるとしよう．実際には処置割当てに従わない者が存在し，D_i と z_i は等しくならない．たとえば，無作為に行われた JTPA 訓練プログラムでは訓練助成が割当てられた者のうち約 60% が実際に訓練に参加し，対照群とされた者でも約 2% が訓練に参加したとされる（Bloom et al. 1997 および 7.2.1 節を参照）．JTPA 訓練プログラムでは，参加者に興味がなかったことや，プログラム遂行者が参加を促せなかっ

表 4.4.1　JTPA 実験の結果：訓練効果を計測する OLS と IV 推定値

	訓練を受けたかどうかの比較 (OLS)		割当てられたかどうかの比較 (ITT)		操作変数推定値 (IV)	
	共変量なし (1)	共変量あり (2)	共変量なし (3)	共変量あり (4)	共変量なし (5)	共変量あり (6)
A. 男性	3,970 (555)	3,754 (536)	1,117 (569)	970 (546)	1,825 (928)	1,593 (895)
B．女性	2,133 (345)	2,215 (334)	1,243 (359)	1,139 (341)	1,942 (560)	1,780 (532)

注：著者らが行った JTPA 研究のデータに基づく分類．表は JTPA 実験で訓練助成が所得に与えた影響を，OLS, ITT, IV により推定した推定値を示す．(1) (2) 列は訓練を受けたかどうかによる所得差を示し，(3) (4) 列は無作為割当てを受けたかどうかによる差を示す．(5) (6) 列は無作為割当てを訓練を受けたことに対する操作変数として用いた結果を示す．(2) (4) (6) 列で使われている訓練以外の共変量は，高校卒業および高校卒業程度資格認定者かどうか，黒人かどうか，スペイン系であるかどうか，既婚者かどうか，昨年の労働日数が 13 週未満かどうか，（女性の推定では）生活保護を受けているかどうか，JTPA 訓練を受けることを薦められたかどうか，年齢グループ，追加調査対象者かどうかである．（　）内には不均一分散がある場合にも頑健な標準誤差が示されている．標本数は男性が 5,102，女性が 6,102 である．

たことにより，割当てに従わない者がいた．この場合，割当て従順問題の大部分が処置グループにおいて起こっているので，処置を受けたこと（D_i）に対する操作変数として無作為割当て（Z_i）を使った LATE は，処置を受けた者に対する処置効果を示す．

表 4.4.1 は，JTPA の例を使って，割当て従順問題を解決するために IV を使う方法をまとめている．JTPA の例で最も興味深い結果変数は無作為に処置が行われてから 30ヵ月後の総所得である．この表の (1)，(2) 列は訓練を受けた人と受けなかった人の所得差を示している（(2) 列の OLS 推定値は訓練開始時点の個人属性を多くコントロールした回帰モデルの推定結果である）．(1) (2) 列によれば，所得差は男性で約 4,000 ドル，女性で約 2,200 ドル程度となっており，処置効果がもたらす差はどちらの場合でも平均所得の約 20% におよぶ．ただし，これらの推定値に基づいた解釈は誤解を招く．なぜならこれらの推定値は D_i という個人が実際に処置を受けたかどうかによって所得を比較したものだからである．処置が割当てられたとしてもそれを拒否してよいのだから（実際に 40% が拒否している），割当てに従うかどうかが潜在的結果変数と独

立でない限り，無作為割当ての比較にはならない．そして，通常，両者は独立とは考えにくい．

表 4.4.1 の (3) (4) 列は，訓練助成という割当てが**与えられたかどうか**によって個人を比較した結果である．言い換えれば，この比較は無作為割当て Z_i に基づいた比較である．臨床試験の言葉では，(3) (4) 列の比較は**処置意図** (Intention-to-treat：ITT) 効果として知られている．表中で ITT 効果は 1200 ドル程度（他の説明変数を加えた場合にはそれより小さな値）となっている．Z_i は無作為に割り当てられているので ITT 効果は因果関係として解釈できる．すなわち，ITT 効果は実際には多くの人が割当てられた処置に従わなかったことを含んだ処置の因果効果を表している．このため，ITT 効果は，実際に処置を受けた者に対する平均因果効果よりもずっと小さなものになる．(5) (6) 列はすべての要素を総合した最も興味深い効果を示している．これは，最初に割当てられた処置群と対照群における処置割当て従順者割合の差（約 0.6）で ITT を割ったものである．示された値――約 1,800 ドルは処置を受けた者に対する処置効果を表している．

ITT を処置割当従順者割合の差で割ることにより，処置を受けた者に対する処置効果を測ることができるのはなぜだろうか？　ITT は無作為に割当てられた処置――私たちのいう操作変数――の誘導形の効果と言える．処置割当て従順者割合は操作変数を使った 1 段階目の推定で示されるものであり，Wald 推定量はいつものように誘導形を 1 段階目で割ったものである．一般的にこれが LATE に等しくなるが，（ほとんどの場合）常に処置を受ける者はいないので，処置を受けた母集団は（ほとんどの場合）処置割当て従順者からなる．よって，表 4.4.1 の (5) (6) 列の IV 推定値は，処置を受けた者に対する処置効果の一致推定量といえる．

この結果は別の導出を保証するとても重要な結果である．私たちの知るかぎり，処置割当てに従わない者のいる無作為試行で，処置を受けた者に対する処置効果を IV の定式化で推定できることを最初に示した研究は Howard Bloom (1984) である．以下が Bloom の結果である．

定理 4.4.2　Bloom の結果

LATE 定理の仮定が成立しているとする．また，$E[D_i|Z_i=0]=P[D_i=1|Z_i=0]=0$ であるとする．このとき以下が成立する：

$$\frac{E[Y_i|Z_i=1]-E[Y_i|Z_i=0]}{P[D_i=1|Z_i=1]}=E[Y_{1i}-Y_{0i}|D_i=1]$$

証明

$E[Y_i|Z_i=1]=E[Y_{0i}|Z_i=1]+E[(Y_{1i}-Y_{0i})D_i|Z_i=1]$ であるが，$Z_i=0$ は $D_i=0$ を意味するので，$E[Y_i|Z_i=0]=E[Y_{0i}|Z_i=0]$ である．よって独立性により $E[Y_{0i}|Z_i=0]=E[Y_{0i}|Z_i=1]$ が言えるならば，

$$E[Y_i|Z_i=1]-E[Y_i|Z_i=0]=E[(Y_{1i}-Y_{0i})D_i|Z_i=1]$$

となる．ここで，

$$\begin{aligned}&E[(Y_{1i}-Y_{0i})D_i|Z_i=1]\\&\quad=E[Y_{1i}-Y_{0i}|D_i=1,Z_i=1]P[D_i=1|Z_i=1]\end{aligned}$$

であるが，$Z_i=0$ の者は処置を受けていないから $D_i=1$ は $Z_i=1$ を意味する．よって，$E[Y_{1i}-Y_{0i}|D_i=1,Z_i=1]=E[Y_{1i}-Y_{0i}|D_i=1]$ である．

LATE の枠組みは，処置割当てに従わない者がいる場合の無作為実験の分析方法を教えてくれるだけでなく，割り当てられた処置に従わせることが不可能であったり倫理上難しいような無作為試行をうまく設計できることを教えてくれる．犯罪研究での興味深い例に，ミネアポリス家庭内暴力実験（MDVE）がある．MDVE は家庭内暴力に対して警察がどう反応すればよいかを示してくれる画期的な試みである（Sherman and Berk 1984）．一般的に警察官は家庭内暴力に関する連絡が入ったとき多くの対処法を考える．カウンセリングを紹介したり，別居命令を出したり，逮捕したりなどである．議論となったのは，逮捕や少なくとも一時的に拘留するといった強硬な対応が，家庭内暴力を大きく減少させるという意味で効果的かどうかということであった．

議論の結果，ミネアポリス市は，家庭内暴力の連絡があったときに警察がど

う対応するかを一部無作為割当てで決めるという試みを行った．研究には，対応した警官が逮捕にふみ切るのか，カウンセリングや別居命令を下すのかが書かれた無作為に取り混ぜられ色分けされた報告用紙が使われた．実際には，警官は限度を超えた無作為割当ての適用はできない．例えば，暴力を起こしている者が大変危険な場合や酔っぱらっている場合には，無作為割当てが何であれ逮捕する．結果的に，実際の警察の対応は無作為に割当てられた対応とは一致しなかった．ただし，両者は非常に強く相関したものとなった．

MDVE データを使って行われた分析の多くは，割当て従順問題を認識し ITT 効果に注目している．つまり，実際にとられた処置ではなく，最初の無作為割当てを使って分析している．ただし，MDVE データを使えば，割当て従順者に対する平均因果効果をとらえることも可能である．ここで，割当て従順者とは，無作為割当てでは逮捕と割当てられなかったために逮捕されなかったけれども，逆の割当てならば逮捕されていた者である．Angrist (2006) はこれに注目して MDVE を分析している．MDVE で逮捕が割当てられたケースはすべて実際に逮捕されるのだから，必ず処置を受けない者は存在しない．これは Bloom の考え方とちょうど逆にあたる興味深い例である——ここではすべての人について $D_{1i}=1$ となる．結果的に，LATE は処置を受けなかった者に対する処置効果，すなわち，

$$E[Y_{1i}-Y_{0i}|D_{1i}>D_{0i}]=E[Y_{1i}-Y_{0i}|D_i=0]$$

を示す（D_i は逮捕されたかどうかを示している）．MDVE データを使った IV 推定値によると，逮捕の平均因果効果として，逮捕されなかった部分母集団において DV 再発数が大きく減少することがわかった[24]．

24)　第 2 章で紹介した Krueger (1999) の研究でも，IV を使って無作為試行のデータが分析されている．具体的には，テネシー州の STAR 実験のデータを用いて，学校 1 クラスの実際の人数に対する操作変数として，実験で割当てられた人数を使っている．実験開始後，親や教師が子供を別の学級に移動させたことで，1 年次以降の実際の学級人数は最初に割当てられた学級人数とは異なっていた．Krueger (1999) は，処置程度が変わるモデルにも 2SLS を適用できることを示している．これについては 4.5.3 節で紹介する．

4.4.4　処置割当て従順者の数と特徴

これまでのところでは，特別なケースを除き，1つの操作変数が割当て従順者の部分母集団に対応しながら，1つの原因パラメターを特定化することを見てきた．よって，少なくとも原理的には，同じ因果関係について異なる妥当な操作変数を使えば，異なる事象を推定することになる（重要な例外は，操作変数によりどちらか一方の完全な割当て従順者が生じる場合である）．異なる操作変数推定値は，2SLS 推定によってウェイト付けされたものを足し合わせることで1つの平均処置効果を示すことになるものの，処置効果が不均一の世界では，4.2.2 節で議論した過剰識別検定——複数の操作変数が同じものを推定しているかどうかにより操作変数の有効性を判断する——は当てはまらない．

従順者からなる部分母集団に差があることは，ある操作変数と別の操作変数で処置効果が異なることを意味する．よって，異なる操作変数に対して従順者がどう異なるかをできる限り知りたいと思うだろう．もし従順者の母集団が興味のある別の母集団と似ているならば，推定された因果効果を後者の母集団に当てはめて推察できると言える．Acemoglu and Angrist (2000) は，この考え方によって，生まれ四半期の操作変数と，州の義務教育法（すなわち，生まれた州において義務教育終了に必要な最低年齢が変更されたこと）の操作変数は，本質的には同じグループに対して同じ理由で影響すると述べている．つまり，教育の収益の IV 推定値は，生まれ四半期を操作変数に使っても義務教育法を操作変数に使っても似たものになると考えられる．生まれ四半期を使った推定値を使って，義務教育法をより厳しくするといった政策の効果を予測することも期待できるかもしれない．

一方，もし２つ以上の操作変数が操作変数のとらえる従順者部分母集団は大きく異なりながら，IV 推定値は似た値を示すのであれば，均一効果モデルを仮説として考えた方がよいだろう．このことは外的妥当性という意味での過剰識別の捉え方を思い出させてくれる[25)]．これについては，家族の人数が子供の教育に与える影響を分析した Angrist, Lavy, and Schlosser (2006) で示

25)　通常の過剰識別検定の統計量は，過剰識別のモデルにおいてすべての操作変数が有効であるという仮説を置きながら，処置効果の均一性を検定していることになる．

されている．Angrist, Lavy と Schlosser の研究は，家族人数が多いほど教育年数が短くなるという事実に動機づけられている．出生率に関して長いあいだ関心が持たれているのは，家族人数と教育年数の間に見られる負の相関が因果関係であるかどうかである．多くの異なる操作変数により，異なる従順者部分母集団をとらえた操作変数法で家族人数の効果が分析されてきた結果，家族人数は教育年数に影響を与えないことが示されている．Angrist, Lavy, and Schlosser (2006) は，この結果から，彼らが分析したイスラエルでの母集団においても，同じように家族人数の影響はゼロであると指摘している[26]．

従順者グループの大きさは簡単に計測できることをすでに述べた．これは 1 段階目の Wald 推定値である．

なぜなら，単調性を仮定すれば

$$\begin{aligned} P[D_{1i}>D_{0i}] &= E[D_{1i}-D_{0i}] \\ &= E[D_{1i}]-E[D_{0i}] \\ &= E[D_i|Z_i=1]-E[D_i|Z_i=0] \end{aligned}$$

だからである．同時に，処置を受けた者のうちどれぐらいが従順者であるかも計算できる．なぜなら，従順者については処置状況が操作変数 Z_i により完全に決められるからだ．条件付き確率の定義から始めよう．

$$\begin{aligned} P[D_{1i}>D_{0i}|D_i=1] &= \frac{P[D_i=1|D_{1i}>D_{0i}]P[D_{1i}>D_{0i}]}{P[D_i=1]} \\ &= \frac{P[Z_i=1](E[D_i|Z_i=1]-E[D_i|Z_i=0])}{P[D_i=1]} \end{aligned} \tag{4.4.7}$$

ここで，2 番目の等号は $P[D_i=1|D_{1i}>D_{0i}]=P[Z_i=1|D_{1i}>D_{0i}]$ および，独立性により $P[Z_i=1|D_{1i}>D_{0i}]=P[Z_i=1]$ と書けることを使っている．言い換えれば，処置を受けた者のうち処置割当てに従った者の割合は，1 段階目で推定される操作変数に応じて変わる処置確率に，操作変数が 1 になる確率を掛けて，処置を受けた者の割合で割ったものである．

---

26) ノルウェーに関する類似の結果については Black, Devereux, and Salvanes (2005) を参照のこと．

(4.4.7) 式から，退役軍人のうち徴兵くじによる割当てに従った者の割合を求めてみよう．表4.4.2の上の2行にその結果が示されている．たとえば，1950年生まれの白人男性については，1段階目の推定による処置確率は0.159であり，徴兵対象とされた割合は195/365，限界的な処置確率は0.267である．これらの値から，このグループの退役軍人母集団のうち処置に従った部分母集団の割合は0.32と計算される．1950年生まれの白人以外の男性では，この値は20%に下がる．白人以外の男性では1段階目の推定が弱いのだから驚きではない．表の最後の列は**非退役軍人**が仮に徴兵対象とされれば兵役についたと考えられる割合を示している．この値は，ほとんどの非退役軍人は兵役猶予や兵役につけなかった，あるいは資格がなかったという理由であったことを反映して，白人以外での3%から白人での10%となっている．

Angrist (1990) で一番関心がもたれているパラメターは，強制的に兵役につかせたことの影響である．よって，徴兵くじで徴兵対象とされ，従った者が退役軍人の少数派であることは，この研究では問題にならない．ベトナム戦争時代でもほとんどの兵士は志願兵であり，ベトナム戦争の退役軍人に関する事実に関心が持たれることはほとんどなかった．徴兵くじを使ったIV推定値をLATEとして解釈することで，兵役が志願兵に与える影響を推定するには別の識別戦略が必要であることに気づく（これらのうちいくつかの識別についてはAngrist 1998で示されている）．

表4.4.2の残りの行は，Angrist and Evans (1998) が出産の影響の推定に用いた双子かどうかや，きょうだいの性別が同じかどうかという操作変数，あるいは，Angrist and Krueger (1991) およびAcemoglu and Angrist (2000) が教育の収益の推定に用いた生まれ四半期ダミーや義務教育法の変更という操作変数について，処置割当てに従った母集団の大きさを計算した結果を示している．どの研究においても，従順者部分母集団は処置を受けたグループのうち少ない割合を占めている．たとえば，高卒者のうち2%未満が義務教育法があることで，もしくは後半四半期生まれということで高校を卒業したとされる．

従順者部分母集団が少ないことが心配の種になるかどうかは分析内容による．場合によっては「まさに必要なものを得た」とも言える．例えば，政策の実施において，一番関心がもたれるのは限界にいるグループだろう．このことは手

表 4.4.2　操作変数法による分析での処置割当て従順者の割合

出典	内生変数（D）	操作変数（Z）	標本	$P[D=1]$	1 段階目の推定 $P[D_1>D_0]$	$P[Z=1]$	処置割当に従った確率 $P[D_1>D_0 \mid D=1]$	処置割当に従った確率 $P[D_1>D_0 \mid D=0]$
(1)	(2)	(3)	(4)	(5)	(6)	(7)	(8)	(9)
Angrist (1990)	退役軍人かどうか	徴兵くじで兵役対象とされたかどうか	1950 年生まれの白人	0.267	0.159	0.534	0.318	0.101
			1950 年生まれの非白人	0.163	0.060	0.534	0.197	0.033
Angrist and Evans (1998)	3 人以上の子供がいるかどうか	2 番目の出産が双子かどうか	1980 年に 21–35 歳で 2 人以上子供がいる既婚女性	0.381	0.603	0.008	0.013	0.966
		1 番目と 2 番目の子どもの性別が同じかどうか		0.381	0.060	0.506	0.080	0.048
Angrist and Krueger (1991)	高校を卒業しているかどうか	第 3 もしくは第 4 四半期生まれかどうか	1930–39 年生まれの男性	0.770	0.016	0.509	0.011	0.034
Acemoglu and Angrist (2000)	高校を卒業しているかどうか	義務教育年数が 11 年以上と定められた州かどうか	40–49 歳の白人男性	0.617	0.037	0.300	0.018	0.068

注：この表は様々な操作変数を使った研究について，処置割当て従順母集団の絶対的および相対的な数を計算した値を示している．(6) 列には 1 段階目の推定を示しているが，これは従順者母集団の絶対的な割合である．(8) (9) 列には処置を受けた者あるいは処置を受けなかった者に対する比率として，従順者母集団の相対的な割合を示している．

術が心臓発作の患者に与えた影響を IV で分析した McClellan, McNeil, and Newhouse (1994) の画期的な研究で強調されている．彼らの研究では，高齢の心臓病の患者が外科手術を受けたかどうかに対する操作変数として，自宅から心臓病のケア施設までの相対的な距離が用いられている．ほとんどの患者は同じような処置をうけるが，幾人かは取るべき処置（少なくとも取った方がよいと考えられる処置）が定かではない．そのような場合には，医者や患者がより大がかりな外科治療を行うことを望む．ただし，それができるのは設備の整った医療機関が近くにあるときだけである．McClellan らは，この限界的なグループにとって，手術の利益はほとんどないことを示した．この結果と同じように議論すれば，義務教育の終了年齢を 18 歳に引き上げてもほとんどのアメリカの高校生には影響がないが，引き上げられなければ退学していた学生には影響したと言える．IV 推定値は，限界的なグループにとって教育の収益が大きいことを言っている．

表 4.4.2 の最後の列には，4.4.2 節の最後で述べた双子操作変数に関する特別な特徴が示されている．これまで通り，少なくとも 2 人の子供がいる女性について，$D_i=0$ は子供が 2 人だけであるケース，$D_i=1$ は 3 人以上いるケースを表すとしよう．多子出産の場合には割当ての不従順者はいない——2 回目の出産で双子だった母親はすべて（少なくとも）3 人の子供を持つことになる——から，$D_i=0$ の母親のうち双子という処置割当てに従う確率は 1 となる（表 4.4.2 では 0.97 が示されている)．よってこの場合，LATE は処置を受けなかった者への影響：$E[Y_{1i}-Y_{0i}|D_i=0]$ を表す．

割当て従順者の数とは違い，従順者の**属性**に関する情報を得ることは，従順者を個人として特定化することができないため難しい作業となる．同じ人に対して，D_{1i} と D_{0i} の両方を観察することはできないから，$D_{1i}>D_{0i}$ となる人を並べ彼らの属性の分布を求めることもできない．しかしながら，従順者を特定することはできなくても，従順者グループの属性の分布を描写することは可能である．簡単化のため，人種や卒業したかどうかといったダミー変数で表すことのできる属性に注目しよう．この場合，1 段階目の推定の共変量グループ間での差がわかればよい．

x_{1i} をベルヌーイ分布に従う属性——例えば大卒かどうかを表すダミー変数

表 4.4.3　「2 番目が双子かどうか」と「2 人の子供が同性かどうか」という操作変数割当てに従う者の属性割合

		2 番目の出産が双子		2 人の子供が同性	
	$P[x_{1i}=1]$	$P[x_{1i}=1 \mid \mathrm{D}_{1i}>\mathrm{D}_{0i}]$	$P[x_{1i}=1 \mid \mathrm{D}_{1i}>\mathrm{D}_{0i}]/P[x_{1i}=1]$	$P[x_{1i}=1 \mid \mathrm{D}_{1i}>\mathrm{D}_{0i}]$	$P[x_{1i}=1 \mid \mathrm{D}_{1i}>\mathrm{D}_{0i}]/P[x_{1i}=1]$
変数	(1)	(2)	(3)	(4)	(5)
初産年齢が30歳以上	0.0029	0.004	1.39	0.0023	0.995
黒人もしくはスペイン系	0.125	0.103	0.822	0.102	0.814
高卒	0.822	0.861	1.048	0.815	0.998
大卒	0.132	0.151	1.14	0.0904	0.704

注：この表は，双子操作変数と，きょうだいが同性という操作変数に対する割当て従順グループの属性の分析をまとめている．(3) (5) 列は，左欄にあげる特性を持つ割当て従順者の相対的な比率を示している．使用したデータは Angrist and Evans (1998) の分析と同じで，少なくとも 2 人の子供を持つ 21-35 歳の母親の 1980 年の国勢調査から 5% 抽出した標本である．標本数は 254,654 である．

――としよう．2 人の子供の性別が同じであるという割当てに従う女性は，子供が 2 人いる他の女性と比べて大卒であることが多いだろうか？　この質問には以下の計算により答えられる：

$$\frac{P[x_{1i}=1 \mid \mathrm{D}_{1i}>\mathrm{D}_{0i}]}{P[x_{1i}=1]}=\frac{P[\mathrm{D}_{1i}>\mathrm{D}_{0i} \mid x_{1i}=1]}{P[\mathrm{D}_{1i}>\mathrm{D}_{0i}]}$$
$$=\frac{E[\mathrm{D}_i \mid \mathrm{Z}_i=1, x_{1i}=1]-E[\mathrm{D}_i \mid \mathrm{Z}_i=0, x_{1i}=1]}{E[\mathrm{D}_i \mid \mathrm{Z}_i=1]-E[\mathrm{D}_i \mid \mathrm{Z}_i=0]} \qquad (4.4.8)$$

言い換えれば，割当て従順者が大卒である相対的な確率は，大卒にとっての 1 段階目の推定と全体での 1 段階目の推定の比として表される[27]．

この計算結果が表 4.4.3 に示されている．ここでは，双子ときょうだいが同性というそれぞれの割当てに従う者について，最初の子を出産した年齢，非白人かどうか，卒業状況に関する割合が示されている．この表は Angrist and Evans (1998) のように 1980 年の国勢調査のうち少なくとも 2 人の子供を持つ 21-35 歳の既婚女性から計算した．双子の割当て従順者は，標本の平均的な母親よりも最初の子供を出産した年齢が 30 歳以上である確率が高い．これは多子出産をした若い人ほどいずれにせよもう 1 人子供を持つ可能性が高いことを反映している（もっとも，Angrist-Evans 標本において 30 歳以上で最初の出産をした人は珍しい）．双子の割当て従順者は，また，平均的な女性よりも高い教育を受けており，きょうだいが同性の割当て従順者は低い教育を受けていることがわかる．このことは，双子の操作変数を使った場合のほうが 2SLS の推定値が小さくなっていたこと（表 4.1.4 で示された結果）を説明してくれる．というのは，Angrist and Evans (1998) では，母親の教育年数が高くなるほど出産（子供が増えること）により労働供給は下がることが示されているからである．

4.5　LATE の一般化

LATE 定理は，1 つのダミー操作変数を使って 1 つの処置ダミー変数の影響を共変量なしで推定するという必要最低限の因果モデルに適用される．これを 3 つの重要な点で拡張することができる．第 1 に複数の操作変数を持つモデル（例えば生まれ 4 半期ダミーの集合を入れるなど），第 2 に共変量を含むモデル（例えば生まれ年をコントロールするなど），第 3 に変化するもしくは連続的な処置程度を考慮するモデル（例えば教育年数の効果をとらえるなど）への拡張である．どの場合にも IV の推定対象は，それぞれの操作変数に対する割当て従順者が受ける処置効果の加重平均となる．いくつか補足点はあるものの，計量経済学の手法は 2SLS のまま，解釈は基本的な LATE の結果のまま使える．操作変数が複数ある 2SLS は，操作変数を 1 つずつ使った時の IV 推定対象を平均化した因果効果を表すし，共変量を持つ 2SLS は共変量ごとの LATE を平均化したものになる．変化するもしくは連続的な処置程度をもつ 2SLS は，おそ

---

27)　割当て従順者での共変量の分布の平均やその他の特性を求める一般的な方法は，Abadie (2003) のカッパウェイト（Kappa-weighting）を使うものである．例えば，

$$E[\mathrm{X}_i|\mathrm{D}_{1i}>\mathrm{D}_{0i}] = \frac{E[\kappa_i \mathrm{X}_i]}{E[\kappa_i]}$$

ここで，

$$\kappa_i = 1 - \frac{\mathrm{D}_i(1-\mathrm{Z}_i)}{1-P(\mathrm{Z}_i=1|\mathrm{X}_i)} - \frac{(1-\mathrm{D}_i)\mathrm{Z}_i}{P(\mathrm{Z}_i=1|\mathrm{X}_i)}$$

である．ウェイト関数であるカッパ（κ_i）が，4.5.2 節で議論される意味で「従順者を見つける」ことによりこの計算は機能する．

らく非線形の因果反応関数について微分した値の加重平均となる．こうして，実証分析として重要となるほとんどの設定において，2SLS は因果関係を表すものとして解釈可能となる．

4.5.1 複数の操作変数を持つ場合の LATE

複数の操作変数に拡張するのは簡単である．これはグループデータの説明で議論した結果と基本的に同じである．ダミー操作変数を z_{1i}, z_{2i} としよう．一般性を失わない仮定として，これらのダミー変数は互いに排他的であるとする（そうでないなら，$z_{1i}(1-z_{2i})$, $z_{2i}(1-z_{1i})$, $z_{1i}z_{2i}$ という互いに排他的な 3 つのダミー変数の組み合わせを考えればよい）．2 つのダミー変数が Wald 推定量を得るために使われる．同様に，一般性を失わないものとして，ダミー操作変数ぞれぞれに関して，1 段階目が正となるように単調性が満たされると仮定する（そうでないなら，単調となるようにダミーの意味することを反対にすればよい）．よって，$D_{1i}>D_{0i}$ となる母集団は z_{1i} と z_{2i} で異なるけれども，両方ともに $E[Y_{1i}-Y_{0i}|D_{1i}>D_{0i}]$ を推定することになる．

Wald 推定量ではなく，z_{1i} と z_{2i} の両方を同時に 2SLS の過程で使うこともできる．この場合 2 つのダミー変数と定数項が操作変数の情報をすべて使うことになるので，2SLS 推定は，（操作変数が相関しているかどうかにかかわらず）z_{1i} と z_{2i} を所与とした条件付き平均を用いたグループデータ推定と同じになる．Angrist (1991) で示されるように，グループデータ推定量は背後にある Wald 推定量の線形結合になる．言い換えれば，操作変数を 1 つずつ使ったときの操作変数ぞれぞれに対する LATE の線形結合となる（通常の均一分散で線形の均一効果モデルの中で，効率的な線形結合となる）．

この議論は必ずしも完全ではない．2SLS で得られる LATE の線形結合も加重平均になる（すなわちウェイトは非負で合計は 1 である）ことが示されていないからだ．ウェイト式は Imbens and Angrist (1994) や Imbens and Angrist (1995) に書かれている．一般化される式は多少複雑なので，ここでは 2 個の操作変数の例を使って簡単に示そう．以下の例では，z_{1i} と z_{2i} を同時に使った 2SLS が，z_{1i} と z_{2i} を 1 つずつ操作変数に使った場合の操作変数推定値の加重平均になることを示す．z_{1i} と z_{2i} を 1 つずつ操作変数に使った場合の操作変

数推定値を,

$$\rho_j = \frac{Cov(Y_i, Z_{ji})}{Cov(D_i, Z_{ji})} \qquad j = 1, 2$$

と表そう.

2SLS の（母集団での）1 段階目の推定によるあてはめ値は $\widehat{D}_i = \pi_{11}Z_{1i} + \pi_{12}Z_{2i}$ と書ける. π_{11} と π_{12} は正の値である. 2SLS を IV として解釈することにより, 2SLS 推定値は,

$$\begin{aligned}
\rho_{2SLS} &= \frac{Cov(Y_i, \widehat{D}_i)}{Cov(D_i, \widehat{D}_i)} = \frac{\pi_{11}Cov(Y_i, Z_{1i})}{Cov(D_i, \widehat{D}_i)} + \frac{\pi_{12}Cov(Y_i, Z_{2i})}{Cov(D_i, \widehat{D}_i)} \\
&= \left[\frac{\pi_{11}Cov(D_i, Z_{1i})}{Cov(D_i, \widehat{D}_i)}\right]\left[\frac{Cov(Y_i, Z_{1i})}{Cov(D_i, Z_{1i})}\right] \\
&\quad + \left[\frac{\pi_{12}Cov(D_i, Z_{2i})}{Cov(D_i, \widehat{D}_i)}\right]\left[\frac{Cov(Y_i, Z_{2i})}{Cov(D_i, Z_{2i})}\right] \\
&= \psi\rho_1 + (1-\psi)\rho_2
\end{aligned}$$

と書ける. ここで, ρ_1 は z_1 を使ったときの LATE, ρ_2 は z_2 を使ったときの LATE であり,

$$\psi = \frac{\pi_{11}Cov(D_i, Z_{1i})}{\pi_{11}Cov(D_i, Z_{1i}) + \pi_{12}Cov(D_i, Z_{2i})}$$

は 1 段階目におけるそれぞれの操作変数の相対的な強さに応じて 0 から 1 の値をとる. こうして, 2SLS はそれぞれの操作変数に関する割当て従順者部分母集団に対する処置効果の加重平均になると言える. 例えば, 2 人以上の子供がいる家族について, 世帯人数に対する操作変数として, Z_{1i} を双子の操作変数, Z_{2i} を（双子ではない）同性のきょうだい操作変数としよう（Angrist and Evans 1998）. この場合, 2 回目の出産が多子出産であることはその次の子を持つ確率を約 0.6 上昇させることを示すのに対し, 最初の 2 人の子供たちが同性であることはその次の子を持つ確率を 0.07 上昇させることが示される. これら 2 つの操作変数を同時に使ったときには, 2SLS の推定値はそれぞれの操作変数を 1 つずつ使って推定した Wald 推定値の加重平均となる[28].

4.5.2 不均一処置効果モデルでの共変量

処置変数以外の共変量はどこに行ったのか？　と疑問に思う人もいるかもしれない．共変量は回帰やマッチングの説明では重要な役割を果たしていた．しかしながら，LATE 定理は共変量を必要としない．このことは，操作変数を（自然なあるいは人工的な）無作為試行の変数でとらえるときには，共変量の存在は二の次であることと同じである．操作変数が無作為に割当てられているならば，共変量とは独立のはずである．しかしながら，すべての操作変数がそうであるとは限らない．前章の回帰モデルと同様に，操作変数を使った因果分析で共変量を取り入れる理由は，共変量を入れた方が IV 推定の背後にある条件付き独立の仮定や除外制約が成立しやすいからである．徴兵対象か否かのように無作為に割当てられた操作変数であっても，共変量に条件付けることで有効な操作変数となり得る．徴兵対象の場合，年長世代の方が徴兵対象となる分岐点が高く徴兵対象とされやすかった．そして，生まれ年（年齢）によって所得には差があるから，生まれた年をコントロールしてはじめて徴兵くじは有効な操作変数となる．

定式化すると，共変量を含む IV 推定は，**条件付き**独立の仮定：

$$\{Y_{1i}, Y_{0i}, D_{1i}, D_{0i}\} \perp\!\!\!\perp Z_i | X_i \tag{4.5.1}$$

により保障される．言い換えれば，操作変数は共変量 X_i に条件付けることで「無作為割当てと同等になる」と考えられる（ここでは，除外制約も満たされているとしている）．共変量を取り入れる 2 つ目の理由は，共変量に条件付けることで被説明変数の動きのいくらかを説明できるからである．こうして，より正確な 2SLS 推定値が得られる．

基本となる均一効果モデルに共変量を取り入れる場合は，次のような関数形の制約を課す．

---

28)　双子の操作変数だけを使った場合には，3 番目の子を持つことが女性の労働力参加に与える影響を表す IV 推定値は −0.084 となる．子供が同性であることだけを操作変数に使った場合には，−0.138 となる．両方の操作変数を使った 2SLS 推定値は −0.098となる．この場合，1 段階目の推定で双子の効果が非常に大きいことを反映して，2SLS ウェイトは双子について 0.74，同性の子供について 0.26 となる．

K×1ベクトルからなる係数 α^* について，$E[Y_{0i}|X_i]=X_i'\alpha^*$；
$Y_{1i}-Y_{0i}=\rho$

(4.5.1) 式と合わせると，4.1 節で議論した (4.1.6) 式のような 2SLS 推定を行うことになる．

この均一効果モデルを一般化すれば，

$$Y_{1i}-Y_{0i}=\rho(X_i)$$

と書ける．ここで，$\rho(X_i)$ は X_i の関数である．このモデルは，1 段階目の推定に Z_i と X_i の交差項を追加し，2 段階目の推定に（同じ）D_i と X_i の交差項を追加することで推定される．ここでは複数の内生変数があり，複数の 1 段階目の式がある．これらは

$$D_i=X_i'\pi_{00}+\pi_{01}Z_i+Z_iX_i'\pi_{02}+\xi_{0i} \qquad (4.5.2a)$$
$$D_iX_i=X_i'\pi_{10}+\pi_{11}Z_i+Z_iX_i'\pi_{12}+\xi_{1i} \qquad (4.5.2b)$$

と書ける．(4.5.2b) では D_iX_i はスカラーのように書かれているが，D_iX_i の各要素についてこのような 1 段階目の式がそれぞれ存在していることになる．この場合，2 段階目の式は，

$$Y_i=\alpha'X_i+\rho_0D_i+D_iX_i'\rho_1+\eta_i$$

と書け，$\rho(X_i)=\rho_0+\rho_1'X_i$ となる．もしくは，$\rho(X_i)$ のノンパラメトリック版を X_i で層化された標本で 2SLS により推定すれば得られよう．

共変量を含まない LATE よりも解釈はやや複雑になるものの，不均一効果モデルでも，LATE 定理により，(4.5.1) 式のような条件付き独立性に基づいた識別が可能となる．X_i のそれぞれの値について，共変量に関する LATE を以下のように定義しよう．

$$\lambda(X_i)\equiv E[Y_{1i}-Y_{0i}|X_i, D_{1i}>D_{0i}]$$

共変量のある推定について「飽和とウェイト」の考え方を当てはめることにより，$\lambda(X_i)$ の加重平均が求められるが，これは以下の定理として書かれる

(Angrist and Imbens, 1995).

定理 4.5.1　飽和とウェイト

LATE 定理の仮定が X_i に条件付きで成立しているとする．すなわち，

(CA1，独立性)　$\{Y_i(D_{1i},1), Y_{0i}(D_{0i},0), D_{1i}, D_{0i}\} \perp\!\!\!\perp Z_i|X_i$

(CA2，除外制約)　$P[Y_i(d,0)=Y_i(d,1)|X_i]=1, for\ d=0,1$

(CA3，1 段階目)　$E[D_{1i}-D_{0i}|X_i]\neq 0$

さらに，これまで通り単調性（A4）が成立しているとする．2SLS の推定量は，1 段階目推定式：

$$D_i = \pi_X + \pi_{1X}Z_i + \xi_{1i} \tag{4.5.3}$$

と 2 段階目推定式：

$$Y_i = \alpha_X + \rho_c D_i + \eta_i$$

に基づいて得られるとする．ここで π_X と α_X は共変量（X_i のすべての値に関するダミー変数の集合）に関する飽和モデルであり，π_{1X} はすべての X_i に関する Z_i の 1 段階目の影響を表す．このとき，$\rho_c=E[\omega(X_i)\lambda(X_i)]$ と書ける．ここで，

$$\omega(X_i) = \frac{V\{E[D_i|X_i, Z_i]|X_i\}}{E[V\{E[D_i|X_i, Z_i]|X_i\}]} \tag{4.5.4}$$

$$V\{E[D_i|X_i, Z_i]|X_i\}=E\{E[D_i|X_i, Z_i](E[D_i|X_i, Z_i]-E[D_i|X_i])|X_i\}$$

である．

この定理は，完全に飽和した 1 段階目の推定と，共変量について飽和モデルとなっている 2 段階目の推定からなる 2SLS は，共変量に関する LATE の加重平均を作り出すことを言っている．この時のウェイトは，X_i それぞれの値における 1 段階目の母集団あてはめ値 $E[D_i|X_i, Z_i]$ の条件付き分散に比例する[29]．この定理は (4.5.3) 式が飽和している（1 段階目の推定により CEF を再

29)　X_i に条件付きの $E[D_i|X_i, Z_i]$ は Z_i によって変わる．よって，ウェイト関数は，操作変数があてはめ値を大きくばらつかせる共変量に重いウェイトをつける．

生できる）ときには，1 段階目の推定が $E[D_i|X_i, Z_i]$ に等しくなることから得られる．

実際には，共変量一つひとつについて 1 段階目のパラメターをもつモデルを扱いたいわけではないかもしれない．第 1 に，この章の最後に述べるようにバイアスが生じるリスクがあるし，第 2 に，一つひとつとしては正確でない 1 段階目の推定値に注目するのはよくない．パラメターをほとんど持たないモデル，たとえば π_{1X} を一定とした 1 段階目のモデルが，共変量について平均化された LATE を近似すると考えるのが理にかなうだろう．これはその通りではあるが，議論は驚くほど回り道を必要とする．背後にある因果関係をとらえる MMSE 近似として 2SLS を考えた Abadie (2003) の議論を見てみよう．

Abadie のアプローチは $E[Y_i|D_i, X_i, D_{1i}>D_{0i}]$ すなわち割当て従順者に対して処置効果の状態と共変量が与えられたときの Y_i の CEF に注目することから始まる．この CEF の重要な特徴は，LATE 定理の仮定が X_i に条件付で成立するとき，因果関係をとらえるものと解釈できるということである．言い換えれば，**割当て従順者にとって**，X_i に条件付きの処置群と比較対照群の差は，X_i に条件付き LATE に等しくなる：

$$
\begin{aligned}
&E[Y_i|D_i=1, X_i, D_{1i}>D_{0i}]-E[Y_i|D_i=0, X_i, D_{1i}>D_{0i}]\\
&\quad =E[Y_{1i}-Y_{0i}|X_i, D_{1i}>D_{0i}]\\
&\quad =\lambda(X_i)
\end{aligned}
$$

これは，割当て従順者は必ず $D_i=Z_i$ であり，(4.5.1) 式を所与とすれば，潜在的結果変数は X_i と $D_{1i}>D_{0i}$ に条件付きで，Z_i とは独立であることからすぐに示される．結果として，割当て従順母集団において Y_i を D_i と X_i に回帰した式も因果関係として解釈される．この回帰式は関心のある CEF は与えてくれないかもしれない（CEF が線形であったり飽和モデルでない限り難しい）が，MMSE 近似は与えてくれる．すなわち，ちょうど OLS 推定が $E[Y_i|D_i, X_i]$ を近似するように，割当て従順母集団において Y_i を D_i と X_i に回帰すれば $E[Y_i|D_i, X_i, D_{1i}>D_{0i}]$ を近似できる．残念ながら誰が割当て従順者なのかは分からないので，彼らを抽出することはできない．しかしながら，次の意味で彼らを見つけることができるといえる．

定理 4.5.2　アバディのカッパ（Abadie Kappa）

LATE 定理の仮定が共変量 X_i に条件付きで成立しているとする．$g(Y_i, D_i, X_i)$ を有限の期待値を持つ何らかの測定可能な (Y_i, D_i, X_i) の関数であるとする．

$$\kappa_i = 1 - \frac{D_i(1-Z_i)}{1-P(Z_i=1|X_i)} - \frac{(1-D_i)Z_i}{P(Z_i=1|X_i)}$$

と定義すると，以下が成立する．

$$E[g(Y_i, D_i, X_i)|D_{1i}>D_{0i}] = \frac{E[\kappa_i g(Y_i, D_i, X_i)]}{E[\kappa_i]}$$

これは，LATE 定理の仮定の下では，どのような期待値も，処置を常に受けてしまう者と決して受けない者，割当て従順者での加重平均値となることから直接的に求められる．単調性により，$D_i(1-Z_i)=1$ である者は常に処置を受ける者 $(D_{0i}=1)$ であり，$(1-D_i)Z_i=1$ である者は決して処置を受けない者 $(D_{1i}=0)$ である．すなわち，割当て従順者はその残りということになる．

Abadie 定理は多くの重要な示唆を持っている．たとえば，分位処置効果の議論でもこの定理が出てくる．ここでは，線形回帰によって $E[Y_i|D_i, X_i, D_{1i}>D_{0i}]$ を近似するためにこの定理を使う．α_c, β_c を以下の解としよう：

$$(\alpha_c, \beta_c) = \underset{a,b}{\arg\min}\, E\{(E[Y_i|D_i, X_i, D_{1i}>D_{0i}] - aD_i - X_i'b)^2|D_{1i}>D_{0i}\}$$

すなわち，$\alpha_c D_i + X_i'\beta_c$ が $E[Y_i|D_i, X_i, D_{1i}>D_{0i}]$ の MMSE 近似を与えるか，あるいは仮にそれが線形ならば $\alpha_c D_i + X_i'\beta_c$ が期待値そのものを与えてくれると言える．Abadie 定理によれば，この場合の近似関数はカッパ加重最小二乗推定化対象：

$$(\alpha_c, \beta_c) = \underset{a,b}{\arg\min}\, E\{\kappa_i(Y_i - aD_i - X_i'b)^2\} \tag{4.5.5}$$

を解くことで得られる[30]．

Abadie は次の推定戦略を示し（分布理論を展開し）ている．1 番目のステップとして，$P(Z_i=1|X_i)$ に関するパラメトリックもしくはセミパラメトリックなモデルを使って κ_i を推定する．このステップで得られた推定値を（4.5.5）

式の標本版に代入するのが２番目のステップである．予想されるように，共変量が定数項のみの場合には，Abadieの方法はWald推定量に単純化される．驚くことに，κ_iを計算する際に$P(\mathrm{Z}_i=1|\mathrm{X}_i)$に対して線形モデルを使えば，(4.5.5) 式の最小化問題は従来の2SLS推定量を与えてくれる．言い換えれば，κ_iを求めるのに$P(\mathrm{Z}_i=1|\mathrm{X}_i)=\mathrm{X}_i'\pi$を使えば，Abadieの推定量は2SLS推定量と等しくなる．よって，$P(\mathrm{Z}_i=1|\mathrm{X}_i)$が線形モデルであるかまたは線形モデルで十分近似されるならば，2SLS推定は，割当て従順者の因果反応関数：$E[\mathrm{Y}_i|\mathrm{D}_i,\mathrm{X}_i,\mathrm{D}_{1i}>\mathrm{D}_{0i}]$を近似すると考えてよいだろう．一方で，$\alpha_c$は一般的には2SLS推定量ではないし，$\beta_c$は一般的には2SLSにより得られる共変量の影響を表すパラメターのベクトルにはならない．それでも，線形の$P(\mathrm{Z}_i=1|\mathrm{X}_i)$についてAbadieの推定が2SLSに等しくなるという結果は，ほとんどの応用例においてAbadieの方法と2SLSが類似の推定値を与えることを示唆している．

Angrist and Evans (1998) を再検討したAngrist (2001) は，(4.5.5) 式に基づいて得られた推定値が2SLSの推定値と酷似している例を示している．そこでは，３番目の子をもつことが女性の労働供給に与える影響を，操作変数に双子がいるかどうかを用いて推定した2SLS推定の推定値が-0.088となるのに対し，Abadieの推定値は-0.089となっている．同様に，労働時間に与える影響を推定した2SLSとAbadieの推定値はともに-3.55で等しくなっている．この結果は，Abadieの方法の妥当性を確認するものではない．むしろ，2SLS推定が関心のある因果関係を近似する概念であることを支持するものである[31)]．

4.5.3　処置程度が変わる場合の平均因果反応★

ダミー変数の因果効果と，{0, 1, 2...}のような値をとる変数の因果効果の重

---

30)　近似関数の種類は線形でなくてもよい．$\alpha_c\mathrm{D}_i+\mathrm{X}_i'\beta_c$の代わりに指数関数（被説明変数が非負の場合）やプロビット（被説明変数が０か１をとる場合）のような非線形関数を使うのが理に適うかもしれない．これについては章の最後でもう一度述べる．4.4.4節でみたようにカッパでウェイト付けをする考え方は，結果の分布を推定するだけでなく，割当て従順者の共変量に関する分布を表すのに使われる．

要な違いは，前者では，どの人にも因果効果は一つしかないのに対して，後者では，0から1に変わる時の影響，1から2に変わる時の影響という具合に，同じ人に対しても多くの因果効果が存在することである．これまで使ってきた教育に関する潜在的結果変数でこれをみてみよう．ここで，

$$\mathrm{Y}_{si} \equiv f_i(s)$$

は個人iがs年の教育年数を受けた後の潜在的な（もしくは観察できない）所得を表すとする．関数$f_i(s)$には下に「i」がついているが，sにはついていないことに注意しよう．関数$f_i(s)$は，個人iが実際に受けたs_iだけでなく，受ける可能性のある**すべての**sに応じて，その人がどれぐらい稼ぎ得るかを示すものである．言い換えれば，$f_i(s)$は，「仮に」多肢選択s_iだったとしたらどうなるかという因果反応を示している．

s_iは$\{0, 1, \cdots, \bar{s}\}$のいずれかをとるとしよう．このとき，$\bar{s}$個の因果効果：$\mathrm{Y}_{si}-\mathrm{Y}_{s-1,i}$が存在することになる．線形の因果モデルでは，これらの因果効果はすべてのsとiについて等しくなると仮定しているが，これは明らかに非現実的な仮定である．ただし，この仮定を文字通りとらえる必要はない．むしろ，2SLSは私たちが推定し分析するウェイト関数を使って1単位ずつの因果効果の加重平均を計算する方法を示してくれる道具だといえる．そして操作変数によって個人の行動が何から起こっているかを知ることができる．ウェイト関数は割当て従順者がs_iの範囲にどれだけ分布しているかを示す．たとえば，生まれ四半期や義務教育法を使った場合，推定される教育の収益は，高校を卒業

31) Abadie推定量は，ウェイトを計算してくれる便利な線形あるいは非線形回帰ソフトで計算できる．ポイントは正のウェイトでウェイト付けされることである．これは，(4.5.5) 式の予測値の繰り返し計算により行われるが，κ_iが必ず正となる（処置を常に受ける者と決して受けない者についてκは負になる）平均ウェイト：

$$E[\kappa_i|\mathrm{X}_i,\mathrm{D}_i,\mathrm{Y}_i]=1-\frac{\mathrm{D}_i(1-E[\mathrm{Z}_i|\mathrm{X}_i,\mathrm{D}_i,\mathrm{Y}_i])}{1-P(\mathrm{Z}_i=1|\mathrm{X}_i)}-\frac{(1-\mathrm{D}_i)(E[\mathrm{Z}_i|\mathrm{X}_i,\mathrm{D}_i,\mathrm{Y}_i])}{P(\mathrm{Z}_i=1|\mathrm{X}_i)}$$

で置き換えられる（7.2.1の議論も参照）．Abadie (2003) では標準誤差の計算式が与えられており，Alberto Abadieはパラメター推定値と同時に標準誤差を計算するためのソフトウェアも示している．Abadie推定量の標準誤差はbootstrapを使っても計算できる．

する学年の分布の変化に由来する．別の操作変数として，たとえばCard (1995) のように学校までの距離を用いた場合には，その操作変数が教育の分布に異なる影響を与えるので，別の種類の教育の収益をとらえることになる．

もう少し説明するために，2値操作変数 Z_i を，義務教育法が厳しい州で生まれたかどうかを表す変数として，教育の収益を推定するために使おう (Acemoglu and Angrist 2000 で行われている)．また，S_{1i} を個人 i が仮に $Z_i=1$ だったら受ける教育年数，S_{0i} を個人 i が仮に $Z_i=0$ だったら受ける教育年数とする．Angrist and Imbens 1995 で示されている以下の定理は，このような時に処置程度が変わる変数を使った Wald 推定をどう解釈すればよいか教えてくれる．ここでは，単純に，下付きの s で書かれる潜在的結果変数が操作変数と独立であるとすることで，独立性と除外制約をまとめていることに注意しよう．

定理 4.5.3　平均因果反応

(ACR1，独立性と除外制約)　$\{Y_{0i}, Y_{1i}, \cdots, Y_{\bar{s}i}; S_{0i}, S_{1i}\} \perp\!\!\!\perp Z_i$

(ACR2，1段階目)　$E[S_{1i}-S_{0i}]\neq 0$

(ACR3，単調性)　$S_{1i}-S_{0i}\geq 0\ \forall i$ もしくはその逆．ここでは前者を仮定．

これらが満たされているとき，

$$\frac{E[Y_i|Z_i=1]-E[Y_i|Z_i=0]}{E[S_i|Z_i=1]-E[S_i|Z_i=0]} = \sum_{s=1}^{\bar{s}} \omega_s E[Y_{si}-Y_{s-1,i}|S_{1i}\geq s > S_{0i}]$$

と書ける．ここで，

$$\omega_s = \frac{P[S_{1i}\geq s > S_{0i}]}{\sum_{j=1}^{\bar{s}} P[S_{1i}\geq j > S_{0i}]}$$

となるウェイトは非負であり，足し合わせると1となる．

平均因果反応 (ACR) 定理は，処置程度が変わる変数である場合の Wald 推定量は，**単位ごとの因果反応**を潜在的には非線形の可能性がある因果関係式 $f_i(s)$ に沿って加重平均をとったものであることを言っている．単位ごとの因果反応

$E[Y_{si}-Y_{s-1,i}|s_{1i}\geq s>s_{0i}]$ は，**ある点 s での割当て従順者**――つまり，操作変数によって処置程度が s 未満から少なくとも s まで変化した人たち――における潜在的結果変数の平均的な差である．たとえば，Angrist and Krueger (1991) で使用されている生まれ四半期操作変数は，あるグループを 11 年生から 12 年生以上で終了するまで押し上げ，別のグループを 10 年生から 11 年生以上で終了するまで押し上げる．生まれ四半期を操作変数に使った Wald 推定量はこれらすべての影響を 1 つの ACR にまとめたものとなる．

点 s での割当て従順グループの大きさは $P[s_{1i}\geq s>s_{0i}]$ である．単調性によりこれは非負であり，点 s での s_i の CDF の差として与えられる．これを見るために，

$$
\begin{aligned}
P[s_{1i}\geq s>s_{0i}] &= P[s_{1i}\geq s]-P[s_{0i}\geq s]\\
&= P[s_{0i}<s]-P[s_{1i}<s]
\end{aligned}
$$

であり，単調性の仮定から $s_{1i}\geq s_{0i}$ であるため，これは非負となることに注意しよう．さらに，独立性により，

$$
P[s_{0i}<s]-P[s_{1i}<s] = P[s_i<s|z_i=0]-P[s_i<s|z_i=1]
$$

となる．最後に，非負の確率変数の平均値は，1－CDF の合計（積分）となるから，

$$
\begin{aligned}
&E[s_i|z_i=1]-E[s_i|z_i=0]\\
&\quad = \sum_{j=1}^{\bar{s}}(P[s_i<j|z_i=0]-P[s_i<j|z_i=1])\\
&\quad = \sum_{j=1}^{\bar{s}}P[s_{1i}\geq j>s_{0i}]
\end{aligned}
$$

が導出される．こうして，ACR ウェイト関数は内生変数である処置程度変数の CDF を操作変数の変化に応じて比較することで一致性をもって推定される．このウェイト関数は 1 段階目の推定により正規化される．

ACR 定理は，2SLS 推定値が教えてくれることを理解する手助けとなる．たとえば，操作変数が義務教育法や児童労働法である場合，6–12 年生における

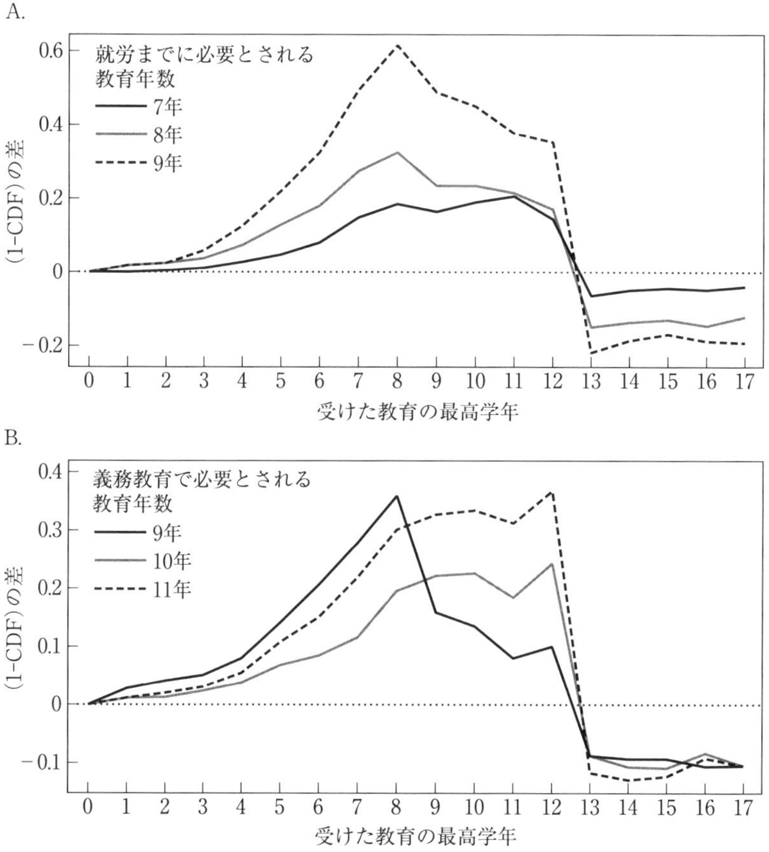

図 4.5.1　義務教育操作変数が教育に与える影響（Acemoglu and Angrist 2000 より再録）.

図は，x 軸上の学年かそれ以上の学年において教育を受けている確率について，操作変数により生み出される差を表している．ベンチマークとなるグループは，6 年以下の教育年数が必要とされる地域（上段）と，8 年以下の教育年数が必要とされる地域（下段）である．上段は児童労働法の厳しさによる CDF の差をとらえており，下段は義務教育法の厳しさによる CDF の差をとらえている．

教育年数の増加の因果効果をとらえることはできるが，中等教育以降の教育に与える影響については分からない．これを示したのが Acemoglu and Angrist (2000) から抜粋した図 4.5.1 である．

図中の各線は，x 軸に書かれている学年かそれ以上の学年で，教育を受けている確率（1からCDFを引いたもの）の差を表している．ここでは，1960, 70, 80年の国勢調査から抽出された40–49歳の白人男性標本において，異なる児童労働法の下での差，あるいは異なる義務教育法の下での差が示されている．操作変数は，回答者が14歳時点で就労前に必要とされた教育年数（パネルA）と，義務教育として必要とされた教育年数（パネルB）である．法規制がもっともゆるい状態がベンチマークである．Wald推定量を作るために，それぞれの操作変数（例えば7年間の教育が就労前に必要であることを表すダミー変数）がベンチマークと比較する形で使われている．

図4.5.1の上側のパネルは児童労働法が厳しい地域に住んでいる男児の方が1–6%ポイントあまり8-12年生を終了する可能性が高いことを示している．この差の程度は児童労働法が7年生，8年生，9年生以上のどの制約を課しているかで異なる．しかし，どの制約においても，CDFの差は学年が小さくなるほど小さく，また12年生を超えると激減する．表の下側のパネルは学校教育法について同様のパターンを示したものである．影響は全体的に小さいが，学年の高い所では類似の影響を確認できる．このことは，学校教育法の方が児童労働法よりも高学年について制約を置いているという事実と整合的である．興味深いことに，児童労働法と義務教育法のどちらの操作変数も約0.08から0.10という似た2SLS推定値を与えている．

これまで見てきたLATEの一般化の話をまとめる前に，ここで話したことのほとんどの要素は複合的に合わさって機能することを指摘しておこう．例えば，複数の操作変数があり，処置程度が変化するモデルは，それぞれの操作変数についてACRの加重平均値を与える．同様に，飽和とウェイトの理論は処置程度が変化するモデルの分析にも当てはめられる（ただし，ここでは，Abadieのカッパの議論を，処置程度が変化する場合に拡張した説明は行っていない）．最後の節で扱った重要な拡張は，関心のある因果変数が連続であり，因果反応関数は微分係数を持つと考えられる場合の議論である．

「さようなら，おいしいさかなをありがとう」

教育の問題のときのように，仮想現実が背後にある関数関係から作られるとしよう．ただし，ここでは，関心のある原因変数は非負であるどのような値も取り得て，その関数関係は微分係数を持つと仮定する．これが当てはまる例は需要曲線――価格の関数として需要される量を表したもの――である．市場 i における仮想的な価格 p での需要量を $q_i(p)$ で表すとしよう．これは今まで見てきた潜在的結果変数 $f_i(s)$ のようなものであるが，唯一異なる点として，観測値の単位は個人ではなく，時間や場所あるいはその両方である．例えば，Angrist, Graddy, and Imbens (2000) は，ニューヨーク市のフルトン卸売魚市場での魚の需要量の弾力性を推定している．この需要曲線の傾きは $q_i'(p)$ である．需要量と価格が対数で計測されているならば弾性値を表す．

Angrist, Graddy, and Imbens (2000) で使用している操作変数は，主要な漁場からさほど離れていないロングアイランド沖の天候のデータである．暴風になれば漁に出られないので価格が上がり需要量が下がる．Angrist, Graddy, and Imbens は高波が起こった時点をとらえるダミー変数として $stormy_i$ を用いて魚の需要量を推定している．データは，メルルーサまたはニベと呼ばれる魚――練り製品などを作るのに使われる安い魚――の日次卸売購買量である．

操作変数に $stormy_i$ を使った Wald 推定量は，以下を使って解釈される：

$$\frac{E[q_i|stormy_i=1]-E[q_i|stormy_i=0]}{E[p_i|stormy_i=1]-E[p_i|stormy_i=0]}$$

$$=\frac{\int E[q_i'(t)|\mathrm{P}_{1i}\geq t>\mathrm{P}_{0i}]P[\mathrm{P}_{1i}\geq t>\mathrm{P}_{0i}]dt}{\int P[\mathrm{P}_{1i}\geq t>\mathrm{P}_{0i}]dt}. \tag{4.5.6}$$

ここで p_i は市場（または日）i における価格で，P_{1i} と P_{0i} は $stormy_i$ により変わる潜在的価格である．これは，価格 t でのウェイト関数を $P[\mathrm{P}_{1i}\geq t>\mathrm{P}_{0i}]=P[p_i<t|stormy_i=0]-P[p_i<t|stormy_i=1]$ とした微分係数の加重平均である．つまり，$stormy_i$ を使った IV 推定は，操作変数により変わる価格の累積分布関数（CDF）の変化分に比例するように（t で表される）潜在価格それぞれにウェイトを付けて求められる，微分係数 $q_i'(t)$ の平均値を示す．これは，ACR 定理で見た平均化と同類のものであるが，ここでの因果反応は 1 単位ごとの差ではなく微分係数となっている．

(4.5.6) 式の連続形の ACR 式は，

$$E[q_i|stormy_i=1]-E[q_i|stormy_i=0] = E\left[\int_{\mathrm{P}_{0i}}^{\mathrm{P}_{1i}} q_i'(t)dt\right] \qquad (4.5.7)$$

から得られる．これは独立の仮定と基本的な数学によって導かれる．ここで，2つの興味深い特殊ケースが (4.5.7) 式から抜け落ちている．第1の特殊ケースは因果反応関数が線形の場合，すなわち何らかの可変係数 α_{0i}，α_{1i} を使って $q_i(p)=\alpha_{0i}+\alpha_{1i}p$ と書ける場合である．このときは，

$$\frac{E[q_i|stormy_i=1]-E[q_i|stormy_i=0]}{E[p_i|stormy_i=1]-E[p_i|stormy_i=0]} = \frac{E[\alpha_{1i}(\mathrm{P}_{1i}-\mathrm{P}_{0i})]}{E[\mathrm{P}_{1i}-\mathrm{P}_{0i}]} \qquad (4.5.8)$$

と書け，可変係数 α_{1i} の加重平均が得られる．ウェイトは市場 i の天候に応じて変わる価格変化に比例する．

第2の特殊ケースは，需要量が

$$q_i(p) = Q(p)+\eta_i \qquad (4.5.9)$$

と書ける場合である．ここで，$Q(p)$ は非確率関数であり，η_i は加法的に書かれる誤差項である．これにより，毎日あるいはすべての市場で $q_i'(p)=Q'(p)$ となると考えられる．この場合，平均因果反応関数は

$$\int Q'(t)\omega(t)dt \quad \text{ここで} \quad \omega(t) = \frac{P[\mathrm{P}_{1i}\geq t>\mathrm{P}_{0i}]}{\int P[\mathrm{P}_{1i}\geq r>\mathrm{P}_{0i}]dr}$$

(r は分母で積分する変数）と書ける．

これらの特殊ケースは，ACR 定理とその系である (4.5.6) 式で包括されている2つの平均化を強調している．第1に，それぞれの市場で1段階目でとらえられる価格への影響に比例したウェイトを使って，市場**間で**平均がとられる．よって，価格が天候に大きく反応する市場が最も大きく寄与することになる．第2に，それぞれの市場で因果反応関数**に沿って**平均がとられる．IV 推定は，操作変数が価格の CDF を変化させる範囲についてとった微分係数の平均を返してくれる．

4.6　操作変数法の詳細

4.6.1　2SLS の間違い

2SLS の推定値は計算が簡単である．SAS や Stata といったソフトが私たちに代わってこれを計算してくれるからだ．しかしながら，時々，それが本当に計算してくれているのか自分でやってみたくなるだろう．あるいは，あなたがクリキット星に漂流して，持っているソフトウェアはすべてライセンスが切れてしまった（クリキット星は他の星の攻撃から防衛するために星全体が Slo-Time で覆われているためライセンス更新に時間がかかる）ということがあるかもしれない．2SLS を自分の手で逐次的に行う方法はそんな緊急の時のものである．まず，第1段階の推定（1段階目の推定結果は自分で計算しない場合にも見ておくべきものである）を行い，そのあてはめ値を2段階目の推定式に入れて OLS で推定する必要がある．この章の最初で示した式に戻れば，この1段階目と2段階目の推定は，

$$
\begin{aligned}
\mathrm{s}_i &= \mathrm{X}_i'\pi_{10} + \pi_{11}'\mathrm{Z}_i + \xi_{1i} \\
\mathrm{Y}_i &= \alpha'\mathrm{X}_i + \rho\hat{s}_i + [\eta_i + \rho(\mathrm{s}_i - \hat{s}_i)]
\end{aligned}
$$

と書ける．ここで X_i は共変量の集合を，Z_i は除外される操作変数の集合を表し，1段階目の推定のあてはめ値を $\hat{s}_i = \mathrm{X}_i'\hat{\pi}_{10} + \hat{\pi}_{11}'\mathrm{Z}_i$ としている．

2SLS の逐次推定は，2SLS の推定システムを解明してくれるし，ソフトウェア緊急時には役立つだろうが，間違いを招く可能性がある．1つは，すでに見たように，2SLS の逐次推定における2段階目の OLS 推定の標準誤差は正しくない（OLS 残差の分散は $\eta_i + \rho(\mathrm{s}_i - \hat{s}_i)$ の分散になるが，求められるべき正しい 2SLS 推定の標準誤差は η_i だけの分散に基づくものである）．実は，もう少しわかりにくい間違いのリスクも存在している．

共変量の曖昧性

共変量ベクトルが，おそらく取り入れるのが妥当であると思われる変数ベクトル（X_{0i}）と，妥当であるかわからない変数ベクトル（X_{1i}）の2種類からなるとしよう．Griliches and Mason (1972) はこの考え方で，AFQT スコア（空軍で能力を測るために行われているテスト）が賃金に与える影響の 2SLS 推定を構

築している．AFQT スコアは内生変数であり操作変数が当てられるものである．操作変数には，兵役に入る前に得ていた教育水準，人種，家庭環境変数が使われている．推定されたシステムは以下の通りである．

$$\mathrm{s}_i = X_{0i}'\pi_{10} + \pi_{11}'Z_i + \xi_{1i}$$
$$\mathrm{Y}_i = \alpha_0'X_{0i} + \alpha_1'X_{1i} + \rho\hat{s}_i + [\eta_i + \rho(\mathrm{s}_i - \hat{s}_i)]$$

これは 2SLS 推定の逐次推定にとてもよく似ている形である．

しかしながら，よく見ると，上の式には 2SLS 推定式と大きな違いがあることに気がつく——1 段階目の推定と 2 段階目の推定の共変量が同じではない．Cardell and Hopkins (1977) がコメントしているように，Griliches と Mason は年齢を 2 段階目に入れているが 1 段階目には入れていない．これは間違いである．Griliches と Mason の 2 段階目の推定値は 2SLS 推定値と同じではない．もっと悪いことに，2SLS 推定値であれば一致性を持ったかもしれないのに，この推定値は一致性を持たない．この理由をみるために，1 段階目の推定の残差 $\mathrm{s}_i - \hat{s}_i$ はモデルの設定上 X_{0i} とは相関しないと仮定していることに注意しよう．OLS 残差は説明変数とは相関しないと考えているからである．しかしながら，X_{1i} が 1 段階目の推定に入っていないので，これは 1 段階目の推定の残差 $\mathrm{s}_i - \hat{s}_i$ と相関してしまう（例えば，Griliches and Mason 1972 の例では，年齢が AFQT 残差と相関するだろう）．この相関は一致性を持たないという問題を引き起こし，2 段階目の推定のすべての係数に派生する．この話の教訓は，1 段階目と 2 段階目に同じ外生共変量を入れる必要があるということである．変数が 2 段階目の推定の共変量として良いのであれば，1 段階目の推定の共変量としてもよいはずである．

禁じられた回帰

MIT の Jerry Hausman 教授は、1975 年に「禁じられた回帰は禁じられている」といった．そのような回帰はしばしば指導中の学位論文などでは見られるけれども，やはり技術的にやってはいけないだろう．やってはいけない回帰は，2SLS の論理を非線形モデルに直接使おうとすると発生する．よくあるのは，内生変数がダミー変数の場合である．例えば，注目する因果モデルが次のように書かれるとしよう．

$$\mathrm{Y}_i = \alpha'\mathrm{X}_i + \rho \mathrm{D}_i + \eta_i \tag{4.6.1}$$

ここで D_i は退役軍人状況を表すダミー変数である．通常の 2SLS の第１段階目の式は，

$$\mathrm{D}_i = \pi_{10}'\mathrm{X}_i + \pi_{11}'\mathrm{Z}_i + \xi_{1i} \tag{4.6.2}$$

すなわち，D_i を共変量と操作変数のベクトル Z_i に回帰する線形モデルとして書ける．

ここで，D_i はダミー変数であるから，１段階目の推定に関する CEF である $E[\mathrm{D}_i|\mathrm{X}_i, \mathrm{Z}_i]$ はおそらく非線形になると考えられる．よって，通常の１段階目の OLS 推定は非線形の CEF の線形近似となる．それゆえ，CEF に近づけるために非線形の１段階目推定を使おうとするかもしれない．仮に $E[\mathrm{D}_i|\mathrm{X}_i, \mathrm{Z}_i]$ をモデル化するためにプロビットを使うとしよう．プロビットモデルによる１段階目の推定により，$\Phi[\pi_{p0}'\mathrm{X}_i + \pi_{p1}'\mathrm{Z}_i]$ が得られ（π_{p0} と π_{p1} はそれぞれプロビットの推定パラメターである），あてはめ値 $\hat{\mathrm{D}}_{pi} = \Phi[\hat{\pi}_{p0}', \mathrm{X}_i + \hat{\pi}_{p1}'\mathrm{Z}_i]$ が与えられる．この場合の禁じ手は，２段階目の推定において D_i について $\hat{\mathrm{D}}_{pi}$ をいれること：

$$\mathrm{Y}_i = \alpha'\mathrm{X}_i + \rho \hat{\mathrm{D}}_{pi} + [\eta_i + \rho(\mathrm{D}_i - \hat{\mathrm{D}}_{pi})] \tag{4.6.3}$$

である．(4.6.2) 式の OLS 推定だけが，あてはめ値および共変量とは相関しない１段階目の推定残差を作り出すことを保証しているのであり，(4.6.3) 式は問題になる．もちろん，$E[\mathrm{D}_i|\mathrm{X}_i, \mathrm{Z}_i] = \Phi[\mathrm{X}_i'\pi_{p0} + \pi_{p1}'\mathrm{Z}_i]$ であれば，非線形モデルの残差は漸近的に X_i や $\hat{\mathrm{D}}_{pi}$ とは相関しない．しかしながら，１段階目の CEF が本当にプロビットであるといえるだろうか？　これに対して，通常の 2SLS では，１段階目の推定の CEF が本当に線形であるかどうかは気にする必要が無い[32]．

32)　従来の SEM における，2SLS 推定値の一致性が１段階目の CEF の特定化の正しさに依存しないという指摘は Kelejian (1971) にさかのぼる．非線形の１段階目を２段階目に入れても実際にはひどく問題にならないかもしれない――プロビットの１段階目は極めて線形に近い．けれどもとらなくてよいリスクはとらなくてもよい．

禁じられた2段階目の推定——(4.6.3)式——の代わりに，1段階目の間違った非線形推定を使わないこともできる．非線形のあてはめ値を代入する代わりに，非線形のあてはめ値を操作変数に使う方法である．言い換えれば，$\hat{D}_{pi}$を2SLS推定の2段階目にあたる(4.6.1)式のD_iに対する操作変数とする(通常通り，外生の共変量X_iは操作変数のリストに含めること)．1段階目をOLSで推定した場合には，あてはめ値を操作変数に使うことはあてはめ値を直接代入することと同じになるが，一般的にはそうはならない．非線形のあてはめ値を操作変数として使えば，1段階目のCEFの近似として線形モデルよりも非線形モデルが適切である場合，より効率的な2SLS推定値を得られるという長所もある(Newey 1990)．

しかしながら，この方法には欠点もある．非線形のあてはめ値を操作変数に使う方法は，識別のための情報として1段階目の非線形性を使うことを暗に意味している．これを見るために，関心のある因果モデルが操作変数Z_iを使って以下のように書けるとしよう．

$$Y_i = \alpha' X_i + \gamma' Z_i + \rho D_i + \eta_i \tag{4.6.4}$$

ここで，1段階目が(4.6.2)式で与えられるならば，両者のモデルはそれぞれ識別されず，(4.6.4)式の2SLS推定値は求められない．実際，(4.6.4)式は除外制約を満たさない．ただし，$\hat{D}_{pi}$はX_iと2段階目には入らないZ_iからなる非線形関数であるので，X_iとZ_i，そして操作変数として$\hat{D}_{pi}$を使って2SLS推定値を推定できる．このように非線形性を識別の情報源として使ってよいだろうか？　ふつう，このような抜け穴的な識別は避けた方がよい．背後にある試みが何であるのか明らかではないからだ．

一般的に，非線形の1段階目の当てはめ値を単純に2段階目に入れ込む方法はよくない．これは，1段階目のCEFが非線形である場合だけでなく，2段階目が非線形モデルとなっている場合にも言える．例えば，教育が所得に与える影響が2次近似として書けるとしよう(Card 1995の構造モデルで行われている)．すなわち，いま注目しているモデルが

$$Y_i = \alpha' X_i + \rho_1 s_i + \rho_2 s_i^2 + \eta_i \tag{4.6.5}$$

であるとしよう．s_i と s_i^2 を内生変数として2つの操作変数を使い (4.6.5) 式を推定するのは簡単だ．この場合，s_i と s_i^2 それぞれについて2本の1段階目の推定式が存在する．少なくとも2個の操作変数が必要になるが，もともとの操作変数とその2乗を使うのが自然である（1つの操作変数がダミー変数である場合にはもう少し工夫が必要である）．

ところが，これとは違って，1本の1段階目の推定——例えば (4.6.2) 式を使って，次のような2段階目を逐次的に推定したい：

$$Y_i = \alpha' X_i + \rho_1 \hat{s}_i + \rho_2 \hat{s}_i^2 + [\eta_i + \rho_1 (s_i - \hat{s}_i) + \rho_1 (s_i^2 - \hat{s}_i^2)]$$

と思うかもしれない．この推定は間違いである．$\hat{s}_i$ は $s_i^2 - \hat{s}_i^2$ と相関し，$\hat{s}_i^2$ は $s_i - \hat{s}_i$ や $s_i^2 - \hat{s}_i^2$ と相関するからである．これに対して，(4.6.5) 式では X_i や Z_i が η_i と相関していない限り，必要な数だけ操作変数 Z_i があれば (4.6.5) 式の 2SLS 推定は何の問題もなく行える．

4.6.2　仲間効果（ピアエフェクト）

社会科学の多くの研究者が仲間効果に関心を持っている．仲間効果とは，大雑把に言って，グループ内の仲間の特徴が個人の行動結果に与える因果効果のことである．この効果を明らかにするために，しばしば回帰分析が用いられる．実際には，回帰モデルを使って仲間効果を推定することには危険が伴う．これは本来は IV の問題ではないのだが，2SLS で使われる言葉や数式は，仲間効果をとらえる事がなぜ難しいのかを理解するのに役立つ．

仲間効果には広く言って2つのタイプがある．1つ目のタイプは，例えば州や市といった地域の平均的な学校環境などのグループ属性が，別の変数でとらえられる個人の結果変数に影響を与えるというものである．例えば，Acemoglu and Angrist (2000) は，個人所得が居住地域の平均的な教育水準の影響を受けるかについて分析している．人的資本の外部性の理論によれば，教育水準の高い労働者がいる所に住んでいると，教育水準が高い人だけでなく，すべての居住者の生産性が高くなるとされる．教育の「社会的収益」の存在である．このような外部性を認めた因果モデルを書くと，

$$Y_{ijt} = \mu_j + \lambda_t + \gamma\bar{S}_{jt} + \rho \mathrm{s}_i + u_{jt} + \eta_{ijt} \tag{4.6.6}$$

となる．Y_{ijt} は j 州に住む個人 i の t 年の週当たり賃金の対数値，u_{jt} は州の年別の誤差構成要素，η_{ijt} は個人の誤差項である．μ_j や λ_t はそれぞれ居住州と調査年をとらえる固定効果である．係数 ρ は個人にとっての教育の収益，係数 γ は j 州の t 年の平均的な教育水準 $\bar{S}_{jt}$ の影響をとらえる係数である．

よく議論される個人の教育水準 s_i に関する問題に加えて，(4.6.6) 式において最も重要な識別の問題は州・年別の誤差構成要素 u_{jt} に入る要素が，州・年別の平均教育年数と相関してしまうという脱落変数バイアスの問題である．たとえば，好況期には州が運営する大学も財政拡張をするので州全体の平均的な教育水準は上がると考えられるが，同時にこの時期には州の個人所得も上がっているはずである．Acemoglu and Angrist (2000) は，州・年別の義務教育法の変化――これは $\bar{S}_{jt}$ と相関し，1 時点の u_{jt} や η_i とは相関しないと考えられる――を操作変数に使うことでこの問題に対処している．

Acemoglu and Angrist (2000) が IV を用いたのは州の年別効果が観察されずに落とされる問題に対処することが主な理由であったが，$\bar{S}_{jt}$ が別の説明変数である s_j の平均値であることも (4.6.6) 式の OLS 推定値の解釈を難しくしている．この点を見るために，(4.6.6) 式を 1 時点について見た簡易版を考えよう．これは，

$$Y_{ij} = \mu + \pi_0 \mathrm{s}_i + \pi_1 \bar{S}_j + \nu_{ij} \tag{4.6.7}$$

と書ける．Y_{ij} は j 州に住む個人 i の週当たり賃金の対数値，$\bar{S}_j$ はその州の平均的な教育年数である．係数 π_0 と π_1 は，誤差項 ν_{ij} が両説明変数と相関しないと仮定して得られるものとする．ここで、Y_{ij} を s_i だけに回帰した 2 変量回帰モデルの推定値を ρ_0，Y_{ij} を $\bar{S}_j$ だけに回帰した 2 変量回帰モデルの推定値を ρ_1 としよう．この章の最初でグループ化と 2SLS について議論したように，ρ_1 はすべての州ダミーを操作変数に使って Y_{ij} を s_i に回帰した 2 変量回帰モデルの 2SLS の推定値である．ここから，(4.6.7) 式のパラメターは ρ_0 と ρ_1 を使って，

$$\pi_0 = \rho_1 + \phi(\rho_0 - \rho_1) \qquad (4.6.8)$$
$$\pi_1 = \phi(\rho_1 - \rho_0)$$

と書かれることが示される（補節）．ここで，ϕ は，s_i の操作変数として州ダミーを使った場合の1段階目の推定の決定係数を R^2 として，

$$\phi = \frac{1}{1-R^2} > 1$$

と書ける．

(4.6.8) 式から導かれる結論は，理由が何であれ，賃金を個人の教育に回帰した時の2変量回帰モデルのOLS推定値が，州ダミーを操作変数とした2SLSの推定値と異なる限り，(4.6.7) 式の平均教育年数の係数はゼロにならないということである．例えば，州ダミーを操作変数に使うことで s_i の観測誤差による下方バイアスに対処しようとする場合，$\rho_1 > \rho_0$ となり正の社会的収益が見せかけられてしまう．これに対して，州ダミーを操作変数に使って s_i と観察出来ない稼得能力の間にある正の相関のバイアスを取り除こうとする場合，$\rho_1 < \rho_0$ となり負の社会的収益が見せかけられる[33)]．よって (4.6.6) 式のOLS推定から社会効果を取り出すのは難しい．ただし，個人とグループ平均の両方を内生変数とするより複雑なIV法を行えば可能かもしれない．

２つ目のタイプはとらえるのがより難しい仲間効果で，ある変数のグループ平均値が，個人にとってのその変数に影響を与えるというものである．これは本来IVの問題ではなく基本的な回帰分析の問題である．この点をみるために，$\bar{S}_j$ をある高校 j の高校卒業率とし，卒業する学生が多い学校に通う学生は卒業率が高いかについて分析するとしよう．この高校卒業確率に関する仲間効果を分析するために，次のような回帰モデルを立てることを考えよう．

$$s_{ij} = \mu + \pi_2 \bar{S}_j + v_{ij} \qquad (4.6.9)$$

33)　個人の教育年数を入れた式における平均教育年数の係数は，OLS推定値と州ダミーを操作変数に用いた教育の収益に関する2SLS推定値が等しいかを検定するHausman (1978) の検定統計量だと解釈できる．Borjas (1992) は人種的な背景が与える影響の推定に関して類似の問題を指摘している．

ここで，s_{ij} は個人 i が高校 j を卒業したかどうかを表す変数，$\bar{S}_j$ は個人 i が通っている高校 j の平均卒業率である．

一見，(4.6.9) 式は因果関係を適切にとらえた賢明な式のように見える．しかしながら，この式は実は意味をなしていない．s_{ij} を $\bar{S}_j$ に回帰すれば，その係数は**必ず** 1 になる．s_{ij} をすべての学校ダミーに回帰した推定（1 段階目の推定）の当てはめ値を $\bar{S}_j$ と考えればすぐに分かるだろう[34]．つまり，(4.6.9) のような式は因果効果を導くのに十分な情報を持たない．これより少し改善される仲間効果推定版は，(4.6.9) 式を次のように変えるものである：

$$s_{ij} = \mu + \pi_3 \bar{S}_{(i)j} + v_{ij} \tag{4.6.10}$$

ここで，$\bar{S}_{(i)j}$ は高校 j における学生 i を除く学生の s_{ij} の平均値である．これで正しい方向へ 1 歩進んだ――もはや π_3 は自動的には 1 にならない．しかし，v_{ij} には学校固有の確率的変動が含まれており，s_{ij} と $\bar{S}_{(i)j}$ の両方に影響を与えるという問題が生じる．誤差項に確率的なグループ効果が存在することは，後に 8 章で見るように，統計的推論の問題になる．しかし，(4.6.10) のような式においてグループ固有の確率的変動は，標準誤差の問題以上に深刻な問題を孕んでいる．グループ（ここでは高校）に共通の変動が存在することで仲間効果があるように見えてしまうのである．例えば，とても影響力のある校長が赴任すると，学校にいる学生全員の卒業確率が高まるかもしれない．この場合，s_{ij} と $\bar{S}_{(i)j}$ は相関するので，たとえ仲間平均が個人の学業成果に与える因果関係はないとしても，仲間効果が存在するように見えてしまう．よって (4.6.10) のような式で分析するのは好ましくない．

仲間効果の因果性を分析する最も良い方法は，事前に存在した仲間の特徴，すなわち，結果変数が発現する前から個人ごとに存在し，仲間共通のショック

34)　s_{ij} を $\bar{S}_j$ に回帰した係数が常に 1 となることの証明は次の通りである．

$$\frac{\sum_j \sum_i s_{ij}(\bar{S}_j - \bar{S})}{\sum_j n_j(\bar{S}_j - \bar{S})^2} = \frac{\sum_j (\bar{S}_j - \bar{S}) \sum_i s_{ij}}{\sum_j n_j(\bar{S}_j - \bar{S})^2}$$

$$= \frac{\sum_j (\bar{S}_j - \bar{S})(n_j \bar{S}_j)}{\sum_j n_j(\bar{S}_j - \bar{S})^2} = 1$$

は受けなかったと考えられる仲間の属性に関する指標が，どのように変化したかを見ることである．最近の研究例では，Ammermueller and Pischke (2006) が，家の蔵書数で計測されるクラスメイトの家庭環境と学生個人の成績の関係をヨーロッパの初等教育について分析している．彼らの回帰モデルは，

$$s_{ij} = \mu + \pi_4 \bar{B}_{(i)j} + v_{ij}$$

である．ここで，$\bar{B}_{(i)j}$ は学生 i のクラスメイトが家に持っている本の冊数である．これは（4.6.10）式とよく似ているが重要な違いがある．変数 $\bar{B}_{(i)j}$ はテストが行われる前から存在した家庭環境であり，学校ごとの確率的変動の影響を受けない．

Angrist and Lang (2004) は，学業成績と仲間の事前の特徴を関連付ける別の試みを行っている．この研究では，遠くに住む成績の悪い学生が，バス通学の開始により成績の良い地区に入ってきた影響を見ている†．この場合，関心のある回帰式は

$$s_{ij} = \mu + \pi_5 \bar{m}_j + v_{ij} \tag{4.6.11}$$

と書ける．$\bar{m}_j$ は学校 j に校区外からバス通学により入ってきた成績の低い学生の数であり，s_{ij} は学校 j の校区内の学生 i のテストの点数である．この推定では，学校共通の変動による疑似相関は２つの理由で問題にならない．第１に，$\bar{m}_j$ は（4.6.11）式の推定標本以外の学生からなる学校母集団の特性である．第２に，成績が低い学生の数は学生がどこから来たかという情報に基づく事前の変数であり，成果を表す変数 s_{ij} には依存しない．ただし，$\bar{m}_j$ はグループ平均の変数であるので，v_{ij} の一部に学校固有の変量効果が残るという推論上の問題は残っている．

4.6.3　制限被説明変数の再考

3.4.2 節で回帰モデルに制限被説明変数（LDV と略記）を用いることの帰結について議論した．被説明変数が２値変数や非負――例えば，雇用状況や労

† 人種差別をなくすために成績が悪い地区の学生を成績が良い遠くの地区に通わせる政策がとられた．

働時間など——であるとき CEF は典型的な非線形関数となる．ほとんどの非線形 LDV モデルは線形の潜在指標の非線形変換として構築される．プロビット，ロジット，トービットモデルが例である．これらのモデルは関連する CEF の特徴をとらえている（たとえばプロビットの予測値は 0 と 1 の間に入るし，トービットの予測値は非負となる）．ただし，前章で見たように，モデルが複雑になり，潜在指標モデルの結果を解釈するために必要な作業が増えることには価値がない．

OLS を支持する 1 つ目の重要な考え方は，構造モデルにはしばしば欠落している概念的頑健性を OLS がもつことである．OLS はつねに CEF の MMSE 線形近似となる．実際，OLS は限界効果を計算する体系——単純，自動的，研究成果が比較可能といった利点を持つ体系——だと考えられる．非線形の潜在指標モデルは GLS に近い．文字通りとれば効率性は上がるが，通常信じられていないような関数形や分布の仮定を課す必要がある[35]．2 つ目の考え方は，非線形モデルの中心となる潜在指標パラメターは，ほとんどの研究で最も強い関心が持たれる平均因果効果とは乖離していることである．

通常の OLS 推定を使って LDV を扱うことに賛成する意見は，2SLS や内生変数を持つモデルにも当てはまる．IV 法は，被説明変数が 2 値変数であろうが，非負であろうが，連続変数であろうが，局所的平均処置効果をとらえる．共変量を持つならば，2SLS は共変量ごとに平均をとった LATE を推定していると考えられる．可変のまたは連続の処置程度をもつモデルでは，2SLS は平均因果反応あるいは平均微分係数を表す．Abadie (2003) によれば，2SLS は，一般的には割当て従順者の因果反応関数の MMSE 近似となるわけではないも

35) 非線形の LDV モデルと GLS の類似点は言葉以上のものである．非線形の CEF を持つプロビットモデル $E[Y_i|X_i]=\Phi[X_i'\beta^*/\sigma]\equiv r_i$ を考えよう．このモデルの最尤推定の 1 階の条件は，

$$\sum_i \frac{(Y_i - r_i)X_i}{r_i(1-r_i)} = 0$$

最大尤度は，非線形回帰モデル：

$$Y_i = \Phi\left[\frac{X_i'\beta^*}{\sigma}\right] + \xi_i$$

の GLS 推定と漸近的に同じとなる．Y_i の条件付き分散は $r_i(1-r_i)$ となるからである．唯一の違いは GLS が 2 段階で推定されることである．

のの，Abadie の方法で厳密に求めた推定値に非常に近い値となる（共変量に関する飽和モデルを用いれば 2SLS は Abadie の推定値と同じになる）．さらに，2SLS は LATE を直接推定する——すなわち，限界効果の計算といった中間過程は必要ない．

2SLS が唯一の方法というわけではない．手の込んだ別の手法として，LDV を生み出すプロセスを詳細に説明する因果経路を作ることもできる．この良い例は，Angrist and Evans (1998) の例に当てはめられる２変量プロビットモデルを使ったものである．女性は，費用と便益を比較することで３番目の子供を持つかどうかを決定するとしよう．ここで純便益関数あるいは潜在指標関数は，共変量と除外操作変数について線形で書かれ，誤差項 v を持つとする．２変量プロビットの１段階目は

$$\mathrm{D}_i = 1[\mathrm{X}_i'\gamma_0^* + \gamma_1^* \mathrm{z}_i > v_i] \tag{4.6.12}$$

と書ける．ここで z_i は，共変量 X_i に条件付きで，３番目の子供を持つ便益を増加させる操作変数を表す．たとえばアメリカでは，親はすでに生まれている子供たちが２人とも男の子あるいは女の子である場合，３番目の子の価値を高く考えるようである——同じ家族に同じ性別のきょうだいがいるような時には，一種のポートフォリオ分散として，３番目の子供をもつことの価値が高まるのである．

この文脈で一番関心のある結果変数は労働状況であり，条件付き平均が 0 から 1 の間をとるベルヌーイ分布に従う確率変数である．モデルを完全に表記するために，雇用状況 Y_i が潜在指標：

$$\mathrm{Y}_i = 1[\mathrm{X}_i'\beta_0^* + \beta_1^* \mathrm{D}_i > \varepsilon_i] \tag{4.6.13}$$

で決定されるとしよう．ε_i は２つ目の確率要素あるいは誤差項である．この潜在指標は，働くことの費用と便益を比較することで生じるものと考えることができる．

２変量プロビットの設定での脱落変数バイアスの問題は v_i と ε_i が相関することで生じる．言い換えれば，子供の出産に関する観察できない確率的な決定要因が，働くことの観察できない確率的な決定要因と相関してしまう．このモ

デルは Z_i がこれら確率的要素とは相関せず，かつ，確率的要素が正規分布に従うと仮定することで識別される．正規性を仮定することで，(4.6.12) と (4.6.13) 式のパラメターを最尤法で推定することが可能となる．対数尤度関数は，

$$\sum Y_i \ln \Phi_b\left(\frac{X_i'\beta_0^* + \beta_1^* D_i}{\sigma_\varepsilon}, \frac{X_i'\gamma_0^* + \gamma_1^* Z_i}{\sigma_\upsilon}; \rho_{\varepsilon\upsilon}\right)$$
$$+ (1 - Y_i) \ln\left[1 - \Phi_b\left(\frac{X_i'\beta_0^* + \beta_1^* D_i}{\sigma_\varepsilon}, \frac{X_i'\gamma_0^* + \gamma_1^* Z_i}{\sigma_\upsilon}; \rho_{\varepsilon\upsilon}\right)\right] \qquad (4.6.14)$$

と書ける．$\Phi_b(\cdot, \cdot; \rho_{\varepsilon\upsilon})$ は相関係数 $\rho_{\varepsilon\upsilon}$ を持つ 2 変量正規分布関数を表す．ここで，潜在指標式の係数と誤差標準偏差 $(\sigma_\varepsilon, \sigma_\upsilon)$ に何らかの正の値を掛けても，尤度は変わらないことに注意する．つまり，推定の対象は，誤差標準偏差に対する潜在指標式の係数の比（たとえば $\beta_1^*/\sigma_\varepsilon$）となる．

2 変量プロビットモデルで示される潜在的結果変数は，

$$Y_{0i} = 1[X_i'\beta_0^* > \varepsilon_i] \quad \text{および} \quad Y_{1i} = 1[X_i'\beta_0^* + \beta_1^* > \varepsilon_i]$$

と書け，潜在的処置割当ては

$$D_{0i} = 1[X_i'\gamma_0^* > \upsilon_i] \quad \text{および} \quad D_{1i} = 1[X_i'\gamma_0^* + \gamma_1^* > \upsilon_i]$$

と書ける．これまで通り，1 人に対して 1 つの潜在的結果変数と潜在的割当てが観察される．同時に，この書き方によって，υ_i と ε_i の相関は，潜在的結果変数と潜在的割当ての相関と同じことがわかるだろう．

潜在指標の係数は，出産が親の雇用状況に与える影響について，影響の大きさなど符号以外の情報は与えてくれない．このことを見るため以下を考えよう．出産の平均的な影響は，

$$E[Y_{1i} - Y_{0i}] = E\{1[X_i'\beta_0^* + \beta_1^* > \varepsilon_i] - 1[X_i'\beta_0^* > \varepsilon_i]\}$$

と書けるのに対し，処置を受けた人に対する平均的な影響は，

$$E[Y_{1i} - Y_{0i} | D_i = 1]$$
$$= E\{1[X_i'\beta_0^* + \beta_1^* > \varepsilon_i] - 1[X_i'\beta_0^* > \varepsilon_i] | X_i'\gamma_0^* + \gamma_1^* Z_i > \upsilon_i\}$$

と書ける．v_i と ε_i に対する分布の仮定いかんによって，値は大きくも小さくもなる（もし誤差項が不均一分散であるならば，符号すら一意に決まらない．）

分布の正規性により，２変量プロビットモデルでとらえられる平均効果は簡単に求められる．平均処置効果は，

$$E\{1[\mathrm{X}_i'\beta_0^*+\beta_1^*>\varepsilon_i]-1[\mathrm{X}_i'\beta_0^*>\varepsilon_i]\} \tag{4.6.15}$$
$$=E\left\{\Phi\left[\frac{\mathrm{X}_i'\beta_0^*+\beta_1^*}{\sigma_\varepsilon}\right]-\Phi\left[\frac{\mathrm{X}_i'\beta_0^*}{\sigma_\varepsilon}\right]\right\}$$

と書ける．$\Phi[\cdot]$ は正規 CDF である．処置を受けた人に対する影響は，２変量正規 CDF が関係するためやや複雑であり，

$$E[\mathrm{Y}_{1i}-\mathrm{Y}_{0i}|\mathrm{D}_i=1]$$
$$=E\left\{\frac{\Phi_b\left(\frac{\mathrm{X}_i'\beta_0^*+\beta_1^*}{\sigma_\varepsilon},\frac{\mathrm{X}_i'\gamma_0^*+\gamma_1^*\mathrm{Z}_i}{\sigma_\upsilon};\rho_{\varepsilon\upsilon}\right)-\Phi_b\left(\frac{\mathrm{X}_i'\beta_0^*}{\sigma_\varepsilon},\frac{\mathrm{X}_i'\gamma_0^*+\gamma_1^*\mathrm{Z}_i}{\sigma_\upsilon};\rho_{\varepsilon\upsilon}\right)}{\Phi\left(\frac{\mathrm{X}_i'\gamma_0^*+\gamma_1^*\mathrm{Z}_i}{\sigma_\upsilon}\right)}\right\} \tag{4.6.16}$$

となる．２変量正規 CDF は多くのソフトウェアのパッケージとして入っている関数であるので，実際に計算するのは難しくない．

２変量プロビットは複雑すぎないし，ソフトウェアの計算パッケージを使って解を得られるという意味で害が無いものであろう．それでも，3.4.2 節で述べた非線形の潜在指標モデルの欠点もある．第１の欠点は，平均効果を求めることよりも潜在指標係数を推定することに夢中になってしまう研究者がいることである．例えば，計量経済学における多くの研究が，分布の仮定を置く必要なく潜在指標係数を求める方法に取組んでいる．因果効果に関心のある応用研究者ならこのことは無視しても構わないだろう[36]．

---

36)　潜在誤差項の分布はわからないとし，CDF を $\Lambda[\cdot]$ としよう．この場合の平均因果効果は，

$$E\{\Lambda[\mathrm{X}_i'\beta_0^*+\beta_1^*]-\Lambda[\mathrm{X}_i'\beta_0^*]\}=\Lambda'[\mathrm{X}_i'\beta_0^*+\tilde{\beta}_1]\beta_1^*$$

と書ける（平均値の定理より $\tilde{\beta}_1$ は $[0,\beta_1^*]$ の間をとる値である）．平均効果は必ず $\Lambda[\cdot]$ の形に依存する．よって，潜在指標の係数だけを求めるのは決して十分ではない．

第２の欠点は利点でもある．２変量プロビットやこのタイプの他のモデルは，条件付きではない平均因果効果や処置を受けた人に対する効果を推定するのに使われる．これに対して 2SLS は，**局所的**平均因果効果を示すけれども，それが平均因果効果である保証はない．ここで，潜在指標式の誤差項に正規性の仮定を課していることが大きな意味を持つことが (4.6.15) 式からわかるだろう．分布の仮定を置かずに言えることは LATE——割当て従順者に対する平均因果効果までである．２変量プロビットの場合，LATE は

$$
\begin{aligned}
&E[\mathrm{Y}_{1i}-\mathrm{Y}_{0i}|\mathrm{D}_{1i}>\mathrm{D}_{0i}]\\
&\quad=E\{1[\mathrm{X}_i'\beta_0^*+\beta_1^*>\varepsilon_i]\\
&\qquad-1[\mathrm{X}_i'\beta_0^*>\varepsilon_i]|\mathrm{X}_i'\gamma_0^*+\gamma_1^*>\upsilon_i>\mathrm{X}_i'\gamma_0^*\}
\end{aligned}
$$

と書ける．これは，(4.6.16) 式同様に，υ_i と ε_i の結合正規分布を使って求められる．しかし，$E[\mathrm{Y}_1-\mathrm{Y}_{0i}|\mathrm{D}_{1i}>\mathrm{D}_{0i}]$ を求めるのに正規性の仮定を使う必要はない．LATE はそれぞれの X_i について IV を使って推定され，共変量のヒストグラムを使って平均化されるからである．あるいは，4.5.3 節の飽和とウェイトの理論で見たように，2SLS を行い共変量ごとの LATE の分散加重平均値を作ればよい．

LATE で十分なのかどうか心配する人もいるかもしれない．条件付きでない平均処置効果を推定したり，処置を受けた者に対する処置効果を求めたいのであり，そのためには追加的な仮定を置いてもよいと思う人もいるかもしれない．そうするのはとても結構なことではあるけれど，これまでの経験からして，たとえ大胆な仮定を置いたとしてもそれは無理である．局所的な情報はすべてデータに存在しているので，実際には，２変量プロビットモデルによって求められる平均因果効果は，共変量に関してモデルが変幻自在なものである限り，2SLS 推定値と似た値になる．このことが表 4.6.1 で示されている．この表は，3 番目の子供を持つことが女性の労働供給に与える影響を，Angrist and Evans (1998) のように，きょうだいが同じ性別であるという操作変数を用いて，子供が２人以上いる既婚女性の 1980 年国勢調査標本について，2SLS と２変量プロビットモデルによる推定値を示している．被説明変数は昨年働いていたかどうかを表すダミー変数である——内生変数は３番目の子供を持つか

表 4.6.1　2SLS, Abadie，2 変量プロビットモデルによる 3 番目の子供の存在が女性の労働供給に与える影響の推定

	Abadie 推定値		2 変量プロビットによる推定値		
2SLS	線形	プロビット	MFX (限界効果)	ATE (平均処置効果)	TOT (処置を受けた者に対する処置効果)
(1)	(2)	(3)	(4)	(5)	(6)
A．共変量なし					
−0.138	−0.138	−0.137	−0.138	−0.139	−0.139
(0.029)	(0.030)	(0.030)	(0.029)	(0.029)	(0.029)
B．基本共変量（年齢は入れていない）					
−0.132	−0.132	−0.131	−0.135	−0.135	−0.135
(0.029)	(0.029)	(0.028)	(0.028)	(0.028)	(0.028)
C．基本共変量＋第 1 子の出産年齢					
−0.129	−0.129	−0.129	−0.133	−0.133	−0.133
(0.028)	(0.028)	(0.028)	(0.026)	(0.026)	(0.026)
D．基本共変量＋第 1 子の出産年齢＋母親の年齢が 30 歳より上かどうかを表すダミー変数					
−0.124	−0.125	−0.125	−0.131	−0.131	−0.131
(0.028)	(0.029)	(0.029)	(0.025)	(0.025)	(0.025)
E．基本共変量＋第 1 子の出産年齢＋母親の年齢					
−0.120	−0.121	−0.121	−0.171	−0.171	−0.171
(0.028)	(0.026)	(0.026)	(0.023)	(0.023)	(0.023)

注：Angrist (2001) より抜粋．表は，出産が労働供給に与える影響に関する 2SLS 推定値と，その他の非線形モデルによる推定値を比較したものである．どのモデルも「1 番目と 2 番目の子供が同じ性別である」という操作変数を使っている．Abadie 推定値の標準誤差は 20,000 標本について 100 回の繰り返し試算によるブートストラップを使って求めた．MFX は限界効果を，ATE は条件付きではない平均処置効果を，TOT は処置を受けた者に対する平均処置効果を表す．

どうかである．1 段階目でとらえられる，きょうだいが同性であることが 3 番目の子供を持つ確率に与える影響は約 7% ポイントである．

表 4.6.1 のパネル A は，共変量なしで推定した結果である．この場合，(1) 列で示されている 2SLS 推定値の −0.138 は (2) 列で示される線形モデルを使った Abadie の効果と同じになるはずであり，実際そうなっている．Abadie のカッパウェイトの過程が示すように，共変量がない場合，2SLS 推定で求められる傾きの係数は，割当て従順者の因果反応関数の最も良い線形近似となる．線形近似の代わりに，プロビットの CEF を持つ非線形の最小二乗法を推定したとしても限界効果はほとんど変わらない．

限界効果は，

$$E\left\{\kappa_i\left(\mathrm{Y}_i-\Phi\left[\frac{\beta_0^*+\beta_1^*\mathrm{D}_i}{\sigma_\varepsilon}\right]\right)^2\right\}$$

を最小化することで求められ，(3) 列で示されている通り −0.137 となる．共変量がないモデルは関数形の仮定を置かないのだから，この結果は不思議ではない．

驚くべきことに，(4.6.15) および (4.6.16) 式を使って計算される限界効果や平均処置効果が，2SLS や Abadie の推定値と同じになっている．これが (4)–(6) 列で示されている．(4.6.15) 式の有限差分を近似するために微分を使って計算した限界効果は −0.138（(4) 列で MFX は限界効果を指す）であり，(5) 列と (6) 列で示されている平均処置効果はともに −0.139 である．パネル B で示されるように，他の共変量を追加しても結果は大きく変わらない．ここでは，共変量として，民族を表す 3 つのダミー変数（黒人，スペイン系，それ以外），1 人目と 2 人目の子供がそれぞれ男の子であることを表す 2 つのダミー変数（除外操作変数はこれらの交差項）をコントロールしている．パネル C と D は，第 1 子を出産した時の年齢を線形で入れる場合や，母親の年齢に関するダミー変数を入れる場合にも推定値が変わらないことを示している．

共変量によって結果が変わらないことは望ましいことである——きょうだいが同じ性別であるという操作変数は共変量とは独立であると考えられるので，共変量のコントロールはバイアスを取り除くためには不要であるが，主として精度を高めてくれる．しかしながら，パネル E で示すように，2 変量プロビットモデルで計算される限界効果の値は共変量によって異なる．母親の年齢が 30 歳を超えているかどうかのダミー変数を線形の年齢変数に変えると，2 変量プロビットの推定値は大きく変わり −0.171 になるが，2SLS や Abadie の推定値は変わらない．これは，おそらく線形の年齢の項がほとんどデータがない範囲にも推定を当てはめてしまうためだと考えられる．パネル E の 2 変量プロビットの効果を報告することに害は無いが，より頑健な 2SLS や Abadie の推定量を報告しない手はない[37]．

37) Angrist (2001) は双子の操作変数を使って同じ点を指摘し，労働時間を説明する 2SLS や Abadie 推定，非線形の構造推定を比較して類似の結果を示している．

4.6.4　2SLS のバイアス★

OLS 推定量が一致性を持つだけでなく不偏性を持つこと（これについては 3.1.3 節の最後で簡単に述べた）は幸運なことである．これは，標本数にかかわらず，推定される OLS の係数ベクトルが母集団の係数ベクトルを中心とした分布を持つことを意味する[38]．これに対して，2SLS 推定量は一致性を持つが不偏性は持たない．これは，2SLS 推定量が大標本のもとで関心のある因果効果に近づくことしか保証されないことを意味する．小標本での 2SLS 推定は，目標とするパラメターからずいぶん離れたものとなるかもしれない．

長いあいだ応用研究者は，2SLS の不偏バイアスについては心配するようなものではないと考えてきた．我々 2 人のどちらも大学院の計量経済学の授業で 2SLS のバイアスなどそれほど聞いたことがなかった．ところが，1990 年代初頭に発表された一連の論文がこれを変えた．これらの論文は，2SLS 推定値が実証分析の重要なケースにおいて間違いとなりえることを指摘した[39]．

2SLS 推定量は，操作変数が「弱い」，すなわち操作変数と内生変数との相関が低いとき，そして除外される操作変数の数が多いときに最も大きなバイアスを持つ．操作変数が多くてかつ弱いときには，2SLS 推定量は対応する OLS 推定値の確率極限の方へバイアスを持つ．操作変数が弱すぎて母集団において 1 段階目の関係がないという場合は最悪で，このときは 2SLS の標本分布は OLS の確率極限に集まる．この結果の背景にある理論は多少専門的であるが，基本的な考え方は簡単である．2SLS 推定値のバイアスの根源は，1 段階目のあてはめ値の無作為性にある．1 段階目の推定の係数は内生変数を操作変数に回帰して得られるから，1 段階目の推定値は内生変数の無作為性を反映していることになる．母集団において 1 段階目の関係が無ければ，1 段階目の無作為性はすべて内生変数に依存する．この無作為性があるとき，1 段階目のあては

38)　より正確に記述すれば，(1) CEF が線形であるか，(2) 説明変数が非確率変数すなわち繰り返し標本において一定である場合，OLS 推定量は不偏性を持つ．実際には，これらの妥当性についてはさほど気にしなくてもよいだろう．一般的に，標本数にかかわらず，そして CEF が線形ではなく説明変数が確率変数であっても，$\hat{\beta}=[\sum_i X_i X_i']^{-1}\sum_i X_i Y_i$ の標本分布はその母集団版 $\beta=E[X_i X_i']^{-1}E[X_i Y]$ に集まる．

39)　重要な論文は Nelson and Startz (1990a, b), Buse (1992), Bekker (1994)，そして特に Bound, Jaeger and Baker (1995) である．

め値と2段階目の誤差は小標本で相関する．なぜなら内生変数は2段階目の誤差と相関する（そうでなければそもそも操作変数など使わない）からである．

2SLSのバイアスを数式として導出するならば次のようになる．効率的に議論するために，行列とベクトルを使い，簡単な均一効果モデルを考えよう（不均一効果の世界では，注目するパラメターが操作変数の数に応じて変化する可能性があるのでバイアスを議論するのは難しい）．xベクトルとして書かれるある1つの内生変数が，yベクトルとして書かれる被説明変数に与える影響を，共変量は取り入れずに見たいとする．このとき因果モデルは次のように書ける：

$$y = \beta x + \eta \tag{4.6.17}$$

操作変数Zは$N \times Q$行列であり，1段階目の式は

$$x = \mathrm{Z}\pi + \xi \tag{4.6.18}$$

と書ける．η_iとξ_iは相関するので(4.6.17)式のOLS推定値は不偏性を持たない．設定上，操作変数Z_iはξ_iとは相関しない．また，Z_iはη_iと相関しないと仮定する．

2SLS推定量は，

$$\hat{\beta}_{2SLS} = (x'Pzx)^{-1}x'Pzy = \beta + (x'Pzx)^{-1}x'Pz\eta$$

となる．$Pz = \mathrm{Z}(\mathrm{Z}'\mathrm{Z})^{-1}\mathrm{Z}'$は$x$をZに回帰したときのあてはめ値を作り出す射影行列である．$x'Pz\eta$のxに(4.6.18)式を代入してまとめると，

$$\begin{aligned}\hat{\beta}_{2SLS} - \beta &= (x'Pzx)^{-1}(\pi'\mathrm{Z}' + \xi')Pz\eta \\ &= (x'Pzx)^{-1}\pi'\mathrm{Z}'\eta + (x'Pzx)^{-1}\xi'Pz\eta \end{aligned} \tag{4.6.19}$$

となる．2SLS推定のバイアスは右辺について期待値をとるとゼロにならないことから生じる．

(4.6.19)式の期待値は，非線形関数となる逆行列$(x'Pzx)^{-1}$について期待値の演算が通らないので評価が難しい．しかしながら，(4.6.19)式において割合の期待値を，期待値の割合で近似することは可能である．すなわち，

$$E[\hat{\beta}_{2SLS}-\beta] \approx (E[x'Pzx])^{-1}E[\pi'Z'\eta]+(E[x'Pzx])^{-1}E[\xi'Pz\eta]$$

を得ることができる．これは，通常の大標本理論で使われる漸近近似よりもずっとよい近似であり，2SLS 推定量の小標本での性質をとらえるよい指標といえる[40]．さらに，$E[\pi'Z'\xi]=0$ と $E[\pi'Z'\eta]=0$ より，

$$E[\hat{\beta}_{2SLS}-\beta] \approx [E(\pi'Z'Z\pi)+E(\xi'Pz\xi)]^{-1}E(\xi'Pz\eta) \qquad (4.6.20)$$

が得られる．よって，2SLS 推定の近似バイアスは，η_i と ξ_i が無相関でないかぎり $E(\xi'Pz\eta)$ がゼロにならないという事実から生じると言える．そして，そもそも η_i と ξ_i は相関する－だからこそ操作変数を使っているのである．

(4.6.20) 式をさらに展開すると，特に役立つ式：

$$E[\hat{\beta}_{2SLS}-\beta] \approx \frac{\sigma_{\eta\xi}}{\sigma_\xi^2}\left[\frac{[E(\pi'Z'Z\pi)/Q}{\sigma_\xi^2}+1\right]^{-1}$$

が得られる（導出については補論を参照）．$(1/\sigma_\xi^2)E(\pi'Z'Z\pi)/Q$ の項は，1 段階目の回帰式においてすべての説明変数の結合有意性を検定する F 値を指す[41]．これを F と名付けると，

$$E[\hat{\beta}_{2SLS}-\beta] \approx \frac{\sigma_{\eta\xi}}{\sigma_\xi^2}\frac{1}{F+1} \qquad (4.6.21)$$

と書ける．この式より，1 段階目の F が小さくなるほど 2SLS のバイアスは $\sigma_{\eta\xi}/\sigma_\xi^2$ に近付くことがわかる．OLS 推定量のバイアスは $\sigma_{\eta\xi}/\sigma_x^2$ であるが，仮に $\pi=0$ であれば $\sigma_{\eta\xi}/\sigma_\xi^2$ となる．よって，1 段階目の関係がゼロである場合，

40) Bekker (1994) および Angrist and Krueger (1995) を参照．この近似は，グループ漸近的な近似とも呼ばれる．というのは，この近似値は，操作変数あたりの観測数（グループ）を一定としたまま観測数を無限に飛ばすと同時に，操作変数の数を無限に飛ばすという漸近級数から求められるためである．

41) …というようなものである．実際の F 値は $(1/\hat{\sigma}_\xi^2)\hat{\pi}'Z'Z\hat{\pi}/Q$ である（ハットは推定値を表す）．よって，$(1/\sigma_\xi^2)E(\pi'Z'Z\pi)/Q$ は無限大の標本で得られるという意味で母集団 F 値と呼ばれることもある．実際には，母集団と標本の F の差はここでの議論でほとんど問題になることはない．計量経済学者の中には，操作変数の強度を表す時には，1 段階目の F に操作変数の数を掛けることを好む者もいる．この積は「集中度パラメター (concentration parameter)」と呼ばれる．

2SLS は OLS と同じ値に集まると言える．より一般的に言うと，1 段階目の関係が説明できていない場合，2SLS 推定値は「OLS 推定値に近づくようにバイアス」を持つ．一方，$\pi \neq 0$ のときには，大標本であれば F が大きくなるにつれて 2SLS のバイアスはなくなっていく．

操作変数が弱い場合，F 値の大きさは操作変数の数に反比例する．この理由を見るためには，全く役に立たない操作変数を 2SLS モデルに入れること，すなわち操作変数が 1 段階目の決定係数に全く影響しない状態を考えればよい．たとえ Q が大きくなっても，推定の 2 乗和 $E(\pi' Z' Z\pi)$ と，残差分散 σ_ξ^2 の値は変わらない．結果として F 値は小さくなる．ここからわかるように，関係の弱い操作変数をたくさん追加すればバイアスが大きくなる．

直感的には，2SLS バイアスは 1 段階目が推定された結果生じる．1 段階目の真の係数がわかっていれば 1 段階目のあてはめ値として $\hat{x}_{pop} = Z\pi$ を使える．これらのあてはめ値は 2 段階目の誤差とは相関しない．しかしながら，実際の推定では，$\hat{x}_{pop}$ とは $P_Z\xi$ の項だけ異なる $\hat{x} = P_Z x = Z\pi + P_Z\xi$ を使う．2SLS バイアスは，この $P_Z\xi$ が η と相関することから生じており，1 段階目と 2 段階目の誤差の相関が標本での $\hat{\pi}$ の差を通じて 2SLS 推定に入りこむ．漸近的にはこの相関は無くなるが，現実は漸近世界のようには動かない．

(4.6.21) 式は，他の条件が同じであれば，2SLS のバイアスは操作変数の数についての増加関数となり，操作変数の数が必要最低限となっている丁度識別の場合が最もバイアスが小さいことを示している．事実，丁度識別の 2SLS（たとえば単純な Wald 推定量）は近似的に**不偏**（unbiased）だといえる．丁度識別の 2SLS はモーメントを持たない（標本分布の裾が厚い）ので，これを数式として示すのは難しいが，これはたとえ弱相関の操作変数を使っていても，近似的にはそれがとるべき点に集まっていく．よって，丁度識別の 2SLS はメディアンについて不偏性を持つと言える．このことは，丁度識別のモデルでは弱相関の操作変数を使ってよいと言っているわけではない．弱相関の操作変数を使えば，丁度識別の推定値であっても精度が低くて役に立たない．

制限情報最尤法（LIML）の推定量は，過剰識別となる均一効果モデルについて，近似的にメディアン不偏性を持つ．よって，これは操作変数を 1 つずつ使った丁度識別の推定に対する代替方法となる（Davidson and MacKinnon

1993, Mariano 2001 を参照）．LIML は小標本バイアスを減少させながら，（均一効果の）2SLS と同じ漸近分布をもつという利点がある．過剰識別の 2SLS モデルについてバイアスを減少させる推定量は他にもたくさんある．しかし Flores-Lagunes (2007) のモンテカルロ実験によれば，様々な点で（バイアス，平均絶対誤差，t 検定による実証的な検定の棄却率などの意味で），LIML は少なくとも他のどの方法とも同じくらいよいとされている．LIML のもう 1 つの利点は，他の推定量はある程度プログラムすることが必要なのに対して，LIML は多くの統計ソフトで計算できることである[42]．

ここで述べた理論的な結果のいくつかについて，小規模のモンテカルロ実験を使って説明する．シミュレーションデータは次のモデルから作られる：

$$y_i = \beta x_i + \eta_i$$
$$x_i = \sum_{j=1}^{Q} \pi_j z_{ij} + \xi_i$$

ここで $\beta=1$, $\pi_1=0.1$, 但し $j=2,\cdots,Q$ については $\pi_j=0$ とする．また，

$$\begin{pmatrix}\eta_i\\ \xi_i\end{pmatrix}\Bigg| Z \sim N\left(\begin{pmatrix}0\\0\end{pmatrix}, \begin{pmatrix}1 & 0.8\\ 0.8 & 1\end{pmatrix}\right)$$

とする．z_{ij} は独立で，平均が 0 で分散が 1 の正規分布に従う確率変数である．これは，1 個の良い操作変数と $Q-1$ 個の役に立たない操作変数をもつ場合の

42)　LIML は SAS や Stata10 にも入っている．弱相関の操作変数の場合，LIML の標準誤差は正しく計算されないが，Bekker (1994) が簡単な修正方法を示している．LIML が不偏性を持つのはなぜか？　(4.6.21) 式から，2SLS の近似バイアスは OLS バイアスと比例していることがわかる．ここから，近似的に不偏性を持つ OLS と 2SLS の線形結合が存在すると言える．LIML はこのような「結合推定量」だとわかっている．2SLS のバイアスと同じように，LIML の近似的不偏性も，標本数に対する操作変数の数の比を一定とする Bekker 流のグループ漸近級数を使って示すことが出来る．ただし，特定の不均一分散が存在するモデルでは LIML は不偏推定量を与えないことを指摘しておこう．詳しくは Bekker and van der Ploeg (2005) および Hausman et al. (2008) を参照．LIML と違って，ジャックナイフ IV 推定量（JIVE：詳細については，例えば Angrist, Imbens and Krueger 1999 を見よ）は不均一分散のもとでも不偏性を持つ．近年では，Ackerberg and Devereux (2007) がより小さい分散を持つ JIVE 推定量の改良版を紹介している．

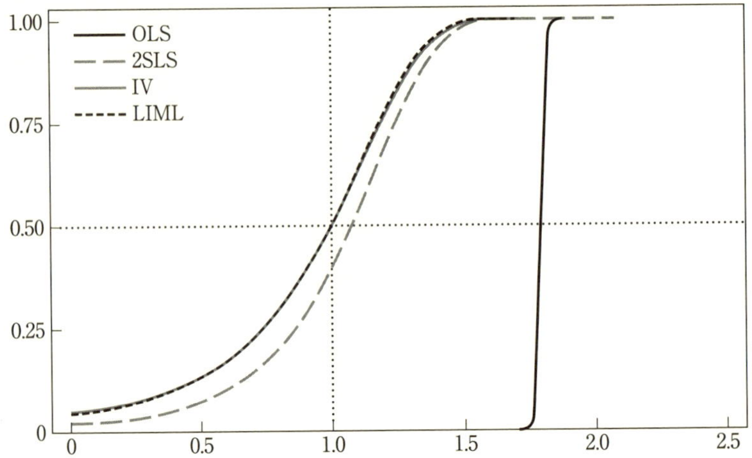

図 4.6.1　モンテカルロ累積分布関数：OLS, IV (Q=1), 2SLS (Q=2), LIML (Q=2) 推定量について

シミュレーションを行うものである．標本サイズは 1000 である．

図 4.6.1 は，モンテカルロ実験により求めた次の 4 つの推定量の累積分布関数である——OLS，丁度識別の IV（すなわち Q=1 の場合の 2SLS，図中では IV と書く；1 段階目の F 値=11.1)，2 つの操作変数を持つ 2SLS（Q=2 の場合，図中では 2SLS と書く；1 段階目の F 値=6.0)，Q=2 の場合の LIML の 4 つである．OLS 推定量はバイアスを持ち約 1.79 の周りに集まっている．IV 推定値は β の値である 1 近辺に集まる．1 つの弱相関を持つ操作変数と 1 つの役に立たない操作変数を持つ 2SLS 推定値は，若干 OLS 推定値の方へバイアスをもつ（メディアンは 1.07 である)．Q=2 の場合の LIML の分布関数は，役に立たない操作変数を使っているのに，丁度識別の IV と同じような値となっている．

図 4.6.2 は Q=20 とした時のシミュレーション結果である．相関はあるけれど弱い操作変数に加えて，19 個の役に立たない操作変数を加えた（1 段階目の推定の F=1.51)．ここでも OLS, 2SLS, LIML それぞれの場合の分布を示している．2SLS のバイアスは先ほどより悪化している（メディアンは 1.53 で OLS でのメディアンに近い)．2SLS 推定量がとる標本分布の幅も Q=2 の場合よりずっと小さくなっている．LIML はここでも良い推定量となっていて，Q=2 の場合よりは少し散らばりが大きいものの β=1 の周りに集まっている．

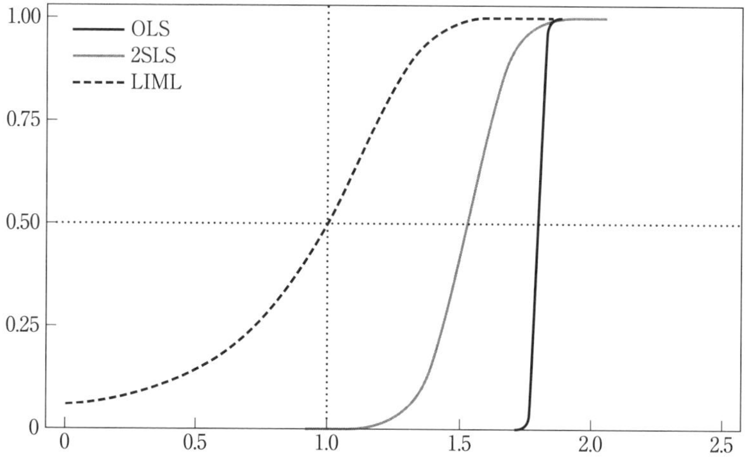

図 4.6.2　モンテカルロ累積分布関数：OLS, 2SLS, LIML 推定量（$Q=20$ の操作変数を持つ場合）について

最後に，図 4.6.3 は，モデルがまったく特定化できていない場合のシミュレーション結果を示す．ここでは，$j=1, \cdots, 20$ について $\pi_j=0$ とした（1 段階目の $F=1.0$）．当然ながら，すべての標本分布が OLS と同じ値に集まっている．しかしながら，2SLS の標本分布は LIML の分布よりも幅がずっと狭くなっている．この場合 LIML が良いと言える．なぜなら，分布の幅が広い LIML 標本分布は，関心のあるパラメターについてデータの情報が役に立たないという事実を正しく反映しているからである．

以上のことは実際の分析において何を意味しているのか？　──1 段階目の推定について漠然とした心配があるとしても，我々は次のことを薦める．

1. 1 段階目の結果を報告し，それが理にかなっているかどうかを考えよ．係数の大きさや符号は予測通りか？　推定値は大きすぎないか？　符号は反対ではないか？　もしそうであれば，実際には，あなたが仮説を立てた 1 段階目のメカニズムは存在していない可能性がある．
2. 除外操作変数に関する F 値を報告せよ．大きければ大きいほどよい．Stock, Wright and Yogo (2002) は，F 値が 10 以上であると安全圏だとしている．ただし，これは定理ではない．

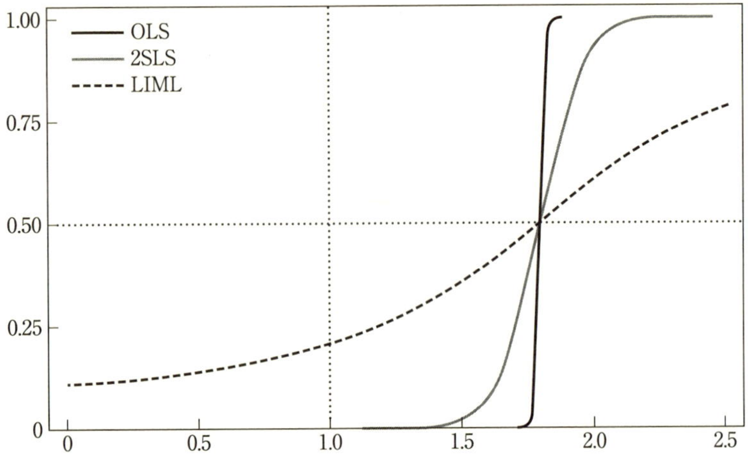

図 4.6.3　モンテカルロ累積分布関数：OLS, 2SLS, LIML 推定量（$Q=20$ **のでたらめな操作変数の場合）**

3. 最もよい操作変数を 1 つ選び，これを使った丁度識別の場合の推定値を報告せよ．丁度識別の IV はメディアンの意味で不偏性を持つので，弱相関操作変数の批判を受けにくい．
4. LIML を使った過剰識別 2SLS 推定値を確かめよ．LIML は 2SLS よりも精度は低いけれどバイアスは小さい．結果が似ていれば喜ばしい．似ていなければ問題であり，より強い相関を持つ操作変数を見つけるか，過剰識別の程度を小さくする必要がある．
5. 被説明変数を操作変数に回帰した誘導形の回帰式における除外操作変数に関する係数や，t 値，F 値を見よ．誘導形は見たい因果効果に比例していることを思い出そう．さらに，誘導形の推定値は OLS 推定値であり不偏性をもつ．Angrist and Krueger (2001) が指摘するように，誘導形で因果関係が見られないのであれば，おそらくその関係はない[43]．

この論拠を示すために，生まれ四半期を使った Angrist and Krueger (1991) のデータを再検討しよう．Bound, Jaeger, and Baker (1995) は，た

43)　Chernozhukov and Hansen (2008) が最近の論文でこの公理を示している．

表 4.6.2　教育の収益に関するさまざまな IV 推定値

	(1)	(2)	(3)	(4)	(5)	(6)
2SLS	0.105	0.435	0.089	0.076	0.093	0.091
	(0.020)	(0.450)	(0.016)	(0.029)	(0.009)	(0.011)
LIML	0.106	0.539	0.093	0.081	0.106	0.110
	(0.020)	(0.627)	(0.018)	(0.041)	(0.012)	(0.015)
F 値 (除外操作変数に関する)	32.27	0.42	4.91	1.61	2.58	1.97
コントロール変数						
生まれ年ダミー	✓	✓	✓	✓	✓	✓
生まれ州ダミー					✓	✓
年齢とその2乗		✓		✓		✓
除外操作変数						
生まれ四半期ダミー	✓	✓				
生まれ四半期ダミー ×生まれ年ダミー			✓	✓	✓	✓
生まれ四半期ダミー ×生まれ州ダミー					✓	✓
除外操作変数の数	3	2	30	28	180	178

注：この表は様々な操作変数とコントロール変数を使って 2SLS と LIML の推定値を比較したものである．年齢とその2乗項は年齢を4半期単位で測ったものである．(1)–(4) 列に掲載されているモデルの OLS 推定値は.071 であり，(5) (6) 列のモデルの OLS 推定値は.067 である．データは Angrist and Krueger (1991) と同じ 1980 年国勢調査標本であり，標本数は 329,509 である．標準誤差を括弧内に示している．

とえ標本数が 300,000 を超える場合でも（「小標本」とは相対的なものである），教育年数に対する操作変数として生まれ四半期を使えばバイアスが問題になるとしている．この章のはじめで見たように，教育年数に関する生まれ四半期のパターンは誘導形に反映されているので，懸念される問題はないように思われる．しかし一方で，Bound, Jaeger, and Baker (1995) は，誘導形には取り入れられていない変数もモデルに追加してコントロールしたものが最もよいモデルであるとしている．そこで，表 4.6.2 では，Bound, Jaeger, and Baker (1995) の指摘に沿った特定化と，Angrist and Krueger (1991) の特定化のいくつかを再検討した結果を掲載している．

表の (1) 列は，3つの生まれ四半期ダミーを操作変数として用いて，生まれ年ダミーを共変量として入れたモデルの 2SLS と LIML 推定を掲載している．

この特定化での OLS 推定値は 0.071 であり，2SLS 推定値は少し大きい 0.105 となっている．1 段階目の F 値は 32 を超えており危険域にはない．驚くまでもなく，この場合の LIML 推定量は 2SLS 推定量とほぼ同じである．

Angrist and Krueger (1991) は四半期で計測した年齢と年齢の 2 乗項をコントロール変数として追加している．これらのコントロールは，生まれ四半期の操作変数の影響と混同される可能性がある年齢効果を脱落させないようにするためである．四半期で測る年齢や生まれ年，生まれ四半期は線形依存にあるので，年齢と年齢の二乗項の追加により操作変数の数は 2 個に減る．(2) 列に示されているように，年齢と年齢の 2 乗項をコントロール変数に入れると，1 段階目の F 値は 0.4 に下がる──問題になる兆候である．しかし，2SLS の標準誤差は大きく，この推定から何か本質的な結果が導かれるわけではない．LIML 推定値はもっと精度が低い．このモデルは事実上識別されていない．

(3) 列と (4) 列は生まれ四半期ダミーと生まれ年ダミーの交差項を操作変数に加えて，30 個あるいは年齢と年齢の 2 乗項を入れる場合には 28 個の操作変数を用いて分析した結果である．2 つの特定化において 1 段階目の F 値は 4.9 と 1.6 である．2SLS 推定値は (1) 列よりも少し小さく，OLS 推定値に近い．しかしながら LIML は 2SLS 推定値からさほど離れていない．LIML の標準誤差は (4) 列では大きいものの，推定値が情報を持たないというほどではない．全体の結果を考えてみると，年齢とその 2 乗項を加えたとしても，30 個の操作変数のモデルでは弱相関の操作変数の問題は気になるほどではない．

最も問題になるのは (5) (6) 列の特定化である．これらの推定値は生まれ四半期と生まれ州の交差項 150 個を，生まれ四半期と生まれ年の交差項 30 個に加えて求めたものである．操作変数に生まれ州との交差項を入れることの妥当性は，州による義務教育法の差をとらえることにあるだろう．ただし，この場合，操作変数が 180（あるいは 178）という高い過剰識別モデルとなり，多くの操作変数が弱相関となっている．これらのモデルの 1 段階目の F 値は 2.6 と 2.0 である．良い面として，LIML 推定値はここでもかなり 2SLS 推定値に近い．さらに，LIML の標準誤差は 2SLS の標準誤差と離れ過ぎてはいない．このことは，操作変数の重要性を「$F>10$」といった機械的な法則で判断できないことを示している[44)]．F 値が低くても致命的とは限らない．

最後に，複数の内生変数がある場合には通常の1段階目のF値はもはや適切ではないことを注意しておく．2つの内生変数に2つの操作変数があり，1つの操作変数は強く両方の内生変数をうまく説明しているのに対し，もう一方の操作変数は弱相関である場合を考えよう．2つの1段階目それぞれのF値は高くなると考えられるが，1つの操作変数は十分に2つの因果効果をとらえておらずモデルは十分に識別されていない．この場合の1段階目のF値の修正方法については補節に掲載しておく．

4.7　補　論

(4.6.8) 式の導出

(4.6.7) 式を次のように書き直そう．

$$Y_{ij} = \mu + \pi_0 \tau_i + (\pi_0 + \pi_1)\bar{S}_j + v_{ij}$$

ここで$\tau_i \equiv \mathrm{s}_i - \bar{S}_j$である．設定上，$\tau_i$と$\bar{S}_j$は相関しないと仮定しているので，

$$\rho_1 = \pi_0 + \pi_1$$
$$\pi_0 = \frac{Cov(\tau_i, Y_{ij})}{V(\tau_i)}$$

2番目の式を展開すると，

$$\begin{aligned}
\pi_0 &= \frac{Cov[(\mathrm{s}_i - \bar{S}_j), Y_{ij}]}{[V(\mathrm{s}_i) - V(\bar{S}_j)]} \\
&= \left[\frac{Cov(\mathrm{s}_i, Y_{ij})}{V(\mathrm{s}_i)}\right]\left[\frac{V(\mathrm{s}_i)}{V(\mathrm{s}_i) - V(\bar{S}_j)}\right] \\
&\quad + \left[\frac{Cov(\bar{S}_j, Y_{ij})}{V(\bar{S}_j)}\right]\left[\frac{-V(\bar{S}_j)}{V(\mathrm{s}_i) - V(\bar{S}_j)}\right] \\
&= \rho_0 \phi + \rho_1(1-\phi) = \rho_1 + \phi(\rho_0 - \rho_1)
\end{aligned}$$

$$\phi \equiv \frac{V(s_i)}{V(\mathrm{s}_i) - V(\bar{S}_j)}$$

ϕは正の値となる．π_1について解くと以下のように書ける：

---

44)　Cruz and Moreira (2005) も低いF値は問題ではなく，Angrist and Krueger (1991) の180個の操作変数をもつ特定化でもバイアスはほとんどないとしている．

$$\pi_1 = \rho_1 - \pi_0 = \phi(\rho_1 - \rho_0)$$

2SLS の近似バイアスの導出

(4.6.20) 式から始める：

$$E[\hat{\beta}_{2SLS} - \beta] \approx [E(\pi' Z' Z\pi) + E(\xi' Pz\xi)]^{-1} E(\xi' Pz\eta)$$

これは次の線形代数の理論を使ってより簡単になる．その理論とは $\xi' Pz\eta$ はスカラーでそのトレースに等しいこと，トレース関数は期待値の演算を通る線形の関数で，巡回置換したものに対して不変であること，非特異行列である Pz のトレースはそのランク Q に等しいことである．これらを使って，Z について繰り返し期待値をとると，

$$\begin{aligned} E(\xi' Pz\eta | Z) &= E[\mathrm{tr}(\xi' Pz\eta)|Z] \\ &= E[\mathrm{tr}(Pz\eta\xi')|Z] \\ &= \mathrm{tr}(PzE[\eta\xi'|Z]) \\ \\ &= \mathrm{tr}(Pz\sigma_{\eta\xi} I) \\ &= \sigma_{\eta\xi}\,\mathrm{tr}(Pz) \\ &= \sigma_{\eta\xi} Q \end{aligned}$$

となる．ここで，η_i と ξ_i は均一分散であると仮定している．同様に，$E[\xi' Pz\xi]$ についてもトレースの計算を使うと，この項は $\sigma_\xi^2 Q$ に等しくなる．よって，

$$\begin{aligned} E[\hat{\beta}_{2SLS} - \beta] &\approx \sigma_{\eta\xi} Q[E(\pi' Z' Z\pi) + \sigma_\xi^2 Q]^{-1} \\ &= \frac{\sigma_{\eta\xi}}{\sigma_\xi^2}\left[\frac{E(\pi' Z' Z\pi)/Q}{\sigma_\xi^2} + 1\right]^{-1} \end{aligned}$$

多変量の 1 段階目推定の *F* 値

全ての外生共変量を操作変数のリストから切り離して考え 2 つの内生変数 x_1, x_2 とそのパラメター δ_1, δ_2 があるとする．x_1 も内生として扱うことによる δ_2

の 2SLS 推定量のバイアスを見てみよう．2 段階目の推定は，

$$y = Pzx_1\delta_1 + Pzx_2\delta_2 + [\eta + (x_1 - Pzx_1)\delta_1 + (x_2 - Pzx_2)\delta_2] \qquad (4.7.1)$$

と書ける（Pzx_1 と Pzx_2 は，x_1 と x_2 をそれぞれ Z に回帰したあてはめ値である）．多変量回帰の解剖式により，(4.7.1) 式の δ_2 は，Pzx_2 を Pzx_1 に回帰した残差に y を回帰する 2 変量回帰で求められる．この残差とは，

$$[I - Pzx_1(x_1'Pzx_1)^{-1}x_1'Pz]Pzx_2 = M_{1z}Pzx_2$$

である．$M_{1z} = [I - Pzx_1(x_1'Pzx_1)^{-1}x_1'Pz]$ は残差を作る行列である．$M_{1z}Pzx_2 = Pz[M_{1z}x_2]$ となることにも注意しよう．

ここから，δ_2 の 2SLS 推定量は，y の $Pz[M_{1z}x_2]$ への OLS 回帰，言い換えれば $M_{1z}x_2$ を Z に回帰したあてはめ値への OLS 回帰と言える．これは $M_{1z}x_2$ に対する操作変数として Z を使って 2SLS 推定するのと同じである．δ_2 の 2SLS 推定量は，

$$\begin{aligned}&[x_2'M_{1z}PzM_{1z}x_2]^{-1}x_2'M_{1z}Pzy \\ &\quad = \delta_2 + [x_2'M_{1z}PzM_{1z}x_2]^{-1}x_2'M_{1z}Pz\eta\end{aligned}$$

と書ける．よって，δ_2 の 2SLS 推定バイアスを決定する 1 段階目の推定の二乗和（F 値の分子）は，$[x_2'M_{1z}PzM_{1z}x_2]$ の期待値となり，2SLS バイアスは期待値 $E[\xi'M_{1z}Pz\eta]$ が η と ξ が相関するために 0 とならないことから生じると言える．

実際に F 値を計算する方法は以下の通りである．(1) 関心のある説明変数についての 1 段階目の当てはめ値 Pzx_2 を，もう一方の変数の 1 段階目の当てはめ値とすべての外生共変量に回帰し，この回帰の残差を保存しておく．(2) 手順（1）で保存した残差を除外操作変数に回帰するという推定を行い，除外操作変数に関する F 値を計算する．ここで，関心のある変数の 2SLS 推定値は，2SLS 推定において，手順（1）で得られた残差に対して操作変数 Z を当て，他の共変量や内生変数は入れずに求められることに注意しよう．この事実を使えば計算が合っているかどうかを確認できる．

「平行宇宙についてまず気付くことは平行ではないということである.」

第５章　パラレルワールド：固定効果，差分の差分，パネルデータ

Parallel Worlds: Fixed Effects, Differences-in-Differences, and Panel Data

平行宇宙についてまず気付くことは平行ではないということである．

ダグラス・アダムス『ほとんど無害』

第３章で見た因果推論の鍵は，観察される交絡因子のコントロールである．もし交絡因子が観察されないならば，第４章で見たように，操作変数を用いて因果効果を得ようとするのも良いであろう．しかし，よい操作変数は探すのが難しいので，私たちは観察されない交絡因子を扱う他の道具を得たいところである．この章は，観察されないが一定である脱落変数をコントロールするために，時間または世代の次元を持つデータを用いたコントロールのテーマの異形を考察する．これらの戦略は，水準の比較に賭けるもので，実験群と対照群の仮想現実的な**トレンド**の動きが同じであることを必要とする．私たちは，タイミングを利用したもう１つの戦略である，ラグ付き被説明変数をコントロールする発想についても議論する．

5.1　個人の固定効果

労働経済学の最も古い問いの１つは，組合加入と賃金の間の関連である．団体交渉により賃金が設定される労働者は，このためにより多くの労働所得を得るか，それとも，彼らは，おそらく経験が多かったり，技能が高かったりするので，いずれにせよより多くの労働所得を得るのであろうか？　この問いを設定するために，Y_{it} は労働者 i の時間 t における（対数）労働所得，D_{it} は組合

加入状態を表わすことにしよう．観察される Y_{it} は，組合加入状況により，Y_{0it} または，Y_{1it} である．さらに，

$$E[Y_{0it}|A_i, X_{it}, t, D_{it}] = E[Y_{0it}|A_i, X_{it}, t]$$

であるとしよう．ここで，X_{it} は観察される時間と共に変化する共変量のベクトル，A_i は観察されないが一定の交絡要因であり，私たちはこれを能力と呼ぶことにする．

つまり，A_i と年齢，教育，居住地域などの観察される共変量を所与とすると，組合加入状況は，無作為割当てと同程度に良く割当てられるということである．

固定効果推定の鍵は，観察されない A_i が $E(Y_{0it}|A_i, X_{it}, t)$ の線形モデルで時間の添え字なしに現れるという仮定である．

$$E[Y_{0it}|A_i, X_{it}, t] = \alpha + \lambda_t + A_i'\gamma + X_{it}'\beta \tag{5.1.1}$$

私たちは組合員の因果効果は加法的で一定であるとも仮定する．

$$E[Y_{1it}|A_i, X_{it}, t] = E[Y_{0it}|A_i, X_{it}, t] + \rho$$

(5.1.1) を用いると，この式から次が示される．

$$E[Y_{it}|A_i, X_{it}, t, D_{it}] = \alpha + \lambda_t + \rho D_{it} + A_i'\gamma + X_{it}'\beta \tag{5.1.2}$$

ここで，ρ は関心対象の因果効果である．(5.1.2) に至る諸仮定は，私たちが第 3 章で回帰の動機づけを行ったときに用いたものよりも厳しい．操作変数なしのパネルデータを用いた観察されない交絡要因の問題を前進させるには，線形で加法的な関数形が必要となるのである[1)]．

(5.1.2) 式から

1)　場合によっては，不均一処置効果，

$$E(Y_{1it} - Y_{0it}|A_i, X_{it}, t) = \rho_i$$

を許容しても良い．例えば，ρ_iの平均の推定量を論じている Wooldridge (2005) を参照のこと．

$$Y_{it} = \alpha_i + \lambda_t + \rho D_{it} + X'_{it}\beta + \varepsilon_{it} \qquad (5.1.3)$$

を得る．ここで，$\varepsilon_{it} \equiv Y_{0it} - E[Y_{0it}|A_i, X_{it}, t]$ であり，

$$\alpha_i \equiv \alpha + A'_i\gamma$$

である．これは固定効果モデルである．（個人を繰り返し観察した）パネルデータがあるときには，組合の賃金に対する因果効果は，固定効果である α_i を推定されるパラメターとして扱うことにより，推定できる．年の効果，λ_t も推定されるパラメターとして扱われる．個人の観察されない効果は各個人を表わすダミー変数の係数であり，一方，年の効果は時間ダミー変数の係数である[2]．

固定効果モデルでは数多くのパラメターが推定されねばならないように見えるかもしれない．例えば，Panel Survey of Income Dynamics は，約 5,000 人の勤労年齢層男性を 20 年間にわたり観察したデータを含んでいる．従って，約 5,000 の固定効果がある，しかし，実際にはこれは問題にならない．個人の効果を推定されるパラメターとして扱うことは，数学的には，平均からの偏差を用いた推定と同じである．つまり，まず，私たちは個人の平均を計算する．

$$\overline{Y}_i = \alpha_i + \overline{\lambda} + \rho\overline{D}_i + \overline{X'_i}\beta + \overline{\varepsilon}_i$$

これを (5.1.3) 式から引くと，

$$Y_{it} - \overline{Y}_i = \lambda_t - \overline{\lambda} + \rho(D_{it} - \overline{D}_i) + (X_{it} - \overline{X}_i)'\beta + (\varepsilon_{it} - \overline{\varepsilon}_i) \qquad (5.1.4)$$

---

2) 固定効果による特定化の他に変量効果がある（例えば，Wooldridge 2006 を参照）．変量効果モデルは α_i が説明変数と相関しないと仮定する．変量効果モデルでは脱落変数はモデルに含まれる説明変数と相関しないので，それを無視することによるバイアスはなく，事実上，誤差項の一部となる．変量効果による最も重要な結末は，所与の一人の誤差項が異時点間で相関することである．第 8 章は，これが OLS の標準誤差に関して与える示唆を議論する．変量効果モデルは，GLS により推定できるが，これは，変量効果モデルの仮定が満たされるならば，より効率的であることを約束するものである．しかし，第 3 章でと同様に，私たちは GLS より OLS の標準誤差を修正するのを好む．GLS は OLS より強い仮定を要するので，結果として得られる漸近的効率性の上昇は控えめとなる可能性が高く，一方で小標本特性は劣るかもしれない．

を得ることからわかるように，平均からの偏差は観察されない個人の効果を消し去る[3)].

平均からの偏差の代替となるのは差分である．つまり，

$$\Delta Y_{it} = \Delta\lambda_t + \rho\Delta D_{it} + \Delta X'_{it}\beta + \Delta\varepsilon_{it} \qquad (5.1.5)$$

を推定する．ここで，変数の前の Δ はある年から次の年への変化を表わす．例えば，$\Delta Y_{it} = Y_{it} - Y_{it-1}$ である．2 期間の場合には，差分は平均からの偏差と数学的に同じであるが，それ以外は異なる．どちらでもうまく行くはずであるが，ε_{it} が均一分散を持ち，系列相関がなく，期間が 2 を超える場合には，平均からの偏差の方がより効率的である．あなたが手計算をしなければならないとしたら差分がより便利に感じるかもしれないが，差分の誤差が系列相関を持つという事実に対して差分の標準誤差は調整されるべきである．

いくつかの回帰ソフトは，平均からの偏差推定量を自動的に使い，N 人の個々の平均を推定するのに失う自由度の適切な調整済みの標準誤差を用いる．これだけで，均一分散で系列相関のない誤差の場合には正しい標準誤差を得ることができる．平均からの偏差推定量には，「グループ内推定量」「共分散分析」を含む様々な名前がある．平均からの偏差形式での推定は固定効果を**吸収する**とも呼ばれる[4)].

Freeman (1984) は，4 つのデータを用い，組合加入状況へのセレクションは観察されないが一定の個人の属性に基づくとの仮定の下で組合賃金効果を推定している．表 5.1.1 は，彼の推定値のいくつかを示している．各データに

---

3) なぜ，平均からの偏差が（5.1.3）式の各固定効果を推定することと同じ意味を持つのであろうか？ 回帰解剖公式（3.1.3）式により，多重回帰のどの係数の組み合わせも 2 段階に推定できる．ある 1 組の変数の多重回帰係数を得るには，最初にそれらを回帰に含めた全ての他の変数に回帰し，次に，元の被説明変数をこの第 1 段階の残差に回帰する．人×年パネルを用いたすべての人のダミー変数への回帰の残差は人の平均からの偏差である．

4) 期間数 T が一定で，$N\to\infty$ であるパネルでは，固定効果は一致推定されない．これは付随パラメター問題と呼ばれるが，名前は標本数と共にパラメターの数が大きくなることを反映している．しかし，固定効果モデルで私たちが気にかける他のパラメターは，一致推定される．

表 5.1.1　組合加入状況の賃金に対する推定効果

調　査	クロスセクション推定値	固定効果推定値
May CPS, 1974–75	0.19	0.09
National Longitudinal Survey of Young Men, 1970–78	0.28	0.19
Michigan PSID, 1970–79	0.23	0.14
QES, 1973--77	0.14	0.16

注：Freeman (1984) から抜粋．表は組合相対賃金効果のクロスセクション推定値とパネル（固定効果）推定値を示す．推定値は左の列に記載されている調査を用いて計算された．クロスセクション推定値は人口学的変数と人的資本変数のコントロールを含む．

ついて表は固定効果推定量と対応するクロスセクション推定値からの結果を示している．クロスセクション推定値（0.14 から 0.19 の範囲）は，概して固定効果推定値（0.09 から 0.19 の範囲）より高い．これは，クロスセクション推定値に正のセレクションバイアスがあることを示しているのかもしれないが，セレクションバイアスはより低い固定効果推定値の唯一の説明ではない．

彼らはある型の脱落変数をコントロールしているが，固定効果推定値は測定誤差からの希釈バイアスに陥りやすいことで悪名高い．一方では，組合加入状況のような経済変数は持続性が高い傾向がある（今年，組合員である労働者は来年も組合員である可能性が最も高い）．その一方で，測定誤差は年から年へと変化する（組合加入状況が，今年は誤って報告されたり記録されるが，来年はされない）．従って，組合加入状況が誤って報告されたり記録されたりしている者は，どの年にも数人いるかもしれないが，観察される組合加入状況の年から年への変化は，ほとんどがノイズであるかもしれない．つまり，(5.1.4) や (5.1.5) のような式の差分の説明変数には説明変数の水準よりも多くの測定誤差がある．この事実がより小さい固定効果推定値を説明するかもしれない[5]．

パネルデータにおける測定誤差問題の変形は，差分と平均からの偏差が良い変動と悪い変動の両方を除去してしまう事実から生じる．つまり，これらの変換は，脱落変数バイアスという風呂水をいくらか消し去るかもしれないが，赤

5)　パネルデータにおける測定誤差に関するより完全な議論については，Griliches and Hausman (1986) を参照のこと．

ん坊とも言える関心対象である変数の役立つ情報の多くも取り除いてしまう．1つの例は，双子を用いた教育の賃金に対する因果効果の推定である．この問題には時間の次元はないが，基本的な考え方は上の組合の問題と同じである．双子は似通っているがほとんど観察されない家庭と遺伝子的背景を持っている．従って，私たちは，双子のペアの標本を用い，家庭の固定効果を入れることによって彼らに共通する家庭的背景をコントロールすることができる．

Ashenfelter and Krueger (1994) と Ashenfelter and Rouse (1998) は，双子の標本を用い，家庭の固定効果をコントロールし，教育の収益を推定している．各家庭には2人の双子がいるので，双子のペアの中での労働所得の差を教育の差に回帰することと同じである．驚くことに，家庭内推定値は OLS 推定値よりも大きく出る．しかし，その他の面ではとてもよく似ている個人の間で教育の差がどのように生じるのであろうか？ Bound and Solon (1999) は，双子の間には，概して第1子が体重が重く高い IQ スコアを示すといった，小さな差があることを指摘する（ここで出生順序は分単位で測られる）．これらの双子内の差は大きくないが，彼らの教育の差も大きくない．従って，双子の間の小さな観察されない能力の差が推定結果の大きなバイアスを生んでいるのかもしれない．

固定効果を含むモデルで測定誤差と関連する問題についてどのように対処すべきであろうか？ 1つのあり得る解決法は IV 法である．Ashenfelter and Krueger (1994) は，兄弟間の回答を用い，双子間の教育の差に対する操作変数を構築している．例えば，彼らは，双子のそれぞれによる兄弟の教育に関する回答を自身による回答の操作変数として用いている．2つ目のアプローチは，測定誤差の程度に関する外部情報を持って来て，それに応じてナイーブな推定値を調整することである．組合賃金効果の研究で Card (1996) は，別の検証調査からの外部情報を用い，組合加入状況の測定誤差に対しパネルデータ推定値を調整している．しかし，Ashenfelter and Krueger (1994) と Card (1996) のような複数の報告と複数の測定は稀にしかない．従って，少なくとも，固定効果推定値を解釈する際には過度に強い主張をしないのが重要である（いずれにせよ応用計量経済学者には決して悪いアドバイスではない）．

5.2　差分の差分：事前と事後，実験群と対照群

固定効果戦略は，パネルデータ，すなわち，同一個人（あるいは企業，あるいは他の観察単位）の繰り返し観察を要する．しかし，しばしば関心対象の説明変数はより集約的な，あるいは，グループのレベルでのみ変化する．例えば，妊婦の労働者に対する医療ケアの給付に関する州の政策は，時間を追って変化するかもしれないが，州内の労働者の間では一定である．従って，これらの政策を評価する際の OVB の源泉は，州と年のレベルで観察されない変数であるはずである．場合によっては，グループレベルの脱落変数はグループレベルの固定効果で捉えることができるが，これが差分の差分（Difference-in-Difference: DD）識別戦略に通じるアプローチである．

DD の発想は，おそらく 19 世紀半ばにロンドンで流行したコレラを研究した内科医，John Snow (1855) によって開発されたと考えられる．Snow は，コレラの伝染が（当時，有力な理論が「悪い空気」によるとしたのに対し）汚染された飲料水によることを示したかった．これを示すために，Snow は Southwark and Vauxhall 社と Lambeth 社の 2 つの水道会社により配水されていた地区の死亡率の変化を比べた．1849 年には両社はロンドン中央部の汚ないテームズ川を水源としていた．しかし，1852 年に Lambeth 社は，相対的に下水からの影響の少ない上流の地区へと給水場を移動した．Southwark and Vauxhall 社により配水されていた地区の死亡率の変化と比べ，Lambeth 社により配水されていた地区の死亡率は急激に落ちたのである．

事柄をより具体的にするために，経済学の例に話を戻そう．労働経済学の伝統的な問いである，最低賃金の雇用に与える効果に関心があるとしよう．競争的な労働市場では，最低賃金の上昇は右下がりの労働需要曲線に沿って上方向への動きを意味する．従って，より高い最低賃金は雇用を減らし，まさに最低賃金政策が助けようとした労働者を傷つけることになるかもしれない．Card and Krueger (1994) はニュージャージー州の最低賃金の大きな変化を用い，これが正しいか否かを見た[6]．

1992 年 4 月 1 日にニュージャージーは州の最低賃金を 4.25 ドルから 5.05

6)　DD の発想が最低賃金の効果を研究するのに最初に用いられたのは，米国労働統計局のために書かれた Obenauer and von der Nienburg (1915) である．

ドルへと引き上げた．Card と Krueger はファーストフードレストランの雇用に関するデータを 1992 年 2 月に，そして再び 1992 年 11 月に集めた．これらのレストラン（バーガーキングやウェンディーズなど）は最低賃金労働者を雇う大きな雇用主である． Card と Krueger は，デラウェア川対岸のペンシルバニア西部の同じタイプのレストランのデータも集めた．ペンシルバニアの最低賃金は，この間，4.25 ドルのままであった．彼らは，データを用い，ニュージャージーの最低賃金引き上げの効果の差分の差分（DD）推定値を計算した．すなわち，彼らは 2 月から 11 月にかけてのニュージャージーの雇用の変化を同じ期間のペンシルバニアの雇用の変化と比べた．

DD は集計データを用いた固定効果推定の一種である．これを見るために，Y_{1ist} が，州の最低賃金が高いとしたときの，州 s の t 期のファーストフードレストラン i の雇用であり，Y_{0ist} が，州の最低賃金が低いとしたときの，州 s の t 期のファーストフードレストラン i の雇用であるとしよう．これらは潜在的結果変数であり，実際には一方しか見ることができない．例えば，1992 年 11 月のニュージャージーでは私たちは Y_{1ist} を見る．DD 設定の心は，処置のない州での潜在的結果変数の加法的構造である．具体的には，

$$E[\mathrm{Y}_{0ist}|s,t]=\gamma_s+\lambda_t \qquad (5.2.1)$$

を仮定する．ここで，s は州（ニュージャージーかペンシルバニア），t は期（最低賃金引き上げ前の 2 月か引き上げ後の 11 月）を表わす．この式は最低賃金の引き上げがないときに雇用は時間と共に変化しない州の効果と州の間で共通の年の効果の和によって決まると述べている．加法的な州の効果は 5.1 節の観察されない個人の効果の役割を果たしている．

D_{st} を高い最低賃金の州と年を示すダミー変数としよう．$E[\mathrm{Y}_{1ist}-\mathrm{Y}_{0ist}|s,t]$ が δ で表わされる定数であると仮定すると，Y_{ist} を次のように書くことができる．

$$\mathrm{Y}_{ist}=\gamma_s+\lambda_t+\delta\mathrm{D}_{st}+\varepsilon_{ist} \qquad (5.2.2)$$

ここで $E[\varepsilon_{ist}|s,t]=0$ である．これから私たちは

$$E[\mathrm{Y}_{ist}|s=PA,t=Nov]-E[\mathrm{Y}_{ist}|s=PA,t=Feb]=\lambda_{Nov}-\lambda_{Feb}$$

表 5.2.1　ニュージャージーの最低賃金引き上げ前後のファーストフードレストランの平均雇用

	PA (i)	NJ (ii)	差, NJ–PA (iii)
1. 以前の FTE 雇用，全観察値	23.33 (1.35)	20.44 (0.51)	−2.89 (1.44)
2. 以後の FTE 雇用，全観察値	21.17 (0.94)	21.03 (0.52)	−0.14 (1.07)
3. 平均 FTE 雇用の変化	−2.16 (1.25)	0.59 (0.54)	2.76 (1.36)

注：Card and Krueger (1994) の表３から抜粋．表はニュージャージーとペンシルバニアのファーストフードレストランの平均フルタイム同等雇用（FTE）をニュージャージーの最低賃金引き上げの前後について示している．標本は，雇用データのある全レストランから成る．６つの閉鎖されたレストランの雇用は０としている．４つの一時的に閉鎖していたレストランは欠損値として扱っている．標準誤差は括弧の中に記されている．

と

$$E[Y_{ist}|s=NJ, t=Nov]-E[Y_{ist}|s=NJ, t=Feb] = \lambda_{Nov}-\lambda_{Feb}+\delta$$

を得る．母集団の差分の差分

$$\{E[Y_{ist}|s=NJ, t=Nov]-E[Y_{ist}|s=NJ, t=Feb]\} \\ -\{E[Y_{ist}|s=PA, t=Nov]-E[Y_{ist}|s=PA, t=Feb]\} = \delta$$

が関心対象の因果効果である．これは，母集団平均値の標本の対応物を用いて容易に推定できる．

表 5.2.1（Card and Krueger 1994 の表３に基づく）はニュージャージーとペンシルバニアのファーストフードレストランの平均雇用をニュージャージーの最低賃金引き上げの前後について示している．最初の２つの行と列に４つのセルがあり，縁は，各期の州の間の差，各州の時間を追った変化，そして，差分の差分を示している．ペンシルバニアのレストランの雇用は，２月にはニュージャージーより若干多く 11 月には落ち込んでいる．対照的に，ニュージャージーの雇用は，わずかに増えている．これらの２つの変化が正の差分の差分を生んでおり，最低賃金の引き上げが企業に労働需要曲線を登らせているならば私たちが期待するのとは反対の結果となっている．

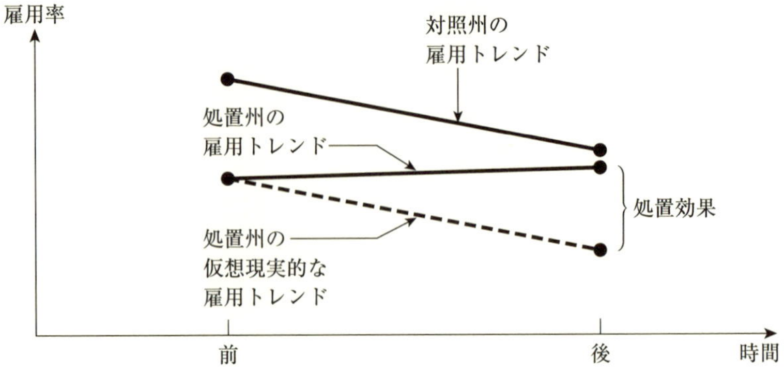

図 5.2.1　DD モデルの因果効果

この証拠は，標準的な労働需要の話に照らし合わせたとき，どの程度説得力があるであろうか？　ここで鍵となる識別の仮定は雇用の**トレンド**が，処置がないとしたら両州で同じであるということである．図 5.2.1 に明らかなように，処置はこの共通のトレンドからの乖離を招く．処置の州と対照の州は異なり得るが，この差は，(5.1.3) の観察されない個人の効果と同じ役割を果たす州の固定効果で捉え得ることになっている[7]．

共通トレンドの仮定は複数期のデータを用いて調べることができる．自らの最初の最低賃金研究を改訂したものの中で Card and Krueger (2000) はニュージャージーと多くのペンシルバニアの群のレストランとの行政給与簿データを入手した．これらのデータは，彼らの追跡研究の図 2 と似た図 5.2.2 としてここでは示されている．垂直線は Card and Krueger 調査が行われた時点を示し，3 番目の垂直線はペンシルバニアには影響を与えたがニュージャージーには影響を与えなかった 1996 年 10 月の連邦最低賃金の 4.75 ドルへの引き

7)　共通のトレンドの仮定は変換データにも応用できる．例えば，

$$E[\ln Y_{0ist}|s,t] = \gamma_s + \lambda_t.$$

しかし，対数の共通トレンドは水準の共通トレンドを除外し，逆も同様であることに気付いてほしい．Athey and Imbens (2006) は，被説明変数の不特定の変換後に共通のトレンドがあることを許容するセミパラメトリック DD 推定量を紹介している．Poterba, Venti, and Wise (1995), Meyer, Viscusi, and Durbin (1995) は分位点のための DD 型モデルを議論している．

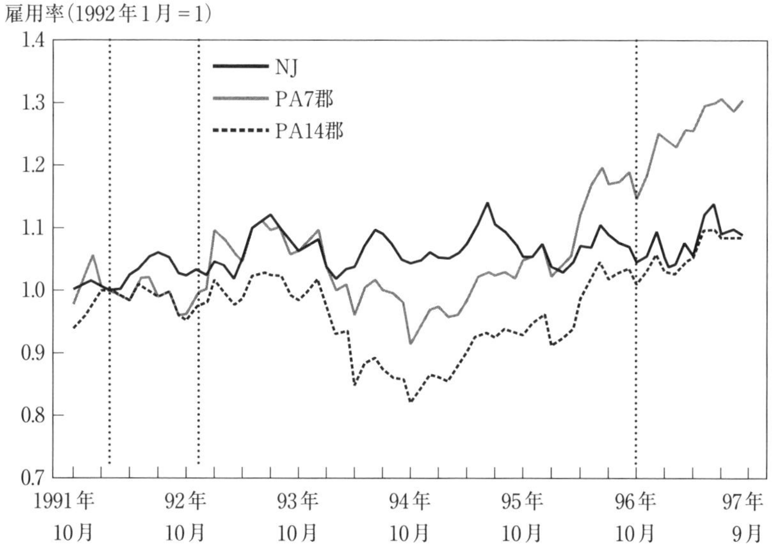

図 5.2.2　ニュージャージーとペンシルバニアのファーストフードレストランの雇用，1991 年 10 月から 1997 年 9 月（Card and Krueger 2000 から抜粋），垂直線は Card and Krueger (1994) の最初の調査と 1996 年 10 月の連邦最低賃金引き上げを示す．

上げを示している．これらのデータは新しい最低賃金実験を見る機会を私たちに提供している．

最初の Card and Krueger 調査と同様に，行政データはペンシルバニアでの 2 月・11 月間での雇用のわずかな減少とニュージャージーでの同期間の横ばい状況を示している．しかし，データは他の期間の年から年への大きな変動をも示している．こうした揺れは，しばしば 2 つの州の間で大きく異なるように見える．特に，1991 年の終わりにはニュージャージーとペンシルバニアの雇用水準は似通っていたが，ほとんど 1996 年の連邦最低賃金引き上げ前となる次の 3 年間でペンシルバニア（特に 14 の群）の雇用はニュージャージーとの雇用と比べ落ち込んだ．従って，ペンシルバニアは，最低賃金引き上げがなかったときのニュージャージーの仮想現実的な雇用率のあまりよい尺度を提供できていないかもしれない．

より励みになる例は，Pischke (2007) であり，ドイツでの急激な政策変更により生じた変動を用い，学期の長さの生徒の成果への効果を見た．1960 年

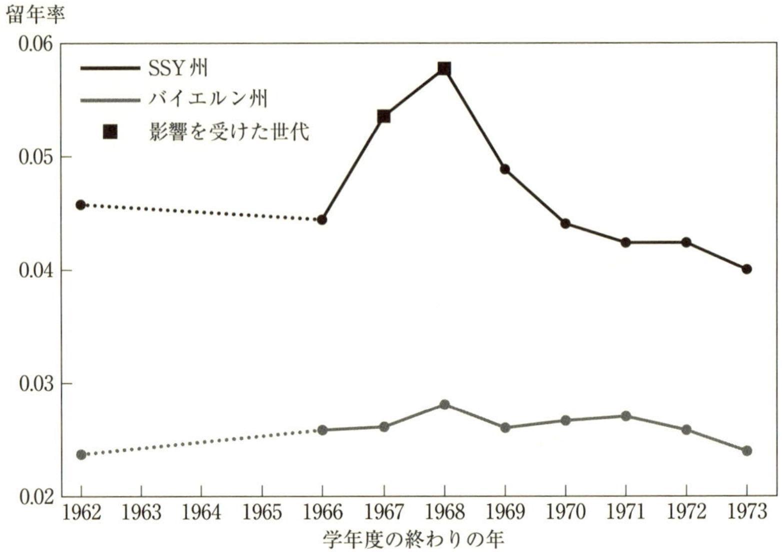

図 5.2.3　ドイツの処置校と対照校の 2 年生の平均留年率（Pischke, 2007 より抜粋）．データはバイエルン州の他の生徒（SSY 州）の学期の長さの変更の前後の期間を含む．

代まではバイエルン州（Bavaria）を除きドイツのすべての州の子供たちは春に学校が始まっていた．1966–67 年の学年度からは，春学期に始める子供たちが秋に学校を始めることになった．秋開始への移行に伴い，影響を受ける世代の 2 つの学年度を 37 週間から 24 週間へ短縮する必要が生じた．これらの世代の生徒達は，前後の世代と既に秋開始をしていたバイエルン州と比べ，結果的に学校で過ごす時間を圧縮された．

図 5.2.3 はバイエルン州と影響を受けた州の 2 年生の留年率を 1962–73 年の世代について示したものである（1963–65 年については留年のデータがない）．バイエルン州の留年率は 1996 年以降，2.5% の周辺で適度に平坦である．学期の長さの変化前の 1962–63 年の時点で，学年度短縮州（SSY）の留年率はより高く，4–4.5% となっている．しかし，これらの州の影響を受けた 2 つの世代については，第 1 の世代よりも第 2 の世代についてより顕著であるが，留年率がほぼ 1% ポイントもジャンプしており，その後，元の水準に戻っている．このグラフは，処置州と対照州がトレンドを共有し，処置が，トレンドか

らの急激であるが一過性の乖離を引き起こすという強い視覚的証拠を提供している．短い学年度は影響を受けた世代の留年率を高めたように見える．

5.2.1　回帰 DD

固定効果モデルと同様に，私たちは回帰を用いて (5.2.2) のような式を推定できる．NJ_s をニュージャージーを表わすダミー変数，d_t を 11 月（すなわち最低賃金の変更後）の観察値を示す時間ダミー変数とする．すると，

$$Y_{ist} = \alpha + \gamma NJ_s + \lambda\, d_t + \delta(NJ_s \cdot d_t) + \varepsilon_{ist} \qquad (5.2.3)$$

は (5.2.2) と同じである．ここで，$NJ_s \cdot d_t = D_{st}$である．3.1.4 節の用語を用いるならば，このモデルは州と年の２つの主効果と観察値がニュージャージーの 11 月のものであることを示す交差項を含む．条件付き平均関数 $E(Y_{ist}|s, t)$ は４つの潜在的な値をとり，４つのパラメターがあることからわかるように，これは飽和モデルである．回帰式 (5.2.3) のパラメターと条件付き平均関数の DD モデルのそれらとの関連は，次の通りである．

$$\begin{aligned}
\alpha &= E[Y_{ist}|s=PA, t=Feb] = \gamma_{PA} + \lambda_{Feb} \\
\gamma &= E[Y_{ist}|s=NJ, t=Feb] - E[Y_{ist}|s=PA, t=Feb] = \gamma_{NJ} - \gamma_{PA} \\
\lambda &= E[Y_{ist}|s=PA, t=Nov] - E[Y_{ist}|s=PA, t=Feb] = \lambda_{Nov} - \lambda_{Feb} \\
\delta &= \{E[Y_{ist}|s=NJ, t=Nov] - E[Y_{ist}|s=NJ, t=Feb]\} \\
&\quad - \{E[Y_{ist}|s=PA, t=Nov] - E[Y_{ist}|s=PA, t=Feb]\}
\end{aligned}$$

DD モデルの回帰による定式化は，DD 推定値と標準誤差を構築するのに便利な方法を提供する．回帰の設定に州や期を追加するのも容易である．例えば，さらなる対照州と処置前の期をニュージャージー・ペンシルバニア標本に加えることもできるだろう．(5.2.3) 式を一般化した結果は，各州と各期のダミー変数を含むが，他は変わりない．

回帰 DD の第２の長所はダミー変数によって表現できる以外の政策を研究するのに役立つということである．例えば，1992 年のニュージャージーとペンシルバニアの代わりに，米国のすべての州の最低賃金を見たいかもしれない．これらの中には連邦最低賃金よりも少し高いものもあるし，かなり高いものも

あるし，同じものもある．従って，最低賃金は州の間と時間の間で異なる処置強度を持つ変数である．さらに，州の最低賃金の法定の変動に加え，地域における最低賃金の重要性は州の平均賃金と共に変動する．例えば，1990 年代初頭の時給 4.25 ドルの連邦最低賃金は平均賃金の高いコネティカットではおそらく無意味であり，ミシシッピでは重要な意味を持っていたであろう．

Card (1992) は，連邦最低賃金の影響の地域差を利用した．彼のアプローチは次のような式に動機づけられている．

$$\mathrm{Y}_{ist} = \gamma_s + \lambda_t + \delta(\mathrm{FA}_s \cdot d_t) + \varepsilon_{ist} \qquad (5.2.4)$$

ここで，FA_s 変数は各州で最低賃金引き上げにより影響を受ける可能性の高い十代の比率を測っており，また，d_t は連邦最低賃金が 3.35 ドルから 3.80 ドルへ引き上げられた 1990 年の観察値を示すダミー変数である．FA_s 変数は基準となる（引き上げ前に）3.80 ドル以下の労働所得を稼いでいる各州の 10 代の労働力の比率である．

ニュージャージー・ペンシルバニア研究と同様に，Card (1992) は，前後 2 期のデータ，この場合は 1989 年と 1990 年のデータを用いている．しかし，この研究は 51 の州（ワシントン D.C を含む)，計 102 の州・年の観察値を用いている．(5.2.4) には個人のレベルの共変量はないので，（グループレベルの推定値がセルの大きさで加重されているときには）これは個票データを用いた推定と同じである．$\mathrm{FA}_s \cdot d_t$ は，(5.2.3) の $NJ_s \cdot d_t$ と同じように交差項であること，ただ，ここでは交差項はデータの各観察値毎の異なる値を取ることに気付いてほしい．最後に，Card (1992) は 2 期のみのデータを分析しているので，報告されている推定値は，一階の差分式からのものである．

$$\Delta\bar{\mathrm{Y}}_s = \lambda^* + \delta\mathrm{FA}_s + \Delta\bar{\varepsilon}_s,$$

ここでは，$\Delta\bar{\mathrm{Y}}_s$ は州 s の 10 代の平均雇用の変化であり，$\Delta\bar{\varepsilon}_s$ は差分式の誤差項である[8)]．

Card (1992) の表 3 に基づく表 5.2.2 は，賃金は最低賃金がより大きな影響を与えた州で（第 1 列の）より上昇した可能性が高いことを示している．これは，Card の分析では重要なステップである．変数 FA_s（影響を受ける 10 代

表 5.2.2　10 代への最低賃金効果の回帰 DD 推定値（1989～1990）

	平均対数賃金の変化		10 代の雇用と人口比率の変化	
説明変数	(1)	(2)	(3)	(4)
1. 影響を受けた 10 代（FA^s）の割合	0.15 (0.03)	0.14 (0.04)	0.02 (0.03)	−0.01 (0.03)
2. 全体の雇用/人口比率の変化	–	0.46 (0.60)	–	1.24 (0.60)
R^2	0.30	0.31	0.01	0.09

注：Card (1992) から抜粋，表は，州毎の十代の平均雇用の変化を各州における国の最低賃金の変化による影響を受けた 10 代の割合へ回帰したモデルの推定値を報告している，データは 1989 年と 1990 年の CPS である，回帰は各州の CPS 標本サイズによるウエイト付けがなされている，

の比率）が連邦最低賃金の引き上げによりもたらされる賃金上昇のよい予測変数であるという観念が正しいことを示している．他方で，3 列目からわかるように，雇用は変数 FA_s とは概して無関係であるように見える．従って，Card (1992) の結果はニュージャージー・ペンシルバニア研究からの結果と整合的である．

Card (1992) の分析は回帰 DD のさらなる長所を明らかにしている．この枠組みは，新たな共変量を追加するのが容易である．例えば，脱落している，州に特殊なトレンドの源泉として成人雇用をコントロールしたいかもしれない．つまり，最低賃金の変化がないときの仮想現実的な雇用を次のようにモデル化できる．

$$E[Y_{0ist}|s, t, X_{st}] = \gamma_s + \lambda_t + X'_{st}\beta$$

ここで，X_{st} は，州と時間によって変化する共変量であり，成人雇用を含む（しかし，成人雇用が最低賃金に反応するならばこれは正しくなく，悪いコントロールである．3.2.3 節を参照のこと）．表 5.2.2 の 2 列目と 4 列目から見てとれるように，成人雇用のコントロールの追加は Card の結果にほとんど影響しない

8)　(5.2.4) の精神に乗っ取った他の特定化は，$FA_s \cdot d_t$ の代わりに州と連邦の最低賃金の標準化された関数を右辺に持ってくる．例えば，最低賃金の適用範囲の調整が行われ，州の平均時給で標準化された州と連邦の最低賃金の差を用いる Neumark and Washer (1992) を参照のこと．

ことがわかる．

Card (1992) が個人ではなく州の平均値を分析している点は強調に値する．彼はCPSからの複数年の個票データを用い，次のような式を推定することもできたであろう．

$$\mathrm{Y}_{ist} = \gamma_s + \lambda_t + \delta(\mathrm{FA}_s \cdot d_t) + \mathrm{X}'_{ist}\beta + \varepsilon_{ist} \qquad (5.2.5)$$

ここで，X_{ist}は，人種のような個人のレベルの属性や州のレベルで測られる時間と共に変化する共変量を含むことができる．後者のみが脱落変数バイアスの源泉になる可能性が高いが，2.3節で述べたように，個人のレベルの属性のコントロールは精度を増すことができる．しかし，グループレベルの説明変数と個票データの被説明変数を結合する枠組みでは，推論が若干複雑となる．第8章で議論するように，鍵となるのは，あり得るグループレベルの変量効果に対して標準誤差をどのように調整するのが最良かという問題である．

標本が多くの年を含むときには，回帰DDモデルはGranger (1969) の精神に乗っ取った因果関係の検定に適している．Grangerの発想は原因が結果より前に起き，逆ではないかどうかを見ることである（ただ，第4章の冒頭の題辞から私たちが知っているように，これだけでは因果推論には十分ではない）．関心対象の政策変数，D_{st}が異なる州で異なる時間に変化するとしよう．この文脈で，Grangerの因果関係の検定は州と年の効果を所与として，過去のD_{st}がY_{ist}を引き起こすが，将来のD_{st}は引き起こさないか否かの確認を意味する．D_{st}がY_{ist}を引き起こすが，逆はないのであれば，将来の政策変更のダミー変数は次のような式にあってもなくてもよいはずである．

$$\mathrm{Y}_{ist} = \gamma_s + \lambda_t + \sum_{\tau=0}^{m} \delta_{-\tau}\mathrm{D}_{s,t-\tau} + \sum_{\tau=1}^{q} \delta_{+\tau}\mathrm{D}_{s,t+\tau} + \mathrm{X}'_{ist}\beta + \varepsilon_{ist} \qquad (5.2.6)$$

ここで右辺の和は　処置後の効果を表わすm個のラグ $(\delta_{-1}, \delta_{-2}, \cdots, \delta_{-m})$ と予期効果を表わすq個のリード $(\delta_{+1}, \delta_{+2}, \cdots, \delta_{+q})$ を許容する．ラグ効果のパターンは通常，本質的な関心事である．例えば，私たちは，因果効果が時間と共に大きくなる，あるいは，消滅するはずであると考えるかもしれない．

Autor (2003) は，雇用保護の企業の派遣労働利用への効果の研究でGranger検定を行っている．米国では雇用保護は，州の立法府により公布される，あるいは，より典型的には，州の裁判所によって作られる慣習法といった，労働者を解雇するのを困難にする労働法の一種である．原則として，米国の労働法は退職，および解雇の自由を認め，それは労働者が正当な理由があろうが理由がなかろうが，雇用主の気まぐれで解雇され得ることを意味している．しかし，いくつかの州の裁判所は退職および解雇自由の原則に対し多くの例外を認めて来ており，不当な解雇に対する訴訟を生んでいる．Autor は，労働者による訴訟の恐れが，企業に対して，それがなければ労働者を増やしたであろう業務をさせるのに，派遣社員を使う傾向を高めているか否かに関心を持っている．派遣労働者は業務をしている企業ではなく他の誰かに雇われている．従って，彼らを使っている企業は派遣社員を解雇しても不当な解雇で訴訟を起こされることはない．

Autor の実証戦略は，州の派遣社員の雇用を退職及び解雇の自由の原則に対する例外を認める州の裁判所の判決を示すダミー変数に関連付ける．彼の回帰 DD モデルは，(5.2.6) 式のように，リードとラグの両方を含んでいる．推定されたリードとラグは，2 年先から 4 年後までであるが，Autor (2003) の図 3 の複製である図 5.2.4 にプロットされている．推定値は，裁判所が例外を認める前の 2 年間には効果がなく，派遣社員の雇用に対する効果は，認めた後の数年間で急激に大きくなった後で，影響を受けた州では派遣労働雇用の比率が恒久的に高くなることを示している．このパターンは Autor の結果の因果的解釈と整合的である．

DD 識別戦略のもう 1 つのチェックは，州に特殊な時間トレンドをコントロール変数のリストに加えることである．つまり，推定するのは

$$\mathrm{Y}_{ist} = \gamma_{0s} + \gamma_{1s}t + \lambda_t + \delta \mathrm{D}_{st} + \mathrm{X}'_{ist}\beta + \varepsilon_{ist} \qquad (5.2.7)$$

である．ここで，γ_{0s} は，これまで通り，州に特殊な切片であり，γ_{1s} は，時間トレンド変数 t に掛っている州に特殊なトレンド係数である．これは，限られてはいるが潜在的に明らかにできる方法で，処置州と対照州が異なるトレンドを持つのを許容する．関心対象の効果の推定値がこれらのトレンドを入れても変わらないことを見出せば元気づけられるし，そうでなければ落胆させられる．しかし，州に特殊なトレンドを持つモデルを推定するには少なくとも 3 期を

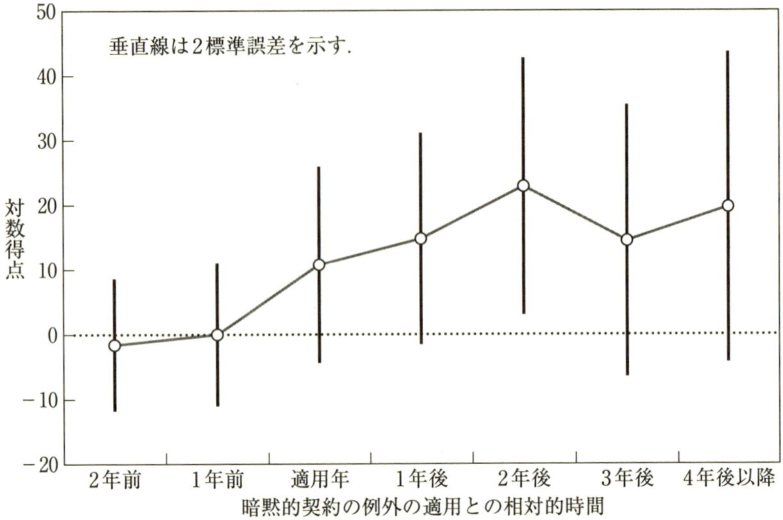

図 5.2.4　雇用の自由主義からの暗黙的契約の例外が派遣社員の使用に与えた影響の推定値（Autor 2003 より）．被説明変数は，1979–1995 年の州の派遣社員雇用の対数である．推定値は，例外が適用された前，当該期間，そして後の効果を許容したモデルからのものである．

必要とすることに気付いてほしい．さらに，実際には，3 期は，トレンドと処置効果の両方を突き止めるには概して不十分である．一般に，州に特殊なトレンドを考慮した DD 推定は，処置前のデータが明確なトレンドを示し，処置後の期間へと外挿できるときに，より頑健で説得力がある可能性が高い．

労働規制がインドの州のビジネスに与える効果の研究で Besley and Burgess (2004) は頑健性チェックのために州のトレンドを用いている．異なる州は異なる時点で規制制度の変更を行っており，DD 研究デザインが使われている．Card (1992) と同様に，Besley and Burgess (2004) の観察単位は州・年の平均である．表 5.2.3（彼らの論文の表Ⅳに基づく）は，鍵となる結果を再現している．

1 列目の推定値は，州に特殊なトレンドを考慮しない回帰 DD モデルからのものであり，労働規制が 1 人当たりの生産高を低めることを示している．2 列目と 3 列目の推定値を構築するのに使われたモデルには，1 人当たりの政府支出と州の人口といった，時間と共に変化する州に固有な説明変数を加えている．

表 5.2.3　インドの州における労働規制の企業業績への効果の推定値

	(1)	(2)	(3)	(4)
労働規制（ラグ付き）	−0.186 (0.064)	−0.185 (0.051)	−0.104 (0.039)	0.0002 (0.020)
人口１人あたり対数開発支出		0.240 (0.128)	0.184 (0.119)	0.241 (0.106)
人口１人あたり設置済みの対数電気算出能力		0.089 (0.061)	0.082 (0.054)	0.023 (0.033)
州の対数人口		0.720 (0.960)	0.310 (1.192)	−1.419 (2.326)
議会過半数			−0.0009 (0.010)	0.020 (0.010)
極左派過半数			−0.050 (0.017)	−0.007 (0.009)
ジャナタ（Janata）過半数			0.008 (0.026)	−0.020 (0.033)
地域過半数			0.006 (0.009)	0.026 (0.023)
州に特殊なトレンド	No	No	No	Yes
調整済み R^2	0.93	0.93	0.94	0.95

注：Besley and Burgess (2004)，表Ⅳから抜粋．表は，労働規制の企業業績への効果の回帰 DD 推定値を報告している．被説明変数は，人口１人あたりの製造業対数産出量である．全てのモデルは州と年の効果を含む．州レベルでクラスター化された頑健標準誤差が括弧に報告されている．産業紛争法（Industrial Disputes Act）の州による修正は，1＝労働者寄り，0＝中立的，−1＝雇用寄りとコード化され，期を超えて累積され，労働規制の尺度が生成されている．設置済み対数電気算出能力は，キロワットで測られ，対数開発支出は，社会的，経済的サービスに対する州の人口１人あたり実質支出である．議会，極左，ジャナタ，地方過半数は，これらの政治グループが州の立法部で過半数を占めた年を数えたものである．データは，1958–92 の 16 主要州からのものである．552 の観察値がある．

これは，Card (1992) が最低賃金の研究で州レベルの成人雇用率をコントロールに加えた精神と通じる．コントロールの追加は，Besley and Burgess (2004) の推定値にほとんど影響しない．しかし，４列目に見られるように，州に特殊なトレンドの追加は労働規制の効果を抹消する．明らかに，インドの労働規制は生産高がいずれにせよ逓減していた州で高まっていた．従って，このトレンドのコントロールは規制の効果の推定値をゼロに追いやるのである．

コントロール変数の選択

DD 設定の２つの次元を**州**と**年**と名付けたのは，これが応用計量経済学では典型的な例であるからである．しかし DD の発想は遥かに一般的である．添

え字の s は，州の代わりに，その一部が政策の影響を受け，他は影響を受けないような，人口学的グループを指してもよい．例えば，Kugler, Jimeno, and Hernanz (2005) はスペインの年齢別の雇用保護政策の効果を見ている．同様に，時間の代わりに，データを世代や他の種類の属性でグループ化してもよい．1 つの例は，Angrist and Evans (1999) であり，彼らは州の妊娠中絶法の改正が 10 代の妊娠に与える効果を州と誕生年による変動を用いて研究した．しかし，グループのレベルに関わらず，DD デザインは，暗黙的な処置と対照間の比較を常に設定している．この比較がよいものか否かという問いは注意深い検討に値する．

この文脈での 1 つの潜在的な落とし穴は，処置の結果，処置群と対照群の構成が変わってしまうときに生じる．州と時間の比較に基づくデザインに戻り，公的扶余の寛大さが労働供給に与える効果に私たちが関心を持っているとしよう．歴史的に，米国の諸州は貧しい未婚の母親たちにかなり異なる生活保護を支給して来た．労働経済学者たちは，そのような所得維持政策が生活水準の上昇にどれだけ寄与しているのか，勤労の魅力を弱めているのかといった，効果に長い間，関心を持って来た（最近の研究としては，例えば，Meyer and Rosenbaum 2001 を参照）．ここでの心配は，Moffitt (1992) による生活保護に関する研究のサーベイで強調されたことであるが，いずれにせよ労働市場への付着が弱い貧しい人々はより寛大な生活保護を支給する州へ移動するかもしれないということである．DD 研究デザインでは，この種のプログラムにより誘発された移動が寛大な生活保護制度が労働供給に実際よりも悪い影響を与えているように見せてしまう傾向がある．

移動の問題は，個人が最初にいた場所がわかれば，通常は修正できる．処置前の期の居住していた州，あるいは，生まれた州がわかっているとしよう．生まれた州も過去に居住していた州は処置の影響を受けないが，現在居住する州とまだ強い相関を持っている．従って，移動の問題は，居住する州の代わりに，これらの次元を用いた比較によって除去できる．これは，移動する個人の所在を誤るという新たな問題を生む．しかし，実際にはこれは，第 4 章で議論した IV 法で容易に対処できる（生まれた州，または，過去に居住した州を現在の場所の操作変数を構築するのに用いることができる）．

改良された対照群を用いた2×2の改造DD設定の修正では，より高い次元の対照を用い因果推論を行う．1つの例は，Yelowitz (1995) によって研究された米国のMedicaid適用範囲の拡大である．米国の貧困層を対象とした巨大な健康保険プログラム，Medicaidの受給資格は，かつては，現金支給を行う大きな生活保護プログラム，AID for Families with Dependent Children (AFDC) の受給資格と結びついていた．しかし1980年代のいろいろな時点で，いくつかの州はAFDCの受給資格のない家族の子供たちにもMedicaidの適用を拡大した．Yelowitz (1995) は子供のための公的健康保険の拡大が，とりわけ母親の労働力参加と労働所得にどのような影響を与えたかに関心を持った．

州と時間に加え，子供の年齢がMedicaid政策が変更する第3の次元を提供する．Yelowitzはこの変動を利用し，次式を推定する．

$$\mathrm{Y}_{iast} = \gamma_{st} + \lambda_{at} + \theta_{as} + \delta \mathrm{D}_{ast} + \mathrm{X}'_{iast}\beta + \varepsilon_{iast}$$

ここで，sは州のインデックス，tは時間のインデックス，aは家族の中の最小年齢の子供の年齢である．このモデルは，年齢グループに共通な州に特殊な時間の効果（γ_{st}），時間を追って変化する年齢効果（λ_{at}），そして，州に特殊な年齢効果（θ_{as}）に関する最大限にノンパラメトリックなコントロールを提供している．関心対象の説明変数，D_{ast}はMedicaidが適用される州と年で影響を受ける年齢グループの子供たちを持つ家族を示す．この3階差分モデルは，州と年のみによる差分を利用する伝統的なDD分析よりも説得力のある結果を生むかもしれない．

5.3　固定効果対ラグ付き被説明変数

固定効果とDD推定量は時間と共に変化しない（あるいはグループ間で変化しない）脱落変数の仮定に基づいている．例えば，3.3.3節で議論したDehejia and Wahba (1999) とLalonde (1986) のように，補助金付きの訓練プログラムへの参加の効果に関心があるとしよう．この場合，固定効果モデルを動機づける鍵となる識別の仮定は

$$E[\mathrm{Y}_{0it}|\alpha_i, \mathrm{X}_{it}, \mathrm{D}_{it}] = E[\mathrm{Y}_{0it}|\alpha_i, \mathrm{X}_{it}] \qquad (5.3.1)$$

である．ここで，α_i は個人の観察されない属性であり，共変量 X_{it} と共に個人 i が訓練を受けるか否かを決める．具体的には，α_i は職業能力の尺度かもしれないが，固定効果設定に痛手となるのは，観察されない変数の正確な性質は概してどうも神秘的なままであるという事実である．いずれにせよ，$E(Y_{0it}|\alpha_i, X_{it})$ の線形モデルと共に仮定 (5.3.1) は，差分あるいは平均からの偏差を用いた単純な推定戦略が可能となる．

多くの因果的問いでは，最も重要な脱落変数は時間と共に変化しないという観念はもっともらしく見えない．訓練プログラムの評価は適例である．政府により支援された訓練プログラムに参加して労働市場での選択肢を改善しようとしている人々は何らかの挫折に苦しんだ可能性が高い．多くの訓練プログラムは，最近仕事を失った男性といったように，最近，挫折を経験した人々を明示的に対象としている．これと整合的に，Ashenfelter (1978) と Ashenfelter and Card (1985) は，訓練参加者の労働所得の履歴を見ると，概して訓練前に落ち込んでいることを見出している．過去の労働所得は時間と共に変化する交絡変数であり，α_i のような時間と共に変化しない脱落変数には包摂され得ない．

訓練生に特有の労働所得の履歴は，過去の労働所得を直接コントロールし，固定効果をなしで済ますという推定戦略への動機を与える．正確には，私たちは，(5.3.1) の代わりに，因果推論を条件付き独立の仮定に基づいて行ってもよいであろう．

$$E[Y_{0it}|Y_{i,t-h}, X_{it}, D_{it}] = E[Y_{0it}|Y_{it-h}, X_{it}] \tag{5.3.2}$$

これは訓練生を特別な存在にしているのは h 期前の彼らの労働所得であると言っているようなものである．そして，パネルデータを用い，次式を推定できる．

$$Y_{it} = \alpha + \theta Y_{it-h} + \lambda_t + \delta D_{it} + X_{it}'\beta + \varepsilon_{it} \tag{5.3.3}$$

ここで，訓練の因果効果は δ である．これをより一般化するには，Y_{it-h} は複数期のラグ付きの労働所得を含むベクトルとすることができる[9]．

パネルデータを使う応用研究者は，固定効果とラグ付き被説明変数モデル，すなわち，(5.3.1) と (5.3.2) に基づく因果推論の選択という難題にしばしば遭遇する．このジレンマに対する一つの解決策はラグ付き被説明変数と個人の観察されない効果の両方を含むモデルを使うことである．つまり，識別は，α_i と Y_{it-h} への条件付けを必要とする

$$E[Y_{0it}|\alpha_i, Y_{it-h}, X_{it}, D_{it}] = E[Y_{0it}|\alpha_i, Y_{it-h}, X_{it}] \tag{5.3.4}$$

に基づいて良いであろう．そして，次のような特定化を用い，因果効果を推定しようとすることができる．

$$Y_{it} = \alpha_i + \theta Y_{it-h} + \lambda_t + \delta D_{it} + X'_{it}\beta + \varepsilon_{it} \tag{5.3.5}$$

残念ながら，(5.3.5) 式の δ の一致推定のための条件は固定効果またはラグ付き被説明変数のみの場合に要求されるそれらと比べ遥かに厳しい．これはラグ付き被説明変数が Y_{it-1} である単純な例で見てとれる．差分を取ることにより固定効果を消すと，

$$\Delta Y_{it} = \theta \Delta Y_{it-1} + \Delta\lambda_t + \delta \Delta D_{it} + \Delta X'_{it}\beta + \Delta\varepsilon_{it} \tag{5.3.6}$$

を得る．ここでの問題は，差分を取った後の誤差項，$\Delta\varepsilon_{it}$ とラグ付き被説明変数，ΔY_{it-1} はいずれも ε_{it-1} の関数であるので，$\Delta\varepsilon_{it}$ は ΔY_{it-1} と必ず相関しているということである．Nickell (1981) によって最初に指摘された問題であるが，結果として，(5.3.6) の OLS 推定値は (5.3.5) のパラメターに一致しない．この問題は解決し得るが，解決には強い仮定が必要となる．最も簡単な解決法は (5.3.6) の ΔY_{it-1} の操作変数として Y_{it-2} を用いることである[10]．しかし，これは Y_{it-2} が差分を取った後の誤差項，$\Delta\varepsilon_{it}$ と無相関であることを要求する．誤差項は共変量を考慮した後に残る労働所得の一部であるので，これはありそ

---

9)　Abadie, Diamond and Hainmueller (2007) は，伝統的な回帰の設定より柔軟なラグ付き被説明変数モデルのセミパラメトリック版を開発している．5.3.2 と同様に，このモデルの鍵となる仮定は，ラグ付きの労働所得を所与としたときの，処置状況と潜在的結果変数との独立性である．Abadie, Diamond and Hainmueller のアプローチは，個票データとグループ構造を持つデータで使うことができる．Dehejia and Wahba (1999) のマッチング戦略もラグ付き被説明変数を使っている．

10)　詳細と例については Holtz-Eakin, Newey, and Rosen (1988), Arellano and Bond (1991), Blundell and Bond (1998) を参照のこと．

うもない．ほとんどの人の労働所得はある年から次の年へと強く相関しているので，過去の労働所得は $\Delta\varepsilon_{it}$ とも相関している可能性が高い．もし ε_{it} が系列相関をもつならば，(5.3.6) の一致推定量はないかもしれない．(Y_{it-2} を操作変数として用いるIV戦略は少なくとも3期を要し，$t, t-1, t-2$ のデータを得ることにも気付いて欲しい．)

(5.3.6) を推定しようとするときに生じる困難を前に，固定効果とラグ付き被説明変数の区別が重要であるか私たちは問うかもしれない．残念ながら，その答えはイエスである．固定効果とラグ付き被説明変数モデルは入れ子になっていない，つまり私たちは，1つを推定し，必要であれば他の特殊ケースとして得るといったことを期待できないということである．

では応用屋はどうすればよいのか？　1つの答えは，いつものことではあるが，異なる識別の仮定を用い，結果の頑健性をチェックすることである．それは，もっともらしい代替モデルを用い，大まかに似た結果を見出したいということを意味する．固定効果とラグ付き被説明変数推定値は役立つ境界を定める括弧の特性をも持っている．この章の補論は，もし (5.3.2) が正しいのに，あなたが誤って固定効果を推定したならば，正の処置効果の推定値は大き過ぎる傾向があることを示している．他方で，もし (5.3.1) が正しいのに，あなたが誤ってラグ付き従属変を含むモデルを推定したならば，正の処置効果は小さ過ぎる傾向がある．従って，あなたは（セレクション・バイアスの性質に関するいくつかの仮定を所与として）固定効果とラグ付き被説明変数は関心対象の因果効果の境界を定めていると考えることができる．Guryan (2004) は裁判所命令による人種差別廃止のための生徒のバス通学輸送が黒人生徒の高校卒業率に与えた効果を推定する研究でこの種の理由づけを説明している．

5.4　補論：固定効果とラグ付き被説明変数についての補足

単純化のため，私たちは共変量，切片，年効果を無視し，2期しかなく，1期では全ての人について処置はゼロに等しいと仮定する（より一般的な設定でも結論は同じである)．関心対象の因果効果，δ は正である．最初に，処置（訓練の状況）が観察されない個人の効果，α_i と相関し，ラグ付き結果の誤差項，$\varepsilon_{it-1.}$ と相関せず，結果は次式で表わせるとしよう．

$$\mathrm{Y}_{it} = \alpha_i + \delta \mathrm{D}_{it} + \varepsilon_{it} \tag{5.4.1}$$

ここで，ε_{it} は系列相関せず，また，α_i と D_{it} には相関しない．次も成り立つ．

$$\mathrm{Y}_{it-1} = \alpha_i + \varepsilon_{it-1}$$

ここで，α_i と ε_{it-1} は相関しない．あなたは誤って Y_{it-1} をコントロールするが，固定効果を無視したモデルで $\tilde{\mathrm{D}}_{it}$ の効果を推定するとしよう．結果として生じる推定量は確率極限，$\dfrac{Cov(\mathrm{Y}_{it}, \tilde{\mathrm{D}}_{it})}{V(\tilde{\mathrm{D}}_{it})}$ をもつ．ここで，$\tilde{\mathrm{D}}_{it} = \mathrm{D}_{it} - \gamma \mathrm{Y}_{it-1}$ は D_{it} の Y_{it-1} に対する回帰の残差である．

今，(5.4.1) に $\alpha_i = \mathrm{Y}_{it-1} - \varepsilon_{it-1}$ を代入すると，

$$\mathrm{Y}_{it} = \mathrm{Y}_{it-1} + \delta \mathrm{D}_{it} + \varepsilon_{it} - \varepsilon_{it-1}$$

を得る．ここから次を得る．

$$\begin{aligned}\frac{Cov(\mathrm{Y}_{it}, \tilde{\mathrm{D}}_{it})}{V(\tilde{\mathrm{D}}_{it})} &= \delta - \frac{Cov(\varepsilon_{it-1}, \tilde{\mathrm{D}}_{it})}{V(\tilde{\mathrm{D}}_{it})} \\ &= \delta - \frac{Cov(\varepsilon_{it-1}, \mathrm{D}_{it} - \gamma \mathrm{Y}_{it-1})}{V(\tilde{\mathrm{D}}_{it})} = \delta + \frac{\gamma \sigma_\varepsilon^2}{V(\tilde{\mathrm{D}}_{it})}\end{aligned}$$

ここで，σ_ε^2 は ε_{it-1} の分散である．訓練を受ける人は低い Y_{it-1} を持ち，$\gamma < 0$ であるので，結果として生じる δ の推定値は小さ過ぎる．

今度は，低い Y_{it-1} によって処置が決められるとしよう．因果効果は単純化されたバージョンの (5.3.3) を用いて推定することができる．

$$\mathrm{Y}_{it} = \alpha + \theta \mathrm{Y}_{it-1} + \delta \mathrm{D}_{it} + \varepsilon_{it} \tag{5.4.2}$$

ここで，ε_{it} は系列相関せず，また，D_{it}とは相関しない．あなたは，誤って固定効果を消すために一階の差分をとった式を推定するとしよう．これはラグ付き被説明変数を無視することになる．すべての人の間で$\mathrm{D}_{it-1}=0$であるこの単純な例では，一階差分推定量は次の確率極限をもつ．

$$\frac{Cov(\mathrm{Y}_{it} - \mathrm{Y}_{it-1}, \mathrm{D}_{it} - \mathrm{D}_{it-1})}{V(\mathrm{D}_{it} - \mathrm{D}_{it-1})} = \frac{Cov(\mathrm{Y}_{it} - \mathrm{Y}_{it-1}, \mathrm{D}_{it})}{V(\mathrm{D}_{it})} \tag{5.4.3}$$

(5.4.2) の両辺から Y_{it-1} を引くと，

$$Y_{it} - Y_{it-1} = \alpha + (\theta - 1)Y_{it-1} + \delta D_{it} + \varepsilon_{it}$$

を得る．これを (5.4.3) に代入すると，不適切に差分されたモデルから

$$\frac{Cov\,(Y_{it} - Y_{it-1},\, D_{it})}{V(D_{it})} = \delta + (\theta - 1)\frac{Cov\,(Y_{it-1},\, D_{it})}{V(D_{it})}$$

を得る．一般に，θ を 1 より小さい正の数と考えるが，そうでなければ非定常（すなわち，発散する時系列過程）であるからである．従って，訓練を受ける人は低い Y_{it-1} を持つので，δ の一階差分推定値は大き過ぎる．この単純なモデルでは差分は，(5.4.2) で $\theta=1$ となるときには大丈夫であるが，それは一般的には正しくないことに気付いて欲しい．

第Ⅲ部　拡　張

第6章　ちょっと跳んじゃうんだけど：回帰不連続デザイン

Getting a Little Jumpy: Regression Discontinuity Designs

「でも，そのルールに従って行動しはじめると，それこそ次々にいろんなことが起きて，人間についてあらゆることが見えてくるのよ．(…) 占星術はたんにひとつのものの見かたにすぎないの．問題の形を浮き彫りにする手段なのよ．ルールが多ければ多いほど，細かければ細かいほど，恣意的であればあるほどいいのよ.」

ダグラス・アダムス『ほとんど無害』

回帰不連続（regression discontinuity：RD）分析は，何がしかの処置が行われた場合，それを識別する法則についての正確な知識をフル活用する．RD による識別手法は，高度に法則化された世界では，任意で，したがって，適切な実験環境を提供するという考え方に基づいている．RD には，ファジーとシャープという 2 つの分析手法がある．シャープな設計は，処置が外生（あるいは，弱外生）のケースとしてとらえることができる．他方，ファジーな設計は，操作変数（instrumental variable：IV）型の仕組みである．

6.1　シャープな RD

シャープな RD は，処置の状況が，ある共変量 x_i の決定関数であり，かつ，不連続関数である場合に用いられる．例えば，

$$D_i = \begin{cases} 1 & \text{if} \quad x_i \geq x_0 \\ 0 & \text{if} \quad x_i < x_0 \end{cases} \qquad (6.1.1)$$

式 (6.1.1) において，x_0 は，既知の閾値，ないしは，分断点である．この式では，x_i が知れると D_i もおのずと明らかになるため，この割当てのメカニズムは，x_i の決定関数と考えてよいだろう．他方，この式では，いかに x_i が x_0 に近い値をとろうが，$x_i = x_0$ となるまでは処置は生起しないことから，この式における処置は x_i の不連続関数であるといえる．

以上のような説明はやや抽象的すぎるので，1 つ具体的な事例を示すことにしよう．アメリカの高校生は，大学進学をめざす 11 年生〔日本では高校 2 年生にあたる〕が受ける大学進学適正試験（Scholastic Assessment Test：SAT）の予備試験である高校 2 年生用 SAT 共通試験（Preliminary Scholastic Assessment Test：PSAT）の点数に基づき，全米育英会奨学金を得ることができる．この事例に対する RD の有効性を議論するためには，全米育英会奨学金を獲得した生徒が，結果的に，将来のキャリアや研究計画を変更するかどうかを見極める必要がある．たとえば，全米育英会の奨学生は，大学院へ進学する可能性が高いかもしれない（Thistlewaithe and Campbell, 1960; Campbell, 1969）．シャープな RD は，PSAT の点数が，全米育英会奨学金を取得することのできた点数，つまり，分断点よりもわずかに高い点数と低い点数のところで，大学院への進学率がどう違ったかを比較する．一般的には，PSAT でより高得点を得た生徒は，将来大学院へ進学する確率が高いことが予測される．しかしながら，こうした効果は，少なくとも，分断点に近い点数の辺りでは，大学院進学率と PSAT の点数を回帰分析にかけることで統制可能である．この事例では，奨学金を取得できる PSAT 点数の閾値周辺において，PSAT の得点と大学院への進学率との間の関係に見られる跳躍を，処置効果の証拠とみなすのである．そして，この回帰線における跳躍こそが，回帰不連続（RD）という名の由来となっている[1]．

---

1) RD の設計の基本構造は，複数の学問分野で同時発生的にその発生を確認することができるが，応用計量経済学でその重要性が省みられるようになったのは，つい最近のことである．Cook (2008) では，RD の設計に関する学問的な経緯が示されている．また，Cook and Wong (2008) によれば，Lalonde (1986) 型の〔職業訓練〕の効果分析において，RD の設計は，一般的に，無作為抽出化試験によって得られる結果を再現することに長けていることが明らかにされている．

RDの興味深く重要な特徴は，Imbens and Lemieux (2008) による最近の研究で強調されているように，処置群〔例えば，前段の事例でいえば，全米育英会の奨学生〕と対照群〔奨学生資格を獲得できなかった生徒〕とがともに観察されるような x_i では，意味が**ない**ということである．共変量の値によって条件付けられた処置群と対照群との比較検証を行えば，両者にしばしば重複が起こる．こうした共変量依存型の統制手法とは異なり，RDの妥当性は，少なくとも分断が起こる付近では，共変量の値とは無関係に推定を行うことを可能にする点である．これこそが，他の統制手法とは一線を画するシャープなRDの特色の1つと通常考えられている．しかしながら，これと同じ理由で，RDの世界が，本書の第3章で論じた回帰分析式の手法と無縁であるとは必ずしもいえない．

図6.1.1は，$x_i \geq 0.5$ を処置群と仮定した，RDの仮想シナリオのいくつかを図示したグラフである．パネルAでは，処置の結果と x_i が，線形の関係であるのに対し，パネルBでは，その関係が非線形となっている．両者とも，分断点 x_0 の付近では，観察されるCEFである $E[\mathrm{Y}_i|x_i]$ が不連続であるのに対して，$E[\mathrm{Y}_{0i}|x_i]$ は連続である．

RDの考え方は，下記のような単純なモデルによって定式化することができる．式 (6.1.1) で示した割当てのメカニズムに加えて，結果の生起確率を次のような線形の均一効果モデルによって示すことができるとしよう．

$$E[\mathrm{Y}_{0i}|x_i] = \alpha + \beta x_i$$
$$\mathrm{Y}_{1i} = \mathrm{Y}_{0i} + \rho$$

以上から，下記の回帰式を導くことができる．

$$\mathrm{Y}_i = \alpha + \beta x_i + \rho \mathrm{D}_i + \eta_i \qquad (6.1.2)$$

式(6.1.2)における ρ が，ここで注目すべき因果効果である．たとえば，第3章における処置効果の推定手法とこの回帰式との重要な違いは，ただ単に D_i が x_i に相関しているというだけではなく，D_i は x_i の決定関数であるという点である．RDは，非線形，かつ，不連続な関数である $1(x_i \geq x_0)$ を，連続で（パネルAの場合は）線形な関数 x_i から識別することによって，因果効果を特定す

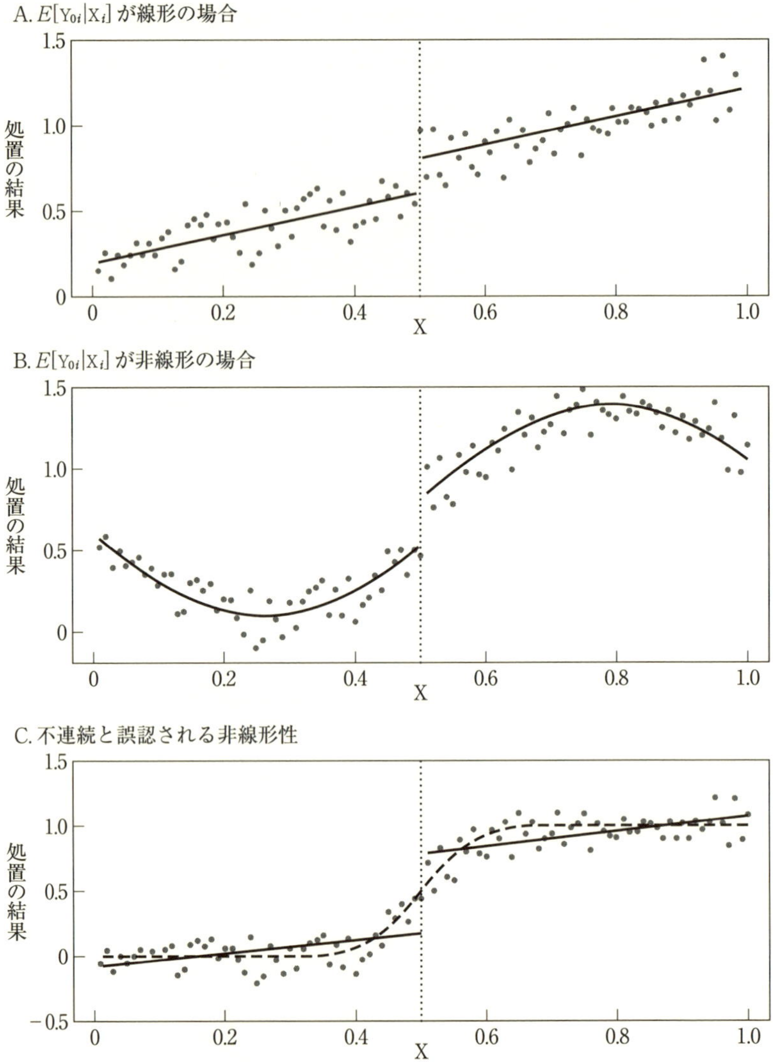

図 6.1.1　シャープな RD の設計

るのである．

しかし，仮に，$E[Y_{0i}|x_i]$ が非線形である場合，どうなるであろうか．より厳密には，ある適当な連続関数 $f(x_i)$ を想定して，$E[Y_{0i}|x_i]=f(x_i)$ となると仮

定してみよう．図 6.1.1 のパネル B は，こうしたより一般化された事例であっても，RD が適用可能であることを示している．ここでは，RD による推定式は次のようになる．

$$\mathrm{Y}_i = f(x_i) + \rho \mathrm{D}_i + \eta_i \tag{6.1.3}$$

式 (6.1.3) においても，同様に，$\mathrm{D}_i = 1(x_i \geq x_0)$ は，x_i が x_0 と等しくなる点で不連続となっている．$f(x_i)$ が x_0 の周りで連続である限り，さらに一般化された関数形 $f(x_i)$ についても，式 (6.1.3) のようなモデルを推定することは可能である．たとえば，$f(x_i)$ を p 次多項式とすると，RD 推定式は，次のようになる．

$$\mathrm{Y}_i = \alpha + \beta_1 x_i + \beta_2 x_i^2 + \cdots + \beta_p x_i^p + \rho \mathrm{D}_i + \eta_i \tag{6.1.4}$$

式 (6.1.4) に基づき，RD 推定式を一般化すると $E[\mathrm{Y}_{0i}|x_i]$ と $E[\mathrm{Y}_{1i}|x_i]$ について，異なるトレンド関数を想定することが可能となる．両者の CEF がともに p 次多項式だとすると，

$$E[\mathrm{Y}_{0i}|x_\mathrm{i}] = f_0(x_i) = \alpha + \beta_{01}\tilde{x}_i + \beta_{02}\tilde{x}_i^2 + \cdots + \beta_{0p}\tilde{x}_i^p$$
$$E[\mathrm{Y}_{1i}|x_\mathrm{i}] = f_1(x_i) = \alpha + \rho + \beta_{11}\tilde{x}_i + \beta_{12}\tilde{x}_i^2 + \cdots + \beta_{1p}\tilde{x}_i^p$$

この式において，$\tilde{x}_\mathrm{i} \equiv x_i - x_0$ と定義できる．したがって，x_i を x_0 の周りに展開し標準化すれば，$x_i = x_0$ における処置効果は，交差項を投入した回帰モデルにおいて，D_i の係数となる．

ここで注目すべき因果効果を推定する回帰モデルは，D_i が x_i の決定関数であるという事実を用いると，次のように導くことができる．

$$E[\mathrm{Y}_i|x_\mathrm{i}] = E[\mathrm{Y}_{0i}|x_\mathrm{i}] + (E[\mathrm{Y}_{1i}|x_\mathrm{i}] - E[\mathrm{Y}_{0i}|x_\mathrm{i}])\mathrm{D}_i \tag{6.1.5}$$

多項式を CEF に代入すると，

$$\begin{aligned}\mathrm{Y}_i = {} & \alpha + \beta_{01}\tilde{x}_i + \beta_{02}\tilde{x}_i^2 + \cdots + \beta_{0p}\tilde{x}_i^p \\ & + \rho \mathrm{D}_i + \beta_1^* \mathrm{D}_i \tilde{x}_i + \beta_2^* \mathrm{D}_i \tilde{x}_i^2 + \cdots + \beta_p^* \mathrm{D}_i \tilde{x}_i^p + \eta_i\end{aligned} \tag{6.1.6}$$

となる．式 (6.1.6) において，$\beta_1^* = \beta_{11} - \beta_{01}, \beta_2^* = \beta_{12} - \beta_{02}, \cdots, \beta_p^* = \beta_{1p} - \beta_{0p}$ で

あり，η_i は残差である．

式 (6.1.4) は，式 (6.1.6) において $\beta_1^*=\beta_2^*=\beta_p^*=0$ となる特殊ケースである．このモデルをさらに一般化すると，$x_i-x_0=c>0$ における処置効果は，$\rho+\beta_1^*c+\beta_2^*c^2+\cdots+\beta_p^*c^p$ となるが，x_0 での処置効果は ρ である．交差項モデルは，基になっている CEF に何の制約も課さないという点で魅力的である．しかし，経験上，式 (6.1.4) のようなより単純なモデルによって推定された ρ は，通常，式 (6.1.6) に基づく推定値に類似している．この結果に驚く必要はない．なぜならば，いずれの推定式にしても，推定値 ρ は，x_0 の周りで起こる $E[\mathrm{Y}_i|x_i]$ の変動によってほぼ導かれるからである．

式 (6.1.4) ないしは式 (6.1.6) に基づく，因果効果の RD 推定の妥当性は，多項式モデルが，$E[\mathrm{Y}_{0i}|x_i]$ を十分に把握しきれているかどうかにかかっている．もし把握しきれていないとすると，あたかも処置による跳躍であるかのように見えるのは，単に，モデルが，対照群の CEF の非線形性を説明しきれていないせいかもしれない．図 6.1.1 のパネル C は，こうした可能性を示している．この図は，$E[\mathrm{Y}_{0i}|x_i]$ における急カーブが，あたかも，ある回帰近似線からもう 1 つ別の回帰近似線に跳躍したかのように，誤認される可能性のあることを示唆している．こうした誤認が起こる可能性を回避するためには，分断が起こっている付近のデータだけ，つまり，ごく微小な正値をとる Δ を設定し，$[x_0-\Delta, x_0+\Delta]$ の区間に集中した分析を行うことができるだろう．

$$E[\mathrm{Y}_i|x_0-\Delta<x_i<x_0]\simeq E[\mathrm{Y}_{0i}|x_i=x_0]$$
$$E[\mathrm{Y}_i|x_0\leq x_i<x_0+\Delta]\simeq E[\mathrm{Y}_{1i}|x_i=x_0]$$

したがって，

$$\lim_{\Delta\to 0}E[\mathrm{Y}_i|x_0\leq x_i<x_0+\Delta]-E[\mathrm{Y}_i|x_0-\Delta<x_i<x_0]$$
$$=E[\mathrm{Y}_{1i}-\mathrm{Y}_{0i}|x_i=x_0] \qquad (6.1.7)$$

言い換えれば，式 (6.1.7) では，$E[\mathrm{Y}_{0i}|x_i]$ に対する精度の高いモデルを特定せず，カットオフポイント x_0 の左右両側におけるごく微小な区間で，処置の結果の平均値を比較することにより，処置効果を推定しているのである．さらに，こうしたノンパラメトリックな推定手法の妥当性は，$\mathrm{Y}_{1i}-\mathrm{Y}_{0i}=\rho$ という均

一効果の仮定には依存せず．式 (6.1.7) における推定される対象が，平均的な因果効果，$E[Y_{1i}-Y_{0i}|x_i=x_0]$ となる．

RD へのノンパラメトリックなアプローチでは，x_0 の左右両側におけるごく微小な区間で，Y_i の期待値を的確に推定することが必要となるが，この推定は一筋縄ではいかない．まず，分断点付近のごく狭い値域での推定では，十分なデータが確保できない．さらに，この場合，x_0 周りの当該値域における CEF では，標本平均にバイアスがかかる．こうした問題に対する解決策の１つは，局所線形回帰（Hahn, Todd, and van der Klaauw, 2001）や，Porter (2003) によって開発された，偏線形回帰，あるいは，局所多項式回帰と呼ばれる，ノンパラメトリック型の回帰を活用することである．局所線形回帰とは，要するに，式 (6.1.6) のような推定を，分断点に近ければ近いほどより重い比重をかける加重最小二乗法（WLS）のことを指す．

実証分析において，洗練されたノンパラメトリックな RD の手法は，まだあまり広く適用されてはおらず，最も用いられている RD 分析は，いまだにパラメトリックな手法によるものである．しかしながら，Angrist and Lavy (1999) が「分断点近辺の標本」と呼ぶ，分断点付近の観察値に焦点を当てるという考え方は，重要な頑健性の検証に１つの方向性を示している．分断点近辺の標本を選択し，分析の間口を狭めることで，RD の推定値がますます精度を失うことになるとしても，$f(x_i)$ の定式化に必要な多項式の次元数は必然的に小さくなるだろう．うまくいけば，より少ない統制によって x_0 周りに分析の焦点を絞れば絞るほど，D_i に対する推定効果が頑健になる[2]．２番目に重

2) Hoxby (2000) は，この考え方を，クラスサイズ（学級規模）が〔学習成果に与える〕効果に対する RD の推定値の検証に用いた．完全にノンパラメトリックなアプローチでは，「帯域」として知られている，分断点近辺の標本の間口幅を，データから導き出される法則によって選択する必要がある．帯域は，基となる CEF の推定量に一致性が担保されるよう十分配慮しながら，標本の大きさに応じて縮小させなければならない．詳細については，Imbens and Lemieux (2008) を参照されたい．ここでは，式 (6.1.4)，ないしは，式 (6.1.6) を用いた推定を，基本的にパラメトリック推定として考えたい．そして，所与の標本についての推定値は，たまたま用いられたモデル以上には良くはならない．もし，より多くのデータがあったならば，モデルをいかに工夫し変更したかというような見込みは，無意味であるに違いない．

要なことは，分断が起こっている付近で，処置前変数の動きに着目することである．処置前変数は，処置による影響を受けていないはずなので，分断点 x_0 において，こうした変数の CEF には跳躍があってはならない．

Lee (2008) の研究では，現在議席を占めている政党への所属が，再選確率へどういった影響を及ぼすかを分析することにより，シャープな RD の設計を例証している．Lee の関心は，合衆国連邦議会の下院の 1 議席に対し，もし前回の選挙で民主党議員がその議席を占めていたとすると，民主党の候補者に優位性があるかということにある．下院において，現職が再選に有利であることは一般的に良く知られた事実であるが，ここでの疑問は，現職が，職務に伴う特権や資源を，自分自身，または，自分の所属する政党に有利に働くように活用するかどうかという点にある．こうした推測については，明明白白であるかのように聞こえるかもしれないが，現職の再選は，実際の選挙での優勢を必ずしも反映したものではない．現職とは，無論，当選する力のあることが既にわかっている候補者や政党のことであるが，単に，選挙民を満足させたり，選挙民に票を入れさせたりするのに長けているだけなのかもしれない．

現職の因果効果を把握するために，Lee は，民主党候補者が勝つ確率を，前回の選挙における相対的な得票割合の関数として分析を行った．このメカニズムをより明確に定義すると，当選者は，$D_i=1(x_i \geq 0)$ によって決定されることになる．ここで，x_i は，当選ラインとなる得票割合の差（例えば，アメリカのように 2 大政党がある場合，民主党と共和党の得票割合の差）を示している．ここで注意を促さなければならないのは，D_i は x_i の決定関数であるために，x_i 以外の交絡因子がないという点である．このことは，RD の設計に顕著な特徴の 1 つである．

図 6.1.2 のパネル A は，Lee (2008) からの引用であるが，シャープな RD の設計が実際に機能していることがわかる．この図は，前回の選挙での民主党と共和党の得票割合の差に対して，民主党の候補者が当選する確率をプロットしたものである．図 6.1.2A 上のそれぞれの点は，局所的平均（得票割合の差を，重複が起こらないように，0.005 ごとに区切った場合の平均当選確率）を示している．また，図上の回帰線は，得票割合の差が 0% での不連続性を伴うパラメトリックモデルで統制した場合の予測値を示している[3)]．この図から，民主

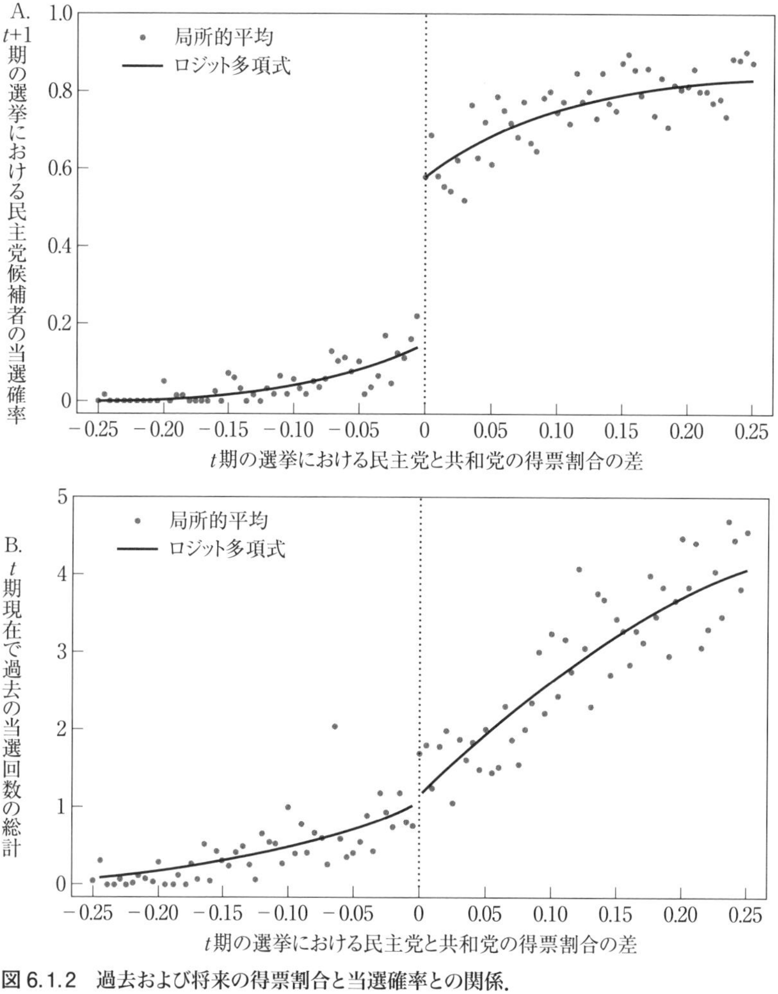

図 6.1.2　過去および将来の得票割合と当選確率との関係.
パネル A：t 期の選挙における民主党と共和党の得票割合の差と，$t+1$ 期の選挙における民主党候補者の当選確率との関係が局所的平均とロジット多項式による予測値により示される．パネル B：t 期の選挙における民主党と共和党の得票割合の差と，t 期現在で過去の当選回数の総計との関係が局所的平均とロジット多項式による予測値により示される．

3)　図表の予測値は，当選確率を，$D_i = 1(x_i \geq 0)$ をカットオフ指標とした関数と仮定して，ロジットモデルによる回帰を行った結果に基づいている．回帰式は，x_i の 4 次元多項式で，1 次元から 4 次元までの x_i と D_i との交差項が投入されている．

党の候補者の当選確率は，過去の得票割合の増加関数であることがわかる．しかしながら，図 6.1.2A で示された最も重要な特徴は，0% における当選確率の劇的な跳躍であり，この点では，民主党の候補者がより多くの得票数を獲得する．この跳躍の大きさから，民主党候補者の再選確率に対する現職の効果は，約 40% ポイントであることがわかる．

他方，図 6.1.2 のパネル B は，前回の選挙より**以前**の民主党の当選に着目して，シャープな RD による識別仮定を検証したものである．前回より前の選挙における民主党の当選比率は，前回選挙で当選ラインとなった得票割合の差と相関があってはならない．図 6.1.2B の結果は，Lee が仮定した識別仮定は適切に機能していることを示しており，こうした検証は，この分析における RD の設計の信頼性を高める．Lee によって行われた，処置前当選回数に対する考察は，仮に無作為抽出化試験の場合には，共変量が処置前後で均衡していなければならないという想定に対する 1 つの検証である．関連して，分断が起こる点 x_0 の付近で，x_i の密度分布を検証することもできよう．ここで懸念されるのは，D_i という割当てのメカニズムに関わっている諸個人が，分断点周辺で，x_i を操作してしまうかもしれないということである．そうした場合，処置前後での比較ができなくなってしまう可能性がある（McCrary 2008 では，この問題に対する定式化された検定が提示されている）．つい最近まで，こうした問題は，Lee のような選挙行動研究には無縁であると考えられていた．しかし，2000 年における大統領選挙において，フロリダ州で起こった得票数の〔手作業による〕数え直し事件は，選挙結果が僅差である場合，得票割合が操作されているかもしれない，という危険性を考慮しなければならないということを示唆している．

6.2 ファジーな RD は IV である

ファジーな RD は，共変量に条件付けられた処置の**確率**，もしくは，処置の**期待値**における不連続性を活用する．したがって，この分析の設計では，処置か非処置かという明確な切り替えがあるのではなく，むしろ，不連続性が処置の状況に対する IV となる．この分析の設計がどのように機能するかを見るために，前節と同様に，D_i を処置の状況を示す指標と仮定しよう．しかしここでは，D_i はもはや，$x_i \geq x_0$ という閾値を線引きする法則に，決定的にかかわるわけではない．ファジーな RD の設計では，x_0 での処置の確率に跳躍が起こると想定する．

$$P(\mathrm{D}_i=1|x_i) = \begin{cases} g_1(x_i) & \text{if} \quad x_i \geq x_0 \\ g_0(x_i) & \text{if} \quad x_i < x_0 \end{cases}, \text{ where } g_1(x_0) \neq g_0(x_0)$$

ここでは，関数 $g_0(x_i)$ と $g_1(x_i)$ は，x_0 において両者が異なる限りにおいて（関数の大小にかかわらず），任意である．$g_1(x_0) > g_0(x_0)$ と仮定すれば，$x_i \geq x_0$ となった方が処置の確率が高くなる．処置の確率と x_i との関係は，次のように示すことができよう．

$$E[\mathrm{D}_i|x_1] = P(\mathrm{D}_i=1|x_i) = g_0(x_i) + [g_1(x_i) - g_0(x_i)]\mathrm{T}_i$$

ここでは

$$\mathrm{T}_i = 1(x_i \geq x_0)$$

ダミー変数 T_i は，$E[\mathrm{D}_i|x_i]$ が不連続である点を示している．

ファジーな RD は，結果的に，単純な 2SLS となる．関数 $g_0(x_i)$ と $g_1(x_i)$ は，前節の $f_0(x_i)$ と $f_1(x_i)$ と同様，p 次多項式として示すことができる．

$$\begin{aligned} E[\mathrm{D}_i|x_i] &= \gamma_{00} + \gamma_{01}x_i + \gamma_{02}x_i^2 + \cdots + \gamma_{0p}x_i^p \\ &\quad + [\pi + \gamma_1^* x_i + \gamma_2^* x_i^2 + \cdots + \gamma_p^* x_i^p]\mathrm{T}_i \\ &= \gamma_{00} + \gamma_{01}x_i + \gamma_{02}x_i^2 + \cdots + \gamma_{0p}x_i^p \\ &\quad + \pi\mathrm{T}_i + \gamma_1^* x_i\mathrm{T}_i + \gamma_2^* x_i^2\mathrm{T}_i + \cdots + \gamma_p^* x_i^p\mathrm{T}_i \end{aligned} \tag{6.2.1}$$

式 (6.2.1) において，一連の γ^* は，1 次元から p 次元までの x_i と T_i との交差項の係数である．

このことから，T_i と交差項 $\{x_i\mathrm{T}_i, x_i^2\mathrm{T}_i, \cdots, x_i^p\mathrm{T}_i\}$ は，式 (6.1.4) の D_i に対する IV として投入される[4]．

最も単純なファジーな RD の推定量は，交差項（IV のリストにある交差項であるが，加えて，式 (6.1.6) のように，第 2 段階に交差項を投入することもありうる）を投入せず，T_i だけを IV として用いる．IV が適切に識別されれば，結果として，推定量は，透明性と有限標本の性質という〔不偏推定量の条件が満たされるという〕効力をもつ．まず第1段階は，次のように示される

$$\mathrm{D}_i = \gamma_0 + \gamma_1 x_i + \gamma_2 x_i^2 + \cdots + \gamma_p x_i^p + \pi \mathrm{T}_i + \xi_{1i} \qquad (6.2.2)$$

式 (6.2.2) で，π は，T_i の第1段階での効果である．

ファジーなRDの誘導型は，式 (6.2.2) を式 (6.1.4) に代入することによって求められる．

$$\mathrm{Y}_i = \mu + \kappa_1 x_i + \kappa_2 x_i^2 + \cdots + \kappa_p x_i^p + \rho\pi \mathrm{T}_i + \xi_{2i} \qquad (6.2.3)$$

式 (6.2.3) では，$\mu = \alpha + \rho\gamma_0$ と $\kappa_j = \beta_j + \rho\gamma_j$ で，$j = 1, \cdots, p$ である．シャープなRDと同様に，ファジーなRDにおける識別可能性も，Y_i と不連続関数 $\mathrm{T}_i = 1(x_i \geq x_0)$ との関係を，第1段階と第2段階に投入される多項式による統制効果から区別できるかどうかにかかっている．応用計量経済学における初期のRD研究の1つとして，van der Klaauw (2002) がある．この研究では，大学の奨学金制度の進学に対する効果を推定するためにファジーなRDの設計が用いられた．van der Klaauwの研究では，D_i は大学が支給している奨学金の規模，そして，T_i は，奨学金を申請した学生の適性能力値が，あらかじめ設定された域値，ないしは，分断点を上回っているかどうかを示すダミー変数である．この研究でのファジーなRDでは，適性能力値の多項式関数を統制している[5]．

4) 割当て確率における跳躍を，情報を識別する情報源とする考え方は，Trochim (1984) によって初めて提示されたが，IVとして位置づけられたのはもっと後のことである．ファジーなRDがIV法であるということに，必ずしも全ての研究者が合意するわけではないが，こうした見方は，次第に理解を得つつある．RDという考え方について，昨今，Cook (2008) がファジーな設計について次のように述べている．「数多くの文脈において，分断点の値がIVとして機能し，結果的に，バイアスのかかっていない因果推定を可能にしている．(中略) 今日，ファジーな割当ては，昔ほど深刻な問題ではなくなりつつある．」

5) このvan der Klaauwによる研究の原型は，1997年にワーキングペーパーとして公開されている．新たに追加された推定モデル，すなわち，式 (6.2.2) は，単に $E[\mathrm{D}_i | x_i]$ の近似にすぎない，という事実はあまり重要ではなく，むしろ，第2段階の推定値がそれでも一致性を満たしていることに，留意すべきである．

ファジーなRDによる推定値は，x_iの関数として変化するような処置効果を伴う場合，処置と共変量の交差項を投入した式を，2SLSによって推定させることによって，構築されうる．交差項を伴う第2段階のモデルは，式 (6.1.6) と同じであるのに対して，第1段階は，式 (6.2.1) と類似している．ただし，第2段階のパラメータ化に合わせて，多項式のそれぞれの項をx_0の周りに展開させる．この場合，外生的なIVが$\{\mathrm{T}_i, \tilde{x}_i\mathrm{T}_i, \tilde{x}_i^2\mathrm{T}_i, \cdots, \tilde{x}_i^p\mathrm{T}_i\}$であるのに対して，$\{\mathrm{D}_i, \mathrm{D}_i\tilde{x}_i, \mathrm{D}_i\tilde{x}_i^2, \cdots, \mathrm{D}_i\tilde{x}_i^p\}$は内生として処理される．$\mathrm{D}_i$を推定するための第1段階は，

$$\begin{aligned}\mathrm{D}_i = \gamma_{00} + \gamma_{01}\tilde{x}_i + \gamma_{02}\tilde{x}_i^2 + \cdots + \gamma_{0p}\tilde{x}_i^p \\ + \pi\mathrm{T}_i + \gamma_1^*\tilde{x}_i\mathrm{T}_i + \gamma_2^*\tilde{x}_i^2\mathrm{T}_i + \cdots + \gamma_p^*\tilde{x}_i^p\mathrm{T}_i + \xi_{1i}\end{aligned} \qquad (6.2.4)$$

となる．これと類似した第1段階のモデルが，多項式のそれぞれの項との一連の交差項，$\{\mathrm{D}_i\tilde{x}_i, \mathrm{D}_i\tilde{x}_i^2, \cdots, \mathrm{D}_i\tilde{x}_i^p\}$についても構築されなければならない．

ノンパラメトリック型のファジーなRDは，分断が起こる付近でのごく微小な区間におけるIV推定から成る．分断点であるx_0の周りで，Y_iの誘導型条件付期待値は，

$$E[\mathrm{Y}_i | x_0 \leq x_i < x_0 + \Delta] - E[\mathrm{Y}_i | x_0 - \Delta < x_i < x_0] \simeq \rho\pi$$

となる．同様に，D_iを推定するための第1段階は，

$$E[\mathrm{D}_i | x_0 \leq x_i < x_0 + \Delta] - E[\mathrm{D}_i | x_0 - \Delta < x_i < x_0] \simeq \pi$$

となり，したがって，

$$\lim_{\Delta \to 0} \frac{E[\mathrm{Y}_i | x_0 < x_i < x_0 + \Delta] - E[\mathrm{Y}_i | x_0 - \Delta < x_i < x_0]}{E[\mathrm{D}_i | x_0 < x_i < x_0 + \Delta] - E[\mathrm{D}_i | x_0 - \Delta < x_i < x_0]} = \rho \qquad (6.2.5)$$

である．

式 (6.2.5) の標本の対応物として，4.1.2節で議論したようなWald推定量がある．ここでは，x_0の周りのごく微小な区間において，T_iをD_iを推定するためのIVとして用いる[6)]．他のダミーIVと同様，こうした推定の結果が，処置効果の局所的平均値である．とりわけ，ファジーなRDに対するWaldによって推定される対象は，x_iの値がx_0のほんの少し左側から，ほんの少し右側

へ移動した場合，処置の状況が変化するような，いわゆる「処置受入群」である諸個人に対して，その因果効果をとらまえるのである．Hahn, Todd, and van der Klaauw (2001) は，ファジーな RD に対して，はじめてこのような解釈を行った．しかしながら，この場合，LATE が局所的であるということには，他の意味もある．それは，ノンパラメトリック型のシャープな RD 推定の特徴と同様，ここで得られる推定値は，x_0 にごく近い x_i 値が観察される標本に限った結果であるということである．

したがって，ノンパラメトリック型のシャープな RD と同じく，(6.2.5) 式の標本の対応物で，有限標本の性質はあまり適切であるとはいえない傾向にある．Hahn, Todd, and van der Klaauw (2001) では，よりバイアスの小さい Wald 推定量の上限と下限を推定させるために，局所線形回帰を応用したノンパラメトリックな IV 法が開発されている．この手法は，翻って，線形回帰，ないしは，多項式回帰による 2SLS にすぎないが，モデル自体は，データから導き出される帯域によって選択された分断点近辺の標本に対する当てはまりがよい．したがって，定式化はされていないものの，式 (6.1.4) に基づき，まずは全標本にパラメトリックな 2SLS を適用することから始めるという文脈においてさえも，分断点近辺の標本を用いるという方向性が適用される．そして，分断が起こる周辺に標本を絞り込み，ほぼ全ての，ないしは，全ての多項式による統制を取り除く．わずかな統制しか行わなくとも，うまくいけば，分断点近辺の標本での 2SLS の推定値は，大筋において，より多くの標本を用いたより精度の高い推定値と一致するだろう．

Angrist and Lavy (1999) は，ファジーな RD の設計を用いてクラスサイズ (学級規模) が子供たちの試験の成績に与える効果を推定している．これは第 2 章において議論した〔1980 年代，アメリカのテネシー州で実施された〕STAR 実験が着目したのと同じ課題である．この場合ファジーな RD は，優れて有力かつ柔軟な研究の設計である．前段までで論じてきた方法と比べ，Angrist と

6) Imbens and Lemieux (2008) では，分断点の両側で傾きの変化を許容させるため，式 (6.2.5) を 2SLS によって推定させることが提案されている．この推定では，分断点付近でのごく微小な区間において，D_i を推定するための IV として T_i を用い，一連の交差項，$\{\tilde{x}_i\mathrm{T}_i, \tilde{x}_i^2\mathrm{T}_i, \cdots \tilde{x}_i^p\mathrm{T}_i\}$ を外生的変数として投入する．

Lavy が強調した事実は，ファジーな RD を 2 つの意味で一般化するものであった．第 1 に，この研究が着目したクラスサイズという原因変数は，（第 4 章で議論された平均的な因果効果のように）複数の値をとる．したがって，第 1 段階は，確率ではなくむしろ，平均的なクラスサイズにおける跳躍を抽出する．第 2 に，Angrist and Lavy (1999) の用いた研究の設計は，複数の不連続性について，検証を行う．

Angrist と Lavy の研究は，まず，イスラエルの学校では，クラスサイズの上限を 40 人としているという事実から始める．同じ学年の生徒が 40 人ずついる場合，クラスには，40 人の生徒がいることが予測される．しかし，同じ学年に 41 人の生徒がいる場合，クラスは 2 つに分けられる．さらに，81 人の生徒がいる場合，クラスは 3 つに分けられる．クラスの上限を 40 人と最初に提案したのは，中世における〔ユダヤ教の律法・宗教典範を記した〕タルムードの学者，マイモニデスである．このことにちなんで，Angrist と Lavy では，これを，「マイモニデスの法則」と呼ぶ．「マイモニデスの法則」を定式化するために，学校 s において，所与の学年のあるクラス c で予測されるクラスサイズを m_{sc} としよう．さらに，この学年の在籍生徒数を e_s とする．同学年の生徒を同じサイズのクラスに分けると仮定すると，マイモニデスの法則を厳密に運用した場合，予測されるクラスサイズは，

$$m_{sc}=\frac{e_s}{int\left[\frac{(e_s-1)}{40}\right]+1}$$

となる．ここで，$int(a)$ は，実数 a の整数の部分である．図 6.2.1 に点線で示されているのは，4 年生と 5 年生について，この関数を図示したものである．この図から，上記の関数が，40 の倍数のところでの不連続性（この場合は，予測されるクラスサイズの急激な縮小）を伴う鋸歯上の形状をしていることがわかる．と同時に，m_{sc} は明らかに在籍生徒数 e_s の増加関数であり，在籍生徒数という変数が重要な統制機能を果たしていることがわかる．

Angrist と Lavy は，次のような 2SLS を行うことで，マイモニデスの法則における不連続性を抽出する．

$$Y_{isc} = \alpha_0 + \alpha_1 d_s + \beta_1 e_s + \beta_2 e_s^2 + \cdots + \beta_p e_s^p + \rho n_{sc} + \eta_{isc} \qquad (6.2.6)$$

式 (6.2.6) で，Y_{isc} は，学校 s のクラス c に所属する i 番目の生徒の試験の成績を示す．また，n_{sc} はこの生徒が所属するクラスのサイズを，e_s は在籍生徒数を示している．このファジーな RD では，m_{sc} が T_i，e_s が x_i，そして，n_{sc} が D_i の役割を果たしている．さらに，Angrist と Lavy は，〔学校に通うことができない〕貧困な子供と就学児童の比率を統制するために，非在籍変数 d_s を分析に投入している．この RD モデルで唯一の脱落変数バイアスの原因となりうるのは e_s であるため，これは必ずしも RD に必要なことではない．しかし，こうした工夫をすることで，推定のスペックを，OLS によって推定したモデルと比較検証することが可能となる[7]．

図 6.2.1 は，4 年生と 5 年生の在籍生徒数を横軸にとり，それに対する実際のクラスサイズと，マイモニデスの法則に従った場合に予測されるクラスサイズをそれぞれプロットしたものである．この図から，マイモニデスの法則が完全にはクラスサイズを予測しきれていないことがわかる．これは，学年の在籍生徒数が 40 未満でもクラスを分ける学校があるためである．したがって，この場合では，RD をファジーに設定する必要がある．さりながら，在籍生徒数が，40 人，80 人，そして，120 人のところでクラスサイズが明確に縮小しているのも事実である．また，ここでは，IV である m_{sc} が，例えば (6.4.2) 式の $\tilde{x}_i T_i$ のように，不連続性と傾きの不連続性との交差項の性質を兼ね備え，1 つの変数となっていることに留意すべきであろう（m_{sc} は e_s の関数であるが，各屈折点をみると，予測されたクラスサイズに比べ，若干浅めの動きを示している）．このような簡潔なパラメター化は，クラスサイズを決定するイスラエルの制度とルールを十分に理解した上で，はじめて可能となる．

表 6.2.1 は，5 年生に対する数学の試験について，(6.2.6) 式を推定した結

7) Angrist and Lavy (1999) が式 (6.2.6) を推定させるのに用いたデータはクラスの平均であり，本章の説明と若干異なっている．しかし，共変量はすべて，クラスごと，ないしは，学校ごとに定義されており，生徒単位の推定とクラス単位の推定との唯一の違いは，生徒単位の推定では，言うまでもなく，生徒数によって比重をかけている点である．

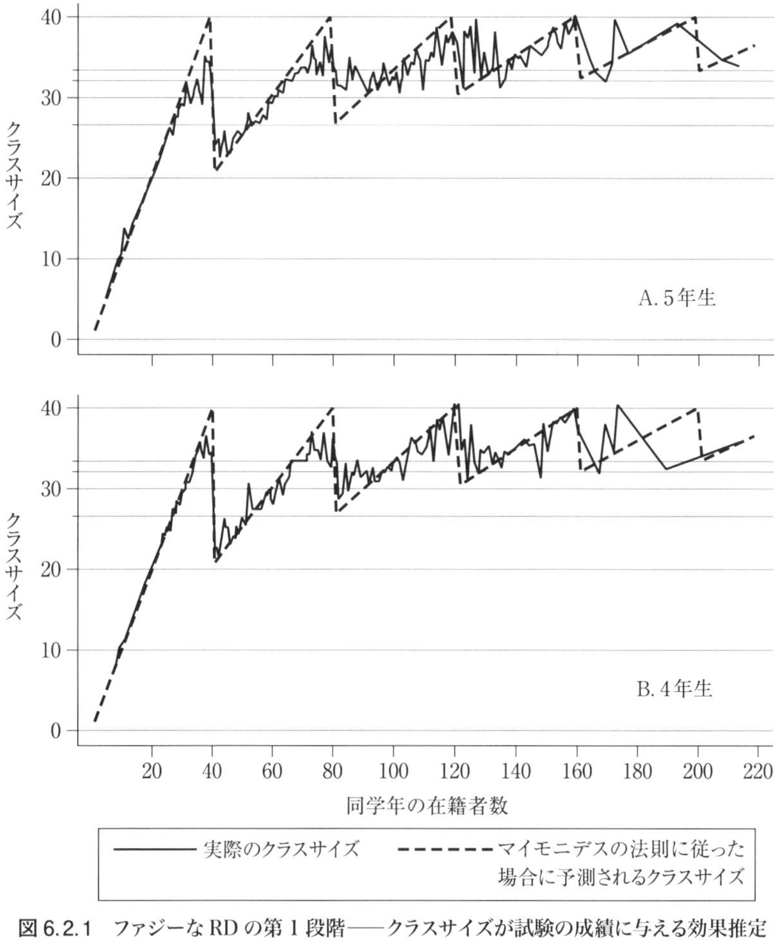

図 6.2.1　ファジーな RD の第 1 段階——クラスサイズが試験の成績に与える効果推定 (Angrist and Lavy 1999)

果を示している．まずは，OLS の結果から見てみよう．何の統制も行わないならば，クラスサイズと点数との間には，強い正の関係が見られる．しかしながら，学校での非在籍者比率を統制すると，この効果はほとんど消えてしまう．モデル (3) の結果を見ると，さらに，在籍生徒数を追加すると，クラスサイズと点数との間の正の相関はさらに小さく，統計的にも有意ではなくなる．テネシー州の STAR による無作為抽出化試験で得られた結果から予測される通

表 6.2.1　5 年生を対象とした数学の試験に対するクラスサイズの効果—OLS，及び，ファジーな RD による推定結果—

	OLS			2SLS				
				全標本		分断点近辺の標本		
						±5		±3
	(1)	(2)	(3)	(4)	(5)	(6)	(7)	(8)
点数の期待値 (標準偏差（SD))		67.3 (9.6)		67.3 (9.6)		67.0 (10.2)		67.0 (10.6)
説明変数								
クラスサイズ	0.322 (0.039)	0.076 (0.036)	0.019 (0.044)	−0.230 (0.092)	−0.261 (0.113)	−0.185 (0.151)	−0.443 (0.236)	−0.270 (0.281)
貧困家庭比率		−0.340 (0.018)	−0.332 (0.018)	−0.350 (0.019)	−0.350 (0.019)	−0.459 (0.049)	−0.435 (0.049)	
在籍者数			0.017 (0.009)	0.041 (0.012)	0.062 (0.037)		0.079 (0.018)	
在籍者数 在籍者数の 2 乗/100					−0.010 (0.016)			
区分 1 (在籍生徒数が 38–43)								−12.6 (3.80)
区分 2 (在籍生徒数が 78–83)								−2.89 (2.41)
R^2	0.048	0.249	0.252					
標本数（クラス数）		2,018		2,018		471		302

注：Angrist and Lavy（1999）からの引用．本表は，クラスの平均値を用いた場合の，式 (6.2.6) の推定結果を示している。
（　）内は，学校内での相関を統制済みの標準誤差を示す．

り，〔OLSによる推定値に限っていえば〕，クラスサイズが小さいほど点数が高くなるという科学的エビデンスはいまだ得られていない．

しかしながら，モデル(3)に示されたOLSによる結果とは対照的に，m_{sc}をn_{sc}に対するIVとして，類似したスペックを用いた2SLSによる推定からは，より小さなクラスサイズが試験の結果を改善することを強く支持する結果が得られた．モデル(4)では一次の，モデル(5)では二次の在籍生徒数が統制された結果，クラスサイズの係数はそれぞれ，−0.23から−0.26となっており，標準誤差は約0.1である．この結果は，（テネシー州のSTARと同様）クラスの生徒数が7人減ると，数学の得点が約1.75点上がることを示している．したがって，効果の大きさは，0.18σであり，σは，クラスの平均点の標準偏差である．これは，テネシー州での実験結果からえられた推定値と，そう大きくは違わない結果である．

ここで着目すべきは，在籍生徒数を統制する関数形があまり重要ではないということである（とはいえ，表6.2.1には示さなかったが，何の統制も行わないならば，推定値は非常に小さく，また，統計的な有意性もなかった）．モデル(6)と(7)は，ここで得られた主要な結果に対する頑健性を検証するために，±5の分断点近辺の標本を用いた結果を示している．これらのモデルの精度が，モデル(4)と(5)と比べて，大きく下がっていることに驚く必要はない．なぜならば，全標本を分析対象としたモデル(4)と(5)とは異なり，モデル(6)と(7)は，全標本の約1/4しか推定の対象としていないためである．しかし，これらを見ても，約−0.25点ほど点数が跳ね上がるという結果であった．最後に，モデル(8)は，さらに分断点近辺の標本の間口を狭め，40人，80人，120人という分断点に対して，プラスマイナス3人という在籍生徒数の学校に限定した分析結果を示している（ここでは，こうした複数の不連続性に関連するダミー変数を用いる）．モデル(8)に示す値は，Hahn, Todd, and van der Klaauw (2001)の手法を踏襲し，(6.2.5)式を推定したWald推定値である．ここでのIVは，分断が起こる周辺にその学校があるかどうかを示すダミー変数である．結果は，−0.270で，統計的に有意ではないが，表6.2.1の他の推定値と非常に似通った値である．この表における一連の推定結果は，分断が観察される周辺に分析の対象を絞り，標本数を減らした場合に，精度を犠牲にしなければならない，ということを示唆している．しかしながら，幸運にも，表 6.2.1 に描き出されたストーリーは，かなり明快なものであった．

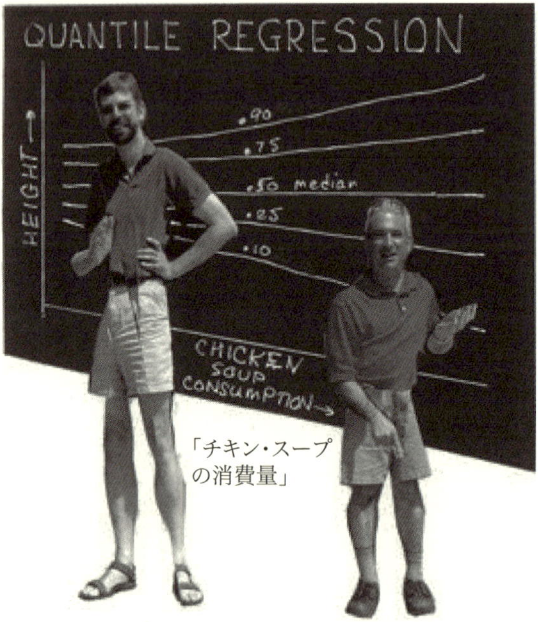
QUANTILE REGRESSION
HEIGHT→
.90
.75
.50 median
.25
.10
CHICKEN
SOUP
CONSUMPTION→
分位点回帰
身長
「チキン・スープ
の消費量」

第7章　分位点回帰モデル

Quantile Regression

「あんたにぴったりの祈りを教えてやろう．鉛筆はもったかね」…『知る必要のないことは知らずにすみますように．知るべきことなのに知らずにいることがあっても，それを知らずにすみますように．知らなくていいと決めたことも，知らずにすみますように．アーメン』(…)「もうひとつ．これといっしょに唱える祈りがあるのだ」(…)『主よ，主よ，主よ，いまの祈りのせいでよくない影響がありませんように．アーメン』

ダグラス・アダムス『ほとんど無害』

良かれ悪しかれ，応用計量経済学の95%は，平均値についての考察である．たとえば，ある職業訓練が，訓練にかかる費用を相殺しても，平均賃金を上昇させる効果があるのであれば，私たちは満足する．応用計量経済学が平均値に焦点を当てる理由の1つは，平均的な因果効果を適切に推定することだけでも，十分な困難を伴うためである．仮に，被説明変数が，雇用状態のようなダミー変数である場合，平均値は，全体の分布を記述する．しかし，それが賃金や試験の点数のような変数である場合には，連続分布となる．分布が広がったり，狭まったりするような，連続分布の変化は，たとえ平均値を検証したとしても，そこからは検出できないかもしれない．応用計量経済学者は，平均値と同様，全体の分布，そして，相対的に見た場合の勝ち組と負け組に何が起こるのかについて，次第に目を向けるようになりつつある．

政策立案者や労働経済学者は，とりわけ，賃金分布の変化に関心を寄せてきた．たとえば，均一な平均実質賃金が，過去 25 年間に労働市場において何が起きたかについて，そのほんの一部しか説明しないことは，既に周知の事実である．上位 4 分位の賃金が上昇してきた一方で，下位の 4 分位が下落している．言い換えれば，富裕層はますます富裕になり，貧困層はますます貧困になっているということである．最近では，不平等がますます蔓延しつつある．1 つの事例としてあげられるのは，大学を出た人たちの間ですら，下位 10 分位の賃金が変わっていないにもかかわらず，大部分の富裕者はますます豊かになっているといった実態である．賃金分布の変化について完璧なストーリーを語ることは，あまりに困難であり，また，一見して，要約すらも難しいかもしれない．

分位点回帰モデルは，たとえ潜在的なストーリーが複雑で多面的であったとしても，分布のモデル化を簡単にするという点で，有力な手法の 1 つである．分位点回帰モデルを用いれば，ある職業訓練に参加したり，労働組合員であったりすることが，平均賃金はもちろん，賃金の不平等に対してどのような影響を与えるかといった問題に回答を与えることができる．さらに，この手法を使うことで，学歴と不平等との関わりが，時間経過とともに変化しているか，また，どのように変化しているか，といった相互作用に対する検証も行うことができる．分位点回帰モデルは，オーソドックスな回帰分析とほぼ同じように機能する．交絡因子は，共変量を投入することで一定に保つことができるし，交差項についても同様である．また，処置が外生（あるいは，弱外生）ではないと疑われる場合には，区分に対する因果効果を推定するために，操作変数を投入することも可能である．

7.1　分位点回帰モデル

分位点回帰モデルを理解するためには，まず，条件付き分位関数（conditional quantile function：CQF）から話をはじめなければならない．今，連続的に分布している確率変数を Y_i として，Y_i は（空隙やスパイク波形のない）均整のとれた密度を有している仮定する．説明変数のベクトルが X_i で与えられている場合，分位点 τ における CQF は，次のように示すことができる．

$$Q_\tau(\mathrm{Y}_i|\mathrm{X}_i) = F_y^{-1}(\tau|\mathrm{X}_i)$$

ここで，$F_y(y|\mathrm{X}_i)$ は，y において X_i に条件付けられた，Y_i の分布関数である．たとえば，$\tau=0.10$ の時，$Q_\tau(\mathrm{Y}_i|\mathrm{X}_i)$ は，X_i が所与の場合の，Y_i の下位 10 分位を表す．それに対して，$\tau=0.5$ の時，$Q_\tau(\mathrm{Y}_i|\mathrm{X}_i)$ は，条件付期待値となる1)．賃金の CQF を，学歴の関数と考えると，賃金のばらつきが，学歴によって拡大するか縮小するかを知ることができる．さらに，CQF を，教育と時間の関数と定義すれば，教育と賃金の不平等との関係が時間経過によって変化するかどうかを検証することができる．

CQF は，条件付き期待値関数（CEF）の条件付分位版である．ここで，CEF が，平均平方予測誤差の問題に対する解法として導出されることを思い出そう．

$$E(\mathrm{Y}_i|\mathrm{X}_i) = \arg\min_{m(\mathrm{X}_i)} E[(\mathrm{Y}_i - m(\mathrm{X}_i))^2]$$

同じような思考に基づけば，CQF は，次のような最小化問題を解くことになる．

$$Q_\tau(\mathrm{Y}_i|\mathrm{X}_i) = \arg\min_{q(\mathrm{X})} E[\rho_\tau(\mathrm{Y}_i - q(\mathrm{X}_i))] \qquad (7.1.1)$$

ここでは，$\rho_\tau(u)=(\tau-1(u\leq 0))u$ は，いわゆる「検定関数（check function）」と呼ばれる．というのも，$\rho_\tau(u)$ をプロットした場合，一見，照合記号（a check-mark）のように見えるからである．$\tau=0.5$ ならば，$\rho_{0.5}(u)=1/2(sign\ u)u=1/2|u|$ であるから，$\rho_{0.5}(u)$ は最小絶対偏差（least absolute deviations）となる．この場合，条件付き中央値は絶対偏差を最小化し，したがって，$Q_\tau(\mathrm{Y}_i|\mathrm{X}_i)$ は，条件付き中央値となる．さもなければ，検定関数は，非対称に，正の項や負の項にウェイトをかける．

$$\rho_\tau(u) = 1(u>0)\cdot\tau|u| + 1(u\leq 0)\cdot(1-\tau)|u|$$

こうした非対称の重み付けによって，条件付分位点を識別するための最小化さ

1)　離散型確率変数や不均整な密度を有する確率変数について，CQF をより一般化すると，次のように定義される．

$$Q_\tau(\mathrm{Y}_i|\mathrm{X}_i) = \inf\{y : F_y(y|\mathrm{X}_i) \geq \tau\}$$

れる対象が導き出される（この事実は，直ちに明白ではないが，少しの作業を行うことで証明可能である．詳細は，Koenker 2005 を参照のこと）．

X_i が，連続的であるか，ないしは，高次であるような場合，CQF は，CEF と欠点を同じくする．すなわち，推定や情報の要約が困難になる可能性がある．したがって，この関数を，小規模な数値の集合，つまり，X_i の各要素のうちの 1 つにまとめてしまいたい．分位点回帰モデルは，線形モデルを (7.1.1) 式の $q(X_i)$ に代入することで，これを達成する．

$$\beta_\tau \equiv \arg\min_b E[\rho_\tau(Y_i - X_i'b)] \tag{7.1.2}$$

分位点回帰推定量である $\hat{\beta}_\tau$ は，(7.1.2) 式の標本の対応物である．この最小化問題は，線形計画法問題の 1 つであり，（コンピュータにとっては）いとも簡単に解くことができる問題である．

OLS が，平均二乗誤差を最小化することによって，Y_i に線形モデルを近似させるのと同じく，分位点回帰は，非対称的損失関数（asymmetric loss function）$\rho_\tau(u)$ を用いて，Y_i に線形モデルを近似させるのである．仮に，実際，$Q_\tau(Y_i|X_i)$ が線形であるならば，分位点回帰の最小化される対象がそのことを見出すであろう（ちょうど，CEF が線形であれば，OLS がそのことを見出すように）．分位点回帰モデルは，もともと，Koenker and Bassett (1978) によって紹介された．この研究は，CQF が線形であるという仮定に基づいていた．しかしながら，結果的に，CQF が線形であるという仮定は必ずしも必要ではなく，この仮定を信じようと信じまいと，分位点回帰は有効であることがわかった．

分位点回帰について，さらに一般的な理論を展開する前に，この手法が賃金分布にどのように活用できるか，例示しておくことにする．分位点回帰モデルを賃金分布に活用する動機は，労働経済者が，教育や経験等のような共変量によって統御（調整）されると，賃金の不平等がどのように変動するか，という問題に関心を寄せていることに由来する（Buchinsky 1994 の分析を参照のこと）．学歴の違いによる賃金の総体的な差（たとえば，大卒の場合の割増賃金など）は，1980 年代や 1990 年代に相当拡大した．しかしながら，同じ学歴や経験を有する集団**内において**，賃金分布がどのように変化したかということについては，

表 7.1.1　分位点回帰による教育年数の効果——1980 年，1990 年，2000 年の国勢調査の結果から

		記述統計		分位点回帰推定					最小二乗法	
国勢調査年	標本数	期待値	標準偏差	0.1	0.25	0.5	0.75	0.9	係数	平均平方誤差
1980	65,023	6.4	0.67	0.074 (0.002)	0.074 (0.001)	0.068 (0.001)	0.070 (0.001)	0.079 (0.001)	0.072 (0.001)	0.63
1990	86,785	6.5	0.69	0.112 (0.003)	0.110 (0.001)	0.106 (0.001)	0.111 (0.001)	0.137 (0.003)	0.114 (0.001)	0.64
2000	97,397	6.5	0.75	0.092 (0.002)	0.105 (0.001)	0.111 (0.001)	0.120 (0.001)	0.157 (0.004)	0.114 (0.001)	0.69

注：Angrist, Chernozhukov, and Fernandez-Val（2006）からの引用．本表は，対数変換された賃金に教育年数が与える効果について，分位点回帰を用いて推定した結果を示している．比較のために，表の一番右側に最小二乗法の推定値を掲載しておく．分析の対象としたのは，アメリカ生まれで年齢 40–49 の白人と黒人の男性である．標本数と対数変換された賃金の期待値，及び，標準偏差については，国勢調査の年ごとに，左側に掲載されている．（　）内は，標準誤差を示す．すべてのモデルにおいて，人種及び潜在的な経験年数は，統制済みである．標本抽出に対する重み付けは 2000 年国勢調査の推定値を用いた．

さほど明確にされていない．同質な集団内での賃金格差の拡大は，労働市場の構造的な変化を示すとりわけ有力な証拠であると考える労働経済学者は数多くいるが，たとえば，労働組合員の割合など，労働市場の制度上の特徴の変化によって，そのことを説明するのは容易なことではない．

表 7.1.1 は，1980 年，1990 年，及び，2000 年の国勢調査を用いて，分位点回帰推定によって求めた教育年数の係数を示している．すべてのモデルは，人種と，労働市場における潜在的な経験年数（**年齢－教育年数－6** と定義した）の 2 次関数を用いた統制を行っている．分位点が 0.5 のところ——条件付中央値——での係数が，比較のため表の一番右側に掲載された OLS の推定値に最も近いことがわかる．たとえば，1980 年の国勢調査で，OLS による推定値が 0.072 であるのに対し，同じデータを用いた分位点回帰では，分位点 0.5 での係数が 0.068 となっており，両者の結果にあまり差がない．もし，共変量によって条件付けられた賃金の対数値分布が対称であるならば，両者の係数は同じになると，予測しなければならない．さらに，1980 年の国勢調査の結果で指摘しておく価値があるのは，分位点回帰の推定値が，分位点によって，さほど違わないことである．1 年追加的に教育を受けることによって，賃

金の中央値が6.8% 上昇する．この教育年数の効果は，条件付き賃金分布において，より低い分位点で 0.074，より高い分位点では 0.070 に等しく，〔分位点が 0.5 のところよりも〕若干高い結果となっている．1980 年から 1990 年にかけて，教育年数の効果は，急激に上昇に転ずる（分位点回帰の結果では中央値で 0.106 まで，OLS の結果では 0.114 まで）が，1990 年の国勢調査を用いた分位点回帰推定を見ると，1980 年と同じく，分位点による差はあまりなく，適度に安定したままである．1990 年において，最も〔教育年数の〕効果が大きかったのは，最上位の分位点 0.9 のところで，係数は 0.137 と推定されているが，それ以外の分位点での係数は，約 0.11 となっている．

もし，教育年数の賃金に対する効果が，いわゆる**位置母数のずれ**としばしば呼ばれているものであるとするならば，異なる分位点で係数は一定であると予測しなければならない．すなわち，ここでは，より高い教育水準が平均賃金を高めるように，賃金分布の他の部分も共に上方へシフトする（たとえば，同質な集団内での不平等は変わっていない）ということを意味している．たとえば，対数変換した賃金を，次のような，古典的な線形回帰によって表すことが出来るとしよう．

$$\mathrm{Y}_i \sim N(\mathrm{X}_i'\beta\ \sigma_\varepsilon^2) \tag{7.1.3}$$

式 (7.1.3) では，$E[\mathrm{Y}_i|\mathrm{X}_i]=\mathrm{X}_i'\beta$，そして，$\mathrm{Y}_i-\mathrm{X}_i'\beta\equiv\varepsilon_i$ は，分散が σ_ε^2 である，正規分布誤差である．分散均一性とは，賃金の対数値の条件付分布が，高卒について拡張しないのと同様に，大卒についても拡張しないということを意味している．分位点に対する線形分散均一性モデルの含意は，次のような事実から明らかである．

$$P[\mathrm{Y}_i-\mathrm{X}_i'\beta<\sigma_\varepsilon\Phi^{-1}(\tau)|\mathrm{X}_i] = \tau$$

ここで，$\Phi^{-1}(\tau)$ は，標準正規累積分布関数の逆関数である．これに基づき，$Q_\tau(\mathrm{Y}_i|\mathrm{X}_i)=\mathrm{X}_i'\beta+\sigma_\varepsilon\Phi^{-1}(\tau)$ と結論づけることができる．言い換えれば，切片 $\sigma_\varepsilon\Phi^{-1}(\tau)$ が変動することはさておき，分位点回帰の係数は，各分位点において同じである．1980 年と 1990 年の国勢調査から得られた表 7.1.1 の結果は，こうした定式化された説明とさほど異ならないものである．

1980 年と 1990 年における国勢調査のデータに見られる単純な結果とは対照的に，2000 年の国勢調査から得られた分位点回帰推定の結果は，分位点によって全く異なっている．特に，右手のすそにおいて，そうした傾向が顕著に見られる．1 年追加的に教育を受けることによって，最下位の分位点では 9.2 %，中央値では 11.1%，そして最上位の分位点では 15.7%，賃金が増える．したがって，1980 年代と 1990 年代において，労働市場全体で不平等が深刻化したことに加え（このことは，単純な記述統計から知られた事実である），2000 年まで，不平等は教育の違いによっても増大し始めたのである（というのも，下位から上位の分位点にかけて，教育年数の係数が大きくなるということは，賃金分布が学歴の上昇につれ拡大していることを示すからである）．この新たな事実こそが，とりわけ，賃金の不平等の拡大が労働市場における構造的，あるいは，制度的な変化に由来するかどうかに関心を寄せてきた労働経済学者の間で，少なからず議論がなされてきた中心的な課題である（たとえば，Autor, Katz, and Kearney 2005 や Lemieux 2008）．

こうしたパラメトリックな事例は，分位点回帰の係数と条件付き分散との関連性についての理解に役立つ．具体的に言えば，(7.1.3) 式のような，古典的な単純回帰モデルに不均一分散を加味することによって，分位点回帰の係数を拡大させられる．たとえば，次のような仮定を置くことにする．

$$\mathrm{Y}_i \sim N(\mathrm{X}_i'\beta, \sigma^2(\mathrm{X}_i))$$

ここでは，$\sigma^2(\mathrm{X}_i)=(\lambda'\mathrm{X}_i)^2$ であり，λ は，$\lambda'\mathrm{X}_i>0$ のような，正の係数ベクトルである（おそらくは，β に比例しているため，条件付き分散は条件付き期待値と共に大きくなる）[2]．したがって，

$$P[\mathrm{Y}_i-\mathrm{X}_i'\beta<(\lambda'\mathrm{X}_i)\Phi^{-1}(\tau)|\mathrm{X}_i]=\tau$$

そしてその含意は，

2)　この種の不均一分散を伴う回帰モデルの実証事例としては，Card and Lemieux (1996) を参照のこと．Koenker and Portnoy (1996) では，このモデルを線形ロケーションスケールモデルと呼んだ．

$$Q_\tau(\mathrm{Y}_i|\mathrm{X}_i) = \mathrm{X}_i'\beta + (\lambda'\mathrm{X}_i)\Phi^{-1}(\tau) = \mathrm{X}_i'[\beta+\lambda\Phi^{-1}(\tau)] \qquad (7.1.4)$$

したがって，分位点回帰の係数は，$\beta_\tau = \beta + \lambda\Phi^{-1}(\tau)$ に従い，下位から上位の分位点にかけて増加する．

要約すると，表 7.1.1 は，同質集団内における不平等の分散に関する，2 つのストーリーをみごとに要約している．1 つ目のストーリーは，2000 年の国勢調査に基づく結果は，教育年数に伴い，明確に不平等が拡大していることを示している．しかしながら，この不平等の拡大は非対称的であり，賃金分布における上位のすそで，さらにより顕著であるかのように見える．2 つ目のストーリーは，こうした不平等の拡大自体が，新たな事実である．1980 年と 1990 年において観察された，教育年数の賃金分布への影響は，大雑把に言うと，単なる位置母数のずれであった[3)]．

7.1.1 打ち切り分位点回帰

分位点回帰によって，分布の一部が秘匿されているような場合に，Y_i の条件付き分布の特徴を観察することができる．仮に，次のような特性をもつデータがあったとしよう．

$$\mathrm{Y}_{i,obs} = \mathrm{Y}_i \cdot 1[\mathrm{Y}_i < c] + c \cdot 1[\mathrm{Y}_i \geq c] \qquad (7.1.5)$$

(7.1.5) 式において，$\mathrm{Y}_{i,obs}$ は，観察可能な部分で，Y_i が観察したい変数であるとする．これは，$\mathrm{Y}_{i,obs}$ が，いわゆる，**打ち切られている**ことを示している．

---

3) 線形 CQF を仮定する漸近的な分位点回帰の標準誤差は，次のようにあらわすことができる．

$$\tau(1-\tau)\{E[f_{u_\tau}(0|\mathrm{X}_i)\mathrm{X}_i\mathrm{X}_i']^{-1}E[\mathrm{X}_i\mathrm{X}_i']E[f_{u_\tau}(0|\mathrm{X}_i)\mathrm{X}_i\mathrm{X}_i']^{-1}$$

ここで，$f_{u_\tau}(0|\mathrm{X}_i)$ は，分位点回帰の残差が 0 の場合の条件付き密度である．仮に残差が等分散であるとすると，この式は，

$$\frac{\tau(1-\tau)}{f_{u_\tau}^2(0)}E[\mathrm{X}_i\mathrm{X}_i']^{-1}$$

と簡単化される．ここで，$f_{u\tau_\tau}^2(0)$ は無条件の残差密度の 2 乗である．Angrist, Chernozhukov, and Fernandez-Val (2006) では，CQF が非線形であることを許容する，より一般的な定式化が示されている．

つまり，機密性に関わる理由，あるいは情報を収集するのが非常に困難かつ手間がかかるという理由によって，$Y_{i,obs}$ では，Y_i についての情報が限られているということである．例えば，人口動態調査（current population survey：CPS）では，回答者の個人情報保護のために，高賃金が秘匿されている．このことは，賃金がある賃金水準を上回っている場合，データ上，この賃金はあらかじめ決められた賃金の値を割り振られてしまい，〔生の賃金のデータは記録されない〕ということを意味している．期間データにおいても，打ち切りはしばしば起こりうる．例えば，雇用保険が就労期間に与える効果についての研究では，新規の雇用保険支払請求者を 40 週間しか追跡することができない．それ以上長期間にわたって失業状態にある労働者はすべて，失業期間を 40 週とされ，打ち切られてしまう．3.4.2 節で議論された，労働時間や医療費のような制限被説明変数は，打ち切られているのではない．それらは，就労状況に関するダミー変数と同様に，本質的に 0 値をとってしまうような変数である．

被説明変数が打ち切られているような場合，分位点回帰では，（仮に，打ち切りポイントよりも上位で起こっているとすると）打ち切りポイントよりも下の条件付き分位点での共変量の効果を推定することによって対処することができる．これは，例えば，中央値を上回るところで，賃金が打ち切られていたとしても，それが中央値には影響することがないという事実を示唆している．したがって，もし，CPS が，賃金が最も高い人々の情報を秘匿したとしても，そのことがほんの少数の人々にしか影響を及ぼさなければ（そして，それはしばしば事実である），賃金データの打ち切りは，条件付き中央値の推定に対しても，あるいは，分位点が $\tau=0.75$ における β_τ の推定に対してでさえ，全く影響を与えない．同様に，もし，X_i のすべての値で条件付けた上で，10% 未満の標本しか打ち切られていないのであれば，0.9 までの分位点 τ について β_τ を推定する時には，単に打ち切りを無視すればよい．もしくは，$Q_\tau(Y_i|X_i)$ が c を下回るような X_i の値（あるいは，もし，打ち切りが $Y_{i,obs}=Y_i\cdot 1[Y_i>c]+c\cdot 1[Y_i\leq c]$ で示されるように，下位で起こっているのであれば，c を下回るような X_i の値）に分析対象となる標本を制限することもできる．

Powell (1986) は，打ち切り分位点回帰推定として，こうした考え方を定式化した．どの条件付き分位点が，打ち切り点を下回るかがわかっているので

(たとえば，ここでは，前段までの議論に続いて，上位で情報の秘匿が起こっていると想定する)，Powell は，次のような推定の手順を提案した．

$$Q_\tau(Y_i|X_i) = \min(c, X_i'\beta_\tau^c)$$

係数ベクトルである β_τ^c について解くと，

$$\beta_\tau^c = \arg\min_b E\{1[X_i'b < c]\cdot\rho_\tau(Y_i - X_i'b)\} \tag{7.1.6}$$

言い換えれば，ここでは，分位点回帰を X_i 値について，$X_i'\beta_\tau^c < c$ となるように，最小化する問題を解いていることになる．(実際には，(7.1.6) 式の標本の対応物を最小化する)．打ち切られていないデータが十分にあれば，結果的に，データが打ち切られていなかった場合に，分位点回帰関数が得たはずの推定値を得ることができるかもしない (条件付き分位点関数が，事実，線形であると仮定して)．もし仮に，推定している条件付き分位点が，すべて，打ち切り点を下回ったならば，通常の分位点回帰に戻せばよい．

(7.1.6) 式の標本の対応物は，もはや線形計画法問題ではない．しかし，Buchinsky (1994) が示すように，単純な線形計画のアルゴリズムの反復は有効に機能するようだ．反復手順は次のようなものである．まず，打ち切りを無視して，β_τ^c を推定する．次に，$X_i'\beta_\tau^c < c$ となる区域を見つけ出す．そして，この区域のみを対象として，再度，分位点回帰を推定し，この手順を繰り返す．このアルゴリズムが収束する保証はないが，実践的であるようには見える．標準誤差については，ブートストラップ標準誤差を導出ことができる．Buchinsky (1994) では，この手法が用いられ，CPS で情報が秘匿されてしまうような，高賃金を得ているかもしれない優れた熟練労働者について，教育年数の〔賃金に対する〕効果を推定している[4)]．

7.1.2 分位点回帰の近似特性★

教育年数を所与とした賃金の対数値の CQF は，厳密には，線形ではないはずである．したがって，このような場合，分位点回帰モデルの原型が前提とす

4) より的確な理論的背景をもつ，より洗練された推定量については，Buchinsky and Hahn (1998) と Chernozhukov and Hong (2002) を参照のこと．

る仮定を満たすことはできない．幸運なことに，分位点回帰は，最小平均二乗誤差（MMSE）の線形近似を CQF に与えると理解することもできるが，この場合の近似は，CEF 定理よりも道出が多少複雑で困難である．今，分位点指数 $\tau \in (0,1)$ について，分位点回帰の指定誤差を次のように定義する．

$$\Delta_\tau(X_i, \beta_\tau) \equiv X_i'\beta_\tau - Q_\tau(Y_i|X_i)$$

母集団分位点回帰ベクトルは，指定二乗誤差の加重平均値，$\Delta_\tau^2(X_i, \beta_\tau)$ を最小化するように表される．これを，Angrist, Chernozhukov, and Fernandez-Val (2006) では，次のような定理として記述している．

定理 7.1.1　分位点回帰近似

今，(i) 条件付き密度 $f_y(y|X_i)$ がほぼ確実に存在する，(ii) $E[Y_i], E[Q_\tau(Y_i|X_i)]$，そして，$E\|X_i\|$ が有限であるとする，(iii) β_τ が，(7.1.2) 式について，一意的な解として求められる，と仮定しよう．そうすると，

$$\beta_\tau = \arg\min_b E[w_\tau(X_i, b)\cdot\Delta_\tau^2(X_i, b)] \qquad (7.1.7)$$

ここでは，

$$\begin{aligned} w_\tau(X_i, b) &= \int_0^1 (1-u)\cdot f_{\varepsilon(\tau)}(u\Delta_\tau(X_i, b)|X_i)du \\ &= \int_0^1 (1-u)\cdot f_y(u\cdot X_i'b + (1-u)\cdot Q_\tau(Y_i|X_i)|X_i)du \\ &\geq 0 \end{aligned}$$

であり，$\varepsilon_i(\tau)$ は，分位点指定誤差であるから，

$$\varepsilon_i(\tau) \equiv Y_i - Q_\tau(Y_i|X_i),$$

この分位点指定誤差において，$\varepsilon_i(\tau)=e$ での条件付き密度は，$f_{\varepsilon(\tau)}(e|X_i)$ である．さらに，Y_i が連続的な条件付き密度である時，β_τ の近似値 β を次のようにあらわすことができる．

$$w_\tau(X_i, \beta) \approx 1/2\cdot f_y(Q_\tau(Y_i|X_i)|X_i) \qquad (7.1.8)$$

分位点回帰近似定理は，一見すると複雑であるかのように見えるが，大局的にみれば，単純である．ちょうど OLS が $E[Y_i|X_i]$ を近似するように，分位点回帰は $Q_\tau(Y_i|X_i)$ を近似すると考えることができる．OLS の重み付け関数は，X_i の度数分布であり，$P(X_i)$ であらわされる．それに対して，暗黙に $w_\tau(X_i, \beta_\tau) \cdot P(X_i)$ を所与とした，重み付け分位点回帰関数は，$P(X_i)$ 単独であるよりも，より複雑である（度数分布は，暗黙裡には，重み付け分位点回帰関数の一部である．なぜならば，(7.1.7) 式の期待値は，X_i の分布全般にわたっているからである）．$w_\tau(X_i, \beta_\tau)$ は，β_τ の分位点回帰を含んでいるが，β_τ は X_i のみの関数であるため，共変量で統制された β_τ と書き換えることができる．いずれにしても，分位点回帰におけるウェイトは，CQF の付近で，Y_i の密度とほぼ比例している．

図 7.1.1 は，分位点回帰近似定理を図示したものである．これらの図は，1980 年の国勢調査に基づき，最高賃金の情報が与えられていると仮定した場合の，対数換算された賃金の条件付き分位点関数をプロットしている．ここでは，教育年数の離散性と国勢調査の大標本を活かし，それぞれの教育年数ごとに賃金の分位点を計算することによって，CQF がノンパラメトリックに推定されている．パネル A–C は，共変量 X_i として教育年数と定数項のみを統制し，分位点 0.10, 0.50, 0.90 のそれぞれについて，線形分位点回帰によって導出した $Q_\tau(Y_i|X_i)$ のノンパラメトリック推定値をプロットした図である．図 7.1.1 の○印は，教育年数の区域ごとに CQF を推定した値を示し，一方，実線は，分位点回帰線を示している．これらの図から，線形分位点回帰がいかに CQF に近似しているかがわかる．

CEF に対する OLS による推定と同様，CQF に対する，分位点回帰推定と度数分布ウェイトをかけた分析結果とを比較するのも興味深い．分位点回帰に度数分布ウェイトをかける手法は，Chamberlain (1994) によって提案された．Chamberlain の最小距離（MD）推定量は，ベクトル $\tilde{\beta}_\tau$ の標本の対応物であり，次のように求められる．

$$\tilde{\beta}_\tau = \arg\min_b E[(Q_\tau(Y_i|X_i) - X_i'b)^2]$$
$$= \arg\min_b E[\Delta_\tau^2(X_i, b)]$$

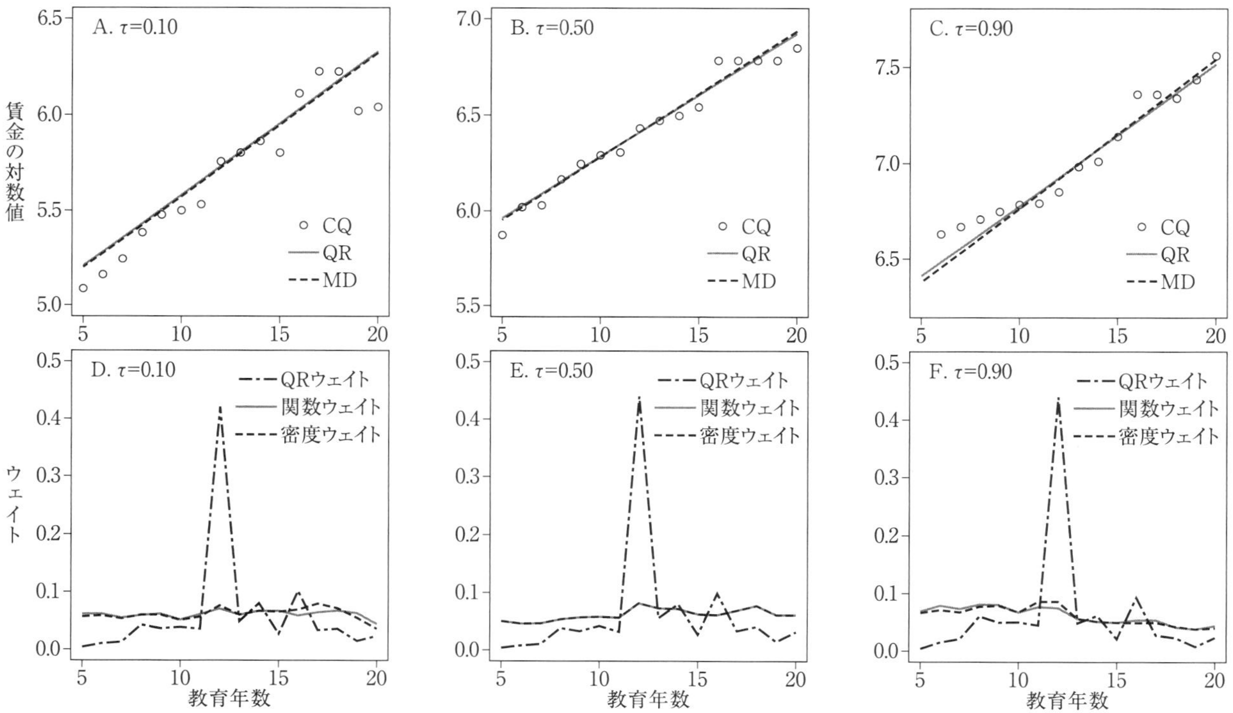

図 7.1.1　分位点回帰近似定理（Angrist, Chernozhukov, and Fernandez-Val 2006）

注：これらの図は，1980 年の国勢調査に基づき，最高賃金の情報が与えられていると仮定した場合の，対数換算された賃金の条件付き分位点関数の推定値を，重み付け関数とともに，プロットしている．パネル A–C は，$\tau=0.10, 0.50, 0.90$ のそれぞれについて，ノンパラメトリックな条件付き分位関数（CQ），分位点回帰（QR），最小距離（MD）による推定値を示している．また，パネル D–E は，本文で解説した通り，それぞれの分位点に対応する，分位点回帰の重み付け関数の結果を示している．

言い換えれば，$\tilde{\beta}_\tau$ は，X_i の度数分布でウェイトをかけ，$Q_\tau(Y_i|X_i)$ を共変量 X_i について線形回帰した場合の傾きである．データを通して唯一の経路を必要とする分位点回帰とは対照的に，MD は，ノンパラメトリックな第 1 段階において，$Q_\tau(Y_i|X_i)$ に対する一致性を満たすような推定ができるかどうかに依存している．

図 7.1.1 の破線は，MD による推定値を示している．分位点回帰と MD は近い値を示してはいるものの，まったく同一ではない．これは，分位点回帰が，暗黙裡に，$w_\tau(X_i,\beta_\tau)$ をウェイトとして重み付けされているからである．こうした重み付けにより，X_i 値での当てはまりの良さが強調され，そこでは，Y_i が CQF に近いところで，より高密度で分布している．図 7.1.1 のパネル D–E は，X_i に対し，全体の分位点ウェイト，$w_\tau(X_i, \beta_\tau)\cdot P(X_i)$ をプロットした図である．これらのパネルでは，「関数ウェイト（importance weight)」として，$w_\tau(X_i, \beta_\tau)$ の推定値も示されており，これらの密度の近似値は，$1/2\cdot f_y(Q_\tau(Y_i|X_i)|X_i)$ である．関数ウェイトと密度ウェイトは類似しており，ほぼ平らである．それに対して，全体のウェイト（QR ウェイト）関数は，教育年数の度数分布と非常に似通っているため，最も高いウェイトが，12 年から 16 年の教育年数のところに置かれている．

7.1.3　間違いやすいいくつかの点

条件付き分位という言葉は，扱いにくい．しばしば，「中央値における分位点回帰係数」，ないしは，「下位の十分位点での分位点回帰係数効果」について議論される．しかし，覚えておかなければならないことは，この議論は，分位点回帰係数は，**個人**に対する効果ではなく，**分布**に対する効果についてであるということである．例えば，ある職業訓練が，賃金分布の下位の十分位を押し上げる効果のあることが観察されたとしても，このことは，(職業訓練なしに下位の十分位に属するような）貧しい人々にとって，貧困の状況が直ちに緩和することを，必ずしも，意味してはいない．むしろ，このことは，職業訓練制度の対象となる貧困者は，仮に彼らが職業訓練制度の対象とならなかった場合と比較すると，ましな状況なることを意味しているにすぎない．

ある一定の貧困な人々の集団を裕福にするということと，貧困という状況を変化させるということとは，微妙に異なる．この違いは，ある政策による処置が，賃金（あるいは，他の被説明変数の）分布における個々人の階級を保持すると考えるかどうかに関係している．もし，ある政策が階級を保持するような処置である場合，下位十分位の上昇は，実質的に，貧しい人々を裕福にするであろう．なぜならば，階級の保持とは，相対的な状況が変化しないことを意味しているからである．さもなければ，単に，貧しい人々——たとえどういう人であっても，賃金分布の下位10%のグループとして定義される——が裕福になると言うことができるだけである．この点については，7.2節において，短く触れることにする．

2番目の課題は，条件付き分位点から，周辺分位点への変換である．条件付き分位点を周辺分位点に変換することによって，分位点回帰係数の変化が，全体の不平等に与える影響を知ることができる．今，2000年の国勢調査において観察された事象を超えて，分位点回帰係数が教育年数とともにさらなる散らばりを見せたとする．このことは，上位十分位と下位十分位の賃金の比率について，どういう含意をもつであろうか？　あるいは，次のように問うこともできよう．つまり，（たとえば，上位十分位と下位十分位との比率によって測られるような）不平等の全体的な拡大は，分位点回帰係数の散らばりによって要約される同質グループ内での不平等の拡大によって，どの程度，説明することができるか？という問いである．この種の問いは，驚くほど，回答困難な問いである．というのも，すべての条件付き分位点は，ある**特定の値における**周辺分位点に変換されなければならないからである（Machado and Mata 2005）．とりわけ，$Q_\tau(Y_i|X_i)=X_i'\beta_\tau$ は，必ずしも，$Q_\tau(Y_i)=Q_\tau(X_i)'\beta_\tau$ を意味していない．これは，もっとずっと制御しやすい，たとえば，$E(Y_i|X_i)=X_i'\beta$ ならば，繰り返し期待値によって，$E(Y_i)=E(X_i)'\beta$ を推定することができるような期待値のオペレーターとは対照的である．

周辺分位点の抽出★

条件付き分位点と周辺分布との関連性をより定式化して示すために，今，CQFが線形で，したがって，$Q_\tau(Y_i|X_i)=X_i'\beta_\tau$ であると仮定する．X_i が所与の場合の Y_i の条件付きCDFを $F_y(y|X_i)\equiv P[Y_i<y|X_i]$ とする．ここでは，周辺

分布は $F_y(y)=P[Y_i<y]$ である．CDF とその逆数は，次のような関係式で表すことができる．

$$\int_0^1 1[F_y^{-1}(\tau|X_i)<y]d\tau = F_y(y|X_i) \tag{7.1.9}$$

(7.1.9) 式において，$F_y^{-1}(\tau|X_i)$ はまた，CQF，つまり，$Q_\tau(Y_i|X_i)$ である．言い換えるならば，X_i に条件付けられた y よりも小さい母集団の比率が，y よりも小さい条件付き分位点の比率と同じであるということである[5]．積分の中の CQF を線形モデルで代理させると，次の式を得ることができる．

$$F_y(y|X_i) = \int_0^1 1[X_i'\beta_\tau<y]d\tau$$

次に，繰り返し期待値の法則を用いて，周辺分布関数，$F_y(y)$ を次のように導出することができる．

$$F_y(y) = E\left[\int_0^1 1[X_i'\beta_\tau<y]d\tau\right] \tag{7.1.10}$$

最終的に，周辺分位点，つまり，$Q_\tau(Y_i)$ は，$\tau\in(0,1)$ について，$F_y(y)$ の逆関数を求めることによって，次のようになる．

$$Q_\tau(Y_i) = \inf\{y: F_y(y)\geq\tau\}$$

周辺分布の推定量によって，積分と期待値を，(7.1.10) 式の和として置き換えることができる．そこでは，分位点上での和は，たとえば，0.01 ごとの全ての分位点での分位点回帰推定値から推定される．標本数が N の場合，これは，次のような式であらわされる．

$$\hat{F}_y(y) = N^{-1}\sum_i (1/100)\sum_{\tau=0}^{\tau=1} 1[X_i'\hat{\beta}_\tau<y]$$

この式に対応する周辺分位点推定量は，$\hat{F}_y(y)$ の逆数となる．

実際には，このアプローチには数多くの困難が伴う．1 つには，数多くの分位点回帰推定を行わなければならない点である．2 つ目の問題は，漸近的分布

5) たとえば，y が条件付き中央値である場合には，$F_y(y|X_i)=0.5$ であり，全条件付き分位点の半分は y よりも小さくなる．式 (7.1.9) で示された関係は，変数式の変化を用いて，証明可能な公式である．

理論が複雑であることである（克服することは不可能であるが，Chernozhukov, Fernandez-Val, and Melly (2008) を参照のこと）．条件付き分位点から周辺分位点への変換を簡単化することは，今日，研究が活発に行われている分野の1つである．Gosling, Machin, and Meghir (2000) や Machado and Mata (2005) は，条件付き分位点から周辺分位点への変換に対する実証研究を最初に行った研究者たちである．分位点回帰モデルにおいて，着目すべき主要な変数が，たとえば，処置の状況などのダミー変数で，他の説明変数が統御変数であるような場合，傾向スコア型の加重手法が，周辺分布における効果推定に応用可能である．外生的な事例についてはFirpo (2007) を，また，次節で議論するような内生的な処置効果モデルを機能させるような周辺化の手法については，Frölich and Melly (2007) を参照してもらいたい．

7.2　分位点処置効果のIVによる推定

回帰分析によるどの推定値に対しても，42,000ドルの価値がある問い［「最大，最重要の問い」という意味］は，因果的な解釈ができるかどうかということである．この問いは，OLSと同様，分位点回帰についても，同じく価値ある問いであることは事実である．今，ある職業訓練の賃金に与える効果推定に分析の焦点を当てることにする．OLSによる推定値が，この職業訓練が平均賃金に与える効果を測定するのに対して，分位点回帰は，賃金の中央値に与える効果を推定するために用いられる．両者のケースとも，注意すべきは，推定された処置効果が，脱落変数バイアス（OVB）によって，影響を受けているかどうかということである．

ここでも脱落変数の問題は，IVを用いることで解消することができるが，分位点回帰モデルにIV法を適用することは，比較的新しく開発された手法で，いまだ，従来の2SLSほどには制御できていない．本節では，（たとえば，ある処置効果のような）2値変数が分位点に与える因果効果を，2値のIVを用いて，捉えるための手法について議論することにする．分位点処置効果（Quartile Treatment Effect：QTE）にIV法を適用する手法は，Abadie, Angrist, and Imbens (2002) によって導入された．その手法は，必然的に，平均的な因果効果に対するLATEの枠組みと同じ仮定を置くやり方である．結果は，全ての処置受入群に対する処置の因果効果に，Abadie 型のウェイトをかけた推定量となっている[6)]．

QTE 推定量に関するここでの議論は，条件付き分位点に対する付加的なモデルに基づいている．したがって，単一の処置効果が共変量を伴うモデルにおいて推定される．最終的な推定量は，IV を用いないならば，Koenker and Bassett (1978) によって示された単純な線形分位点回帰に集約される．したがって，分析の焦点となる説明変数がダミー変数の場合，QTE と分位点回帰との関係は，従来の 2SLS と OLS との関係に類似している．

分析の焦点となるパラメータを次のように定義しよう．$\tau \in (0,1)$ について，α_τ と β_τ が存在すると仮定する．

$$Q_\tau(\mathrm{Y}_i|\mathrm{X}_i, \mathrm{D}_i, \mathrm{D}_{1i}>\mathrm{D}_{0i}) = \alpha_\tau \mathrm{D}_i + \mathrm{X}_i'\beta_\tau \qquad (7.2.1)$$

(7.1.1) 式において，$Q_\tau(\mathrm{Y}_i|\mathrm{X}_i, \mathrm{D}_i, \mathrm{D}_{1i}>\mathrm{D}_{0i})$ は，すべての処置受入群について，X_i と D_i を所与とする，τ 番目の分位点における Y_i を示している．したがって，α_τ と β_τ は，これらの処置受入群に対する，分位点回帰係数である．

(4.5.2) 式について議論したように，D_i は，X_i と $\mathrm{D}_{1i}>\mathrm{D}_{0i}$ によって条件付けられた結果の生起確率からは独立であることを思い出していただきたい．そのため，このモデルにおけるパラメータ α_τ は，処置受入群について，X_i に条件づけられた Y_{1i} と Y_{0i} の分位点との差として与えられる．言い換えれば，

$$Q_\tau(\mathrm{Y}_{1i}|\mathrm{X}_i, \mathrm{D}_{1i}>\mathrm{D}_{0i}) - Q_\tau(\mathrm{Y}_{0i}|\mathrm{X}_i, \mathrm{D}_{1i}>\mathrm{D}_{0i}) = \alpha_\tau \qquad (7.2.2)$$

となる．こうした推定によって，例えば，ある職業訓練プログラムが，処置受入群における，賃金の条件付き中央値，ないしは，下位十分位値を変化させたかどうかということを知ることができるのである．ここで留意すべきは，パラメータ α_τ によっては，そのプログラムが Y_{1i} と Y_{0i} の条件付きでない分布の分位点を変化させたかどうかはわからないという点である．そのため，7.1.3 節

6) もう 1 つの別の手法については，Chernozhukov and Hansen (2005) を参照のこと．この研究では，（たとえば，ダミー変数だけではなく）どのような種類の説明変数についても適用することが可能である．しかし，この手法では，QTE の概念では必ずしも必要としない，順位類似性の仮定を置かなければならない．

で示したような手順によって，一連の分位点回帰による推定値を統合しなければならない．

また，ここでもう１つあえて強調しておくべき点は，α_τ が，個々の処置効果，すなわち，$(Y_{1i}-Y_{0i})$ の条件付き分位点ではない，ということである．中央値での処置効果が正であるかどうかについて知りたいならば，たとえば，順位不変性のような強い仮定を置かなければ，このような問いに応えることはできない[7)]．たとえ，完璧に納得できる無作為抽出化試験を実施したとしても，$(Y_{1i}-Y_{0i})$ の分布を明らかにすることはできない．平均値の差が，差の平均値と同じであったとしても，$Y_{1i}-Y_{0i}$ の分布についての，他の特徴は観察されない．なぜならば，どの同一個人についても Y_{1i} と Y_{0i} との両方を観察することは決してできないからである．しかし，社会福祉政策の効果の比較には，概して，Y_{1i} と Y_{0i} の分布のみが必要であり，効果の差の分布は必要とされないため（例えば，Atkinson 1970 を参照のこと），応用計量経済学にとっては，嬉しいことに，分布の違いが，処置効果の分析よりも常に重要である．この点は，分位点とは無関係に求められうる．ある特定の雇用政策を評価する際に，もしその政策が全体の就業率を押し上げるならば，当該政策を好意的に解釈する傾向にある．言い換えれば，もし，Y_{1i} の平均値が Y_{0i} の平均値よりも高ければ，私たちは満足し，仕事を得る人たち（$Y_{1i}-Y_{0i}=1$），あるいは，仕事を失う人たち（$Y_{1i}-Y_{0i}=-1$）の数は二の次である．というのも，良い政策とは，何かを得る人たちが失う人たちよりも多いことが必要条件であるからだ．

7.2.1　QTE 推定量

QTE 推定量は，処置受入群に対する分位点回帰係数が，理論的に，処置受入群の母集団に分位点回帰分析を遂行することによって推定されうるという所見に基づいている．所与のデータセットでは，処置受入群の一覧表を作成することはできないが，4.5.2 節のように，Abadie kappa 定理を用いて，処置受入群を見出すことができる．

---

7)　この文脈における順位不変性とは，Y_{1i} と Y_{0i} との関係が逆元をもつ関数によって関係づけられることを意味している．たとえば，Heckman, Smith, and Clements (1997) を参照のこと．

$$(\alpha_\tau, \beta_\tau) = \arg\min_{a,b} E\{\rho_\tau(Y_i - aD_i - X_i'b) | D_{1i} > D_{0i}\}$$
$$= \arg\min_{a,b} E\{\kappa_i \rho_\tau(Y_i - aD_i - X_i'b)\} \quad (7.2.3)$$

ここでは，前節と同様，

$$\kappa_i = 1 - \frac{D_i(1-Z_i)}{1-P(Z_i=1|X_i)} - \frac{(1-D_i)Z_i}{P(Z_i=1|X_i)}$$

となる．QTE 推定量は，(7.2.3) 式の標本の対応物である．QTE 推定を遂行する際，様々な推定上の課題が生ずる．第 1 に，κ_i が推定されなければならず，この第 1 段階の推定から導出される標本分散が，これと対応する漸近的分布理論において，反映されなければならない．Abadie, Angrist, and Imbens (2002) は，κ_i がノンパラメトリックに推定される場合に，(7.2.3) 式の標本版について極限分布を導出する．しかし，実際には，漸近式を用いるよりも，(たとえば，推定されたカッパ値の構築からはじめるなどして) すべての手順をブートストラップした方が容易である．

第 2 に，$D_i \neq Z_i$ の場合，κ_i は負値をとる．したがって，カッパ値による重み付け分位点回帰の最小化される対象は，非凸状となり，通常の分位点回帰推定量とは違い，線形計画の特徴は有していない．その代わりに，この問題は，下記を最小化することによって解くことができる．

$$E\{E[\kappa_i|Y_i, D_i, X_i]\rho_\tau(Y_i - aD_i - X_i'b)\} \quad (7.2.4)$$

(7.2.4) 式において最小化される対象は，(7.2.3) 式について，期待値反復を行うことによって求められる．実際の手続きにおける (7.2.3) 式と (7.2.4) 式との違いは，次の項が確率であり，したがって，0 と 1 の間の値をとるということである[8)]．

$$E[\kappa_i|Y_i, D_i, X_i] = P[D_{1i} > D_{0i}|Y_i, D_i, X_i]$$

さらに，これらの式を簡単化すると，

8) κ_i の期待値は，確率である．なぜならば，κ_i が「処置受入群を見出す」からである．この結果に関する定式化については，Abadie, Angrist, and Imbens (2002) の補助定理 3.2 を参照のこと．

$$E[\kappa_i|\mathrm{Y}_i, \mathrm{D}_i, \mathrm{X}_i] = 1 - \frac{\mathrm{D}_i(1-E[\mathrm{Z}_i|\mathrm{Y}_i, \mathrm{D}_i=1, \mathrm{X}_i])}{1-P(\mathrm{Z}_i=1|\mathrm{X}_i)} - \frac{(1-\mathrm{D}_i)E[\mathrm{Z}_i|\mathrm{Y}_i, \mathrm{D}_i=0, \mathrm{X}_i])}{P(\mathrm{Z}_i=1|\mathrm{X}_i)} \qquad (7.2.5)$$

となる．Angrist (2001) は，この式を用いて，QTE の推定を行っている．この研究では，$E(\mathrm{Z}_i|\mathrm{Y}_i,\mathrm{D}_i,\mathrm{X}_i)$ を，$\mathrm{D}_i=0$ と $\mathrm{D}_i=1$ のサブ標本それぞれについて別個にプロビットモデルによって推定させ，(7.2.5) 式を用いて，$E(\kappa_i|\mathrm{Y}_i,\mathrm{D}_i,\mathrm{X}_i)$ を構築した上で，単位区間の外側にある $E(\kappa_i|\mathrm{Y}_i, \mathrm{D}_i, \mathrm{X}_i)$ の推定結果をすべて削除する．Stata の qreg コマンドを使えば，ここで結果として得られる，非負の $E(\kappa_i|\mathrm{Y}_i, \mathrm{D}_i, \mathrm{X}_i)$ に対する第 1 段階の推定値が，第 2 段階の重み付け分位点回帰を推定する際に，ウェイトとして投入されることになる[9]．

職業訓練が受講生の賃金の分位点に与える効果推定

1980 年代に施行された職業訓練協力法（The Job Training Partnership Act：JTPA）は，大規模な連邦政府による政策の 1 つで，経済的に恵まれない境遇にある労働者に対し，職業訓練を施すための助成を行う政策である．JTPA が提供するさまざまなサービスは，郡の全領域に設置された 649 箇所の，いわゆる，職業訓練サービス実施地区（Service Delivery Areas：SDAs）において提供を受けることができた．JTPA が労働市場に与える影響についての最初の研究は，（州の失業保険の記録，または，2 つの追跡調査によって）賃金に関するデータが，無作為割当てを実施した後，少なくとも 30 カ月間にわたって継続して得ることができた男女の標本を分析の対象とした研究であった[10]．30 カ月

9)　こうした手順を段階ごとに示すと，次のようになる．

1. $\mathrm{D}_i=0$ と $\mathrm{D}_i=1$ のサブサンプルそれぞれについて別個に，Y_i と X_i を共変量とするプロビット回帰を Z_i について行い，これらの当てはめ値を保存する．
2. 全標本について，X_i を共変量とするプロビット回帰を Z_i について行い，これらの当てはめ値を保存する．
3. 上記で求めた 2 種類を当てはめ値を (7.2.5) 式に投入し，$E(\kappa_i|\mathrm{Y}_i, \mathrm{D}_i, \mathrm{X}_i)$ を構築する．結果，0 よりも小さい値を全て「0」，1 よりも大きい値を全て「1」として処理する．
4. これらのカッパ値を分位点回帰におけるウェイトとして用いる．
5. 標準誤差を求めるために，この全過程をブートストラップする．

にわたる継続的な賃金データがあったのは，5,102 人の成人男性であった．

本節での表記でいえば，Y_i が 30 カ月の賃金，D_i が JTPA によって提供されるサービスを実際に受けたかどうか，そして，Z_i が無作為割当てによるサービス提供の対象者かどうかを，それぞれ，表している．たとえば，新薬や新たな治療法に関する無作為抽出化試験と同様，大部分の社会実験にとって重要な特徴の 1 つは，中には，処置を拒否する参加者がいるということである．JTPA では，これらのサービス提供の対象となった人々に対し，職業訓練への参加を強制してはいない．その結果，たとえ，助成対象となった職業訓練の受講を無作為に割当てたとしても，実際には，割当てられた人のうちの約 60% しか，JTPA のサービスを受けなかった．したがって，あてがわれた処置は，部分的には，自己選択であって，潜在的な結果と相関している可能性がある．他方，4.4.3 節で議論したように，職業訓練の提供を無作為に割当てることは，実際に職業訓練を受けるかどうかに対する適切な IV となる．なぜならば，職業訓練の無作為な割当てと実際の受講というこれら 2 変数には明らかな相関があるが，職業訓練という処置自体は無作為に割当てられていることから，潜在的な成果とは独立であるからである．さらに，無作為抽出によって職業訓練の対象外となった非対象群では，実際に JTPA のサービスを受けた人の割合が極わずかであったため（2% 未満），処置受入群に対する効果を，処置を受けた人々への効果と解釈することができる（4.4.3 節で議論したように，LATE は，常に処置に応じない人がいる場合には，処置対象者に対する効果に等しい）．

全国 JTPA 調査において，職業訓練の提供が無作為に割当てられているために，処置対象群に対する効果の一致推定量を導出するのに，共変量（X_i）は必ずしも必要ない．しかしながら，こうした社会実験であっても，処置状況と応募者の属性とに偶然生起しうる関係性を修正し，分析の精度を高めるため，通常は，共変量を統御する（第 2 章を参照のこと）．これらの共変量は，JTPA を取り入れる経緯から見て，政策のベースラインとなる．この場合の共変量は，黒人とヒスパニックダミー，高卒ダミー〔アメリカで高等学校修了程度の学力を有することを証明するための試験である，GED［General Educational Develop-

10) Bloom et al (1997) と Orr et al.(1996) を参照のこと．

ment］の有資格者ダミー変数を含む〕，既婚ダミー，5歳年齢階級ダミー，そして，無作為割当てが実施された前年の就労が13週間未満であったかどうかを示すダミー変数である．さらに，最初に受講を勧められたサービス内容（座学での訓練，職場での訓練（OJT），求職支援，他）に対するダミー，そして，賃金データが第2回の追跡調査からのデータかどうかを示すダミー変数も含まれる．こうした共変量のほとんどは調査対象者の人口統計上の，そして，社会的・経済的な背景を要約する変数であるため，分位点分析によって，いかにJTPAによる実験が，人口統計上，及び，社会的・経済的背景上，同質のグループ内における賃金分布を反映していたかについて，知ることができる．

成人男性に対する職業訓練の影響について，表7.2.1の第1列目には，ベンチマークとして，OLSと従来のIV法による2SLSの結果が示されている．OLSによる職業訓練の係数は，ちょうど3,754ドルと推定されている．この結果は，Y_iをD_iとX_iで回帰した場合の，D_iの係数に他ならない．したがって，この結果は，被訓練者が自己選択を行ったという事実を無視している．表7.2.1の2SLSの推定値は，無作為割当てによるサービス提供の対象者かどうかを示すZ_iを，JTPAによって提供されるサービスを実際に受けたかどうかを示すD_iのIVとして用いた結果である．2SLSによれば，推定値は1,593ドルで，標準誤差は895ドルと，その効果の大きさは，対応するOLSによる推定値の半分未満である．

一連の分位点回帰の推定結果からは，中央値よりも上位の分位点に比較すると，中央値よりも下位では，職業訓練の受講状況によって分位点での差が（割合で見ると）より大きいことがわかる．この結果は，表7.2.1の一番上の右側の各列に示された，0.15, 0.25, 0.5, 0.75, 0.85の分位点における，分位点回帰推定値からわかる．たとえば，分位点0.85では，職業訓練受講者の賃金が，それに対応する非受講者の分位点での賃金に比べ，約13%高いのに対して，分位点0.15では，約136%高くなっている．しかしながら，表に示したOLSによる推定値と同様，これらの分位点回帰係数について，必ずしも因果的な解釈をすることはできない．むしろ，これらの結果は，職業訓練の受講者と非受講者との賃金分布に対する記述的な比較と理解すべきである．

賃金の中央値における職業訓練の効果に対するQTE推定値は，効果の大き

表 7.2.1　JTPA 実験に基づく分位点回帰推定と分位点処置効果

A. OLS と分位点回帰推定値

変数名	OLS	分位点 0.15	0.25	0.50	0.75	0.85
職業訓練の効果	3,754 (536)	1,187 (205)	2,510 (356)	4,420 (651)	4,678 (937)	4,806 (1,055)
職業訓練の効果割合（%）	21.2	135.6	75.2	34.5	17.2	13.4
高卒，ないしは，GED 資格保有者	4,015 (571)	339 (186)	1,280 (305)	3,665 (618)	6,045 (1,029)	6,224 (1,170)
黒人	−2,354 (626)	−134 (194)	−500 (324)	−2,084 (684)	−3,576 (1,087)	−3,609 (1,331)
ヒスパニック	251 (883)	91 (315)	278 (512)	925 (1,066)	−877 (1,769)	−85 (2,047)
既婚	6,546 (629)	587 (222)	1,964 (427)	7,113 (839)	10,073 (1,046)	11,062 (1,093)
無作為割当て実施の前年度における就労が 13 週未満	−6,582 (566)	−1,090 (190)	−3,097 (339)	−7,610 (665)	−9,834 (1,000)	−9,951 (1,099)
定数項	9,811 (1,541)	−216 (468)	365 (765)	6,110 (1,403)	14,874 (2,134)	21,527 (3,896)

B. 2 段階最小二乗法と QTE 推定値

変数名	2SLS	分位点 0.15	0.25	0.50	0.75	0.85
職業訓練の効果	1,593 (895)	121 (475)	702 (670)	1,544 (1,073)	3,131 (1,376)	3,378 (1,811)
職業訓練の効果割合（%）	8.55	5.19	12.0	9.64	10.7	9.02
高卒，ないしは，GED 資格保有者	4,075 (573)	714 (429)	1,752 (644)	4,024 (940)	5,392 (1,441)	5,954 (1,783)
黒人	−2,349 (625)	−171 (439)	−377 (626)	−2,656 (1,136)	−4,182 (1,587)	−3,523 (1,867)
ヒスパニック	335 (888)	328 (757)	1,476 (1,128)	1,499 (1,390)	379 (2,294)	1,023 (2,427)
既婚	6,647 (627)	1,564 (596)	3,190 (865)	7,683 (1,202)	9,509 (1,430)	10,185 (1,525)
無作為割当て実施の前年度における就労が 13 週未満	−6,575 (567)	−1,932 (442)	−4,195 (664)	−7,009 (1,040)	−9,289 (1,420)	−9,078 (1,596)
定数項	10,641 (1,569)	−134 (1,116)	1,049 (1,655)	7,689 (2,361)	14,901 (3,292)	22,412 (7,655)

注：Abadie, Angrist, and Imbens（2002）からの引用．本表は，職業訓練の賃金に与える効果について，OLS，分位点回帰，2SLS，QTE で推定させた結果を示している．分析の対象としたのは，5,102 人の成人男性である．パネル B では，無作為割当ての状況が，職業訓練の受講状況の操作変数として用いられている．表に示された共変量に加え，全てのモデルにおいて，最初に受講を勧められたサービス内容に対するダミー，5 歳年齢階級ダミー，賃金データが第 2 回の追跡調査からのデータかどうかを示すダミーについては，統制済みである．（　）内は，頑健標準誤差を示す．

さという点で，ベンチマークである 2SLS によって得られた推定値と類似しているが，分析の精度は低い．その一方で，QTE 推定値は，分位点回帰推定値とは全く異なるパターンを示している．下位の分位点での推定値が，それに対応する分位点回帰推定値と比較すると，大幅に小さく，しかも，それらは絶対値で見た場合に小さい．たとえば，分位点 0.15 での職業訓練の効果に対する QTE 推定値が 121 ドルであるのに対して，それに対応する分位点回帰推定値は 1,187 ドルである．同様に，分位点 0.25 での QTE 推定値が 702 ドルであるのに対して，分位点回帰推定値は 2,510 ドルである．しかしながら，こうした下位の分位点での結果とは異なり，中央値よりも上位の分位点での QTE 推定値を見ると，(これに対応する分位点回帰推定値よりは小さいものの) 職業訓練の賃金に対する効果は大きく，しかも統計的に有意である．

この分析から得られた最も興味深い結果は，JTPA による成人男性に対する職業訓練には，賃金分布の下位の分位点を押し上げる効果がない，ということである．また，この結果から，表 7.2.1 の上半分で示された分位点回帰推定値が正の選択バイアスによって影響を受けていることがわかる．この結果が示す含意の 1 つは，JTPA の応募者のうち，経済状況が改善している人はごく少数であるかもしれないということである．したがって，JTPA が全体的に数多くの応募者を支援しているかのように見えるという事実に比べると，応募者内における分布効果については，あまり関心が寄せられていないということである．とはいえ，全国 JTPA 調査に参加した成人については，賃金の上位分位点がある程度高いことがわかる．職業訓練受講生の賃金分布について，上位のすそを引き上げることが，政策立案者にとって，高い優先順位を持つとは考えにくい．

「計量経済学部」　　「あなたがいるのは，たぶんここです」

第8章　標準じゃない標準誤差の話

Nonstandard Standard Error Issues

「船は正常に戻りました．くりかえします．船は正常にもどりました」(…)
「ですが，まだなにか気に入らないことがあるとしたら，それはあなた自身の問題です」

ダグラス・アダムス『銀河ヒッチハイク・ガイド』

今日では，さまざまな統計ソフトが，サンプリングの手順や基本的なモデルについての弱い仮定を置くことによって，漸近的な標準誤差を機械的に計算してくれるようになった．例えば，Stataでは，「robust」というコマンドを選択すれば，回帰式 (3.1.7) における標準誤差を求めることができる．〔この手続きによって〕得られる頑健な標準誤差は，次の点で，従来の標準誤差を改善する．回帰分析が非線形の条件付き期待値関数（CEF）に近似される時，その残差がほぼ確実にそうであるように，回帰における残差が不均一分散であるような場合において，結果として得られた推論が漸近的に妥当である．頑健な標準偏差とは対称的に，従来の標準偏差は，残差の均一分散を仮定している．ここでの障害は，こうした推定値を正当化する漸近的近似があまり適切ではない場合，頑健な標準誤差の推定値が，誤解を生む結果となる可能性があるという点である．本章の最初の部分は，頑健な標準誤差の推定を伴う漸近的推論がうまくいかないケースと，その緩和策について概観する．

従来の横断面における推論の支柱――すなわち，3.1.3節での議論――は，データが独立であるという仮定にある．各観測値は，同じ母集団から無作為に抽出された標本として，過去や将来の観測値とは相関がないものとして，取り扱われる．今日では，標本抽出に想定されるこうした仮定は，非現実的であり，おそらくは，無謀でさえありうることがわかっている．マクロ経済学に共通する時系列分析と同様，横断面データの分析者も，観測値どうしの相関について注意を払わなければならない．最も留意すべきタイプの従属性は，何かしらの群（ないしは，集団）構造があるようなデータ——例えば，クラス内，あるいは，学校内で観察される子供たちの試験の点数など——に生起する．同じ学校，あるいは，同じクラスに属する子供たちは，何がしか，同じような環境や世帯背景による影響を受けており，そのため，彼らの試験の点数が相関する傾向にある．こうした相関は，クラスタリング問題，あるいは，この問題を有名にした Moulton (1986) による研究にちなんで，Moulton 問題と呼ばれている．横断面データに関するクラスタリング問題と類似した問題の 1 つとして異時点間における相関の問題があり，これは，差の差の推定（DD）手法を用いる場合に一般的な課題である．例えば，州単位での最低賃金に関する研究は，必然的に，州の平均就労率が異時点間で相関しているという事実に直面する．ここでは，この異時点間での相関の問題を，Moulton 問題と区別するために，系列相関と呼ぶことにする．

クラスタリング問題や系列相関によって頭を悩まされる研究者たちは，最も簡単な方法，たとえば，Stata で「cluster」というコマンドを選択することによって，この問題を補正しようとするが，この方法はあまり適切ではないという事実と向き合わなければならない．クラスタリング問題や系列相関のあるデータに対する漸近的近似には，数多くのクラスターや異時点での観測値が求められる．しかし，残念ながら，私たちは，数多くのクラスターや時点を含むデータにそうそう恵まれるわけではない．結果として起こる推論に関わる諸課題が，いつも克服不能というわけではないが，しばしば，最善の解決策はより数多くのデータを収集することに尽きる．クラスタリング問題や系列相関に関する計量経済学的な補正手法については，この章の後半で議論する．本章で取り扱う問題のいくつかは，行列代数なしに議論を進めることが困難であるため，ここからは，思い切って，行列式を投入し，表記を切り替えることにする．

8.1　頑健な標準誤差の推定値におけるバイアス★

行列式では，OLS による係数の推定値は次のようにあらわすことができる．

$$\hat{\beta} = \left[\sum_i X_i X_i'\right]^{-1} \sum_i X_i Y_i = (X'X)^{-1} X'y$$

ここでは，X は列として X_i' を有する $N \times K$ の行列，y は N 個の Y_i で構成された $N \times 1$ のベクトルである．3.1.3 節で見たように，$\hat{\beta}$ は，漸近的に正規分布である．したがって，

$$\sqrt{N}(\hat{\beta} - \beta) \sim N(0, \Omega)$$

とあらわされる．ここで，Ω は，漸近共分散行列，$\beta = E[X_i X_i']^{-1} E[X_i Y_i]$ である．(3.1.7) 式と同じことを繰り返し，この場合の Ω を定式化すると，

$$\Omega_r = E[X_i X_i']^{-1} E[X_i X_i' e_i^2] E[X_i X_i']^{-1} \qquad (8.1.1)$$

となる．ここでは，$e_i = Y_i - X_i'\beta$ である．残差が均一分散であるならば，共分散行列は $\Omega_c = \sigma^2 E[X_i X_i']^{-1}$ となり，$\sigma^2 = E[e_i^2]$ である．

ここでの関心は，（たとえば，クラスター相関や系列相関がないような）独立標本における，頑健な標準誤差の推定値のバイアスである．バイアスの導出を簡単化するため，あたかも，X_i について層化抽出したかのように，説明変数ベクトルを固定されたものとして考えることができるという仮定を置く．非確率的な説明変数は，ベンチマークに，有限標本分布を観察する場合にしばしば用いられるような標本抽出のモデルを提供する．この仮定を置くことによって，若干理論的な有意性が失われることは否めないが，バイアスの導出を相当程度簡単化することができる．

固定された説明変数を用いると，

$$\Omega_r = \left(\frac{X'X}{N}\right)^{-1} \left(\frac{X'\Psi X}{N}\right) \left(\frac{X'X}{N}\right)^{-1} \qquad (8.1.2)$$

となる．ここでは，$\Psi = E[ee'] = diag(\psi_i)$ は，残差の共分散行列である．均一分散を仮定した場合には，すべての i について，$\psi_i = \sigma^2$ となり，

$$\Omega_c = \sigma^2 \left(\frac{X'X}{N}\right)^{-1}$$

漸近的な標準誤差は，N で除すことによって漸近正規化を除いた後，Ω_r と Ω_c の対角線要素の平方根によって求められる．

実際上，漸近共分散行列の断片は，標本積率を用いることで推定される．従来の共分散行列の推定は，

$$\hat{\Omega}_c = (X'X)^{-1}\hat{\sigma}^2 = (X'X)^{-1}\left(\sum\frac{\hat{e}_i^2}{N}\right)$$

であり，ここでは，$\hat{e}_i = Y_i - X_i'\hat{\beta}$ が推定された回帰式の残差となる．また，

$$\hat{\sigma}^2 = \sum\frac{\hat{e}_i^2}{N}$$

であり，これが，残差分散の推定式である．これに対応する頑健な共分散行列の推定量は，

$$\hat{\Omega}_r = N(X'X)^{-1}\left(\sum\frac{X_iX_i'\hat{e}_i^2}{N}\right)(X'X)^{-1} \tag{8.1.3}$$

である．(8.1.3) 式における真ん中の項は，$\hat{\psi}_i = \hat{e}_i^2$ から ψ_i が推定されれば，$\sum(X_iX_i'\hat{\psi}_i/N)$ の推定量と考えることができる．

大数の法則と Slutsky の定理によって，$N\hat{\Omega}_c$ は Ω_c に確率的に収束する一方で，$N\hat{\Omega}_r$ は Ω_r に収束する．しかしながら，有限標本では，これらの分散の推定量には両者ともバイアスがかかる．$\hat{\Omega}_c$ におけるバイアスは，古典的な最小二乗理論から一般的に周知の事実であり，補正が容易である．しかしながら，仮に残差が均一分散であるとするならば，頑健な推定量は，従来の推定量よりも偏っているというだけではなく，おそらくは，より大きくバイアスがかかっているという事実は，あまり認識されていない．このことから，頑健な標準誤差は，不均一分散が比較的小さいような場合，従来の標準誤差に比べ，誤解を生ずる可能性が高いと，結論づけることができる．また，経験則に則って，分析の精度に対し，著しく過った判断を下さないために，従来の標準誤差と頑健な標準誤差の極大値を用いることを提案する．

ここでの分析を，$\hat{\Omega}_c$ のバイアスから始めることにしよう．非確率的な説明変数を前提とすると，〔$E[\hat{\Omega}_c]$ は次のようにあらわすことができる.〕

$$E[\hat{\Omega}_c] = (X'X)^{-1}\hat{\sigma}^2 = (X'X)^{-1}\left(\sum\frac{E(\hat{e}_i^2)}{N}\right)$$

$E[\hat{e}_i^2]$を分析するために，$\hat{e}=y-\mathrm{X}\hat{\beta}$を展開することからはじめよう．

$$\hat{e}=y-\mathrm{X}(\mathrm{X}'\mathrm{X})^{-1}\mathrm{X}'y=[I_N-\mathrm{X}(\mathrm{X}'\mathrm{X})^{-1}\mathrm{X}'](\mathrm{X}\beta+e)=Me$$

ここで，eは，母集団残差ベクトル，$M=I_N-\mathrm{X}(\mathrm{X}'\mathrm{X})^{-1}\mathrm{X}'$は，$i$番目の列が$m_i'$である非確率的な残差生成行列（residual-maker matrix），そして，I_Nは，$N\times N$の単位行列である．したがって，$\hat{e}_i=m_i'e$であるので，

$$\begin{aligned}E(\hat{e}_i^2)&=E(m_i'ee'm_i)\\&=m_i'\Psi m_i\end{aligned}$$

さらなる簡単化のため，$m_i=l_i-h_i$とする．ここで，l_iはI_Nのi番目の行，そして，$h_i=\mathrm{X}(\mathrm{X}'\mathrm{X})^{-1}\mathrm{X}_i$は，射影行列$H=\mathrm{X}(\mathrm{X}'\mathrm{X})^{-1}\mathrm{X}'$の$i$番目の行を示している．したがって，

$$\begin{aligned}E(\hat{e}_i^2)&=(l_i-h_i)'\Psi(l_i-h_i)\\&=\psi_i-2\psi_ih_{ii}+h_i'\Psi h_i\end{aligned}\tag{8.1.4}$$

となる．ここで，h_{ii}は，射影行列Hのi番目の対角線要素であることから，次の式が満たされることになる．

$$h_{ii}=h_i'h_i=\mathrm{X}_i'(\mathrm{X}'\mathrm{X})^{-1}\mathrm{X}_i\tag{8.1.5}$$

限定的な意味で，h_{ii}は，i番目の観測値の**レバレッジ**（leverage）と呼ばれる．レバレッジは，ある特定のX_i値による引力が，回帰線に対して，どの程度影響を及ぼすかを示している．ここで注意を要する点は，i番目の固定値（つまり，Hyのi番目の要素）が，次のように示されるということである．

$$\hat{\mathrm{Y}}_i=h_i'y=h_{ii}\mathrm{Y}_i+\sum_{j\neq i}h_{ij}\mathrm{Y}_i\tag{8.1.6}$$

h_{ii}が大きいということは，i番目の観測値が，i番目の予測値に対して大きな影響を及ぼしているということである．単一の説明変数，x_i，を有する2変量回帰について見ると，

$$h_{ii}=\frac{1}{N}+\frac{(x_i-\bar{x})^2}{\sum(x_j-\bar{x})^2}\tag{8.1.7}$$

となる．(8.1.7) 式は，x_i が期待値から離れると，レバレッジが大きくなることを示している．(8.1.6) 式に加えて，h_{ii} が，区間 [0, 1] のいずれかの値をとること，そして，$\sum_{i=1}^{N} h_{ii} = \mathrm{K}$，つまり，説明変数の数に等しいということが知られている（たとえば，Hoaglin and Welsch 1978 を参照のこと）[1]．

仮に，残差が均一分散であるという仮定を置くと，$\psi_i = \sigma^2$ である．したがって，(8.1.4) 式は次にように簡単化することができる．

$$E(\hat{e}_i^2) = \sigma^2[1-2h_{ii}+h_i'h_i] = \sigma^2(1-h_{ii}) < \sigma^2$$

しがって，$\hat{\Omega}_c$ は過小になる傾向がある．h_{ii} の特性を用いると，もう一歩進んで，次のような展開が可能となる．

$$\sum \frac{E(\hat{e}_i^2)}{N} = \sigma^2 \sum \frac{1-h_{ii}}{N} = \sigma^2\left(\frac{N-\mathrm{K}}{N}\right)$$

そうすると，$\hat{\sigma}^2$ の式で，N の代わりに $N-\mathrm{K}$ で除するという，簡単な自由度の補正によって，$\hat{\Omega}_c$ のバイアスを固定することができる．この補正は，ほとんどの統計ソフトでデフォルトとなっている手法である．

次に，均一分散の仮定の下では，$\hat{\Omega}_r$ のバイアスが，$\hat{\Omega}_c$ のバイアスよりも深刻である可能性が高いことを示す．頑健な共分散行列推定量の期待値は，

$$E[\hat{\Omega}_r] = N(\mathrm{X}'\mathrm{X})^{-1}\left(\sum \frac{\mathrm{X}_i\mathrm{X}_i'E(\hat{e}_i^2)}{N}\right)(\mathrm{X}'\mathrm{X})^{-1} \qquad (8.1.8)$$

である．(8.1.8) 式において，式 (8.1.4) により，$E(\hat{e}_i^2)$ は所与である．均一分散を仮定すると，$\psi_i = \sigma^2$ であるから，$\hat{\Omega}_c$ におけると同様に，$E(\hat{e}_i^2) = \sigma^2(1-h_{ii})$ である．したがって，$\hat{e}_i^2$ のバイアスが，頑健な標準誤差を引き下げる傾向にあることは，明らかである．しかしながら，(8.1.8) 式の一般化については，評価が難しい．Chesher and Jewitt (1987) によれば，不均一分散が「あまり過大」でないかぎりにおいて，$\hat{\Omega}_r$ に基づく頑健な標準誤差には，事実，下方バイアスがかかる[2]．

それでは，どうやって，$\hat{\Omega}_r$ が $\hat{\Omega}_c$ **よりも**偏っているとわかるのだろうか？

---

1) $\sum_{i=1}^{N} h_{ii} = \mathrm{K}$ という特性は，射影行列 H がベキ等元であるという事実に起因する．したがって，結果として，ランクに等しくなるのである．(8.1.7) 式を使って，2 変量回帰については，$\sum_{i=1}^{N} h_{ii} = 2$ であることを証明することができる．

部分的には，このことは，Monte Carlo 法による実証から知ることができる（たとえば，MacKinnon and White (1985)，及び，後段で議論する本書での小規模な研究）．本章では，2 変量回帰の事例を用いて，このことを証明する．この 2 変量回帰分析では，単一の説明変数，$\tilde{x}_i$，が，平均からの偏差という形状をとっており，そのために，単一の係数が存在すると仮定する．この場合，注目すべき推定量は，$\hat{\beta}_1=\sum\tilde{x}_iY_i/\sum\tilde{x}_i^2$ であり，レバレッジは，$h_{ii}=\tilde{x}_i^2/\sum\tilde{x}_i^2$ である（定数項を部分的に除外することで，式 (8.1.7) における $1/N$ の項が落とされている）．$s_x^2=\sum\tilde{x}_i^2/N$ としよう．従来の共分散推定量では，

$$E[\hat{\Omega}_c]=\frac{\sigma^2}{Ns_x^2}\left[\frac{\sum(1-h_{ii})}{N}\right]=\frac{\sigma^2}{Ns_x^2}\left[1-\frac{1}{N}\right]$$

となる．したがって，ここでのバイアスは小さい．式 (8.1.8) を用いて簡単な計算をすると，均一分散の仮定の下では，頑健な推定量は，次のような期待値を有する．

$$E[\hat{\Omega}_r]=\frac{\sigma^2}{Ns_x^2}\sum\frac{(1-h_{ii})}{N}\left(\frac{\tilde{x}_i^2}{s_x^2}\right)=\frac{\sigma^2}{Ns_x^2}\sum(1-h_{ii})h_{ii}=\frac{\sigma^2}{Ns_x^2}\left[1-\sum h_{ii}^2\right]$$

したがって，もし，説明変数が一定のレバレッジを持たない，つまり，この事例では，すべての i について $h_{ii}=1/N$ ではない限りにおいて，イェンセンの不等式によって示されるように，$\sum h_{ii}^2>1/N$ であるならば，$\hat{\Omega}_r$ のバイアスは，$\hat{\Omega}_c$ のバイアスよりも深刻であることが示される[3]．

$\hat{\Omega}_r$ にかかるバイアスは，ψ_i に対するより適切な推定量を $\hat{\psi}_i$ とすると，$\hat{\psi}_i$ を求めることによって緩和される．ここでの議論は，$\hat{\Omega}_r$ の推定量が，$\psi_i=\tilde{e}_i^2$ という前提を置くという，White (1980a) による提案からはじめることにする．

---

2)　とりわけ，ψ_i の極大値と ψ_i の極小値との比率が 2 未満の場合は，頑健標準誤差には，下方バイアスがかかる．

3)　h_{ii} を標本において均一分布をもつランダム変数であるとする．したがって，脚注式（番号無し）である．h_{ii} が定数でない限りにおいて，イェンセンの不等式によって，脚注式（番号無し）が成り立ち，$\sum h_{ii}^2>1/N$ となる．$(\tilde{x}_i)^2$ が一定となる時，レバレッジも定数になる．

$$E[h_{ii}]=\frac{\sum h_{ii}}{N}=\frac{1}{N}$$

$$E[h_{ii}^2]=\frac{\sum h_{ii}^2}{N}>(E[h_{ii}])^2=\left(\frac{1}{N}\right)^2$$

MacKinnon and White (1985) で議論された残差分散の推定量は，この他にも次の3つを含んでいる．

$$HC_0 : \hat{\psi}_i = \hat{e}_i^2$$

$$HC_1 : \hat{\psi}_i = \frac{N}{N-\mathrm{K}}\hat{e}_i^2$$

$$HC_2 : \hat{\psi}_i = \frac{1}{1-h_{ii}}\hat{e}_i^2$$

$$HC_3 : \hat{\psi}_i = \frac{1}{(1-h_{ii})^2}\hat{e}_i^2$$

HC_1 は，$\hat{\Omega}_c$ に用いられる単純な自由度の補正である．HC_2 は，残差が均一である場合に，レバレッジを用いて，i 番目の残差分散に対する不偏推定値を求める手法である．それに対して，HC_3 は，ジャックナイフ推定量に近似する手法である[4]．実証結果から，推定された標準誤差は，HC_0 から HC_3 へ，次第に小さくなる傾向にあることがわかったが，これは，定理ではない．

ブートストラップで，一休み

ブートストラップは，再標本化の手続きであり，漸近式に基づく統計的推論に代わって用いられる手法である．ブートストラップ標本は，手持ちのデータから抽出される標本の1つである．言い換えれば，今，標本数が N の標本があるとすると，この標本をあたかも母集団であるかのように取り扱って，そこから（置き換えを伴う）繰り返し復元抽出を行う．ブートストラップ標本分布は，何度も繰り返し抽出された標本に基づく推定量の分布を示している．直観的に，手持ちのデータからの再標本化により構築された標本分布には，私たちが追い求める標本分散に対して，適切な近似値が得られることが予測される．

ブートストラップ回帰推定には数多くの方法がある．最も単純な方法は，

4)　ジャックナイフ法による分散推定量は，1度に1つの観察値を除外することによって創出させる経験分布から標本分散を推定する手法である．Stata では，HC_1, HC_2, HC_3 の推定を行うことができる．また，Messer and White（1984）によって提案された，次のような手法を用いることも可能である．すなわち，Y_i と X_i を $\sqrt{\hat{\psi}_i}$ で除し，任意に選択された $\hat{\psi}_i$ について，$\mathrm{X}_i/\sqrt{\hat{\psi}_i}$ によって変換されたモデルを推定する手法である．

$\{Y_i, X_i\}$ 値について，複数の組み合わせ（ペア）を抽出するやり方で，「ペア・ブートストラップ法」，ないしは，「ノンパラメトリック・ブートストラップ法」と呼ばれている．あるいは，X_i 値を固定させて，残差（$\hat{e}_i$）の分散から抽出を行い，それぞれの観測値に対する予測値と残差に基づく被説明変数の新たな推定値を創出することもできる．この手法は，パラメトリックなブートストラップの一種で，非確率的な説明変数と共に抽出された標本を模して，X_i と回帰による残差が独立であることを保証する．他方で，もし，不均一分散の仮定の下での標準誤差に関心があるのであれば，こうした独立性は望ましくない．またもう１つの別の残差ブートストラップは，ワイルド・ブートストラップ（wild bootstrap）と呼ばれる手法で，確率 0.5 で $X_i'\hat{\beta}+\hat{e}_i$（当然のことながら，これは，もともとの Y_i である）を，そうでなければ，$X_i'\hat{\beta}-\hat{e}_i$ を抽出する（例えば，Mammen 1993 や Horowitz 1997 を参照のこと）．この手法では，もともとの標本で観察される残差分散と X_i との関係が保持される一方，残差と説明変数に対しては期待値の独立性制約が課されるが，それが真である場合は，ブートストラップによる推論を改善する制約となる．

ブートストラップ法は，漸近的標準誤差を得るための，コンピュータ集約型ではあるが，他の点においては，単純な計算機能として，有効な手法である．ブートストラップの計算機能は，ある推定量の漸近分布の計算が，複雑で，数多くの段階を踏まなければならないような場合において（例えば，第７章において議論された，分位点回帰や分位点処置効果の推定には，密度の推定が必要となる），とりわけ有用である．しかしながら，概して，OLS の標準誤差に対する漸近式を導出したり，評価したりすることには，何の問題もない．

この文脈においてより重要なことは，推論を改善するために，ブートストラップを活用するという点にある．推論の改善は，潜在的には，次の２つの形で現れる．(1) 一致推定量における有限標本バイアス（例えば，頑健な標準誤差の推定値におけるバイアス）の縮小と，(2) 検定統計量のブートストラップ標本分布の方が，関連する漸近近似値よりも，分析対象となる有限標本分布に近いかもしれないという事実を駆使する推論の手順，である．これら２つの特性は，漸近的特性と呼ばれている（例えば，Horowitz 2001 を参照のこと）．

本節では，漸近的特性を得るために，ブートストラップをいかに活用するかについて，焦点を当てることにしよう．回帰推定値の漸近分布は，計算がたやすい．しかし，ここで留意すべきは，伝統的な頑健な共分散推定値量（HC_0）にバイアスがかかっているという点である．ブートストラップでは，このバイアスを推定し，単純な変換を行うことで，偏りの少ない頑健な標準誤差を導き出すことができる．しかしながら，実際の実証分析では，回帰分析の標準誤差に対し，ブートストラップによるバイアスの補正は，現段階では少なくとも，あまり頻繁には用いられていない．これは，おそらくは，多くの統計ソフトでは，バイアスの計算が自動化されておらず，ブートストラップによるバイアス補正が，また別の変動性をまねく可能性があるからかもしれない．また，回帰係数のような単純な推定量については，（例えば，Stata のような統計ソフトでは）HC_2 や HC_3 のような解析的なバイアス補正がすでに自動化されていることも影響しているかもしれない．

漸近的特性は，**漸近的なピボット**（asymptotically pivotal）統計量に基づく，仮説検定（及び，信頼区間）について求めることができる．これは，どの未知のパラメターにも依存しない漸近分布を有する統計量である．1 つの事例は，t–統計量である．これは，漸近的な標準正規（asymptotically standard normal）である．回帰係数は，漸近的なピボット統計量ではない．というのも，回帰係数は，未知の残差分散に依存した漸近分布を有するからである．回帰係数に対する推論を改良するためには，それぞれのブートストラップ標本について，t–統計量を計算し，ブートストラップによる「t–分布」と，原標本から得られる類似形としての t–統計量とを比較すればよい．もし，原標本から得られた t–統計量の絶対値が，例えば，ブートストラップ分布から得られた絶対値の 95 パーセンタイルを上回っているならば，仮説は棄却される．

理論的には魅力的であるにもかかわらず，実証研究者は，ブートストラップのピボット統計量の考え方をあまり好まない．これは，実証研究者が，定式化された仮説検定のみに（あるいは，主たる）関心があるわけではない，という理由によって，半ば説明が可能である．むしろ，実証家は，回帰係数の下で，カッコ内に記載される標準誤差に関心を寄せている．今現在，そして，今後においても，標準誤差は，信頼区間を構築し，推定量を比較し，頭に浮かぶどのような仮説をも検定することを可能にするという点で，分析の精度を要約する指標である．したがって，そうした考え方からすれば，有限標本における頑健な標準誤差の動向に関心を寄せる実証家は，HC_2 や HC_3 のようなバイアス補正に分析の焦点を当てるべきであろう．後段で示すように，少なくとも，不均一分散があまり深刻ではないような場合においては，従来のバイアス補正型の標準誤差を広く用いるという統計的推論の手法は，精度の損失を最小限に抑えつつ，バイアスを補正するという，2つの意味で，しばしば，最善の策であるであるかのように見える．

1つの例

本節では，頑健な共分散推定量の間での違いをより深く洞察するために，本書の前の章において着目した，簡潔な，しかし，重要な事例を分析することにする．ここでは，下記のモデルで，β_1 の推定値に着目してみよう．

$$\mathrm{Y}_i = \beta_0 + \beta_1 \mathrm{D}_i + \varepsilon_i \tag{8.1.9}$$

(8.1.9) 式で，D_i はダミー変数である．OLS による β_1 の推定値は，D_i というスイッチが点滅した場合の，平均値の差として推定される．D_i というスイッチの点滅を，下付き数字の 1 と 0 として表すならば，β_1 の推定値は，次のようになる．

$$\hat{\beta}_1 = \bar{\mathrm{Y}}_1 - \bar{\mathrm{Y}}_0$$

この差の導出を目的として，D_i を非無作為な変数であるとすると，$\sum \mathrm{D}_i = N_1$ と $\sum (1-\mathrm{D}_i) = N_0$ は，固定されている．ここで，$r = N_1/N$ と置く．

統計理論から，$\hat{\beta}_1$ の有限標本における動向については，相当程度のことがわかっている．もし，Y_i が正規で，$\mathrm{D}_i=1$ と $\mathrm{D}_i=0$ の双方の母集団に対して，未知の等分散であるとするならば，$\hat{\beta}_1$ に対する従来の t–統計量は，t–分布を有する．これは，古典的な2標本 t 検定である．この文脈における不均一分散とは，$\mathrm{D}_i=1$ と $\mathrm{D}_i=0$ の母集団における分散が異なっているということを意味する．この場合，小標本になると，検定の問題は，驚くほど難しくなる．つまり，こうした単純な問題についてさえ，正確な小標本分布は未知である[5)]．頑健な分散推定量である HC_0–HC_3 は，不等分散の場合，未知の有限標本分布に対して，漸近的な近似を行う．

HC_0, HC_1, HC_2，と HC_3 との違いは，D_i によって定義される2群の標本分布をいかに処理するかの違いである．$j=0,1$ について，$S_j^2=\sum_{D_i=j}(Y_i-\bar{Y}_j)^2$ と定義しよう．

$$h_{ii}=\begin{cases}\dfrac{1}{N_0} & \text{if}\quad D_i=0\\[2ex] \dfrac{1}{N_1} & \text{if}\quad D_i=1\end{cases}$$

これを用いると，単刀直入に，私たちが議論している5つの分散推定量を次のように示すことができる．

従来型：$\dfrac{N}{N_0N_1}\left(\dfrac{S_0^2+S_1^2}{N-2}\right)=\dfrac{1}{Nr(1-r)}\left(\dfrac{S_0^2+S_1^2}{N-2}\right)$

$$HC_0：\frac{S_0^2}{N_0^2}+\frac{S_1^2}{N_1^2}$$

$$HC_1：\frac{N}{N-2}\left(\frac{S_0^2}{N_0^2}+\frac{S_1^2}{N_1^2}\right)$$

$$HC_2：\frac{S_0^2}{N_0(N_0-1)}+\frac{S_1^2}{N_1(N_1-1)}$$

$$HC_3：\frac{S_0^2}{(N_0-1)^2}+\frac{S_1^2}{(N_1-1)^2}$$

従来型の推定量は，サブ標本をプールする手法である．これは，2つの分散が同一である場合に効率的である．White (1980a) 推定量，HC_0 は，一致推定量（ではあるが，バイアスがかかっている）である分散推定量を用いて，2標本ごとに，期待値の標本分散の推定値，s_j^2/N_j を求め，それらを足しあげる方法である．HC_1 推定量では，正確な自由度に補正を行うため，それぞれの群に対する標本分散の不偏推定量を用いる．しかしながら，HC_1 では，自由度補正を計算式の外側で行うため，補正の手助けにはなるかもしれないが，厳密に言えば，完全な補正とは言えないだろう．HC_2 は，均一分散の下では，

5) これが，いわゆる，Behrens-Fisher 問題である（たとえば，DeGroot and Schervish 2001 の第8章を参照のこと）．

標本分散の不偏推定値として知られているため，HC_3 は，過大になるに違いない[6)]．ここで注意しなければならないのは，$r=0.5$，つまり，回帰分析の設計が，いわゆる，釣り合っているような〔つまり，処置群と対照群が 50% ずつである〕場合，従来型の推定量は HC_1 に等しくなり，これら 5 つの推定量の違いは，ほとんどなくなる．(8.1.9) 式に対する小標本に対するモンテカルロ推定は，さまざまな推定量の加減から，当該 HC のバイアスの改善には，どの程度の遠い道のりであるかを，大雑把に示すことができる．小標本が抱える諸問題に焦点を当てるため，$N=30$ とし，$r=0.10$ と仮定すると，このことは，$\mathrm{D}_i=1$ であれば $h_{ii}=1/3$, $\mathrm{D}_i=0$ であれば $h_{ii}=1/27$ を意味する．これは，相当不釣合いな設計である．分布から，残差を次のように導出することができる．

$$\varepsilon_i \sim \begin{cases} N(0,\sigma^2) & \text{if} \quad \mathrm{D}_i=0 \\ N(0,1) & \text{if} \quad \mathrm{D}_i=1 \end{cases}$$

また，ここでは，下記の 3 つの事例に対する結果を示す．1 つは，$\sigma=0.5$ で，不均一分散が相当深刻な場合，2 つ目は，$\sigma=0.85$ で，不均一分散性がさほど深刻でない場合，そして，最後に，不均一分散が存在しない場合を，ベンチマークとする．

表 8.1.1 は，結果を示している．第 1 列目と第 2 列目は，標本実験を 25,000 回反復させることによって得た，さまざまな標準誤差の期待値と標準偏差を示している．$\hat{\beta}_1$ の標準偏差が，ここで測定しようとしている標本分散である．表 8.1.1 の一番上のパネルに示されているように，不均一分散が深刻な場合，従来型の標準誤差はひどく偏っており，平均値でみると，私たちの目標に定めるモンテカルロ標本分散のわずか約半分の大きさしかない．他方，頑健な標準誤差は HC_3 を除けば，ましではあるが，それでもまだ過小である[7)]．

標準誤差は，それ自体が推定値であり，相当程度，サンプリングの変動性を有している．特に注目すべきは，第 2 列目からわかるように，頑健な標準誤

6)　この単純な事例では，残差が均一であろうとなかろうと，HC_2 は不偏である．

差は，従来型の標準誤差と比較すると，サンプリングの変動性がずっと高いという事実である[8]．バイアスを補正するために，残差を，$1-h_{ii}$ (HC_2)，ないしは，$(1-h_{ii})^2$ (HC_3) によって除すると，推定された標準誤差のサンプリング変動性はさらに高まる．最悪のケースは HC_3 で，White (1980a) の標準誤差，HC_0，の標準偏差よりも，約 50% も高い標準偏差を示している．

表 8.1.1 の最後の 2 列は，この場合は母数の $\beta_1=0$ という仮説検定に対する，標準的な 5% 水準での，棄却率の実証値を示している．検定統計量は，正規分布，及び，自由度 $N-2$ での t-分布と比較されている．すべての仮説検定において，HC_3 についてさえも，棄却率があまりにも高すぎる．正規分布のかわりに t-分布を用いたとしても，結果はあまり違わない．

2 番目のパネルに示されている，あまり不均一分散がない場合を見ると，従来型の標準誤差はまだ過小ではあるが，ここでのバイアスは，約 15% 程度であることがわかる．また，絶対値でみると，前段での議論と同様に，HC_0 と HC_1 も過小であり，不均一分散に関するこの条件下では，従来型の標準誤差と比較しても，さらに悪化しているかのように見える．平均値で見れば，HC_2 と HC_3 は，まだ，従来型の標準誤差を上回ってはいるものの，従来型に比べ，2 つとも，棄却率の実証値がより高くなっている．このことは，頑健な標準誤差が，しばしば，「偶然性によって」過小になるということを示している．そして，そうした偶然が頻繁に生起しうるために，棄却率を上昇させ，これらの棄却率が従来型の棄却率を上回るのである．

この結果から得られる 1 つの教訓は，頑健な標準誤差は，必ずしも万能薬ではないということである．これまで議論をしてきた小標本バイアスとより大きな標本分散が理由となって，頑健な標準誤差が，従来型の標準誤差よりも小

7) たとえ HC_2 が，標本分散の不偏推定量であったとしても，標本実験を通じた HC_2 の標準誤差の平均値（0.52）は，まだ，$\hat{\beta}_1$ の標準偏差（0.59）を下回っている．これは，標準誤差が，標本分散の平方根であること，標本分散自体が推定されているため，サンプリングの変動性が生ずること，そして，平方根が凹関数である，という事実に起因する．

8) 頑健な標準誤差推定量の標本分散が大きいということが，Chesher and Austin (1991) によって言及されている．Kauermann and Carroll (2001) では，これを補正するための，信頼区間に対する調整手法の 1 つが，提案されている

表 8.1.1　頑健な標準誤差推定値に関するモンテカルロの結果

パラメター推定値	期待値 (1)	標準偏差 (2)	5% 水準での棄却率の実証値 正規分布 (3)	t–分布 (4)
A. 不均一分散が深刻な場合				
$\hat{\beta}_1$	−0.001	0.586		
標準誤差				
従来型	0.331	0.052	0.278	0.257
HC_0	0.417	0.203	0.247	0.231
HC_1	0.447	0.218	0.223	0.208
HC_2	0.523	0.260	0.177	0.164
HC_3	0.636	0.321	0.130	0.120
最大値（HC_0，従来型）	0.448	0.172	0.188	0.171
最大値（HC_1，従来型）	0.473	0.190	0.173	0.157
最大値（HC_2，従来型）	0.542	0.238	0.141	0.128
最大値（HC_3，従来型）	0.649	0.305	0.107	0.097
B. 不均一分散があまり深刻でない場合				
$\hat{\beta}_1$	0.004	0.600		
標準誤差				
従来型	0.520	0.070	0.098	0.084
HC_0	0.441	0.193	0.217	0.202
HC_1	0.473	0.207	0.194	0.179
HC_2	0.546	0.250	0.156	0.143
HC_3	0.657	0.312	0.114	0.104
最大値（HC_0，従来型）	0.562	0.121	0.083	0.070
最大値（HC_1，従来型）	0.578	0.138	0.078	0.067
最大値（HC_2，従来型）	0.627	0.186	0.067	0.057
最大値（HC_3，従来型）	0.713	0.259	0.053	0.045
C. 不均一分散が存在しない場合				
$\hat{\beta}_1$	−0.003	0.611		
標準誤差				
従来型	0.604	0.081	0.061	0.050
HC_0	0.453	0.190	0.209	0.193
HC_1	0.486	0.203	0.185	0.171
HC_2	0.557	0.247	0.150	0.136
HC_3	0.667	0.309	0.110	0.100
最大値（HC_0，従来型）	0.629	0.109	0.055	0.045
最大値（HC_1，従来型）	0.640	0.122	0.053	0.044
最大値（HC_2，従来型）	0.679	0.166	0.047	0.039
最大値（HC_3，従来型）	0.754	0.237	0.039	0.031

注：この表は，標本実験を 25,000 回反復させることによって得た結果を示している．第 1 列目と第 2 列目は，推定された**標準誤差**の期待値と標準偏差を示している．但し，各パネルの第 1 行目は，$\hat{\beta}_1$の期待値と標準偏差を示す．モデルは，$\beta_1=0$，$r=0.1$，$N=30$を仮定した場合の (8.1.9) 式に基づいており，また，不均一分散の程度については，各パネルの表題に示す通りである．

さく推定される可能性がある．したがって，私たちは，頑健な標準誤差が，従来型の標準誤差を下回って，小さく推定されてしまうような実証結果については，危険信号を点滅させる．これは，バイアスによるものであるかもしれないし，あるいは，無視する方が賢明な偶発的な事由によるのかもしれない．こうした考え方によれば，従来型の標準誤差と頑健な標準誤差のうちの最大値が，最も適切な精度の尺度であるだろう．経験知に基づくこうしたやり方は，頑健な推定量の小さい値を打ち切って，バイアスと変動性を小さくするという 2 つの点で，有用である．表 8.1.1 は，最大値（HC_j, **従来型**）を用いることで得られた棄却率の実証値が示されている．パネル B では，こうして得られた棄却率が非常に良い結果を示しており，頑健な推定量を単独で用いた場合の棄却率よりもはるかに望ましいことがわかる．さらに，不均一分散が深刻であることが想定されているパネル A においてさえも，これと同様の結果が得られることがわかる[9)]．

しかしながら，苦なくして楽なしという諺にもあるとおり，最大値（HC_j, **従来型**）を用いるコストも絶対にあるはずである．この場合のコストとは，もし不均一分散が全く存在しないのであれば，最善の標準誤差は，従来型の推定値である，ということである．このことは，表 8.1.1 の一番下のパネルに示されている．均一分散性の仮定の下で，この手法を用いると，標準誤差が不必要に過大に推定され，そのため，棄却率が押し下げられている．にもかかわらず，表 8.1.1 からは，均一分散性の仮定の下ですら，棄却率はさほど減少してはいないということがわかる．私たちは，また，精度に対する過小評価は過剰評価よりも損失が少ないと考える．精度が過小に評価されれば，私たちは，データにあまり情報価値がないため，より多くのデータを収集するか，あるいは，研究の設計を改善するように試みなければならないという考え方のままでいるだろう．しかし，精度が過剰に評価された場合，誤って，影響力のある本質的な結論に至ってしまうかもしれない．

モンテカルロ推定に対する最後のコメントは，小標本の大きさに関することである．私たちのような労働経済学者は，数万，あるいは，それ以上の観測値

9) Yang, Hsu, and Zhao (2005) は，効率特性と頑健特性とを区別する一連の検定統計量を比較し，それらの最大値に基づく検定手法を定式化している．

を対象とした研究を行っている．しかしながら，標本数がそれほどでもない場合もある．たとえば，公立学校の生徒に対するバス通学輸送†の効果についての研究で，Angrist and Lang（2004）は，56 校に通う約 3,000 人の生徒を分析の対象とした．この研究で分析の焦点となった独立変数は，学校単位でのみ学年内で変動する変数であったため，なかには 56 校の平均値を用いた分析もある．したがって，Angrist and Lang (2004) が，学校単位でデータを処理する時，従来型の OLS の標準誤差を下回るような，HC_1 の標準誤差を得たとしても，驚くことはない．一般的に，個票ベースのミクロデータから始めたとしても，分析の焦点となる説明変数が，より高次な集計単位——学校，州，ないしは，他の集団やクラスター等——で変動するような場合，有効標本数は，個票の数よりも，（集計される）クラスターの数にずっと近くなる．次節では，このようにクラスター化されたデータに対する推論の手続きについて，詳細に論ずる．

8.2　パネルにおけるクラスター相関と系列相関

8.2.1　クラスター化係数と Moulton 係数（Moulton Factor）

不均一分散が推論を劇的に変化させてしまうことは，稀である．バイアスがあまり問題にならないかもしれない大標本では，従来型の推定量から HC_1 の推定量へ移行したとしたら，標準誤差は，約 25% 程度増えるかもしれない．これに対して，クラスター化の影響は大きい．

クラスタリング問題は，何らかの群構造を有するデータに，単純な 2 変量モデルを用いた推定を行うことで，例証することができる．今，2 変量回帰を次のように定義する．

---

† 『ウィキペディア』によれば，この制度は，アメリカの公立学校における差別撤廃に向けた取り組みの一環であり，差別的な学校制度や学区の設定を改革することを目的としている．アメリカの合衆国最高裁判所のブラウン判決や，19 世紀以降実施されてきた公立学校における人種隔離政策や「分離すれども平等」法をめぐる判決以降，裁判所の管理の下で，1970 年代-1980 年代にかけて，差別撤廃に向けたバス通学計画が実施されてきた．差別撤廃に向けたさまざまな政治的・社会的・経済的努力の結果，1990 年代初頭，バス通学運送制度は，学区の裁判所の管理下から解放された．

$$Y_{ig} = \beta_0 + \beta_1 x_g + e_{ig} \tag{8.2.1}$$

(8.2.1) 式で，Y_{ig} は，クラスター，ないしは，群 g に属する個人 i に対する被説明変数である．ここでは，群の数を G とする．ここで重要なのは，分析の焦点となる説明変数 x_g が，群単位でのみ変動するということである．たとえば，Krueger（1999）によって分析された STAR 実験のデータ（詳細は第 2 章を参照のこと）では，クラス g に属する生徒 i の試験の成績が Y_{ig}，そして，クラスサイズが x_g となる．

STAR 実験では，生徒が各クラスに無作為に割当てられてはいるが，STAR によるデータが，観測値間で独立であるとはいえないかもしれない．同じクラスに属する生徒の試験の成績は，相関している傾向にある．というのも，同じクラスの生徒は，背景的な特性を共有しており，同じ教師や教室の環境に晒されているからである．したがって，同じクラス g に属する生徒 i と j について，次のような仮定を置くことが，賢明であろう．

$$E[e_{ig}e_{jg}] = \rho_e \sigma_e^2 > 0 \tag{8.2.2}$$

(8.2.2) 式で，ρ_e は，残差のクラス内での相関係数を，σ_e^2 は，残差分散を示している．

集団内での相関は，しばしば，加法的変量効果（additive random effects model）モデルを用いることによって定式化される．厳密に言えば，残差 e_{ig} が，次のような群構造を有すると仮定する．

$$e_{ig} = v_g + \eta_{ig} \tag{8.2.3}$$

(8.2.3) 式で，v_g は，クラス g に特有の確率成分，η_{ig} は，残りの，期待値が 0 の生徒単位での誤差項である．ここでは，相関の問題に焦点を当てるため，これらの誤差成分は両方とも，均一分散であると仮定する．群単位での誤差成分が，群内部での相関を全て把握する仮定すると，η_{ig} は無相関である[10)]．

分析の焦点となる独立変数が，群単位でのみ変動する場合，(8.2.3) 式のような残差構造があると，標準誤差が劇的に大きくなる．こうした残念な事実は，初耳でも何でもない——Kloek (1981) や Moulton (1986) が既に指摘している――が，正直，クラスタリングは，約15年ほど前までは，実証計量経済学の時代的な思潮の一部からは全くはずれていた．

仮に，残差構造を示す (8.2.3) 式が所与だとすると，クラス内における相関係数は，次のようになる．

$$\rho_e = \frac{\sigma_v^2}{\sigma_v^2 + \sigma_\eta^2}$$

ここで，σ_v^2 は，v_g の分散を，σ_η^2 は，η_{ig} の分散を示している．専門用語について一言解説を付け加えておくと，たとえ，分析の焦点となる群が，教室ではなかったとしても，ρ_e は，**クラス内相関係数**と呼ばれる．

$V_c(\hat{\beta}_1)$ を，回帰の傾きに対する従来型の OLS 分散の定式化とするならば (前節における，Ω_c の対角線要素)，他方で，$V(\hat{\beta}_1)$ は，残差構造を示す (8.2.3) 式，が所与の場合の補正標本分散を意味している．群単位で固定された非確率的な説明変数と，同じサイズの群が n 個あるとき，

$$\frac{V(\hat{\beta}_1)}{V_c(\hat{\beta}_1)} = 1 + (n-1)\rho_e \qquad (8.2.4)$$

となる．(8.2.4) 式の導出については，本章の付録を参照されたい．この比の平方根は，Moulton (1986) の有名な研究にちなんで，Moulton 係数 (Moulton factor) と呼ばれている．(8.2.4) 式は，クラス内相関を見逃すことによって，どの程度，精度を過剰評価してしまうのかを表している．従来型の標準誤差は，n や ρ_e が大きくなればなるほど，ますます，誤解を招いてしまう．たとえば，今，$\rho_e = 1$ であると仮定しよう．この場合，ある 1 つの群における全ての誤差は均一であり，したがって，Y_{ig} もまた同じである．たとえ，小規模なデータセットを n 回コピーして，大規模なデータセットを創出したとしても，新しい情報は何も得られない．したがって，分散 $V_c(\hat{\beta}_1)$ は，$V_c(\hat{\beta}_1)$

10)　この種の残差相関の構造は，層化標本の帰結でもある (例えば，Wooldridge 2003 を参照のこと)．私たちが分析するほとんどの標本は，無作為抽出に極めて近いので，私たちは，概して，層化によるクラスタリング問題よりも，むしろ，群構造に由来する従属性の方により多くの注意を向ける．ここで，注意すべきは，(8.2.3) 式の残差構造を有する (8.2.1) 式について，GLS 推定量は存在しないということである．なぜならば，説明変数が，群内で固定されているからである．いずれにしても，ここでと同様，GLS よりも「標準誤差を固定」する方が，好ましい．

から n 倍に拡大されなければならない．Moulton 係数は，群のサイズに応じて拡張する．なぜならば，全体の標本数が一定であるとすると，群のサイズが大きくなれば，必然的に，クラスターの数は減少し，その場合，標本内における独立した情報がますます少なくなるからである（データはクラスター間では独立であるが，クラスター内では，独立ではないため）[11]．

クラス内相関係数が小さくとも，Moulton 係数が大きくなってしまうことがある．例えば，Angrist and Lavy (2008) では，40 校に属する 4,000 人の生徒を研究対象としているが，この場合の n の平均値は 100 である．この研究が関心を寄せた説明変数は，学校単位での処置状況である．つまり，処置群の学校に属する全生徒は，卒業認定試験に合格すると，現金報酬を受け取ることのできる資格を得た．この研究における，クラス内相関は，0.1 の周りで変動する．(8.2.4) 式を応用したところ，Moulton 係数は 3 を上回っており，したがって，デフォルトで返された標準誤差は，本来あるべき大きさに比べ，たった 1/3 程度にすぎなかった．

(8.2.4) 式は，説明変数が群内では固定されており，また，群の大きさが一定であるような，重要ではあるが特殊な一事例を対象としている．一般的な式では，説明変数 x_{ig} が個人単位で変動し，群のサイズ n_g が異なることが許容される．この場合，Moulton 係数は，次の式の平方根となる．

$$\frac{V(\hat{\beta}_1)}{V_c(\hat{\beta}_1)} = 1 + \left[\frac{V(n_g)}{\bar{n}} + \bar{n} - 1\right]\rho_x \rho_e \qquad (8.2.5)$$

(8.2.5) 式で，$\bar{n}$ は群のサイズの平均，ρ_x は，x_{ig} のクラス内相関を示している．ρ_x は，

$$\rho_x = \frac{\sum_g \sum_j \sum_{i \neq j} (x_{ig} - \bar{x})(x_{jg} - \bar{x})}{V(x_{ig}) \sum_g n_g (n_g - 1)}$$

となる．ここでは，ρ_x には，(8.2.3) 式のように，ある 1 つの分散成分構造

11) 説明変数が非確率的であり，残差が均一であるとすると，Moulton 係数は，有限標本の結果となる．調査を専門とする統計学者は，Moulton 係数のことを**設計効果**と呼ぶ．というのも，Moulton 係数は，単純な無作為抽出からの偏差に対して，層化標本における標本誤差が，どの程度補正されているかを示すからである．

が課されていないことに注意しなければならない．ρ_x は，群内における説明変数どうしの相関を総称する尺度である．この一般的な Moulton 係数式から，クラスタリングは，群のサイズが変動し，ρ_x が大きい場合，標準誤差に対してより大きな影響があることがわかる．$\rho_x=0$ ならば，クラスタリングの効果は消えてしまう．言い換えれば，x_{ig} の値が，群内で無相関であるならば，群化された誤差の構造は，標準誤差には関係がない．そうした理由から，分析の焦点となる説明変数が，群内で固定されている場合には，私たちは，クラスタリングに対して最も多くの注意を払うのである．

テネシー州における STAR 実験の事例を使って，(8.2.5) 式を例証してみよう．百分率単位での生徒たちの試験の点数を，クラスサイズに回帰させた場合の推定値は -0.62 で，頑健な標準誤差（HC_1）は 0.09 であった．この場合，クラスサイズはクラス内で固定されているため，$\rho_x=1$ である．他方，クラスサイズがまちまちであるならば，$V(n_g)$ は，正値をとる（この場合は，$V(n_g)=17.1$）．残差のクラス内相関は 0.31 で，クラスサイズの平均値は 19.4 である．これらの数値を，(8.2.5) 式に代入すると，$V(\hat{\beta}_1)/V_c(\hat{\beta}_1)$ は 7 となり，従来型の標準誤差は，$2.65=\sqrt{7}$ 倍されてなければならない．したがって，補正された標準誤差は，約 0.24 となる．

Moulton 係数は，2SLS の推定値と似た機能を果たす．とりわけ，式 (8.2.5) では，ρ_x を $\rho_{\hat{x}}$ に代替させるが，ここで，$\rho_{\hat{x}}$ は，第 1 段階の予測値のクラス内相関係数，ρ_e は，第 2 段階の残差のクラス内相関係数である（Shore-Sheppard（1996））．なぜこれが機能するのかについて理解するために，2SLS に対する従来型の標準誤差が，第 2 段階の推定式の残差分散を第 1 段階から得られる予測値の分散で除することによって，導出されることを思い出そう．これは，OLS に関する漸近分散と同様に，第 1 段階から得られる予測値が説明変数の役割を果たしているのである．

最後に，Moulton 問題に対する解決策をリストアップし，比較することにするが，まずは，前段で議論したパラメトリックなアプローチからはじめることにする．

1．パラメトリック：(8.2.5) 式を用いて，従来型の標準誤差を導出

ρ_e と ρ_x とのクラス内相関は，算出が容易で，なかには，この相関を，記述統計量として提供する統計ソフトもある[12)].

2. クラスター標準誤差：Liang and Zeger (1986) は，White (1980a) の頑健な共分散行列を一般化させ，不均一分散と同時にクラスタリングが許容されるようにした．クラスター化された共分散行列は，次のようにあらわすことができる．

$$\hat{\Omega}_{cl} = (\mathrm{X}'\mathrm{X})^{-1}\Bigl(\sum_g \mathrm{X}_g \hat{\Psi}_g \mathrm{X}_g\Bigr)(\mathrm{X}'\mathrm{X})^{-1} \tag{8.2.6}$$

$$\Psi_g = a\hat{e}_g\hat{e}_g'$$
$$= a\begin{bmatrix} \hat{e}_{1g}^2 & \hat{e}_{1g}\hat{e}_{2g} & \cdots & \hat{e}_{1g}\hat{e}_{n_g g} \\ \hat{e}_{1g}\hat{e}_{2g} & \hat{e}_{2g}^2 & \cdots & \vdots \\ \vdots & \vdots & & \hat{e}_{n_g-1,g}\hat{e}_{n_g g} \\ \hat{e}_{1g}\hat{e}_{n_g g} & \cdots & \hat{e}_{n_g-1,g}\hat{e}_{n_g g} & \hat{e}_{n_g g}^2 \end{bmatrix}$$

ここで，X_g は，群 g に対する独立行列，a は，HC_1 で表出したような自由度の調整係数である．クラスター化された推定量は，群内における相関の構造をいずれも所与とし，単なる (8.2.3) 式におけるパラメトリックなモデルではないとすると，群の数が大きければ，一致推定量である．$\hat{\Omega}_{cl}$ は，群の数が固定されているならば，一致推定量ではないが，たとえ，群のサイズが無限大に近づいた場合ですら，同様である．一致性は，大数の法則によって決定され，標本積率が母集団積率に収束するかどうかに依存する (3.1.3 節)．しかし，ここでの問題は，こうした計算が，群単位であって，個人単位でないということである．したがって，クラスター化された標準誤差は，クラスターの数が十分でなければ，あまり信頼性が高いとはいえないかもしれない．この点については，後段で再度議論することにする．

3. ミクロデータに代わって，群平均を用いる：$\bar{\mathrm{Y}}_g$ を群 g における Y_{ig} の期待値と仮定しよう．

---

12) たとえば，Stata では，「loneway」というコマンドを選択すればよい．

$$\bar{Y}_g = \beta_0 + \beta_1 x_g + \bar{e}_g$$

上記の推定を，群のサイズをウェイトとして用いたWLSによって推定する．これは，ミクロデータを使ったOLSと等しいが，群単位での推定式の標準誤差は，(8.2.3) 式で群構造を反映する[13]．もう一度述べておくが，ここでの漸近性は，群のサイズではなく，群の数に依存している．しかしながら，重要なことは，サイズがあまり大きくない群では，群平均が正規分布に近いことから，誤差項が正規分布に従う正規誤差を有する回帰では，有限標本特性が適切な効力を発揮することが期待できる，ということである．したがって，群単位での推定から生起する標準誤差は，クラスターの数が少ない標本から導出されるクラスター標準誤差よりは，よほど信頼性が高いかもしれない．

群単位でのデータによる推定は，2段階の手続きを踏むことによって，ミクロの共変量を伴うモデルとして，一般化されうる．

$$Y_{ig} = \beta_0 + \beta_1 x_g + \beta_2 W_{ig} + e_{ig} \tag{8.2.7}$$

(8.2.7) 式で，W_{ig} は，群内で変動する共変量を示している．まず，最初の手順は，次の式を推定することによって，共変量調整された群効果，μ_g を構築する．

$$Y_{ig} = \mu_g + \beta_2 w_{ig} + \eta_{ig}$$

μ_g は，群効果（または，グループ効果）と呼ばれ，すべての群ダミー集合の係数である．$\hat{\mu}_g$ は，個人単位の変数 W_{ig} の違いが調整された群平均値である．ここで注意しなければならないのは，式 (8.2.7) と式 (8.2.3) により，$\mu_g = \beta_0 + \beta_1 x_g + v_g$ ということである．したがって，2番目の手順としては，推定された群効果を群単位の変数に回帰させる．

13)　群単位での残差は，群どうしのサイズが等しくない限り，不均一分散である．しかし，このことは，ミクロデータにおいて，誤差が群構造を有するという事実ほどには重要ではない．

$$\hat{\mu}_g = \beta_0 + \beta_1 x_g + \{v_g + (\hat{\mu}_g - \mu_g)\} \tag{8.2.8}$$

(8.2.8) 式に対する効率的な GLS 推定量は，推定された群効果を群単位の変数に回帰させる．群単位での残差に対する分散の推定値，$\{v_g + (\hat{\mu}_g - \mu_g)\}$，の逆数をウェイトとして用いた，WLS である．しかしながら，群の数が不十分な場合には，v_g の分散があまりよく推定されないため，この推定は問題となるかもしれない．したがって，推定された群効果の分散の逆数，ないしは，群のサイズをウェイトとして用いるか，あるいは，全くウェイトをかけずに，推定を行わなければならないかもしれない[14]．対応する有限標本分布をより適切に近似するために，Donald and Lang (2007) は，(8.2.8) 式のような群単位の推定式による推論を，G−K の自由度を有する t-分布に基づいて行うことを提案している．

群単位でのアプローチは，x_{ig} が群内で変動する場合には，機能しないことに留意すべきである．第 4 章において議論したように，x_{ig} を $\bar{x}_g$ に平均化することは，IV の一形態である．したがって，分析の焦点となる説明変数が，ミクロ単位で変動する場合には，群単位での推定は，(8.2.7) 式のようなモデルの目標パラメターとは異なるパラメターを識別する．

4. ブロックブートストラップ法：一般的に，ブートストラップ推論は，再標本化によるデータの経験分布を用いる．しかし，この場合，単純無作為再抽出は，そうではない．クラスター化されたデータの特徴は，目標母集団における従属構造をそのまま保持するところにある．これを可能にするのが，ブロックブートストラップ法であり，この手法では，群 g によって定義される，複数の群データを抽出する．例えば，テネシー州の STAR データに対しては，ブロックブートストラップ法を用いることで，個々の生徒ではなく，クラス全体を再抽出した．
5. (8.2.3) 式のような誤差構造モデルと組み合わせて変形させた (8.2.1) 式に基づいて，GLS，あるいは，最尤モデルを推定することができる場

14) これら 2 つの加重方法についての事例については，Angrist and Lavy (2008) を参照のこと．

表 8.2.1　STAR 実験のデータを用いたクラスサイズの効果に対する標準誤差（318 クラスター）

分散推定量	標準誤差
頑健（HC_1）	0.090
パラメトリックな Moulton 相関（Moulton クラス内相関）	0.222
パラメトリックな Moulton 相関（Stata によるクラス内相関）	0.230
クラスター	0.232
ブロックブートストラップ	0.231
群平均を用いた推定（クラスサイズによる加重推定）	0.226

注：この表は，公開された STAR プロジェクトの実験データセットを用いて，百分率単位での生徒たちの試験の点数を，クラスサイズに回帰させた場合の推定値の標準誤差を示している．クラスサイズの相関は −0.62 である．クラスタリングの群単位は，教室である．観測値数は，5,743 である．ブートストラップ推定では，1,000 回の反復作業を行った．

合が，なかにはあるかもしれない．これは，クラスタリングの問題を補正するが，3.4.1 節で LVD モデルについて詳しく議論したように，CEF が線形でないならば，推定される対象（estimand）を変化させてしまう．

表 8.2.1 では，STAR を事例として，標準誤差の補正を比較している．この表では，次の 6 つの推定値が示されている．（HC_1 を用いた）従来型の頑健な標準誤差，Moulton 推定式 (8.2.5) を用いた 2 種類の補正された標準誤差（1 つ目は，Moulton によって提案されたクラス内相関の式を用いた標準誤差，2 つ目は，Stata の「loneway」というコマンドを選択することで得られた推定量)，クラスター標準誤差，ブロックブートストラップ法による標準誤差，そして，群単位での加重推定から得られた標準誤差の 6 つである．相関の推定値は，−0.62 である．この事例では，すべてのクラスター調整で，標準誤差が約 0.23 と，似たような結果を得た．幸運にもこうした結果が得られた最も大きな要因は，318 クラスという，群単位での近似がうまく機能するのに十分な数のクラスターがあったからである．しかしながら，クラスターの数が不十分であれば，結果はより不確かなものとなる．この点については，本章の最後に，もう一度議論することにする．

8.2.2 パネルにおける系列相関と差の差モデル

系列相関——ある観測値が，過去における観測値と相関する傾向——は，従来，他人ごと（Somebody's Else Problem：SEP）であった．はっきり言って，これは，時系列データで食べている不幸な人々（例えば，マクロ経済学者）の問題であった．したがって，応用ミクロ計量経済学者は，長く，この問題を無視してきた[15]．しかしながら，データの中には，特に，DDモデルでは，時間次元があるものもある．クラスタリングと同様，こうした事実は，統計的推論に重要な影響を与える可能性がある．

第5.2節と同様，州の最低賃金の効果に着目してみよう．本節の文脈では，DDの回帰推定には，州に時間を加えた効果が含まれる．したがって，(5.2.2)式を繰り返すと，次のようになる．

$$\mathrm{Y}_{ist} = \gamma_s + \lambda_t + \delta \mathrm{D}_{st} + \varepsilon_{ist} \tag{8.2.9}$$

以前と同様，(8.2.9) 式では，Y_{ist} は，年 t における州 s に住む個人 i に対する結果を，D_{st} は，処置後の期間において処置群となる州を示すダミー変数である．

(8.2.9) 式の誤差項は，人々，さまざまな州，そして，異時間にまたがって生起する潜在的な結果における，特有の変動を反映している．こうした変動のなかには，例えば，地域的な景気循環など，同じ州の同じ年で人々に共通するものがあるかもしれない．ε_{ist} を，州と年に共通するショック v_{st} と，個人に特有の要素 η_{ist} を足し合わせたものであると考えることによって，こうした共通要素をモデル化することができる．したがって，

15) 他人ごと（Somebody Else's Problem：SEP）というのは，ダグラス・アダムスの『宇宙クリケット大戦争（*Life, the Universe, and Everything*）』の中で，最初，自然現象として認識される．ウィキペディアによると，「知覚に影響を与えるように創出されたエネルギー分野の1つ（…）この分野の中の存在は，どういったものであれ，外部の観察者によって，いわゆる「他人ごと」として知覚されてしまうだろう．したがって，観察者が，明確に，その存在について目を凝らしていない限り，事実上，見えなくなってしまうだろう」．

$$Y_{ist} = \gamma_s + \lambda_t + \delta D_{st} + v_{st} + \eta_{ist} \tag{8.2.10}$$

とあらわすことができる．州や時間を超えて無作為抽出が繰り返された場合，$E[v_{st}]=0$ が仮定され，定義により，$E[\eta_{ist}|s,t]=0$ となる．

州と年に共通するショックは，DD モデルについては，悪い知らせである．Moulton 問題と同様，州と時間に特有の変量効果が，統計的推論に影響を及ぼすクラスタリング問題を引き起こしてしまう．しかし，この事例では，これは私たちが抱える問題のうちの最小のものかもしれない．それがなぜかを知るために，Card and Krueger (1994) によるニュージャージー–ペンシルバニア研究〔1992 年，米国のニュージャージー州では，最低賃金（時給）を 4.25 ドルから 5.05 ドルへ引き上げた．Card and Krueger (1994) では，この政策変更を自然実験とみなし，最低賃金の引き上げ政策をとったニュージャージー州を処置群，隣接する州で，同時期に引上げ政策をとらなかったペンシルバニア州を対照群として，両州の雇用量の変化を検証している.〕と同様に，2 つの時点と 2 つの州だけがあると仮定しよう．実証的な DD 推定値は，次のようになる．

$$\hat{\delta}_{CK} = (\bar{Y}_{s=NJ,t=Nov} - \bar{Y}_{s=NJ,t=Feb}) - (\bar{Y}_{s=PA,t=Nov} - \bar{Y}_{s=PA,t=Feb})$$

この推定量は，$E[v_{st}]=E[\eta_{ist}]=0$ であるため，不偏である．他方，州と時点の選択は固定したままで，群のサイズが大きくなった場合，確率限界について考えると，州と年に共通するショックは，$\hat{\delta}_{CK}$ を不一致推定量とする．

$$plim\ \hat{\delta}_{CK} = \delta + \{(v_{s=NJ,t=Nov} - v_{s=NJ,t=Feb}) - (v_{s=PA,t=Nov} - v_{s=PA,t=Feb})\}$$

2 時点で，ニュージャージー州とペンシルバニア州内での標本が大きくなればなるほど，こうした標本を平均化することは，所与の地域と時点に特有の地域的なショックを打ち消すことに他ならない．たかだか 2 つの州と年を対象とする分析においてすら，ある特定の政策変更による差の差を，たとえば，1992 年において，ニュージャージー州の経済状況は安定していたが，ペンシルバニア州は周期的な景気低迷に直面しつつあったという事実に起因する差の差から，識別する方法は存在しないのである．v_{st} の存在は，結果的に，5.2 節で議論した共通トレンドの仮定（common trends assumption）を機能不全にさせるのである．

差の差のモデルにおける確率ショックによって誘発される不一致性を解消するためには，多くの時点，ないしは，数多くの州（あるいは，その両方）を含む標本を分析しなければならない．例えば，Card (1992) は，51 州について，最低賃金の変化に関する研究を行った．これに対して，Card and Krueger (2000) では，より多くの時点を含む賃金台帳の月次データを用いて，ニュージャージー州とペンシルバニア州での実験を検証している．数多くの州や時点を用いれば，v_{st} の平均値が 0 になることが期待できる．本章の前半における Moulton 問題に関する議論と同様に，この文脈での統計的推論は，数多くの群を前提とする漸近分布理論に依存しており，群のサイズ（あるいは，少なくとも，群のサイズのみ）には依存していない．したがって，推論に関する議論で最も重要な点は，v_{st} の動向となる．とりわけ，ショックが，州や時間にまたがって独立である――つまり，系列相関がない――と仮定することが好ましい場合，8.2.1 節におけるごく平凡な Moulton 問題に立ち戻る必要がある．その場合は，州と年の交差項によるクラスター標準誤差が，妥当な推量を導き出すにちがいない．しかしながら，ほとんどの事例では，v_{st} が系列的に無相関であるという仮定を主張することは，難しい．ほぼ確実に，地域的なショックは，系列的にかなり相関している．例えば，ある月に，ペンシルバニア州における経済状況が芳しくなければ，その次の月も，ほぼ同じように経済状態が悪い可能性が高い．

クラスター化されたパネルにおける系列相関の帰結は，Bertrand, Duflo, and Mullainathan (2004) や Kézdi (2004) によって強調されている．群平均が相関しているような群構造のある研究設計はいずれも，系列相関の問題を有するといえるだろう．群構造を有するデータで，系列相関に関する最近の研究が得た結論によると，v_{st} の存在によって誘発された群内の相関について，標準誤差を補正する必要があるのと同様に，さらに，v_{st} 自身の系列相関についても補正しなければならない．このためには，いくつかの方法があるが，全部が全部，あらゆる状況下において，等しく効率的であるわけではない．率直に言って，系列相関問題に対するアプローチの最善の方法についての課題については，現在も研究が続けられており，いまだ合意には至っていない．

最も単純で広く用いられているアプローチは，1段階上位のクラスターへ責任を転嫁するやり方である．例えば，前段で論じた州と年の事例を用いると，州と年の代わりに，州のみによってクラスター化された，Liang and Zeger (1986) 標準誤差を示せばよい（例えば，Stataの「cluster」コマンドを選択することによって）．これは，一見すると，奇妙にみえるかもしれない．なぜならば，モデルでは，州効果を調整しているからだ．(8.2.10) 式における州効果 γ_s は，$\bar{v}_s$ で示された v_{st} の州平均を取り除いている．にもかかわらず，$v_{st}-\bar{v}_s$ には，おそらくまだ，系列相関があるだろう．州単位でのクラスター標準誤差は，これを説明する．というのも，1段階上位のクラスター共分散推定量は，$v_{st}-\bar{v}_s$ における時系列相関も含む，クラスター内での制限なし残差相関を，許容するためである．これが，簡潔な補正の1つである[16]．ここでの問題は，1段階上位に責任を転嫁することで，クラスターの数が減ってしまうことである．また，$v_{st}-\bar{v}_s$ と $v_{st-1}-\bar{v}_s$ との相関を程よく推定するためには，数多くの州や時点が必要なため，漸近的推論には，数多くのクラスターのあることが前提となる．不十分な数のクラスターでは，偏った標準誤差を導出し，誤った推論に帰着する可能性がある．

8.2.3　クラスターの数が42よりも少ない場合

不十分な数のクラスターに起因するバイアスは，Moultonと系列相関のいずれの文脈においても，両者の推論がクラスターを基準にしているため，リスクである．クラスターの数が少ないと，v_{st} のような確率ショックにおける系列相関にしろ，Moulton問題における ρ_e のようなクラス内相関にしろ，いずれにしても，過小評価する傾向にある．Moulton問題でクラスターを数える場合，妥当な次元としては，群の数，Gである．州やその他の横断面での次元に基づくクラスターを用いるような，DDのシナリオでは，クラスターを数えるのに妥当な次元は，州の数，ないしは，横断面での群の数である．したがって，ダグラス・アダムスによるSF小説『銀河ヒッチハイク・ガイド』に登場する格言風に言うと，人生，宇宙，そして，万物に対する究極の答えは，42

16)　Arellano (1987) が，パネル構造を有するモデルに対して，1段階上位のクラスタリングを提案した最初の研究である．

である．そして，この答えに対する問いは，「(8.2.6) 式に基づく標準的なクラスター調整を用いて，信頼性のある推論を導き出すためには，いくつのクラスターがあれば十分だろうか？」であるに違いない．

もし 42 が，標準的なクラスター調整を信頼するのに十分な数だとすると，そして，もし 42 未満では少なすぎるとするならば，クラスターの数が少ない場合は，どうすべきだろうか？　最善の策は，より多くのデータを収集することによって，クラスターの数を増やすことである．しかし，それをするには，私たちはあまりにも怠慢であったり，そもそも群の数が固定されていたりすることもある．したがって，次に，その他の考え方について，詳しく議論しよう．議論をはじめるに当たって，以下で示す考え方のすべてが，Moulton や系列相関の問題に対して，必ずしも，等しく適切であるとは限らないことに，触れておく必要があるだろう．

1. クラスター標準誤差のバイアス補正：小標本の場合，クラスター標準誤差は，8.1 節における残差共分差行列がそうであるように，$E(\hat{e}_g\hat{e}_g')\neq E(e_ge_g')=\Psi_g$ であるため，バイアスがかかっている．通常，$E(\hat{e}_g\hat{e}_g')$ は過小である．1 つの解決策は，バイアスが縮小するという望みをかけて，残差を拡大させることである．Bell and McCaffrey (2002) が，残差を調整するために，次のような手法（いわゆる，バイアス縮小線形化［bias-reduced linearization］，ないしは，BRL）を提示している．

$$\hat{\Psi}_g = a\tilde{e}_g\tilde{e}_g'$$
$$\tilde{e}_g = A_g\hat{e}_g$$

A_g は，

$$A_g'A_g = (I-H_g)^{-1}$$
$$H_g = X_g(X'X)^{-1}X_g'$$

となる．ここで，a は，自由度補正である．

これは，HC_2 のクラスター版である．BRL は，クラスター数が少ない場合の本当の Moulton 問題については機能するが，いくつかの技術的な理由で，一般的なDDの系列相関の問題に対して用いることはできない[17)].

2. 観測値の基本単位がクラスターであって，クラスター内の個人ではないということを意識して，Bell and McCaffrey (2002) とDonald and Lang (2007) では，標準正規分布ではなく，むしろ，G－Kの自由度を有する t-分布に基づく推論を行うことが提案されている．小標本Gについてこの手法を用いれば，信頼区間がより広くなり，それによって，いくつかの誤解が回避されるという点で，違いが生ずる．Cameron, Gelbach, and Miller (2008) では，モンテカルロ法による事例が報告されており，この研究では，BRLによる調整と t-分布表の活用を組み合わせるやり方が，よく機能している．
3. Donald and Lang (2007) によれば，群平均を用いた推定は，Moulton問題のある小標本Gに対して良く機能し，推論がG－Kの自由度を有する t-分布に基づく場合には，さらにより良く機能する．しかし，8.2.1節で議論したように，群推定の場合，独立変数は，群内で固定されているに違いない．集計の単位は，例えば，Angrist and Lavy (2008) では，学校単位であったように，各研究者がクラスター化したいと思う単位である．系列相関については，この集計単位が州となるが，州の平均値は，フルセットの州効果を前提としたモデルの推定には用いることができない．また，処置の状況が州内で異なるため，州単位で平均化してしまうと，分析の焦点となる説明変数についても同様に，平均をとってしまう

17) 行列 A_g は，一意には決まらない．つまり，そのような分解は数多く存在する．Bell and McCaffrey (2002) は，$(I-H_g)^{-1}$ の対称平方根，あるいは，$A_g=R\Lambda^{1/2}$ を用いる．ここで，R は，$(I-H_g)^{-1}$ の固有値行列，$\Lambda^{1/2}$ は，固有値の平方根の対角線行列である．Bell and McCaffreyによる調整における問題の1つは，$(I-H_g)$ がフルランクではない可能性がある，ということである．そうなると，当然，すべての設計について，逆行列が存在しなくなる．例えば，説明変数の1つが，クラスターの中のたった1つで1，それ以外のクラスターはすべて0であるような，ダミー変数である時，しばしば，こうした問題が起こる．こうしたシナリオが，パネルDDモデルで起こるケースが，Bertrand et al. (2004) で議論されており，この研究には，州ダミーがフルセットで，そして，州によるクラスターが含まれている．

ことになるため，あまり好ましくないやり方に，ゲームのルールが変わってしまう（推定量が，群ダミーを操作変数として用いる，IV となる）．したがって，群平均アプローチは，系列相関問題に対しては，埒外である．また，ここでの注意点は，もし群残差が不均一であり，そのため，頑健な標準偏差を用いるとすると，8.1 節で議論した形でのバイアスについても注意を払う必要があるかもしれない．なかには，群残差における不均一分散性が，群のサイズによるウェイトをかけることで補正されうる場合もある．しかし，CEF が非線形の場合は，ウェイトをかけることによって，推定される対象を変化させてしまう．したがって，ウェイトに関するケースは，解決がさほど容易な問題ではない（Angrist and Lavy 1999 では，学校単位の平均値にウェイトをかけるやり方は，選択されなかった．というのは，この研究における変動は，そのほとんどが，小規模の学校が原因となって生起しているためである）．ウェイトをかけるべきかどうか，群単位の平均について処理をする場合における，従来型のアプローチは，8.1 節から得た経験則を活用することである．つまり，精度に対する尺度として，頑健，かつ，従来型の標準誤差を，より広くとらえるやり方である．

4. Cameron, Gelbach, and Miller (2008) では，群の数が少ない場合，ブロックブートストラップ法のなかには，うまく機能するやり方があり，概して，Stata のクラスター標準誤差よりも機能が優れている，ということが報告されている．これは，Moulton 問題と系列相関問題の両者について，真であるかのように見える．しかし，Cameron, Gelbach, and Miller (2008) は，（ピボット）検定統計量を用いた棄却率に焦点を当てているが，私たちが見たいのは，標準誤差である．
5. パラメトリックな補正：Moulton 問題に関して言えば，これは，結局のところ，Moulton 係数を用いることである．系列相関について，このことは，群単位での一次の系列（自己）相関に対する標準誤差を補正することを意味している．Moulton 問題を有する標本実験と先行研究のレビューによれば，パラメトリックなアプローチが，良く機能するかもしれないことがわかる．とりわけ，パラメトリックなモデルが，そう的外れではない場合には，(8.2.6) 式におけるノンパラメトリックなクラスター推定量よりも，パラメトリックなアプローチの方が，よりよい可能性がある（例えば，Hansen 2007a を参照すると，系列相関パラメターの推定値に対するバイアス補正の1つが提案されている）．しかし，残念ながら，調整されたモンテカルロ研究という温室世界を抜け出して，パラメトリックな仮定が適合するかどうかについて，私たちが知ることは出来そうもない．

悲しいかな，ここで肝心な点について，必ずしも全部が明快になっているとはいえず，数少ないクラスターが，どういう場合に，推定に対して致命的であるのか，という基本的な問いについても，はっきりしていない．最終的なバイアスがどの程度深刻なものであるかは，研究者が直面している問題の本質，特に，ここで直面しているのが，本当に，Moulton 問題なのか，あるいは，系列相関問題なのかということに依存している．Donald and Lang (2007) において議論されたように，群単位での集計は，分析の焦点となる独立変数が群内で固定されており，かつ，潜在的な不均一分散があまり重要ではない限り，Moulton の場合にはうまく対応できているかのように見える．これは，従来型の明白なアプローチの1つであることから，最低でも，結果が，群の平均値の分析から得られる推論と一致していることだけは示したい．Angrist and Lavy (2008) は，学校単位でのクラスターを調整するために BRL 標準誤差を用い，さらに，主要な結果が，共変量が調整された群平均を用いた結果と同じになるかどうかを示すことで，このアプローチに対する検証を行っている．

系列相関についての結果を見る限り，ほとんどのエビデンスが示すことは，アメリカ合衆国の州，つまり51のクラスターが与えられたとして，これらの州に対する研究を行う幸運に恵まれたならば，Stata の「cluster」コマンドを州単位で単純に応用しさえすれば，かなり安全である，ということである．しかし，42をはるかに下回る，州という形態では，たかだか10のクラスターしかない，カナダのような国について研究しなければならないことがあるかもしれない．Hansen (2007b) によれば，たとえこのカナダのようなシナリオに対してであっても，Liang and Zeger (1986) 標準誤差（Stata によるクラスター標準誤差）は，パネルにおける系列相関の補正には，相当程度機能する．また，Hansen は，棄却値として，G－K の自由度を有する t-分布を用いることを，推奨している．

クラスタリング問題は，応用ミクロ計量経済学者に，甘んじて屈辱を受けることを強いてきた．できるものなら，大規模なミクロデータセットを駆使することを鼻にかけて，時系列の小標本と戯れているマクロ経済学者の諸君を嘲笑してやりたい．そうはいっても，最後に笑う者の勝ち．もし，分析の焦点となる説明変数が，例えば，時間，ないしは，州や国など，極めて少数の群単位でしか変動しないならば，最後に笑うのは，最も現実的な推論の流儀を，終始，貫いてきたマクロ経済学者の諸君なのである．

8.3　補論：単純な Moulton 係数の導出

まず，次のような式を定義する．

$$y_g = \begin{bmatrix} Y_{1g} \\ Y_{2g} \\ \vdots \\ Y_{n_g g} \end{bmatrix} \quad e_g = \begin{bmatrix} e_{1g} \\ e_{2g} \\ \vdots \\ e_{n_g g} \end{bmatrix}$$

そして，

$$y = \begin{bmatrix} y_1 \\ y_2 \\ \vdots \\ y_G \end{bmatrix} \quad x = \begin{bmatrix} \iota_1 x_1 \\ \iota_2 x_2 \\ \vdots \\ \iota_G x_G \end{bmatrix} \quad e_g = \begin{bmatrix} e_1 \\ e_2 \\ \vdots \\ e_G \end{bmatrix}$$

この式で，ι_g は，n_g の列ベクトル，G は，群の数である．ここで注意すべきは，

$$E(ee') = \Psi = \begin{bmatrix} \Psi_1 & 0 & \cdots & 0 \\ 0 & \Psi_2 & & \\ \vdots & & \ddots & 0 \\ 0 & \cdots & 0 & \Psi_G \end{bmatrix}$$

$$\Psi_g = \sigma_e^2 \begin{bmatrix} 1 & \rho_e & \cdots & \rho_e \\ \rho_e & 1 & & \\ \vdots & & \ddots & \rho_e \\ \rho & \cdots & \rho_e & 1 \end{bmatrix} = \sigma_e^2[(1-\rho_e)I + \rho_e \iota_g \iota_g'],$$

ここでは，$\rho_e = \sigma_v^2/(\sigma_v^2 + \sigma_\eta^2)$ である．今，

$$X'X = \sum_g n_g x_g x_g'$$

$$X'\Psi X = \sum_g x_g \iota_g' \Psi_g \iota_g x_g'$$

である．しかし，

$$x_g \iota_g' \Psi_g \iota_g x_g' = \sigma_e^2 x_g \iota_g' \begin{bmatrix} 1+(n_g-1)\rho_e \\ 1+(n_g-1)\rho_e \\ \cdots \\ 1+(n_g-1)\rho_e \end{bmatrix} x_g'$$

$$= \sigma_e^2 n_g [1+(n_g-1)\rho_e] x_g x_g'$$

ここで，$\tau_g = 1 + (n_g - 1)\rho_e$ と置くと，次の式を得る．

$$x_g \iota_g' \Psi_g \iota_g x_g' = \sigma_e^2 n_g \tau_g x_g x_g'$$
$$\mathrm{X}'\Psi\mathrm{X} = \sigma_e^2 \sum_g n_g \tau_g x_g x_g'$$

この式を手にして，次のように書くことができる．

$$\begin{aligned} V(\hat{\beta}) &= (\mathrm{X}'\mathrm{X})^{-1}\mathrm{X}'\Psi\mathrm{X}(\mathrm{X}'\mathrm{X})^{-1} \\ &= \sigma_e^2 \left(\sum_g n_g x_g x_g'\right)^{-1} \sum_g n_g \tau_g x_g x_g' \left(\sum_g n_g x_g x_g'\right)^{-1} \end{aligned}$$

私たちは，これを，次の標準 OLS 共分散と比較したい．

$$V_c(\hat{\beta}) = \sigma_e^2 \tau \left(\sum_g n_g x_g x_g'\right)^{-1}$$

群のサイズがすべて等しいならば，$n_g = n$，そして，$\tau_g = \tau = 1 + (n-1)\rho_e$ であるから，次のように，式 (8.2.4) を導出することができる．

$$\begin{aligned} V(\hat{\beta}) &= \sigma_e^2 \tau \left(\sum_g n x_g x_g'\right)^{-1} \sum_g n x_g x_g' \left(\sum_g n x_g x_g'\right)^{-1} \\ &= \sigma_e^2 \tau \left(\sum_g n x_g x_g'\right)^{-1} \\ &= \tau V_c(\hat{\beta}) \end{aligned}$$

結　語

Last Words

もし応用計量経済学が簡単であるならば，理論家がやっているであろう．しかし，それは*Econometrica*の分厚いページがあなたに信じこませるほどには難しくはない．筋の通った因果的な問いに注意深く応用されるとき，2SLSはほとんど常に有意義である．あなたの標準誤差はたぶん完全には正しくないであろうが，そもそも滅多に正しくない．自らが最良の懐疑論者となることで恥をかかないようにすること，そして，特にパニックに陥らないように！

頭字語と略語

技術的用語

2SLS	2段階最小二乗法．操作変数（IV）法
ACR	平均因果的反応．順序付けのなされた処置に対する加重平均因果効果
ANOVA	分散分析．総分散の条件付き期待値関数（CEF）の分散と平均条件付き分散への分解
BRL	バイアス補償線形化推定量．クラスターデータに対するバイアス修正済み共分散行列推定量
CDF	累積密度関数．確率変数が所与の数値以下の値をとる確率
CEF	条件付き期待値関数．X_i を所与とした Y_i の母集団平均
CIA	条件付き独立の仮定．回帰とマッチング推定量の因果的解釈を正当化する中核的仮定
COP	正の効果の条件付き．正の値のみを見る非負の確率変数の平均の処置群・対照群間差
CQF	条件付き分位点関数．X_i を所与とし，Y_i の τ–分位点の各分位点 τ について定義される
DD	差分の差分推定量．最も単純な形では処置群と対照群の間の時間を追っての比較．
GLS	一般化最小二乗法．不均一分散及び，または系列相関を持つモデルの回帰推定量． GLS は条件付き期待値関数（CEF）が線形のとき効率性の向上を提供する．
GMM	一般化積率法．標本と母集団の積率の差の二乗の行列による加重平均値を最小化するように推定値が選択される計量経済学的推定法．
HC_0–HC_3	MacKinnon and White (1985) によって議論された不均一分散一

致共分散行列推定量

ILS 間接最小二乗推定量．操作変数（IV）設定に於ける誘導形と第 1 段階係数の比

ITT 処置の意志の効果．処置を提供されることの効果

IV 操作変数推定量．または，推定法

JIVE ジャックナイフ操作変数（IV）推定量

LATE 局所的平均処置効果．順応者に対する処置の因果効果

LDVs 回帰の左辺にあるダミー変数．個数，非負の確率変数といった制限被説明変数と関連する統計モデル

LIML 制限情報最尤推定量．バイアスのより少ない，2 段階最小二乗法（2SLS）の他の選択肢

LM ラグランジュ乗数検定．推定量により課せられた制約の統計的検定

LPM 線形確率モデル．ダミー被説明変数のための線形回帰モデル

MFX 限界効果．非線形モデルでは，モデルにより示唆される条件付き期待値関数（CEF）の説明変数に関する微分．

MMSE 最小平均二乗誤差．最小期待二乗予測誤差，または，推定量と目標の間の差の二乗の期待値の最小値．

OLS 最小二乗推定量．母集団回帰ベクトルの標本対応物

OVB 脱落変数バイアス．コントロール変数の異なるリストを持つ回帰推定値の間の関係．

QTE 分位点処置効果．処置が順応者の結果の条件付き分位点に与える因果効果

RD 回帰不連続デザイン．処置，処置の確率，あるいは平均処置強度が共変量の既知の不連続関数である識別戦略

SEM 同時方程式モデル．いくつかの方程式によって変数間の因果的関係が表わされた計量経済学的枠組み

SSIV 分割標本操作変数推定量．2 標本操作変数（TSIV）推定量の 1 つのバージョン

TSIV 2 標本操作変数推定量．いずれか一方のデータのみでは不十分な

ときに2つのデータから構築し得る操作変数（IV）推定量

VIV 視覚的操作変数．ダミー操作変数を用いた操作変数モデルで誘導形対第1段階予測値の散布図

WLS 加重最小二乗法．対角加重行列を用いたGLS推定量

データセットと変数名

AFDC Aid to Families with Dependent Children．アメリカにかつてあった生活保護制度

AFQT Armed Forces Qualification Test．学力と認知能力を測定するために米国の軍隊により使われる

CPS Current Population Survey．米国の家計の大規模な毎月実施の調査，米国失業率の出所

GED General Educational Development certificate．試験に合格することにより取得可能な伝統的な高校卒業を代替する資格証明書

IPUMS Integrated public use microdata series．米国と他の諸国の全数調査記録が整合的にコード化された標本

NHIS National Health Interview Survey．健康に関する多くの質問を含むアメリカの大規模な調査

NLSY National Longitudinal Survey of Youth．1979に高校生の年齢であったコーホートを対象に開始した長期継続中の調査

PSAT Preliminary SAT．アメリカの高校2年生にNational Merit Scholarshipの資格を与えるもの

PSID Panel Study of Income Dynamics．1968年に開始したアメリカの家計のパネル調査

QOB 誕生した四半期

RSN Random Sequence numbers．1970から1973年のベトナム戦争時代の徴兵抽選で無作為に割り振られた徴兵抽選番号

SDA Service delivery areas．Job Training Partnership Act（JTPA）サービスが実施された649サイトの1つ

SSA Social Security Administration．米国政府の官庁の1つ

研究名

HIE	RAND 研究所により実施された Health Insurance Experiment．参加者が異なる特性を持つ健康保険プログラムをあてがわれた無作為試行
JTPA	Job Training Partnership Act．連邦政府による支援を受けた大規模な訓練プログラムで無作為評価を含む
MDVE	Minneapolis Domestic Violence Experiment．家庭内の騒動に対する警察の対応が部分的に無作為割当により決められた無作為試行
NSW	National Supported Work demonstration．労働市場への定着が弱い男女に労働経験を提供した 1970 年代半ばの実験的訓練プログラム
STAR	The Tennessee Student/Teacher Achievement Ratio experiment．小学校の学級規模の無作為研究
WHI	Women's Health Initiative．ホルモン置換療法を含む一連の無作為試行

実証研究索引

この索引は本書の表とグラフに貢献している研究をリストしている.

Abadie, Angrist, and Imbens (2002)　補助金付き JTPA 訓練が訓練を受けた人の労働所得に与える影響の QTE (IV) 推定値を構築. 7.2.1 節で議論. 結果は表 7.2.1.

Acemoglu and Angrist (2000)　義務教育法と誕生四半期を用い, 教育の経済的収益の IV 推定値を構築. 4.5.3 節で議論. 結果は表 4.4.2 と図 4.5.1.

Angrist (1990)　徴兵抽選を用い, 兵役の労働所得への効果の IV 推定値を構築. 4.1.2 節と 4.1.3 節で議論. 結果は表 4.1.3 と 4.4.2.

Angrist (1998)　マッチング, 回帰, IV を用い, 志願による兵役の民間労働所得への効果を推定. 3.3.1 節で議論. 結果は表 3.3.1.

Angrist (2001)　OLS と IV を非線形モデルの限界効果と比較. 4.6.3 節で議論. 結果は表 4.6.1.

Angrist and Evans (1998)　兄弟姉妹の男女構成と双生児誕生を用い, 家族規模の母親と父親の労働供給への効果の IV 推定値を構築. 3.4.2 と 4.6.3 節で議論. 結果は表 3.4.2, 4.4.2, 及び 4.6.1.

Angrist and Imbens (1995)　2SLS 推定値がトリートメントに対する因果反応の加重平均としての解釈ができることを示す. 4.5.3 節で議論. 結果は表 4.1.2.

Angrist and Krueger (1991)　生まれ四半期を用い, 教育の経済的収益の IV 推定値を構築. 4.1, 4.5.3, 4.6.4 節で議論. 結果は図 4.1.1 と表 4.1.1, 4.1.2, 4.4.2, 及び 4.6.2.

Angrist and Lavy (1999)　ファジー RD を用い, 学級規模の生徒の達成度への効果を推定. 6.2 節で議論. 結果は図 6.2.1 と表 6.2.1.

Angrist, Chernozhukov and Fernandez-Val (2006)　分位点回帰が非線形

CQF の MMSE 近似を生むことを示し，分位点回帰の近似特性を教育の賃金分布への効果を推定することで明らかにしている．7.1.2 節で議論．結果は表 7.1.1 と図 7.1.1.

Autor (2003)　雇用保護法の州間の変動を用い，労働市場規制の派遣労働への効果の DD 推定値を構築．5.2.1 節で議論．結果は図 5.2.4.

Besley and Burgess (2004)　インドの州間の変動を用い，労働法の企業業績への効果を推定．5.2.1 節で議論．結果は表 5.2.3.

Bloom, et al. (1997)　JTPA の主な結果を報告．4.4.3 節で議論．結果は表 4.4.1.

Card (1992)　州の最低賃金と賃金水準の地域変動を用い，最低賃金の効果を推定．5.2.1 節で議論．結果は表 5.2.2.

Card and Krueger (1994, 2000)　ニュージャージーの最低賃金引き上げを用い，最低賃金変更の雇用効果を推定．5.2 節で議論．結果は表 5.2.1 と図 5.2.2.

Dehejia and Wahba (1999)　Lalonde (1986) NSW 標本の再分析で，偏向スコアを用い，補助金付き訓練の労働所得への効果を推定．3.3.3 節で議論．結果は表 3.3.2.

Freeman (1984)　固定効果モデルを用い，組合加入状況の賃金への効果のパネルデータ推定値を構築．5.1 節で議論．結果は表 5.1.1.

Krueger (1999)　Tennessee STAR 無作為試行を用い，学級規模のテスト得点への効果の IV 推定値を構築．2.2 節で議論．結果は表 2.2.1, 2.2.2，及び 8.2.1.

Lee (2008)　回帰不連続デザインを用い，与党の再選効果を推定．6.1 節で議論．結果は図 6.1.2.

Manning et al. (1987)　無作為割り当てを用い，健康保険の医療，費用，結果への影響を推定．3.4.2 節で議論．結果は表 3.4.1.

Pischke (2007)　ドイツの学年度の急激な変更を用い，学期の長さの達成度への効果を推定．5.2 節で議論．結果は図 5.2.3.

訳者あとがき

本書は，Joshua D. Angrist and Jörn-Steffen Pischke, *Mostly Harmless Econometrics: An Empiricist's Companion*, Princeton University Press, 2009の翻訳である．著者のJoshua D. Angristはマサチューセッツ工科大学の経済学の教授，Jörn-Steffen Pischkeはロンドン・スクール・オブ・エコノミックスの経済学の教授である．原著は，米国の大学院で上級の応用ミクロ計量経済学の教科書や副読本として最も頻繁に採用されている書籍の1つである．因果推論に対する実験学派（experimentalists）のアプローチに特化している点に大きな特徴がある．

労働経済学や教育経済学の実証研究では90年代初頭から実験学派が台頭し始めた．実験学派は，回帰分析における脱落変数バイアスを回避し，因果効果を推定するために，操作変数（IV）法による自然実験データの分析や差分の差分（DD）法による政策変更の分析を行うことを特色とする．初期の研究には，徴兵に係る個人の抽選番号をIVとして用い，個人の兵役経験が個人の将来の労働所得に与える因果効果をIV推定したAngrist (1990)，個人の誕生四半期をIVとして用い，個人の教育年数が個人の将来の賃金に与える因果効果（教育のリターン）をIV推定したAngrist and Krueger (1991)，州の最低賃金と賃金水準の地域間・異時点間変動を用い，最低賃金の雇用効果をDD推定したCard (1992) などがある．

実験学派の主たる目標は，回帰分析における脱落変数バイアスを回避し，因果効果を推定することである．例えばAngrist (1990) やAngrist and Krueger (1991) が扱った問題では，個人の能力は，（分析者が因果効果に関心を持つ）説明変数（Angrist 1990では個人の兵役経験，Angrist and Krueger 1991では個人の教育年数）と個人の将来の労働所得の双方に影響すると考えられる．個人の能力が測定され，データに変数として含まれていれば，個人の能力を説明変数の1つとして用い，個人の能力を一定に保つことにより，説明変数（個人の兵役経験や個人の教育年数）の係数をバイアスなくOLS推定できる．しかし，そうでない場合には，個人の能力を説明変数の1つとして用いることはできないので，個人の能力を一定に保つことができなくなり，個人の能力と相関する説明変数（個人の兵役経験や個人の教育年数）の係数のOLS推定量に脱落変数バイアスが生じてしまう．Angrist (1990) と Angrist and Krueger (1991) は，この脱落変数バイアスを回避するためにIV法を用いる．Card (1992) が扱った問題では，連邦政府による最低賃金改定の影響を受ける各州の人口割合と雇用の双方に影響を与える，州や年に特殊な要因を一定に保つことができなければ，最低賃金の係数のOLS推定量に脱落変数バイアスが生じてしまう．Card (1992) は，この脱落変数バイアスを回避するためにDD法を用いる．

実験学派は，因果効果を見出すための理想的な「実験」がどのようなものであるかを考え，できる限りそれに近い「実験」を現実世界の中に探す．実験学派の「実験」は，実験室内で行う実験を指すのではなく，ある変数（IV）の値が無作為に割り当てられ，その変数（IV）が内生変数の外生的変動を引き起こす，あるいは，政策変更のタイミングにばらつきがあり，対照群と処置群を定義できるといった，観察データに見出すことのできる「実験的状況」を指すことが多い．例えば，Angrist (1990) は，1970年代ベトナム戦争下のアメリカの徴兵制度に次のような実験的状況を見出す．政府は，1年365日の各日に1から365の抽選番号を無作為に割り振り，誕生日に割り振られた抽選番号が一定の値を下回る若い男性に対して「徴兵資格」を与えた．Angrist (1990) は，この抽選番号を兵役のIVとして用いる．また，Angrist and Krueger (1991) では，米国の義務教育法のもとでは個人の誕生日によって個人の義務教育期間が決まるため，無作為に決まると考えられる個人の誕生日が個人の教育年数に影響するといった，実験的状況を考え，個人の誕生日（四半期）を教育年数のIVとして用いる．Card (1992) では，最低賃金改訂の影響を受けたと考えられる人口の割合に州の間で差がある，従って対照群と処置群の割合に州の間で差があるといった，実験的状況を考える．

アメリカでは，実験学派の手法は10年足らずの間に労働経済学や教育経済学の研究者の間で広く受け入れられるようになった．1990 年代を通じて実証学派による実証研究の蓄積が進み，Angrist and Krueger (1999, 2001) や Card (1999) などのサーベイ論文も登場した．

実験学派は，労働経済学や教育経済学に革命をもたらした．それは，自然科学と同水準の厳格さで因果効果の識別に挑むといった思想への転換であった．研究計画が重視され，独創的な操作変数や対照群を見出した研究が高く評価されるようになった．例えば，実験学派が登場する前の時代には，教育年数の IV として父親の教育年数を用いるといったように，分析データに含まれる変数から IV を選択し，IV と誤差項の間の多少の相関を許容する慣習があった．しかし，実験学派の登場以降は，父親の教育年数は，遺伝子を介して本人の能力と相関するので IV として適切でないと考える研究者が増えた．

本書は，労働経済学や教育経済学で主流となった実験学派の手法を理論と応用の側面から解説した優れた書籍である．回帰モデルの β 係数（の期待値）を推定するための実験学派の代表的手法に焦点を絞り，理論と応用をバランス良く紹介している．実証分析で分析者が直面する諸々の問題にも言及し，実践的アドバイスを与えている．

原文は，米国の博士課程の優れた講義を連想させる，ユーモアのセンス溢れる語調で書かれており，上級レベルの計量経済学の書籍としては読みやすい部類に入るであろう．例えば，各章は，ダグラス・アダムスによる SF シリーズ『銀河ヒッチハイク・ガイド』からのユーモア溢れる引用で始まっている．また，原書のタイトル *Mostly Harmless Econometrics* は同シリーズの最後の作品である *Mostly Harmless*（邦題『ほとんど無害』）に由来する．実験学派の計量経済学は他の計量経済学と比べ，設ける仮定が少ない，本書は線形代数を多用する上級レベルの他の計量経済学の教科書と比べ読みやすい，百科事典のように分厚い他の計量経済学の教科書より安価であるなどの意味がタイトルに込められているようである．

翻訳に際しては，できる限り原文の語調やユーモアのセンスを失わないよう努めたが，目標の完全達成には至っていない．タイトルにいくつもの意味が込められているように，1 つの表現を二重，三重の意味で用いている箇所が少なからずあり，翻訳者泣かせの書籍であったことを認めておきたい．

米国の大学院では本書を上級の応用ミクロ計量経済学の教科書や副読本として採用しているケースが多い．大学院で計量経済学の基礎を学び終え，労働経済学や教育経済学等の応用ミクロ経済学の各分野でミクロデータを用いた政策評価などの実証分析に取り組もうとする大学院生はもちろんのこと，これらの分野の経験豊富な研究者にとっても学ぶことが多いであろう．経済学以外の社会科学の諸分野でミクロデータを用いた分析を行う大学院生や研究者にも，参考になるであろう．本書を読むには，大学院初級レベルの計量経済学の知識が必要である．できればJeffrey M. Wooldridge, *Introductory Econometrics: A Modern Approach* を読んでおくと良い．実証的観点からミクロ計量経済学の基礎理論と豊富な応用例を紹介している．また，本書と同様に，因果効果の推定に焦点を当てた日本語による優れた書籍として星野崇宏『調査観察データの統計科学——因果推論，選択バイアス，データ融合』がある．

本書はまた，実験学派の正当性を主張するという役割も果たしている．『ほとんど無害な計量経済学』というタイトルがそれを暗に語っている．著者らの主張は，労働経済学や教育経済学の多くの研究者により支持されている．理論モデルを定式化し，理論モデルのパラメターを推定することを目標とする構造学派（structuralists）の手法と比べ，実証モデルのパラメターの識別に必要な仮定が少なく，パラメターの識別が直感的である，データに真実を語らせている，などと評価されることが多い．

しかし，構造学派への批判に対するいくつかの重要な反論（Heckman 1997, Rosenzweig and Wolpin 2000, Kean 2012など）があることも述べておきたい．例えば，実験学派の手法により識別される，回帰分析の β 係数（の期待値）に経済学的解釈を与えるためには数多くの仮定が必要であると指摘され，実験学派と構造学派の違いは，仮定の数の違いにあるのでなく，暗黙的か明示的かという，仮定の設け方にあると主張されている．今後は，実験学派と構造学派の融合が進む可能性がある．

優れた実験的状況を見出すことができればという条件付きではあるが，実験学派の手法は，因果推論の現実的で優れた選択肢である．実験学派の代表的手法であるIV推定やDD推定は，回帰分析ができる大半のソフトの簡単なコマンドで応用できる．ミクロ計量経済分析をする研究者の間で最も頻繁に利用されているソフトはStataである．IV推定にはivreg, DD推定にはxtregのコマンドを用いることができる．これに対し，構造学派の手法は，高度なプログラミングスキルやコンピュータ資源を要求するなど，残念ながら，平均的な分析者にとっては，参入障壁が未だ高い．

翻訳は，野口晴子，小原美紀，田中隆一の各氏の参加なしには達成し得なかった．分担は，前書きと第1・2章が大森，第3章が田中，第4章が小原，第5章が大森，第6・7・8章が野口，結語・頭字語・略語が大森である．本書は実証的観点から重要と考えられる点に絞って執筆されている．また，医療，労働，教育に関する豊富な実証例が理論と共に紹介されているため，医療経済学，労働経済学，教育経済学など，それぞれの専門分野の実証研究で国際的に高い評価を受けている共訳者たちの参加が不可欠であり，それは訳に反映されている．彼らと共にこの仕事ができたことに深く感謝している．NTT出版の永田透氏には大変お世話になった．記して感謝したい．

2013年4月
大森義明

参考文献

Angrist, J. D., 1990. "Lifetime Earnings and the Vienam Era Draft Lottery: Evidence from Social Security Administrative Records." *American Economic Review* 80, 313–35.

Angrist, J. D. and Krueger, A. B., 1991. "Does Compulsory Schooling Attendance Affect Schooling and Earnings ?" *The Quarterly Journal of Economics* 106, 976–1014.

Angrist, J. D. and Krueger, A. B., 1999. "Empirical Strategies in Labor Economics," in *Handbook of Labor Economics*, ed. Orley C. Ashenfelter and David Card, vol. 3. North Holland, Amsterdam.

Angrist, J. D. and Krueger, A. B., 2001. "Instrumental Variables and the Search for Identification: From Supply and Demand to Natural Experiments." *Journal of Economic Perspectives* 15 (4) , 69–85.

Card, D., 1992. "Using Regional Variation to Measure the Effect of the Federal Minimum Wage." *Industrial and Labor Relations Review* 46, 22–37.

Card, D., 1999. "The Causal Effect of Education on Earnings," in *Handbook of*

Labor Economics, ed. Orley C. Ashenfelter and David Card, vol. 3. North Holland, Amsterdam.

Heckman, J., 1997. "Instrumental Variables: A Study of implicit behavioral assumptions used in making program evaluations," *Journal of Human Resources* 32, 441–462.

Keane, M. P., 2012. "Structural vs. atheoretic approaches to econometrics," *Journal of Econometrics* 156, 3–20.

Rosenzweig, M., Wolpin, K., 2000. "Natural natural experiments in economics," *Journal of Economic Literature* 38, 827–874.

Wooldridge, J. M., 2008. *Introductory Econometrics*: *A Modern Approach*, South-Western, 4th ed.

星野崇宏，2008.『調査観察データの統計科学——因果推論，選択バイアス，データ融合』岩波書店

参考文献

Abadie, Alberto (2003): "Semiparametric Instrumental Variable Estimation of Treatment Response Models." *Journal of Econometrics* 113, 231–63.

Abadie, Alberto, Joshua D. Angrist, and Guido Imbens (2002): "Instrumental Variables Estimates of the Effect of Subsidized Training on the Quantiles of Trainee Earnings." *Econometrica* 70, 91–117.

Abadie, Alberto, Alexis Diamond, and Jens Hainmueller (2007): "Synthetic Control Methods for Comparative Case Studies: Estimating the Effect of California's Tobacco Control Program." Working Paper No. 12831. National Bureau of Economic Research, Cambridge, Mass.

Abadie, Alberto, and Guido Imbens (2006): "Large Sample Properties of Matching Estimators for Average Treatment Effects." *Econometrica* 74, 235–67.

—— (2008): "Bias-Corrected Matching Estimators for Average Treatment Effects." Mimeo. Department of Economics, Harvard University, Cambridge, Mass.

Acemoglu, Daron, and Joshua Angrist (2000): "How Large Are the Social Returns to Education? Evidence from Compulsory Schooling Laws," in *National Bureau of Economics Macroeconomics Annual* 2000, ed. Ben S. Bernanke and Kenneth S. Rogoff, pp. 9–58. MIT Press, Cambridge, Mass.

Acemoglu, Daron, Simon Johnson, and James A. Robinson (2001): "The Colonial Origins of Comparative Development: An Empirical Investigation." *The American Economic Review* 91, 1369–401.

Ackerberg, Daniel A. and Paul J. Devereux (2008): "Improved JIVE Estimators for Overidentified Linear Models With and Without Heteroskedasticity." *The Review of Economics and Statistics*, forthcoming.

Adams, Douglas (1979): *The Hitchhiker's Guide to the Galaxy.* Pocket Books, New York（『銀河ヒッチハイク・ガイド』安原和見訳，河出文庫，2005 年）.

—— (1990): *Dirk Gently's Holistic Detective Agency.* Simon & Schuster, New York.

—— (1995): *Mostly Harmless. Harmony Books*, New York（『ほとんど無害』安原和見訳，河出文庫，2006 年）.

Altonji, Joseph G., and Lewis M. Segal (1996): "Small-Sample Bias in GMM Estimation of Covariance Structures." *Journal of Business and Economic Statistics* 14, 353–66.

Amemiya, Takeshi (1985): *Advanced Econometrics*. Harvard University Press, Cambridge, Mass.

Ammermueller, Andreas, and Jörn-Steffen Pischke (2006): "Peer Effects in European Primary Schools: Evidence from PIRLS." Discussion Paper No. 2077.

Institute for the Study of Labor (IZA), Bonn, Germany.
Ananat, Elizabeth, and Guy Michaels (2008): "The Effect of Marital Breakup on the Income Distribution of Women with Children." *Journal of Human Resources*, forthcoming.
Anderson, Michael (2008): "Multiple Inference and Gender Differences in the Effect of Early Intervention: A Reevaluation of the Abecedarian, Perry Preschool, and Early Training Projects." *Journal of the American Statistical Association*, forthcoming.
Angrist, Joshua D. (1988): "Grouped Data Estimation and Testing in Simple Labor Supply Models." Working Paper No. 234. Princeton University, Industrial Relations Section, Princeton, N. J.
—— (1990): "Lifetime Earnings and the Vietnam Era Draft Lottery: Evidence from Social Security Administrative Records." *American Economic Review* 80, 313–35.
—— (1991): "Grouped Data Estimation and Testing in Simple Labor Supply Models." *Journal of Econometrics* 47, 243–66.
—— (1998): "Estimating the Labor Market Impact on Voluntary Military Service Using Social Security Data on Military Applicants." *Econometrica* 66, 249–88.
—— (2001): "Estimations of Limited Dependent Variable Models with Dummy Endogenous Regressors: Simple Strategies for Empirical Practice." *Journal of Business and Economic Statistics* 19, 2–16.
—— (2004): "American Education Research Changes Track." *Oxford Review of Economic Policy* 20, 198–212.
—— (2006): "Instrumental Variables Methods in Experimental Criminological Research: What, Why and How." *Journal of Experimental Criminology* 2, 22–44.
Angrist, Joshua, Eric Bettinger, Erik Bloom, Elizabeth King, and Michael Kremer (2002): "Vouchers for Private Schooling in Colombia: Evidence from a Randomized Natural Experiment." *The American Economic Review* 92, 1535–58.
Angrist, Joshua D., and Stacey H. Chen (2007): "Long-Term Consequences of Vietnam-Era Conscription: Schooling, Experience, and Earnings." Working Paper No. 13411. National Bureau of Economic Research, Cambridge, Mass.
Angrist, Joshua D., Victor Chernozhukov, and Ivan Fernandez-Val (2006): "Quantile Regression Under Misspecification, with an Application to the U. S. Wage Structure." *Econometrica* 74, 539–63.
Angrist, Joshua D., and William N. Evans (1998): "Children and Their Parents' Labor Supply: Evidence from Exogenous Variation in Family Size." *American Economic Review* 88, 450–477.
—— (1999): "Schooling and Labor Market Consequences of the 1970 State Abortion Reforms," in *Research in Labor Economics*, ed. Solomon W. Polachek, vol. 18, pp. 75–113. Elsevier Science, Amsterdam.

Angrist, Joshua D., Kathryn Graddy, and Guido W. Imbens (2000): "The Interpretation of Instrumental Variables Estimators in Simultaneous Equations Models with an Application to the Demand for Fish." *Review of Economic Studies* 67, 499–527.

Angrist, Joshua D., and Jinyong Hahn (2004): "When to Control for Covariates? Panel Asymptotics for Estimates of Treatment Effects." *Review of Economics and Statistics* 86, 58–72.

Angrist, Joshua D., and Guido W. Imbens (1995): "Two-Stage Least Squares Estimation of Average Causal Effects in Models with Variable Treatment Intensity." *Journal of the American Statistical Association* 90, 430–42.

Angrist, Joshua D., Guido Imbens, and Alan B. Krueger (1999): "Jackknife Instrumental Variables Estimation." *Journal of Applied Econometrics* 14, 57–67.

Angrist,Joshua D., Guido Imbens, and Donald B. Rubin (1996): "Identification of Causal Effects Using Instrumental Variables." *Journal of the American Statistical Association* 91, 444–72.

Angrist, Joshua D., and Alan B. Krueger (1991): "Does Compulsory Schooling Attendance Affect Schooling and Earnings?" *The Quarterly Journal of Economics* 106, 976–1014.

—— (1992): "The Effect of Age at School Entry on Educational Attainment: An Application of Instrumental Variables with Moments from Two Samples." *Journal of the American Statistical Association* 418, 328–36.

—— (1994): "Why Do World War II Veterans Earn More than Nonveterans?" *Journal of Labor Economics* 12, 74–97.

—— (1995): "Split-Sample Instrumental Variables Estimates of the Return to Schooling." *Journal of Business and Economic Statistics* 13, 225–35.

—— (1999): "Empirical Strategies in Labor Economics," in *Handbook of Labor Economics*, ed. Orley C. Ashenfelter and David Card, vol. 3. North Holland, Amsterdam.

—— (2001): "Instrumental Variables and the Search for Identification: From Supply and Demand to Natural Experiments." *Journal of Economic Perspectives* 15 (4), 69–85.

Angrist, Joshua D., and Guido Kuersteiner (2004): "Semiparametric Causality Tests Using the Policy Propensity Score." Working Paper No. 10975. National Bureau of Economic Research, Cambridge, Mass.

Angrist, Joshua D., and Kevin Lang (2004): "Does School 1ntegration Generate Peer Effects? Evidence from Boston's Metco Program." *The American Economic Review* 94, 1613–34.

Angrist, Joshua D., and Victor Lavy (1999): "Using Maimonides' Rule to Estimate the Effect of Class Size on Scholastic Achievement." *The Quarterly Journal of Economics* 114, 533–75.

—— (2008): "The Effects of High Stakes High School Achievement Awards: Evidence from a Group-Randomized Trial." *The American Economic Review*,

forthcoming.
Angrist, Joshua D., Victor Lavy, and Analia Schlosser (2006): "Multiple Experiments for the Causal Link Between the Quantity and Quality of Children." Working Paper No. 06–26. Department of Economics, Massachusetts Institute of Technology, Cambridge, Mass.
Arellano, Manuel (1987): "Computing Robust Standard Errors for Within-groups Estimators." *Oxford Bulletin of Economics and Statistics* 49, 431–34.
Arellano, Manuel, and Stephen Bond (1991): "Some Tests of Specification for Panel Data: Monte Carlo Evidence and an Application to Employment Equations." *The Review of Economic Studies* 58, 277–97.
Ashenfelter, Orley A. (1978): "Estimating the Effect of Training Programs on Earnigs." *Review of Economics and Statistcs* 60, 47–57.
—— (1991): "How Convincing Is the Evidence Linking Education and Income?" Working Paper No. 292. Princeton University, Industrial Relations, Section, Princeton, N. J.
Ashenfelter, Orley A., and David Card (1985): "Using the Longitudinal Structure of Earnings to Estimate the Effect of Training Programs." *The Review of Economics and Statistics* 67, 648–60.
Ashenfelter, Orley A., and Alan B. Krueger (1994): "Estimates of the Economic Return to Schooling from a New Sample of Twins." *American Economic Review* 84, 1157–73.
Ashenfelter, Orley A., and Cecilia Rouse (1998): "Income, Schooling, and Ability: Evidence from a New Sample of Identical Twins." *The Quarterly Journal of Economics* 113, 253–84.
Athey, Susan, and Guido Imbens (2006): "Identification and Inference in Nonlinear Difference-in-Difference Models." *Econometrica* 74, 431–97.
Atkinson, Anthony B. (1970): "On the Measurement of Inequality." *Journal of Economic Theory* 2, 244–63.
Autor, David (2003): "Outsourcing at Will: The Contribution of Unjust Dismissal Doctrine to the Growth of Employment Outsourcing." *Journal of Labor Economics* 21, 1–42.
Autor, David, Lawrence F. Katz, and Melissa S. Kearney (2005): "Rising Wage Inequality: The Role of Composition and Prices." Working Paper No. 11628. National Bureau of Economic Research, Cambridge, Mass.
Barnett, Steven W. (1992): "Benefits of Compensatory Preschool Education." *Journal of Human Resources* 27, 279–312.
Barnow, Burt S., Glen G. Cain, and Arthur Goldberger (1981): "Selection on Observables." *Evaluation Studies Review Annual* 5, 43–59.
Becker, Sascha O., and Andrea Ichino (2002): "Estimation of Average Treatment Effects Based on Propensity Scores." *The Stata Journal* 2, 358–77.
Bekker, Paul A. (1994): "Alternative Approximations to the Distributions of Instrumental Variable Estimators." *Econometrica* 62, 657–81.

Bekker, Paul A. and J. van der Ploeg (2005): "Instrumental Variable Estimation Based on Grouped Data." *Statistica Neerlandica* 59, 239–267.

Bell, Robert M., and Daniel F. McCaffrey (2002): "Bias Reduction in Standard Errors for Linear Regression with Multistage Samples." *Survey Methodology* 28, 169–81.

Bennedsen, Morten, Kasper M. Nielsen, Francisco Pérez-Gonzalez, and Daniel Wolfenzon (2007): "Inside the Family Firm: The Role of Families in Succession Decisions and Performance." *The Quarterly Journal of Economics* 122, 647–92.

Bertrand, Marianne, Esther Duflo, and Sendhil Mullainathan (2004): "How Much Should We Trust Differences-in-Differences Estimates?" *The Quarterly Journal of Economics* 119, 249–75.

Bertrand, Marianne, and Sendhil Mullainathan (2004): "Are Emily and Greg More Employable than Lakisha and Jamal? A Field Experiment on Labor Market Discrimination." *The American Economic Review* 94, 991–1013.

Besley, Timothy, and Robin Burgess (2004): "Can Labour Market Regulation Hinder Economic Performance? Evidence from India." *The Quarterly Journal of Economics* 113, 91–134.

Bjorklund, Anders, and Markus Jantti (1997): "Intergenerational Income Mobility in Sweden Compared to the United States." *The American Economic Review* 87, 1009–18.

Black, Dan A., Jeffrey A. Smith, Mark C. Berger, and Brett J. Noel (2003): "Is the Threat of Reemployment Services More Effective than the Services Themselves? Evidence from Random Assignment in the UI System." *The American Economic Review* 93, 1313–27.

Black, Sandra E., Paul J. Devereux, and Kjell G. Salvanes (2005): "The More the Merrier? The Effect of Family Size and Birth Order on Children's Education." *The Quarterly Journal of Economics* 120, 669–700.

—— (2008): "Too Young to Leave the Nest: The Effect of School Starting Age." Working Paper No. 13969. National Bureau of Economic Research, Cambridge, Mass.

Bloom, Howard S. (1984): "Accounting for No-shows in Experimental Evaluation Designs." *Evaluation Review* 8, 225–246.

Bloom, Howard S., Larry L. Orr, Stephen H. Bell, George Cave, Fred Doolittle, Winston Lin, and Johannes M. Bos (1997): "The Benefits and Costs of JTPA Title II-A Programs: Key Findings from the National Job Training Partnership Act Study." *The Journal of Human Resources* 32, 549–76.

Blundell, Richard, and Stephen Bond (1998): "Initial Conditions and Moment Restrictions in Dynamic Panel Data Models." *Journal of Econometrics* 87, 115–43.

Borjas, George (1992): "Ethnic Capital and Intergenerational Mobility." *Quarterly Journal of Economics* 107, 123–50.

—— (2005): *Labor Economics*, 3rd ed. McGraw-Hill/Irwin, New York.

Bound, John, David Jaeger, and Regina Baker (1995): "Problems with Instrumental Variables Estimation when the Correlation between the Instruments and the Endogenous Variables Is Weak." *Journal of the American Statistical Association* 90, 443–50.

Bound, John, and Gary Solon (1999): "Double Trouble: On the Value of Twins-Based Estimation of the Returns of Schooling." *Economics of Education Review* 18, 169–82.

Bronars, Stephen G., and Jeff Grogger (1994): "The Economic Consequences of Unwed Motherhood: Using Twin Births as a Natural Experiment." *The American Economic Review* 84, 1141–56.

Buchinsky, Moshe (1994): "Changes in the U. S. Wage Structure 1963–1987: Application of Quantile Regression." *Econometrica* 62, 405–58.

Buchinsky, Moshe, and Jinyong Hahn (1998): "An Alternative Estimator for the Censored Quantile Regression Model." *Econometrica* 66, 653–71.

Buse, A. (1992): "The Bias of Instrumental Variable Estimators." *Econometrica* 60, 173–80.

Cameron, Colin, Jonah Gelbach, and Douglas L. Miller (2008): "Bootstrap-Based Improvements for Inference with Clustered Errors." *The Review of Economics and Statistics* 90, 414–27.

Campbell, Donald Thomas (1969): "Reforms as Experiments." *American Psychologist* 24, 409–29.

Campbell, Donald Thomas, and Julian C. Stanley (1963): *Experimental and Quasi-experimental Designs for Research*. Rand McNally, Chicago.

Card, David (1992): "Using Regional Variation to Measure the Effect of the Federal Minimum Wage." *Industrial and Labor Relations Review* 46, 22–37.

—— (1995): "Earnings, Schooling and Ability Revisited," in *Research in Labor Economics*, ed. Solomon W. Polachek, vol. 14, pp. 23–48. JAI Press, Greenwich, Conn.

—— (1996): "The Effect of Unions on the Structure of Wages: A Longitudinal Analysis." *Econometrica* 64, 957–79.

—— (1999): "The Causal Effect of Education on Earnings," in *Handbook of Labor Economics*, ed. Orley C. Ashenfelter and David Card, vol. 3. North Holland, Amsterdam.

Card, David, and Alan Krueger (1994): "Minimum Wages and Employment: A Case Study of the Fast Food Industry in New Jersey and Pennsylvania." *The American Economic Review* 84, 772–84.

—— (2000): "Minimum Wages and Employment: A Case Study of the Fast-Food Industry in New Jersey and Pennsylvania: Reply." *The American Economic Review* 90, 1397–420.

Card, David, and Thomas Lemieux (1996): "Wage Dispersion, Returns to Skill, and Black-White Differentials." *Journal of Econometrics* 74, 316–61.

Card, David E., and Daniel Sullivan (1988): "Measuring the Effect of Subsidized

Training on Movements in and out of Employment." *Econometrica* 56, 497–530.
Cardell, Nicholas Scott, and Mark Myron Hopkins (1977): "Education, Income, and Ability: A Comment." *Journal of Political Economy* 85, 211–15.
Chamberlain, Gary (1977): "Education, Income, and Ability Revisited." *Journal of Econometrics* 5, 241–57.
—— (1978) : "Omitted Variables Bias in Panel Data: Estimating the Returns to Schooling." *Annales De L'INSEE* 30–31, 49–82.
—— (1984): "Panel Data," in *Handbook of Econometrics*, ed., Zvi Griliches, and Michael D. Intriligator, vol. 2, pp. 1247–318. North Holland, Amsterdam.
—— (1994): "Quantile Regression, Censoring and the Structure of Wages," in *Proceedings of the Sixth World Congress of the Econometrics Society, Barcelona, Spain*, ed. Christopher A. Sims, and Jean-Jacques Laffont, pp. 179–209. Cambridge University Press, New York.
Chamberlain, Gary, and Edward E. Leamer (1976): "Matrix Weighted Averages and Posterior Bounds." *Journal of the Royal Statistical Society, Series B* 38, 73–84.
Chernozhukov, Victor, and Christian Hansen (2005): "An IV Model of Quantile Treatment Effects." *Econometrica* 73, 245–61.
—— (2008): "The Reduced Form: A Simple Approach to Inference with Weak Instruments." *Economics Letters* 100, 68–71.
Chernozhukov, Victor, and H. Hong (2002): "Three-step Censored Quantile Regression and Extramarital Affairs." *Journal of the America Statistical Assoc.* 92, 872–82.
Chernozhukov, Victor, Ivan Fernandez-Val, and Blaise Melly (2008): "Inference on Counterfactual Distributions." Working Paper No. 08–16. MIT Department of Economics, Cambridge, Mass.
Chesher, Andrew, and Gerald Austin (1991): "The Finite-Sample Distributions of Heteroskedasticity Robust Wald Statistics." *Journal of Econometrics* 47, 153–73.
Chesher, Andrew, and Ian Jewitt (1987): "The Bias of the Heteroskedasticity Consistent Covariance Estimator." *Econometrica* 55, 1217–22.
Cochran, William G. (1965):"The Planning of Observational Studies of Human Populations." *Journal of the Royal Statistical Society, Series A* 128, 234–65.
Cook, Thomas D. (2008): "Waiting for Life to Arrive: A History of the Regression–Discontinuity Design in Psychology, Statistics, and Economics." *Journal of Econometrics* 142, 636–54.
Cook, Thomas D., and Vivian C. Wong (2008): "Empirical Tests of the Validity of the Regression-Discontinuity Design." *Annales d'Economie et de Statistique*, forthcoming.
Crump, Richard K., V. Joseph Hotz, Guido W. Imbens, and Oscar A. Mitnik (2009): "Dealing with Limited Overlap in the Estimation of Average Treatment Effects." *Biometrica*, forthcommg.
Cruz, Luiz M., and Marcelo J. Moreira (2005): "On the Validity of Econometric

Techniques with Weak Instruments: Inference on Returns to Education Using Compulsory School Attendance Laws." *Journal of Human Resources* 40, 393–410.
Currie, Janet, and Aaron Yelowitz (2000): "Are Public Housing Projects Good for Kids?" *Journal of Public Economics* 75, 99–124.
Davidon, Russell, and James G. MacKinnon (1993): *Estimation and Inference in Econometrics*. Oxford University Press, New York.
Dearden, Lorraine, Sue Middleton, Sue Maguire, Karl Ashworth, Kate Legge, Tracey Allen, Kim Perrin, Erich Battistin, Carl Emmerson, Emla Fitzsimons, and Costas Meghir (2003): "The Evaluation of Education Maintenance Allowance Pilots: Three Years' Evidence. A Quantitative Evaluation." Research Report No. 499. Department for Education and Skills, DFES Publications, Nottingham, UK.
Deaton, Angus (1985): "Panel Data from a Time Series of Cross-sections." *Journal of Econometrics* 30, 109–126.
—— (1997): *The Analysis of Household Surveys: A Microeconometric Approach to Development Policy*. Johns Hopkins University Press for the World Bank, Baltimore, Md.
Dee, Thomas S., and William N. Evans (2003): "Teen Drinking and Educational Attainment: Evidence from Two-Sample Instrumental Variables Estimates." *Journal of Labor Economics* 21, 178–209.
DeGroot, Morris H., and Mark J. Schervish (2001): *Probability and Statistics*, 3rd ed. Addison-Wesley, Boston.
Dehejia, Rajeev H. (2005): "Practical Propensity Score Matching: A Reply to Smith and Todd." *Journal of Econometrics* 125, 355–364.
Dehejia, Rajeev H., and Sadek Wahba (1999): "Causal Effects in Nonexperimental Studies: Reevaluating the Evaluation of Training Programs." *Journal of the American Statistical Association* 94, 1053–62.
Deming, David, and Susan Dynarski (2008): "The Lengthening of Childhood." *The Journal of Economic Perspectives* 22 (3), 71–92.
Devereux, Paul J. (2007): "Improved Errors-in-variables Estimators for Grouped Data." *The Journal of Business and Economic Statistics* 27, 278–287.
Donald, Stephen G., and Kevin Lang (2007): "Inference with Difference-in-Differences and Other Panel Data." *Review of Economics and Statistics* 89, 221–33.
Duan, Naihua, Willard D. Manning, Jr., Carl N. Morris, and Joseph P. Newhouse (1983): "A Comparison of Alternative Models for the Models for the Demand for Medical Care." *Journal of Business & Economic Statistics* 1, 115–26.
—— (1984): "Choosing Between the Sample-Selection Model and the Multi-Part Model." *Journal of Business & Economic Statistics* 2, 283–289.
Durbin, James (1954): "Errors in Variables." *Review of the International Statistical Institute* 22, 23–32.
Eicker, Friedhelm (1967): "Limit Theorems for Regressions with Unequal and

Dependent Errors," in *Proceedings of the Fifth Berkeley Symposium on Mathematical Statistics and Probability*, vol. 1, pp. 59–82. University of California Press, Berkeley and Los Angeles.
Finn, Jeremy D., and Charles M. Achilles (1990): "Answers and Questions About Class Size: A Statewide Experiment." *American Educational Research Journal* 28, 557–77.
Firpo, Sergio (2007): "Efficient Semiparametric Estimation of Quantile Treatment Effects." *Econometrica* 75, 259–76.
Flores-Lagunes, Alfonso (2007): "Finite Sample Evidence of IV Estimators under Weak Instruments." *Journal of Applied Econometrics* 22, 677–94.
Freedman, David (2005): "Linear Statistical Models for Causation: A Critical Review," in *The Wiley Encyclopedia of Statistics in Behavioral Science*, ed. B. Everitt, and D. Howell. John Wiley, Chichester, UK.
Freeman, Richard (1984): "Longitudinal Analyses of the Effect of Trade Unions." *Journal of Labor Economics* 3, 1–26.
Frisch, Ragnar, and Frederick V. Waugh (1933): "Partial Time Regression as Compared with Individual Trends." *Econometrica* 1, 387–401.
Frölich, Markus, and Blaise Melly (2007): "Unconditional Quantile Treatment Effects Under Endogeneity." Working Paper No. CWP32/07. Centre for Microdata Methods and practice.
Fryer, Roland G., and Steven D. Levitt (2004): "The Causes and Consequences of Distinctively Black Names." *The Quarterly Journal of Economics* 119, 767–805.
Galton, Frances (1886): "Regression Towards Mediocrity in Hereditary Stature." *Journal of the Anthropological Institute* 15, 246–63.
Goldberger, Arthur S. (1972): "Selection Bias in Evaluating Treatment Effects: Some Formal Illustrations." Working paper. Department of Economics, University of Wisconsin, Madison.
—— (1991): *A Course in Econometrics*. Harvard University Press, Cambridge, Mass.
Gosling, Amanda, Stephen Machin, and Costas Meghir (2000): "The Changing Distribution of Male Wages in the U. K." *Review of Economic Studies* 67, 635–66.
Granger, Clive W. J. (1969): "Investigating Causal Relations by Econometric Models and Cross-spectral Methods." *Econometrica* 37, 424–38.
Griliches, Zvi (1977): "Estimating the Returns to Schooling: Some Econometric Problems." *Econometrica* 45, 1–22.
Griliches, Zvi, and Jerry A. Hausman (1986): "Errors in Variables in Panel Data." *Journal of Econometrics* 31, 93–118.
Griliches, Zvi, and William M. Mason (1972): "Education, Income, and Ability." *Journal of Political Economy* 80, S74–103.
Grumbach, Kevin, Dennis Keane, and Andrew Bindman (1993): "Primary Care and Public Emergency Department Overcrowding." *American journal of Public Health* 83, 372–78.

Guryan, Jonathan (2004) : "Desegregation and Black Dropout Rates." *American Economic Review* 94, 919–43.
Haavelmo, Trygve (1944) : "The Probability Approach in Econometrics." *Econometrica* 12, S1–115.
Hahn, Jinyong (1998) : "On the Role of the Propensity Score in Efficient Semiparametric Estimation of Average Treatment Effects." *Econometrica* 66, 315–31.
Hahn, Jinyong, Petra Todd, and Wilbur van der Klaauw (2001) : "Identification and Estimation of Treatment Effects with a Regression-Discontinuity Design." *Econometrica* 69, 201–9.
Hansen, Christian B. (2007a) : "Asymptotic Properties of a Robust Variance Matrix Estimator for Panel Data When T Is Large." *Journal of Econometrics* 141, 597–620.
—— (2007b) : "Generalized Least Squares Inference in Panel and Multilevel Models with Serial Correlation and Fixed Effects." *Journal of Econometrics* 140, 670–94.
Hansen, Lars Peter (1982) : "Large Sample Properties of Generalized Method of Moments Estimators." *Econometrica* 50, 1029–54.
Hausman, Jerry (1978) : "Specification Tests in Econometrics." *Econometrica* 46, 1251–71.
—— (1983) : "Specification and Estimation of Simultaneous Equation Models," in *Handbook of Econometrics*, ed. Zvi Griliches, and Michael Intriliga tor, vol. 1, pp. 391–448. North Holland, Amsterdam.
—— (2001) : "Mismeasured Variables in Econometric Analysis: Problems from the Right and Problems from the Left." *Journal of Econometric Perspectives* 15 (4), 57–67.
Hausman, Jerry, Whitney Newey, Tiemen Woutersen, John Chao, and Norman Swanson (2008) : "Instrumental Variable Estimation with Heteroskedasticity and Many Instruments." Unpublished manuscript. Department of Economics, Massachusetts Institute of Technology, Cambridge, Mass.
Hay, Joel W., and Randall J. Olsen (1984) : "Let Them Eat Cake: A Note on Comparing Alternative Models of the Demand for Medical Care." *Journal of Business & Economic Statistics* 2, 279–82.
Heckman James, J. (1978) : "Dummy Endogenous Variables in a Simultaneous Equations System." *Econometrica* 46, 695–712.
Heckman James J., Hidehiko Ichimura, and Petra E. Todd (1998) : "Matching as as Econometric Evaluation Estimator." *Review of Economic Studies* 62, 261–94.
Heckman, James J., Jeffrey Smith, and Nancy Clements (1997) : "Making the Most out of Programme Evaluations and Social Experiments: Accounting for Heterogeneity in Programme Impacts." *The Review of Economic Studies* 64, 487–535.
Hirano, Keisuke, Guido W. Imbens, and Geert Ridder (2003) : "Efficient

Estimation of Average Treatment Effects Using the Estimated Propensity Score." *Econometrica* 71, 1161–89.
Hoaglin, David C., and Roy E. Welsch (1978): "The Hat Matrix in Regression and ANOVA." *The American Statistician* 32, 17–22.
Holland, Paul W. (1986): "Statistics and Causal Inference." *Journal of the American Statistical Association* 81, 945–70.
Holtz-Eakin, Douglas, Whitney Newey, and Harvey S. Rosen (1988): "Estimating Vector Autoregressions with Panel Data." *Econometrica* 56, 1371–95.
Horowitz, Joel L. (1997): "Bootstrap Methods in Econometrics: Theory and Numerical Performance," in *Advances in Economics and Econometrics: Theory and Applications*, ed. David M. Kreps and Kenneth F. Wallis, vol. 3, pp. 188–222. Cambridge University Press, Cambridge, UK.
—— (2001) : "The Bootstrap," in *Handbook of Econometrics*, ed. James J. Heckman and Edward E. Leamer, vol. 5, pp. 3159–228. Elsevier Science, Amsterdam.
Horvitz, Daniel G., and Donovan J. Thompson (1952): "A Generalization of Sampling Without Replacement from a Finite Population." *Journal of the American Statistical Association* 47, 663–85.
Hoxby, Caroline (2000): "The Effects of Class Size on Student Achievement: New Evidence from Population Variation." *The Quarterly Journal of Economics* 115, 1239–85.
Hsia, Judith, Robert D. Langer, JoAnn E. Manson, Lewis Kuller, Karen C. Johnson, Susan L. Hendrix, Mary Pettinger, Susan R. Heckbert, Nancy Greep, Sybil Crawford, Charles B. Eaton, John B. Kostis, Pat Caralis, Ross Prentice, for the Women's Health Initiative Investigators (2006): "Conjugated Equine Estrogens and Coronary Heart Disease: The Women' s Health Initiative." *Archives of Internal Medicine* 166, 357–65.
Imbens, Guido (2000): "The Role of the Propensity Score in Estimating Dose-Response Functions." *Biometrika* 87, 706–10.
—— (2004): "Nonparametric Estimation of Average Treatment Effects Under Exogeneity: A Review." *The Review of Economics and Statistics* 86, 4–29.
Imbens, Guido, and Joshua Angrist (1994): "Identification and Estimation of Local Average Treatment Effects." *Econometrica*, 62, 467–76.
Imbens, Guido, and Thomas Lemieux (2008): "Regression Discontinuity Designs: A Guide to Practice." *Journal of Econometrics* 142, 615–35.
Inoue, Atsushi, and Gary Solon (2009): "Two-Sample Instrumental Variables Estimators." *The Review of Economics and Statistics*, forthcoming.
Jappelli, Tullio, Jörn-Steffen Pischke, and Nicholas S. Souleles (1998): "Testing for Liquidity Constraints in Euler Equations with Complementary Data Sources." *The Review of Economics and Statistics* 80, 251–62.
Johnson, Norman L., and Samuel Kotz (1970): *Distributions in Statistics: Continuous Distributions*, vol. 2. John Wiley, New York.

Kauermann, Goran, and Raymond J. Carroll (2001): "A Note on the Efficiency of Sandwich Covariance Estimation." *Journal of the American Statistical Association* 96, 1387–96.

Kelejian, Harry H. (1971): "Two Stage Least Squares and Econometric Systems Linear in Parameters but Nonlinear in the Endogenous Variables." *Journal of the American Statistical Association* 66, 373–74.

Kennan, John (1995): "The Elusive Effects of Minimum Wages." *Journal of Economic Literature* 33, 1950–65.

Kézdi, Gábor (2004): "Robust Standard Error Estimation in Fixed-Effects Panel Models." *Hungarian Statistical Review (Special English Volume)* 9, 95–116.

Kish, Leslie (1965): "Sampling Organizations and Groups of Unequal Sizes." *American Sociological Review* 30, 564–72.

Kloek, Teun (1981): "OLS Estimation in a Model Where a Microvariable Is Explained by Aggregates and Contemporaneous Disturbances Are Equicorrelated." *Econometrica* 49, 205–7.

Knight, Keith (2000): *Mathematical Statistics*. Chapman & Hall/CRC, Boca Raton, Fla.

Koenker, Roger (2005): *Quantile Regression*. Cambridge University Press, Cambridge, UK.

Koenker, Roger, and Gilbert Bassett (1978): "Regression Quantiles." *Econometrica* 46, 33–50.

Koenker, Roger, and Stephen Portnoy (1996): "Quantile Regression." Working Paper No. 97–0100. College of Commerce and Business Administration, Office of Research, University of Illinois at Urbana-Champaign.

Krueger, Alan B. (1999): "Experimental Estimates of Education Production Functions." *The Quarterly journal of Economics* 114, 497–532.

Kugler, Adriana, Juan F. Jimeno, and Virginia Hernanz (2005): "Employment Consequences of Restrictive Permanent Contracts: Evidence from Spanish Labor Market Reforms." FEDEA Working Paper No. 2003–14. FEDEA: Foundation for Applied Economic Research, Madrid, Spain.

LaLonde, Robert J. (1986): "Evaluating the Econometric Evaluations of Training Programs Using Experimental Data." *The American Economic Review* 76, 602–20.

—— (1995): "The Promise of Public Sector-Sponsored Training Programs." *Journal of Economic Perspectives* 93 (2), 149–68.

Lee, David S. (2008): "Randomized Experiments from Non-random Selection in U.S. House Elections." *Journal of Econometrics* 142, 675–97.

Lemieux, Thomas (2008): "The Changing Nature of Wage Inequality." *Journal of Population Economics* 21, 21–48.

Liang, Kung-Yee, and Scott L. Zeger (1986): "Longitudinal Data Analysis Using Generalized Linear Models." *Biometrika* 73, 13–22.

Machado, Jose, and Jose Mata (2005): "Counterfactual Decompositions of

Changes in Wage Distributions Using Quantile Regression." *Journal of Applied Econometrics* 20, 445–65.

MacKinnon, James G., and Halbert White (1985): "Some Heteroskedasticity Consistent Covariance Matrix Estimators with Improved Finite Sample Properties." *Journal of Econometrics* 29, 305–25.

Maddala, Gangadharrao Soundalyarao (1983): "Methods of Estimation for Models of Markets with Bounded Price Variation." *International Economic Review* 24, 361–78.

Mammen, Enno (1993): "Bootstrap and Wild Bootstrap for High Dimensional Linear Models." *Annals of Statistics* 21, 255–85.

Manning, Willard G., Joseph P. Newhouse, Naihua Duan, Emmett B. Keeler, Arleen Leibowitz, and Susan M. Marquis (1987): "Health Insurance and the Demand for Medical Care: Evidence from a Randomized Experiment." *American Economic Review* 77, 251–77.

Manski, Charles F. (1991): "Regression." *Journal of Economic Literature* 29, 34–50.

Mariano, Roberto S. (2001): "Simultaneous Equation Model Estimators: Statistical Properties," in *A Companion to Theoretical Econometrics*, ed. B. Baltagi. Blackwell, Oxford, UK.

McClellan, Mark B., Barbara J. McNeil, and Joseph P. Newhouse (1994): "Does More Intensive Treatment of Acute Myocardial Infarction Reduce Mortality? Analysis Using Instrumental Variables." *Journal of the American Medical Association* 272, 859–66.

McCrary, Justin (2008): "Manipulation of the Running Variable in the Regression Discontinuity Design: A Density Test." *Journal of Econometrics* 142, 698–714.

McDonald, John F., and Robert A. Moffitt (1980): "The Uses of Tobit Analysis." *The Review of Economics and Statistics* 62, 318–21.

Meltzer, Allan H., and Scott F. Richard (1983): "Tests of a Rational Theory of the Size of Government." *Public Choice* 41, 403–18.

Messer, Karen, and Halbert White (1984): "A Note on Computing the Heteroskedasticity Consistent Covariance Matrix Using Instrumental Variables Techniques." *Oxford Bulletin of Economics and Statistics* 46, 181–84.

Meyer, Bruce D., W. Kip Viscusi, and David L. Durbin (1995): "Workers' Compensation and Injury Duration: Evidence from a Natural Experiment." *The American Economic Review* 85, 322–40.

Meyer, Bruce D., and Dan T. Rosenbaum (2001): "Welfare, the Earned Income Tax Credit, and the Labor Supply of Single Mothers." *The Quarterly Journal of Economics* 116, 1063–114.

Milgram, Stanley (1963): "Behavioral Study of Obedience." *Journal of Abnormal and Social Psychology* 67, 371–78.

Moffitt, Robert (1992): "Incentive Effects of the U.S. Welfare System: A Review." *Journal of Economic Literature* 30, 1–61.

Morgan, Mary S. (1990): *The History of Econometric Ideas*. Cambridge University Press, Cambridge, UK.
Moulton, Brent (1986): "Random Group Effects and the Precision of Regression Estimates." *Journal of Econometrics* 32, 385–97.
Nelson, Charles R., and Richard Startz (1990a): "The Distribution of the Instrumental Variables Estimator and Its *t*-Ratio when the Instrument Is a Poor One." *Journal of Business* 63, 125–40.
—— (1990b): "Some Further Results on the Exact Small-Sample Properties of the Instrumental Variable Estimator." *Econometrica* 58, 967–76.
Neumark, David, and William Wascher (1992): "Employment Effects of Minimum and Subminimum Wages: Panel Data on State Minimum Wage Laws." *Industrial and Labor Relations Review* 46, 55–81.
Newey, Whitney K. (1985): "Generalized Method of Moments Specification Testing." *Journal of Econometrics* 29, 299–56.
—— (1990): "Semiparametric Efficiency Bounds." *Journal of Applied Econometrics* 5, 99–135.
Newey, Whitney K., and Kenneth D. West (1987): "Hypothesis Testing with Efficient Method of Moments Estimation." *International Economic Review* 28, 777–87.
Nickell, Stephen (1981): "Biases in Dynamic Models with Fixed Effects." *Econometrica* 49, 1417–26.
Obenauer, Marie, and Bertha von der Nienburg (1915): "Effect of Minimum Wage Determinations in Oregon." Bulletin of the U.S. Bureau of Labor Statistics, No. 176. Washington, D. C., U. S. Government Printing Office.
Oreopoulos, Philip (2006): "Estimating Average and Local Average Treatment Effects of Education When Compulsory Schooling Laws Really Matter." *American Economic Review* 96, 152–75.
Orr, Larry L., Howard S. Bloom, Stephen H. Bell, Fred Doolittle, and Winston Lin (1996): *Does Training for the Disadvantaged Work? Evidence from the National JTPA Study*. Urban Institute Press, Washington, D. C.
Pfefferman, Daniel (1993): "The Role of Sampling Weights When Modeling Survey Data." *International Statistical Review* 61, 317–37.
Pischke, Jörn-Steffen (2007): "The Impact of Length of the School Year on Student Performance and Earnings: Evidence from the German Short School Years." *Economic Journal* 117, 1216–42.
Porter, Jack (2003): "Estimation in the Regression Discontinuity Model." Unpublished manuscript. Department of Economics, University of Wisconsin, Madison, Wis.
Poterba, James, Steven Venti, and David Wise (1995): "Do 401K Contributions Crowd Out Other Personal Savings." *Journal of Public Economics* 58, 1–32.
Powell, James L. (1986): "Censored Regression Quantiles." *Journal of Econometrics* 32, 143–55.

—— (1989): "Semiparametric Estimation of Censored Selection Models." Unpublished manuscript. Department of Economics, University of Wisconsin, Madison.

Prais, Sig J., and John Aitchison (1954): "The Grouping of Observations in Regression Analysis." *Revue de l'Institut International de Statistique (Review of the International Statistical Institute)* 22, 1–22.

Reiersol, Olav (1941): "Confluence Analysis by Means of Lag Moments and Other Methods of Confluence Analysis." *Econometrica* 9, 1–24.

Robins, James M., Steven D. Mark, and Whitney K. Newey (1992): "Estimating Exposure Effects by Modeling the Expectation of Exposure Conditional on Confounders." *Biometrics* 48, 479–95.

Rosenbaum, Paul R. (1984): "The Consequences of Adjustment for a Concomitant Variable That Has Been Affected by the Treatment." *Journal of the Royal Statistical Society, Series A* 147, 656–66.

—— (1995): *Observational Studies.* Springer-Verlag, New York.

Rosenbaum, Paul R., and Donald B. Rubin (1983): "The Central Role of the Propensity Score in Observational Studies for Causal Effects." *Biometrika* 70, 41–55.

—— (1985): "The Bias Due to Incomplete Matching." *Biometrics* 41, 106–16.

Rosenzweig, Mark R., and Kenneth I. Wolpin (1980): "Testing the Quantity-Quality Fertility Model: The Use of Twins as a Natural Experiment." *Econometrica* 48, 227–240.

Rubin, Donald B. (1973) : "Matching to Remove Bias in Observational Studies." *Biometrics* 29, 159–83.

—— (1974): "Estimating the Causal Effects of Treatments in Randomized and Non-Randomized Studies." *Journal of Educational Psychology* 66, 688–701.

—— (1977): "Assignment to a Treatment Group on the Basis of a Covariate." *Journal of Educational Statistics* 2, 1–26.

—— (1991): "Practical Implications of Modes of Statistical Inference for Causal Effects and the Critical Role of the Assignment Mechanism." *Biometrics* 47, 1213–34.

Ruud, Paul A. (1986): "Consistent Estimation of Limited Dependent Variable Models Despite Misspecification of Distribution." *Journal of Econometrics* 32, 157–87.

Shadish, William R., Thomas D. Cook, and Donald T. Campbell (2002): *Experimental and Quasi-Experimental Designs for Generalized Causal Inference.* Houghton-Mifflin, Boston.

Sherman, Lawrence W., and Richard A. Berk (1984): "The Specific Deterrent Effects of Arrest for Domestic Assault." *American Sociological Review* 49, 261–72.

Shore-Sheppard, Lara (1996): "The Precision of Instrumental Variables Estimates with Grouped Data." Working Paper No. 374. Princeton University, Industrial

Relations Section, Princeton, N. J.
Smith, Jeffrey A., and petra E. Todd (2001): "Reconciling Conflicting Evidence on the Performance of Propensity-Score Matching Methods." *American Economic Review* 91, 112–18.
—— (2005): "Does Matching Overcome LaLonde's Critique of Nonexperimental Estimators?" *Journal of Econometrics* 125, 305–53.
Snow, John (1855): *On the Mode of Communication of Cholera*, 2nd ed. John Churchill, London.
Stigler, Stephen M. (1986): *The History of Statistics: The Measurement of Uncertainty Before 1900.* The Belknap Press of Harvard University Press, Cambridge, Mass.
Stock, James H., and Francesco Trebbi (2003): "Who Invented Instrumental Variables Regression?" *The Journal of Economic Perspectives* 17 (3), 177–94.
Stock, James H., Jonathan H. Wright, and Motohiro Yogo (2002): "A Survey of Weak Instruments and Weak Identification in Generalized Method of Moments." *Journal of Business & Economic Statistics* 20, 518–29.
Taubman, Paul (1976): "The Determinants of Earnings: Genetics, Family and Other Environments: A Study of White Male Twins." *American Economic Review* 66, 858–70.
Thistlewaite, Donald L., and Donald T. Campbell (1960): "Regression-Discontinuity Analysis: An Alternative to the Ex Post Facto Experiment." *Journal of Educational Psychology* 51, 309–17.
Trochim, William (1984): Research Designs for Program Evaluation: *The Regression Discontinuity Design*. Sage Publications, Beverly Hills, Calif.
van der Klaauw, Wilbert (2002): "Estimating the Effect of Financial Aid Offers on College Enrollment: A Regression-Discontinuity Approach." *International Economic Review* 43, 1249–1287.
Wald, Abraham (1940): "The Fitting of Straight Lines if Both Variables Are Subject to Error." *Annals of Mathematical Statistics* 11, 284–300.
—— (1943): "Tests of Statistical Hypotheses Concerning Several Parameters When the Number of Observations Is Large." *Transactions of the American Mathematical Society* 54, 426–82.
White, Halbert (1980a): "A Heteroskedasticity-Consistent Covariance Matric Estimator and a Direct Test for Heteroskedasticity." *Econometrica* 48, 817–38.
—— (1980b): "Using Least Squares to Approximate Unknown Regression Functions." *International Economic Review* 21, 149–70.
—— (1982): "Instrumental Variables Regression with Independent Observations." *Econometrica* 50, 483–99.
—— (1984): *Asymptotic Theory for Econometricians*. Academic Press, Orlanda, Fla.
Wooldridge, Jeffrey (2003): "Cluster-Sample Methods in Applied Econometrics." *American Economic Review* 93, 133.

—— (2005): "Fixed-Effects and Related Estimators for Correlated Random-Coefficient and Treatment-Effect Panel Data Models." *The Review of Economics and Statistics* 87, 385–90.

—— (2006): *Introductory Econometrics: A Modern Approach*. Thomson/South-Western, Mason, Oh.

Wright, Phillip G. (1928): *The Tariff on Animal and Vegetable Oils*. Macmillan, New York.

Yang, Song, Li Hsu, and Lueping Zhao (2005): "Combining Asymptotically Normal Tests: Case Studies in Comparison of Two Groups." *Journal of Statistical Planning and Inference* 133, 139–58.

Yelowitz, Aaron (1995): "The Medicaid Notch, Labor Supply and Welfare Participation: Evidence from Eligibility Expansions." *The Quarterly Journal of Economics* 110, 909–39.

Yitzhaki, Shlomo (1996): "On Using Linear Regression in Welfare Economics." *Journal of Business & Economic Statistics* 14, 478–86.

Yule, George Udny (1895): "On the Correlation of Total Pauperism with Proportion of Out-Relief." *The Economic Journal* 5, 603–11.

—— (1897): "On the Theory of Correlation." *Journal of the Royal Statistical Society* 60, 812–54.

—— (1899): "An Investigation into the Causes of Changes in Pauperism in England, Chiefly During the Last Two Intercensal Decades (Part I)." *Journal of the Royal Statistical Society* 62, 249–95.

人名索引

事項索引

あ行

か行

さ行

た行

な行

は行

ま行

や行

ら行

わ行

A–Z

［訳者紹介］

大森義明（おおもり・よしあき）

横浜国立大学国際社会科学研究院教授．1990年，ニューヨーク州立大学ストーニーブルック校 Ph.D.（Economics）．専門は労働経済学・家族の経済学．著書に『労働経済学』（日本評論社，2008年）．論文に，“Unemployment Insurance and Job Quits,” *Journal of Labor Economics* 22 (1), 159–188, 2004（Audrey Light と共著）など．

小原美紀（こはら・みき）

大阪大学大学院国際公共政策研究科准教授．1998 年，大阪大学博士（経済学）．専門は労働経済学．論文に “The response of Japanese wives' labor supply to husbands' job loss,” *Journal of Population Economics*, 23, 1133–1149, 2010, “Is longer Unemployment Rewarded with Longer Job Tenure ?”, *Journal of the Japanese and International Economies*, 2013（Masaru Sasaki, Tomohiro Machikita と共著）など．

田中隆一（たなか・りゅういち）

東京大学社会科学研究所准教授．2004年，ニューヨーク大学 Ph.D. (Economics)．専門は労働経済学・教育経済学．論文に，“Does the Diversity of Human Capital Increase GDP?: A Comparison of Education Systems”（Katsuya Takii と共著），*Journal of Public Economics*, 93 (7–8), 998–1007, 2009. “The Gender-Asymmetric Effect of Working Mothers on Children's Education: Evidence from Japan” *Journal of the Japanese and International Economies* 22 (4), 586–604, 2008 など．

野口晴子（のぐち・はるこ）

早稲田大学政治経済学術院教授．1997年，ニューヨーク市立大学大学院経済学研究科 Ph.D. (Economics)．専門は医療経済学・社会保障論・応用ミクロ計量経済学．論文に，“Technological Change in Heart Disease Treatment: Does High Tech Mean Low Value?” *American Economic Review*, 88 (2), 90–96, 1998（M McClellan, M.B. と共著）. “Population Ageing and Wellbeing: Lessons from Japan's Long-Term Care Insurance”, *The Lancet*, 378 (9797), 1183–1192, 2011（N Tamiya, N 他と共著）など．

［著者紹介］

ヨシュア・アングリスト（Joshua D. Angrist）

マサチューセッツ工科大学経済学部教授．専門は労働経済学．オバーリン大学，ヘブライ大学，LSE などで学び，1989 年にプリンストン大学で Ph.D. (Economics)．The American Academy of Arts and Sciences, The Econometric Society のフェロー，*Journal of Labor Economics* の共同編集者等をつとめる．

ヨーン・シュテファン・ピスケ（Jörn-Steffen Pischke）

LSE 経済学部教授．専門は労働経済学．コンスタンツ大学（ドイツ），ニューヨーク州立大学で学び，1992 年にプリンストン大学で Ph.D. (Economics)．現在の主な関心は，様々な労働市場の現象と応用計量経済学である．

「ほとんど無害」な計量経済学

応用経済学のための実証分析ガイド

2013年 6 月 5 日　初版第 1 刷発行
2022年 6 月24日　初版第 6 刷発行

著者
ヨシュア・アングリスト／ヨーン・シュテファン・ピスケ

訳者
大森義明／小原美紀／田中隆一／野口晴子

発行者
東 明彦

発行所
NTT 出版株式会社
〒108-0023　東京都港区芝浦 3 - 4 - 1　グランパークタワー
電話03-6809-4891（営業担当）／03-6809-3276（編集担当）／ファックス03-6809-4101
https://www.nttpub.co.jp

組版
三秀舎

装丁
Malpu Design（清水良洋）

印刷・製本
中央精版印刷株式会社

定価はカバーに表示してあります．乱丁・落丁はお取り替えいたします．

ISBN978-4-7571-2251-2 C3033